I0752329

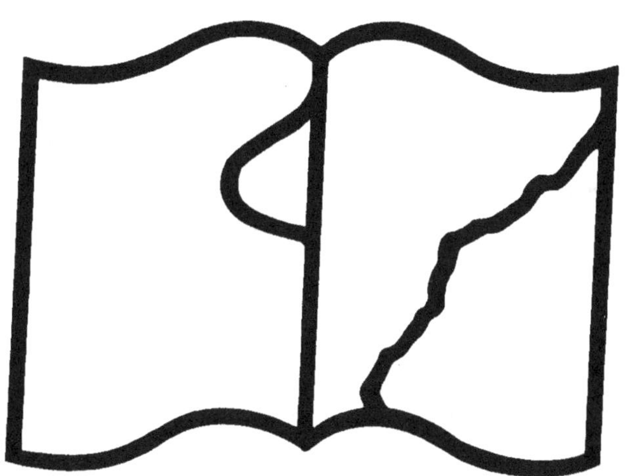

A
B

fY2
19

Il se laissa glisser dans l'espace et il se trouva, avec la rapidité de l'éclair, à côté de Gribouille. (P. 2.)

LA FILLE DU MEURTRIER

PAR

XAVIER DE MONTÉPIN

I. — GRIBOUILLE.

A l'époque où se passaient les faits que nous racontons, Paris n'était pas encore pris de cette fièvre de démolition et de reconstruction qui le dévore.

Paris se trouvait alors assez grand, et réussissait à loger très-bien, dans son immense ceinture de murailles, toute cette population riche et pauvre qu'il ne peut plus contenir aujourd'hui...

On bâtissait, cependant, mais avec une extrême modération, et toute construction nouvelle importante devenait un événement véritable, non-seulement pour le propriétaire, l'entrepreneur et les ouvriers, mais encore pour le quartier que cette construction venait embellir.

Le 15 novembre 1839, vers les deux heures de l'après-midi, par une journée claire et presque chaude, des compagnons charpentiers, au nombre de douze ou quinze, venaient de mettre la dernière main à la charpente d'une magnifique maison de six étages, située sur le boulevard Beaumarchais.

Ces compagnons avaient apporté le matin un énorme bouquet de fleurs artificielles, pompeusement enrubané; — il ne s'agissait plus que d'attacher ce bouquet en signe de réjouissance, selon l'habitude traditionnelle, sur le point culminant de la toiture.

Cette besogne, habituellement sans danger, n'exige guère chez celui qui la remplit que de la légèreté, de la hardiesse et de l'équilibre.

Un tout jeune charpentier de dix-huit ans, blond, rose et imberbe comme une femme, sollicita l'honneur de fixer le bouquet au faîte de l'édifice, et sa requête fut accueillie favorablement par les com-

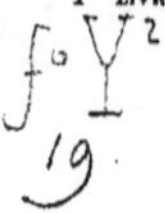

pagnons. Il s'élança joyeux, portant sur son épaule la gerbe touffue de rubans et de fleurs; — il gravit d'un pied leste les échelles superposées, il atteignit les poutres transversales de la charpente, il les escalada et il se mit à marcher avec une merveilleuse assurance sur la maîtresse poutre qui formait l'arête du toit.

Non content de ce premier succès, il voulut faire preuve d'audace, ou plutôt de témérité. — Il grimpa avec l'adresse et l'agilité d'un singe, le long d'une cheminée. — Il en franchit le sommet, sur lequel il se tint debout un instant, en équilibre, surplombant l'abîme, à peu près dans l'attitude du génie ailé dont la colonne de Juillet est le piédestal...

Les compagnons restés en bas, quoique pourvus de nerfs solides et à l'épreuve du vertige, éprouvaient en le regardant une sorte de vague terreur...

— Tonnerre!... — dit l'un d'eux, — je voudrais que cet animal-là se dépêchât de redescendre!... — J'aime pas voir un particulier faire comme ça le faraud et le joli cœur sur une seule patte à sept étages au-dessus du plancher des vaches!... — Ça me fait l'effet d'un coup de poing dans le creux de l'estomac, et je sens la racine de mes cheveux qui me pique.

Sans doute les autres compagnons approuvèrent ce petit discours, car ils se mirent à crier de toutes leurs forces, avec l'ensemble le plus parfait :

— Ohé!... imbécile de Gribouille, veux-tu revenir!... et plus vite que ça!...

Mais leurs voix, sonores et bien timbrées cependant, ne pouvaient dominer les bruits du boulevard et se faire entendre à une si grande hauteur...

Après avoir joui de son triomphe, le jeune homme qui répondait au nom, ou plutôt au surnom de Gribouille, attacha solidement le bouquet au couronnement de la cheminée et se mit en devoir de battre en retraite; mais au moment où il allait reprendre le chemin périlleux par lequel il était monté, il fit un faux mouvement, il perdit l'équilibre, et, tombant à la renverse, il disparut à tous les regards dans le gouffre béant ouvert au-dessous de lui.

Les compagnons charpentiers poussèrent un cri d'horreur et se précipitèrent ensemble derrière la maison, croyant trouver le malheureux jeune homme étendu sur le pavé et réduit à l'état de boue sanglante, car, selon toute apparence, aucun obstacle n'avait dû interrompre, ou même ralentir son épouvantable chute...

Qu'on juge de leur surprise, lorsque, ne voyant rien sur le sol et levant les yeux vers le ciel, ils aperçurent l'imprudent accroché, la tête en bas, à dix ou douze pieds, tout au plus, du sommet de la cheminée.

Un de ces hasards que rien n'empêche d'appeler miraculeux avait permis qu'un crochet de fer, destiné à soutenir une échelle, et oublié par les maçons dans la muraille nue, arrêtât Gribouille au passage et le retînt suspendu par ses vêtements.

Le jeune homme était plein de vie; — il n'avait même aucune blessure, mais il n'en valait pas beaucoup mieux pour cela, car son sauvetage offrait des difficultés prodigieuses, si ce n'est tout à fait insurmontables, et voici pourquoi :

La muraille, étant destinée à devenir mitoyenne, quand une construction voisine viendrait s'appuyer contre elle, filait d'un seul jet du sol au faîte, et n'offrait pas une seule ouverture... — Il semblait en outre impossible de venir en aide à l'infortuné depuis la toiture, et le seul moyen d'arriver jusqu'à lui, le seul, du moins, qui parût offrir quelque chance de succès, était de joindre cinq ou six grandes échelles bout à bout et de les dresser à force de bras contre le mur. — Mais il fallait beaucoup de temps pour aller chercher les échelles et pour les ajuster; — or, le temps manquait; — les vêtements du jeune homme, usés déjà sans doute, se déchiraient de plus en plus sous le poids de son corps, et, d'une minute à l'autre, ils allaient se rompre complétement...

Le malheureux comprenait à merveille toute l'horreur de cette situation. — Il poussait des gémissements lamentables, et, par ses mouvements convulsifs, il augmentait le péril et rapprochait le dénoûment prévu et en apparence inévitable.

Déjà la foule s'arrêtait sur le boulevard, devant la maison... — Déjà les curieux, instruits, on ne sait comment, du drame terrible qui se jouait entre ciel et terre, envahissaient les terrains d'où l'on pouvait suivre les péripéties de ce drame.

— Aux échelles!... — crièrent tous les compagnons charpentiers à l'exception d'un seul. — Aux échelles!...

— Ils arriveront trop tard!... — murmura entre ses dents celui qui n'avait rien dit.

Il suivit cependant ses camarades, mais au lieu de se joindre à eux pour le travail auquel ils se livrèrent aussitôt avec une fiévreuse ardeur, il prit une corde, s'assura qu'elle était solide, la roula autour de ses reins et s'élança vers les hauteurs de la maison...

— Où vas-tu donc, Pierre Landry?... — lui demanda l'un des charpentiers.

— Essayer de sauver Gribouille... — répondit-il simplement.

Les compagnons haussèrent les épaules.

— C'est un fou!... — dit à demi-voix celui qui venait de l'interroger — il ne fait rien comme personne... — il se cassera le cou là-haut, sans être plus utile à Gribouille qu'une cinquième roue à un omnibus...

— Ça le regarde! — répliqua philosophiquement un vieux contremaître. — Chacun est le maître de sa peau!...

Pendant que ces paroles s'échangeaient au rez-de-chaussée, Pierre Landry montait toujours.

C'était un homme d'une quarantaine d'années, de taille moyenne, très-maigre et très-pâle, avec des cheveux noirs touffus et déjà grisonnants. — Ses traits offraient une régularité, et même une distinction remarquables; — son visage exprimait habituellement une mélancolie profonde, une incurable tristesse, dont nous ne tarderons point sans doute à connaître les causes.

Il atteignit l'étage supérieur en quelques secondes, il escalada la charpente, comme le jeune compagnon l'avait fait avant lui, et il se dirigea vers la cheminée au-dessus de laquelle se trouvait le bouquet enrubané qu'éclairait un joyeux rayon de soleil.

Là, il ne s'arrêta que le temps strictement nécessaire pour reprendre haleine, et il se mit en devoir d'accomplir la partie difficile et périlleuse de sa tâche...

Cette tâche, on va le voir, demandait autant de résolution et de présence d'esprit que de force et d'audace.

Pierre Landry commença par fixer à une poutrelle, tout près de la cheminée, l'une des extrémités de la corde, puis il attacha l'autre extrémité autour de sa taille, en ayant soin de laisser libre et flottant un bout d'une longueur d'un mètre et demi ou deux mètres...

Ceci fait, il se hissa sur la partie supérieure de la charpente, et il vit, immédiatement au-dessous de lui, le jeune homme suspendu, dont les gémissements devenaient très-faibles, car la manière dont il était accroché amenait à sa suite une véritable asphyxie; — il entendit les clameurs de la foule et les applaudissements frénétiques qui retentirent à son aspect; — il saisit des deux mains la corde; — il se laissa glisser dans l'espace, et il se trouva avec la rapidité de l'éclair à côté de Gribouille.

— Sauvez-moi... au nom de Dieu!... — murmura ce dernier d'une voix étranglée et avec une sorte de râle.

— Je suis ici tout exprès pour cela... — répondit Pierre Landry, et, en lui-même, il ajouta : — Diable!... il n'était que temps!...

Il était temps, en effet, grandement temps!... — Le vêtement de Gribouille, sollicité par la pesanteur du corps et par ses mouvements désordonnés, achevait de se rompre, et ses derniers craquements annonçaient qu'il allait céder tout à fait. — Une seconde de plus, peut-être, et la catastrophe s'accomplissait!...

Pierre Landry ne laissa pas s'écouler cette seconde.

Il souleva par les épaules le jeune charpentier, qui se trouva instantanément soulagé en cessant d'avoir la tête plus basse que les pieds, et il lui attacha sous les bras le bout de la corde resté disponible.

Tout ce qui précède s'était accompli prodigieusement vite.

— Garçon — dit alors le sauveteur — te voilà mieux que tu n'étais, pas vrai?...

— Oh! oui!... — répliqua Gribouille avec conviction — je suis bien, tout à fait bien, présentement, et je vous dois grande reconnaissance, Pierre Landry...

— Inutile de parler de ça... — espérons que tu en seras quitte pour la peur et pour une culotte déchirée... — Cependant le plus rude de la besogne n'est pas encore fait... — te sens-tu capable de t'aider un peu?...

— Pas trop, Pierre Landry... — je ne me crois guère propre à grand'chose pour le quart d'heure... — j'ai comme une faiblesse générale dans les bras et dans les jambes, sans compter que le reste n'est pas fort...

— Je comprends ça... — Dame! tu n'étais point à la noce, et ça t'a fait de l'effet, mon pauvre Gribouille!... — mais, enfin, j'imagine que tu pourras bien me tenir à bras-le-corps, cependant.

— Oh! pour ce qui est de ça, je le crois...

— Alors, empoigne, et serre de toutes tes forces... — tu seras moins lourd pour remonter là haut, et moins difficile à manier...

Gribouille obéit de son mieux, et Pierre Landry, saisissant de nouveau la corde, commença son ascension à la force des poignets, en remorquant Gribouille après lui.

Ainsi qu'il venait de le dire un instant auparavant, la besogne était rude en effet, — d'autant plus rude que le charpentier, dans sa précipitation, avait oublié de faire des nœuds de distance en distance, et que la corde, violemment tendue, meurtrissait ses mains, les ensanglantait, et qu'il lui fallait des efforts inouïs pour l'empêcher de glisser entre ses doigts.

A deux ou trois reprises, Pierre Landry, complétement épuisé, fut au moment de s'avouer vaincu. — Mais son énergie morale le soutint et il continua d'avancer...

Il lui fallut près de dix minutes pour franchir une distance de trois mètres!... et dix minutes, en de telles circonstances, c'est un siècle!...

Enfin il atteignit le rebord de la toiture; — il franchit ce rebord et le fit franchir à Gribouille...

Les deux hommes étaient sauvés!...

Au moment où ils disparurent aux regards de la foule entassée sur tous les points du boulevard Beaumarchais, et encombrant les fenêtres, les balcons, les lucarnes, des cris d'enthousiasme s'élevèrent, tellement unanimes et retentissants, qu'ils furent entendus à plusieurs kilomètres dans Paris.

Le conducteur chef des travaux, arrivé depuis un instant, attendait Pierre Landry et Gribouille sur le plancher provisoire du sixième étage de la maison. — Les compagnons charpentiers s'y trouvaient également. — Mis au fait de ce qui se passait par les exclamations des spectateurs haletants, ils avaient abandonné l'inutile travail des échelles.

Le conducteur chef serra les mains de Landry, qui ne semblait pas le moins du monde orgueilleux de son sublime et heureux dévouement, et que tous les compagnons voulurent embrasser.

Gribouille, lui, se soutenait à peine. — Il chancelait sur ses jambes, et les brillantes couleurs de ses joues avaient complétement disparu.

L'un des charpentiers tira de sa poche une petite bouteille clissée d'osier et la présenta à Pierre Landry.

— Qu'est-ce que cela? — demanda ce dernier.

— C'est de l'eau-de-vie, et de la bonne...

— Merci, Matthieu... — je n'en bois jamais...

— Bah!... une fois n'est pas coutume... — tu viens de te fatiguer beaucoup... une gorgée de vieux cognac te fera du bien...

Pierre Landry secoua la tête et repoussa la petite bouteille avec un geste empreint d'une telle détermination que le charpentier ne crut pas devoir insister.

— Et toi, Gribouille — fit-il en se tournant vers le jeune homme — en veux-tu?...

Gribouille répondit affirmativement, tendit la main d'un air empressé et appuya contre ses lèvres le goulot de la fiole.

Quand il la rendit à son propriétaire, elle était presque vide!... le sang revenait à son visage, et ses jambes paraissaient beaucoup plus fermes...

— Mes amis — dit alors le conducteur chef — je suis chargé, selon l'usage, par M. Léon Durand, notre entrepreneur, de vous offrir un banquet pour fêter la finition des travaux et la pose triomphale du bouquet... — L'accident qui vient d'avoir lieu n'ayant pas amené, grâce au ciel, de suites fâcheuses, ne changera rien à nos projets... — Le repas est commandé pour cinq heures!... — Nous boirons en l'honneur du bouquet et en l'honneur de Pierre Landry, dont le courage et le sang-froid sont au-dessus de tout éloge!... — Allez faire un bout de toilette, mes amis, et venez me rejoindre à cinq heures précises au restaurant des Marronniers, à Bercy!...

— Vive M. Durand!... — crièrent les compagnons en agitant leurs casquettes. — Vive Pierre Landry!...

II. — LA VEUVE GIRAUD.

— Surtout — reprit le conducteur chef — soyez exacts!...

— Oh! pour ce qui est de ça, vous pouvez dormir en paix!... — répondit un vieux compagnon. — Pas de danger qu'on manque à l'appel, quand il s'agit de trinquer gaiement avec les amis, devant un *fricot* numéro un, aux frais d'un brave homme d'entrepreneur, et personne n'aura sa bassinoire en retard...

— C'est entendu, mes amis... à cinq heures, aux Marronniers...

— A cinq heures... aux Marronniers... — répétèrent les compagnons, qui prirent aussitôt le chemin de leurs logis respectifs pour aller revêtir leurs vêtements de gala.

Pierre Landry resta seul avec le conducteur chef.

— Est-ce que vous avez quelque chose de particulier à me demander, mon brave? — lui dit ce dernier.

— Oui, monsieur Raymond... j'ai quelque chose...

— Eh bien! parlez... — que puis-je pour votre service?...

— Je veux tout simplement vous prier de me faire savoir si je puis me dispenser d'assister au banquet que M. Durand donne aux compagnons?...

Le conducteur chef regarda le charpentier d'un air stupéfait.

— Comment! — s'écria-t-il — vous voudriez ne point venir au repas?...

— Oui, monsieur Raymond, si toutefois, bien entendu, la chose ne vous paraissait pas inconvenante...

— Dédaignez-vous donc vos camarades, Pierre Landry?... — Ce serait mal! ce serait très-mal!...

— Ah! par exemple, que Dieu m'en préserve!... — balbutia le charpentier — je ne dédaigne personne au monde!... — j'aime et j'estime tous les compagnons, et je sais parfaitement qu'ils valent mieux que moi...

— Eh bien, alors, pourquoi cette abstention?...

— Je vas vous dire, monsieur Raymond... — Le repas sera gai et joyeux, n'est-il pas vrai?...

— Je l'espère bien!...

— Voilà justement la chose... — Avec des gens joyeux, faut être joyeux soi-même... — Or, je n'ai pas le cœur à la joie... — je serais là comme un trouble-fête...

— Vous êtes triste, Pierre Landry?...

— Oui, monsieur Raymond... — triste comme un enterrement... c'est le mot...

— Avez-vous, dans votre famille, quelqu'un qui soit dangereusement malade?...

— Je n'ai plus de famille, monsieur Raymond... — Je n'ai, dans le monde entier, qu'une petite fille... et — (que Dieu en soit béni!...) — ma Denise se porte bien...

— Avez-vous perdu quelque ami bien cher?...

Un sourire plein d'amertume vint aux lèvres de Pierre Landry.

— Des amis!... — répéta-t-il — je n'en ai jamais eu...

— Alors, d'où vient donc votre tristesse?...

Le charpentier parut hésiter avant de répondre. — Le conducteur chef ajouta vivement :

— Remarquez que c'est uniquement par intérêt pour vous que je vous adresse cette demande...

— Oh! je le sais bien!... — répliqua Landry — je connais vos bonnes intentions... — Si je suis triste, monsieur Raymond, c'est pour des chagrins que j'ai et que je ne peux pas vous dire...

— Dans ce cas, mon ami, je vais répondre purement et simplement à la question que vous m'adressiez tout à l'heure... — En d'autres circonstances, peut-être, pourriez-vous vous dispenser d'être des nôtres. Mais aujourd'hui, après ce qui s'est passé il n'y a qu'un instant, vous serez en quelque sorte le héros de la fête, et votre absence inexplicable troublerait la joie des braves gens qui doivent s'asseoir à table avec vous!... — Il ne faut pas vivre pour soi tout seul, en ce bas monde, Pierre Landry, il faut un peu penser aux autres, et vous n'avez pas le droit d'attrister vos camarades qui vous aiment et qui comptent sur vous...

— Comme ça, monsieur Raymond — murmura le charpentier — il faut que je paraisse au repas?...

— Oui... il le faut absolument...

— Ça suffit, monsieur Raymond, on ira...

— Et, vous ferez bon visage?

— Oui, murmura Raymond, on tâchera...

— C'est trop vague, cela, Pierre Landry... — je veux une promesse positive...

— Eh bien! monsieur Raymond, je vous promets de renfoncer mon chagrin au dedans de moi-même, et de ne le laisser voir à personne ..

— A la bonne heure... — je compte sur votre engagement, et je vous le rappellerais au besoin... — Allons, Pierre Landry, une poignée de main, et à ce soir...

— C'est bien de l'honneur pour moi!... — balbutia le charpentier en présentant sa main calleuse au conducteur chef; puis il ajouta : — A ce soir, monsieur Raymond...

8

En 1839, les bords du canal Saint-Martin ne ressemblaient guère à ce qu'ils sont aujourd'hui.

Non-seulement le canal lui-même n'était pas recouvert, dans la presque totalité de son parcours, par une voûte sur laquelle les soins de l'édilité parisienne ont créé de nombreux massifs de fleurs et de verdure, mais encore, à cette époque, de hideuses maisons, ou plutôt des masures, occupaient la place de la plupart des vastes et belles constructions qui charment aujourd'hui les regards.

Pierre Landry, après avoir mis une blouse blanchâtre, tout élimée, par-dessus ses vêtements de travail, se dirigea vers le quai où il avait son logement; — il poussa la porte d'une allée fétide, il gravit les marches chancelantes d'un escalier étroit, sombre même en plein midi, et arrivé au cinquième étage, c'est-à-dire sous les toits de la maison, il tira de sa poche une clef et il pénétra dans une chambre dont l'aspect misérable était caractéristique, et dont la description sera courte.

Figurez-vous une petite pièce carrée, mansardée, mal éclairée par une fenêtre en tabatière, pratiquée dans la toiture.

Les murailles n'avaient certainement point été blanchies depuis plus de vingt ans, et portaient les traces de tous les locataires qui s'étaient succédé dans ce bouge.

Le mobilier consistait en un lit, qui méritait mieux le nom de grabat, — en une armoire de bois blanc, une table boiteuse, deux chaises de paille et un berceau vide.

Le berceau, élevé sur une sorte de petit socle habilement construit, semblait l'objet d'un culte particulier. — Dans cette mansarde où tout était sale et repoussant, les rideaux offraient une blancheur immaculée, et sur son traversin reposait une fraîche couronne de roses artificielles, si bien imitées qu'on aurait pu les croire véritables...

Ce n'est pas tout; — un objet — (bien vulgaire cependant) — suspendu contre la muraille, devait causer un attendrissement involontaire. — C'était, sous un verre bombé, et dans un cadre de faux palissandre, un de ces bouquets de fleurs d'oranger que portent les mariées de la classe populaire. — Un long voile de deuil cachait entièrement le bouquet que la transparence de ce voile laissait seulement deviner.

Pierre Landry, après avoir refermé la porte derrière lui, s'agenouilla devant ce cadre vers lequel il éleva ses deux mains jointes et parut lui adresser une silencieuse et fervente prière. — Ses lèvres s'agitaient, ses yeux se remplissaient de larmes qui tombaient une à une sur sa joue, sans qu'il parût songer à les essuyer.

Au bout de quelques secondes il se releva, il ouvrit l'armoire, il en tira des vêtements d'une coupe un peu vieillie, mais d'un drap fin et d'une irréprochable propreté.

Quand il eut soigneusement rasé sa barbe bleuâtre, et quand sa toilette fut finie, il avait vraiment bon air et portait son costume de citadin avec plus d'aisance que ne le font d'habitude les ouvriers endimanchés, mais son visage conservait l'expression de sombre tristesse dont il semblait avoir l'habitude.

L'horloge d'une fabrique voisine sonna trois heures.

— Je vais aller voir Denise... — murmura Pierre Landry. — En ne restant pas trop longtemps près d'elle, et en marchant d'un bon pas, je trouverai bien moyen d'être arrivé à Bercy avant cinq heures... — En même temps — ajouta-t-il — je payerai le mois courant à la mère Giraud...

Il ouvrit de nouveau l'armoire; — il y prit cinq pièces de cinq francs qu'il mit dans la poche de son gilet, et, quittant sa mansarde, puis la maison, il alla traverser le canal sur le pont tournant qui fait suite à la rue du Faubourg-du-Temple, et il se dirigea vers les hauteurs de Belleville en gravissant la pente ardue de la rue de Paris.

A l'extrémité supérieure de cette rue, existait alors une maisonnette d'un aspect tout à fait champêtre.

Un jardin de cent cinquante ou deux cents mètres de superficie la séparait de la voie publique, et ce jardin avait pour clôture, au lieu de murailles, une simple haie d'épines, tellement touffue et si bien hérissée de piquants que l'escalade ou la rupture en auraient été malaisées.

Derrière la maison s'étendait une basse-cour entourée d'étables, où l'on entendait les mugissements des vaches et les bêlements des chèvres. — De longues cabanes en planches, fermées par des grillages de fil de fer rouillé, laissaient voir de beaux lapins gris et blancs broutant des feuilles de choux. — Deux ou trois douzaines de poules et cinq ou six coqs à la fière encolure gloussaient et picoraient sur les fumiers.

L'ensemble de cette propriété était loué à une brave femme, la veuve Giraud, faisant depuis quelques années le métier de nourrisseur, sans en retirer de grands profits, sans doute parce que sa conscience lui défendait de baptiser le lait de ses vaches et celui de ses chèvres avant de l'envoyer vendre aux habitants de Paris.

Pierre Landry souleva le loquet de la première porte; — il traversa le jardin et il entra dans la maison.

La veuve Giraud, femme courte et rondelette, d'une cinquantaine d'années, assez mal conservée mais très-soigneuse de sa personne, était assise, ses lunettes sur le nez, et elle additionnait péniblement les colonnes de chiffres d'un gros livre placé devant elle sur une table.

Une petite fille d'environ quatre ans, un peu frêle, mais délicieusement jolie, jouait à côté de la table avec une poupée de vingt-cinq sous.

L'entrée du charpentier fit lever la tête à la veuve.

— Tiens, vous voilà, Pierre Landry... — dit-elle en ôtant ses lunettes et en replaçant sa plume dans l'encrier. — Comme vous voilà brave!... — Ce n'est pourtant pas dimanche aujourd'hui... — par quel hasard?... — est-ce que vous êtes de noce?...

La petite fille ne laissa point au nouveau venu le temps de répondre. — Elle courut à lui de toute la vitesse de ses jambes, et elle s'élança dans ses bras en s'écriant, d'une voix que la joie faisait trembler:

— Papa!... papa!... quel bonheur!...

Pierre Landry, le cœur gonflé d'émotion, les yeux remplis de larmes tout à la fois douces et tristes, appuya l'enfant contre sa poitrine et l'embrassa longuement, en balbutiant entre ses baisers:

— Oui, mon enfant, oui, ma Denise chérie, c'est ton père... ton père qui t'aime plus que sa vie... cent fois plus! — cent fois plus!...

Après quelques secondes de cette étreinte passionnée, le charpentier posa par terre la petite fille, et dit à la veuve:

— Vous croyez que je suis de noce, ma bonne madame Giraud, et vous ne vous trompez pas de beaucoup... — Nous avons terminé ce matin la charpente d'une maison neuve, et l'entrepreneur nous donne à dîner ce soir à Bercy...

— Ah! ah! — je comprends... — C'est pour ça que vous avez endossé le fin Elbeuf des dimanches, coiffé le castor des jours de fêtes, et que vous êtes venu voir Denise...

— Tout juste, ma bonne madame Giraud! — voilà la chose en deux mots... — Je ne vous questionne pas pour savoir comment se porte cette chère petite...

— Et vous faites bien!... — interrompit la veuve; — sa mine répond pour elle et pour moi...

— Ah! le fait est que ses belles petites couleurs réjouiraient les anges du bon Dieu... — s'écria Pierre Landry en embrassant de nouveau sa fille. — Elle a des joues roses de chérubin, cette mignonne!... — Puis, il ajouta: — Voici les vingt-cinq francs du mois courant, ma bonne madame Giraud...

— C'est bien... c'est bien... mettez vos écus là, sur la table... — oh! je sais que vous êtes exact!...

— Et n'allez pas croire — poursuivit le charpentier — que je me figure être quitte envers vous toutes les fois que je vous ai donné la somme convenue... — oh! que non!... — pas si nigaud et pas si ingrat!... — Cent écus par mois, et même plus, ne payeraient point votre tendresse et vos soins pour Denise...

La veuve soupira profondément.

— Oui... oui... — murmura-t-elle — je l'aime bien, cette petite, je l'aime aussi tendrement que j'aimerais ma propre enfant, si j'en avais une... et je sens que ça me fera grand mal au cœur, et que je pleurerai toutes les larmes de mes yeux, si je suis forcée de m'en séparer...

— Vous en séparer!... — répéta Pierre Landry avec stupeur.

— Hélas! oui... peut-être... bientôt...

— Mais pourquoi cela, ma bonne madame Giraud?...

— Ah!.. pourquoi...

Et la veuve soupira de nouveau.

— Vous m'aviez promis — continua le charpentier — de garder Denise jusqu'au jour où je pourrais la prendre avec moi pour tenir mon ménage... et ce jour n'est pas proche, — car il n'arrivera guère que dans une douzaine d'années, au plus tôt... — Est-ce que vous ne vous souvenez pas de votre promesse, ma bonne madame Giraud?...

— Si... si... je m'en souviens parfaitement... — oh! ce que j'ai promis une fois, je ne l'oublie jamais...

— Eh bien! alors?

— Mais que voulez-vous? — poursuivit la veuve — il y a des circonstances dans la vie qui rendent le bon vouloir inutile!... il arrive des choses terribles, qu'on ne pouvait pas prévoir et qu'on ne peut pas empêcher... — Alors on n'est plus maître de sa volonté, ni de ses actions... — on manque à ses promesses malgré soi...

La mère Giraud s'interrompit.

— Je cherche à vous comprendre... — murmura le charpentier — mais tout ce que vous me dites est de l'hébreu pour moi...

— Ecoutez — reprit la bonne femme — je vas vous raconter la chose en deux temps... aussi bien, d'ici à une semaine, j'en ai peur, ça ne sera plus un mystère pour personne... — Vous savez, Landry, que je n'ai jamais fait de mal et jamais fait de tort à quiconque...

— Jamais!... au grand jamais!... — s'écria le père de Denise — vous êtes la meilleure et la plus brave personne de la terre entière, et tout un chacun le reconnaît...

— Eh bien! telle que vous me voyez, je vais probablement, d'ici à huit jours, me voir sans asile et sans pain, et forcée de tendre la main à la charité publique, si je ne trouve pas quelque place de femme de ménage pour vivre...

— Vous, ma bonne madame Giraud!... — vous!... une personne établie!...

— Céla vous étonne, n'est-ce pas?

— C'est-à-dire que je ne puis en croire mes oreilles!

— C'est la vérité, cependant... la triste vérité...

— Mais, comment?...

— Ah! voilà... — j'ai eu des malheurs... — on avait confiance, parce qu'on savait que j'étais honnête... on me vendait des bestiaux et du fourrage à crédit... — Je faisais des billets et je les payais régulièrement, quoique l'état de nourrisseur à Belleville soit un pauvre état, quand on veut le faire honnêtement... — J'ai perdu trois vaches en quinze jours... j'en devais le prix... — Neuf cents francs!... une somme énorme pour moi!... — On a protesté mes effets... — Quand le marchand de fourrage a su cela, il est venu me réclamer d'un seul coup tout l'arriéré... — il était dans son droit, cet homme!... il n'est pas plus riche qu'il ne faut... — Je n'avais à lui donner que des paroles, et point d'argent... — les huissiers ont fait leur métier... — les frais, les jugements et tout ce qui s'ensuit sont arrivés... — J'ai écrit à un vieux parent que j'ai au pays... je lui ai demandé de me prêter quatre mille francs... — il est garçon et il a du bien... — j'attends sa réponse... — elle arrivera peut-être demain... — s'il envoie l'argent, je suis hors d'affaire... — s'il refuse de m'aider, je vais être mise en faillite, et peut-être même en prison pour dettes... — on vendra tout ici, par autorité de justice, et je resterai sans ressource, comme je vous le disais tout à l'heure... — Vous voyez bien, Pierre Landry, que dans des circonstances pareilles, je serai forcée de vous rendre notre pauvre chère petite Denise... — vous comprenez cela, n'est-ce pas?...

Le charpentier ne le comprenait que trop bien...

Il gardait le silence, mais ses yeux humides et sa physionomie désolée parlaient éloquemment pour lui.

— Ah! ma bonne madame Giraud — s'écria-t-il enfin — Dieu m'est témoin que si je pouvais vous tirer d'embarras en donnant une pinte de mon sang, je n'hésiterais pas une minute!...

— Je vous crois, Pierre Landry! — répliqua la veuve avec un sourire mélancolique — vous êtes un brave homme aussi, vous, mais votre sang est bien où il est, et il ne changerait rien à l'affaire...

— Je tâcherai de venir demain, sur le tard, après ma journée finie, savoir si vous avez reçu une réponse de votre parent de province, et s'il consent à ce que vous lui demandez...

— C'est ça, mon garçon... — je vous conterai la fin de la chose, puisque vous en savez déjà le commencement... et en même temps vous embrasserez la fillotte... — Mais je ne compte guère sur mon parent, et je vous conseille de n'y pas compter beaucoup vous-même, et de vous occuper dès aujourd'hui de ce que vous ferez de Denise si je ne puis pas la garder...

L'heure s'était écoulée pendant l'entretien qui précède; — il ne restait au charpentier que tout juste le temps nécessaire pour arriver à Bercy sans se faire attendre.

Il appuya Denise contre son cœur une dernière fois; — il serra les mains de la mère Giraud, et il s'éloigna, le cœur gonflé par une angoisse indéfinissable, et se demandant où il trouverait pour sa petite fille un asile sûr, s'il arrivait malheur à la veuve, chose qui ne semblait, hélas! que trop probable!...

III. — LE BUVEUR D'EAU.

Le *Restaurant des Marronniers*, à Bercy, tient aujourd'hui son rang d'une façon très-convenable parmi les établissements du même genre qui pullulent aux environs de Paris. — A coup sûr sa clientèle est moins élégante que celle du *Pavillon d'Armenonville*, au bois de Boulogne, mais elle se compose de gens riches, aimant à bien vivre et sachant apprécier les mérites réunis d'une bonne cave et d'un habile cuisinier.

En 1839, le restaurant des Marronniers occupait une position moins élevée, et se classait parmi les guinguettes où le classique *Salon de cent couverts* attire les noces bourgeoises et se prête aux repas de corps.

Au moment où cinq heures sonnaient à toutes les horloges de Bercy, le conducteur chef, chargé par l'entrepreneur de présider au banquet, descendait d'un cabriolet de place devant la porte du restaurant.

Les charpentiers l'entourèrent aussitôt.

— Vous voyez, mes amis, que je suis d'une irréprochable exactitude... — leur dit-il. — Sommes-nous au complet?..

— Il ne manque plus que Pierre Landry... — répondirent deux ou trois voix.

— Dans ce cas, montons toujours... — Pendant que nous nous mettrons à table, Pierre Landry arrivera...

Un des garçons du restaurant, correctement vêtu de noir et cravaté de blanc, passa le premier afin de montrer le chemin aux compagnons.

La salle choisie pour le festin était la principale pièce du premier étage. — Elle servait de passage pour arriver aux autres salons, et les hôtes des étages supérieurs la traversaient nécessairement pour descendre; mais, dans cette saison et pendant la semaine, les dîneurs étaient peu nombreux, et les charpentiers ne couraient point risque d'être souvent interrompus.

La table, somptueusement éclairée par un grand nombre de bougies, offrait un coup d'œil très-réjouissant pour de robustes estomacs. — Elle était chargée de mets plus solides que délicats, vastes pâtés, jambons de grande taille, gigantesque brochet au bleu, etc., etc. — Plusieurs réchauds restés vides attendaient les entrées, les rôtis, les entremets, enfin tout ce qui constitue l'ordonnance d'un repas confortable et bien entendu.

Auprès de chaque assiette quatre verres, grands et petits, s'étalaient en bon ordre et promettaient, aux buveurs émérites, de fréquentes et ferventes libations.

Une seule chose manquait sur la table, et nous prenons sur nous d'affirmer qu'elle était oubliée à dessein, c'étaient des carafes remplies d'eau.

Tandis que les compagnons charpentiers témoignaient tout haut leur admiration en face de choses si grandement faites, Pierre Landry arriva et son entrée fut saluée chaudement par ses camarades.

Le conducteur chef s'approcha de lui et l'emmena dans une embrasure.

— Eh bien! mon brave! — lui dit-il — j'avais votre promesse... je comptais sur vous, et, quoique vous arriviez le dernier, vous n'êtes cependant pas en retard... — Vous trouvez-vous mieux que tantôt?... — vous sentez-vous moins triste?...

Pierre Landry secoua la tête.

— Vous êtes bien bon de vous occuper ainsi d'un pauvre diable comme moi, monsieur Raymond... — fit-il — je vous en suis très-reconnaissant.. — ma tristesse n'a point diminué, par la trop bonne raison que depuis deux heures il vient de m'arriver encore de nouveaux motifs de chagrin; mais soyez tranquille, je prendrai sur moi et les camarades ne s'apercevront de rien...

— Je m'intéresse beaucoup à vous, Pierre Landry... — reprit le conducteur chef. — Le courage et la simplicité dont vous avez fait preuve ce matin vous ont concilié toutes mes sympathies... — si je puis vous être bon ou utile en quelque chose, comptez sur moi...

Puis, sans laisser au charpentier le temps de lui répondre et de le remercier, il se tourna vers les compagnons, et il ajouta:

— A table, maintenant, mes amis!.. — que chacun s'installe à sa guise.. — je ne réserve que les deux places d'honneur; — je dois occuper l'une, puisque je représente M. Paul Durand, dont vous êtes les invités... — l'autre appartiendrait de droit à Jean Rémy, surnommé GRIBOUILLE, chargé ce matin d'attacher le bouquet sur la charpente, mais je pense que Jean Rémy cédera bien volontiers cette place à son généreux sauveur, Pierre Landry...

— Non-seulement je lui cède ma place... — répliqua Gribouille avec effusion — mais, s'il me demandait ma vie, je la lui donnerais de grand cœur!...

— Bravo, Gribouille!... — s'écrièrent les compagnons avec un ensemble parfait. — Bravo!... c'est bien parler!... — Gribouille, tu es un brave garçon!...

Pierre Landry essaya de faire quelques timides observations. — On lui imposa joyeusement silence; on fixa à sa boutonnière un flot de rubans pareils à ceux qui décoraient le bouquet, et on le porta pour ainsi dire en triomphe jusqu'à la chaise placée vis-à-vis de celle qu'allait occuper M. Raymond.

Il se trouvait ainsi le visage en pleine lumière, et faisant face à la porte d'entrée du grand salon. — Nous insistons à dessein sur ce détail qui doit avoir son importance.

Tout le monde s'assit.

— Canonniers, à vos pièces!... — cria M. Raymond dont la nature était facétieuse, et qui se permettait volontiers d'innocentes et triviales plaisanteries.

Trois garçons du restaurant firent aussitôt preuve de zèle et d'activité, et placèrent devant chaque convive une assiette de potage ultra-bouillant.

Pendant quelques secondes on n'entendit que le bruit des cuillers et les grognements sourds des dineurs trop pressés qui se brûlaient...

Après cette rapide entrée en matière, le sommelier parut avec des bouteilles de madère .. — Tous les verres se tendirent vers lui, à l'exception de celui de Pierre Landry.

— Madère, monsieur, madère sec... — fit le sommelier quand il fut arrivé auprès du père de Denise.

— Je n'en prendrai pas... — répondit ce dernier, — et je vous prierai d'avoir la complaisance de me faire donner une carafe d'eau...

Ces paroles furent accueillies par une exclamation universelle.

— De l'eau!... — s'écrièrent les compagnons. — Il a demandé de l'eau!...

— Du ratafia de grenouilles!...

— Du bouillon de canards!...

— Que diable en veut-il faire?...

— Ça serait donc alors pour se laver les mains, car, quant à ce qui est de boire de l'eau devant les amis, je le crois incapable d'une inconvenance si grande que ça!...

Une voix fredonna, sur un air connu, ces deux vers célèbres d'une vieille chanson :

« Les buveurs d'eau sont des méchants!...
« C'est bien prouvé par le déluge!... »

Cependant l'un des garçons avait placé la carafe demandée auprès de Pierre Landry, qui, sans paraître s'inquiéter le moins du monde des exclamations heurtées et croisées autour de lui, venait d'avaler une ample rasade du liquide incolore et transparent.

Une stupeur profonde et générale suivit cette action audacieuse.

— Il a vidé son verre!... — dit un vieux contre-maître dont le nez bulbeux et semé de rubis annonçait toute autre chose que la sobriété.

— Et sans faire la grimace, encore, ce qui prouverait qu'il est coutumier du fait!... — ajouta un autre compagnon.

— Ah çà, Pierre Landry, deviens-tu fou?...

— Sais-tu que tu ne feras pas de vieux os, si tu te traites de cette façon-là!...

— L'eau froide, vois-tu, c'est de *la* poison!... — Rien n'est plus dangereux pour *la* pauvre estomac... — C'est l'eau qu'est la seule et unique cause de tous les *rhumabatistes*, dont auxquels la pauvre humanité est affligée...

— Enfin voyons, réponds, Pierre Landry, c'est-il par goût ou par punition de tes péchés que tu t'es mis à ce vilain fichu régime-là?...

Cette question nettement formulée interrompit pour une seconde le feu roulant d'épigrammes et de bons conseils qui tombaient sur le charpentier.

M. Raymond profita de cet instant de silence pour intervenir officieusement.

— Ah çà, mes amis, — dit-il, — de quoi diable vous mêlez-vous?.. — Chacun n'est-il plus le maître d'agir à sa guise?... — Que vous importent les façons de vivre d'un camarade, pourvu qu'elles ne portent préjudice à personne?... — Si ses habitudes ne vous conviennent pas, il n'a point sans doute la prétention de vous les faire partager... — Il boit de l'eau parce que ça lui plait... — Buvez du vin, vous qui l'aimez mieux, et laissez faire les autres...

— Grand merci, monsieur Raymond, de vouloir bien prendre la peine de me défendre comme vous le faites... — dit à son tour Pierre Landry, — mais je me serais bien défendu tout seul... d'autant que les attaques ne sont guère méchantes... — Je ne condamne jamais personne... — Je ne me permets pas de blâmer ceux qui font de la bouteille leur maîtresse et leur dieu!... — Ça les regarde et ça ne regarde qu'eux... — Quand, le dimanche et le lundi, je rencontre sur mon chemin des compagnons trébuchant, battant les murailles et trouvant les pavés trop gras, parce qu'ils sortent du cabaret et qu'ils en ont pris plus qu'ils n'en pouvaient porter, je ne dis pas que je les admire, mais je les laisse passer sans les assommer de mes reproches et les cauchemarder de mes conseils... — Si j'étais à leur place j'agirais peut-être comme eux, et je ne voudrais pas qu'on y prît garde... — Je ne suis point un fanfaron de sobriété.. — J'ai aimé le vin.. — j'en ai bu autant qu'un autre peut être... — Un beau jour, je me suis aperçu qu'il me faisait mal et j'ai cessé d'en boire... — Voilà l'histoire... — Vous voyez que ce n'était pas la peine d'y faire attention et de vous en occuper si longtemps... — Là-dessus, si vous le voulez bien, nous parlerons d'autre chose, mais d'abord, et avant tout, je vide ce verre d'eau de bon cœur à la santé de M. Raymond, et à celle de vous tous, mes amis...

Et le charpentier, en disant ce qui précède, joignit l'action aux paroles.

Ce petit discours, parfaitement simple et logique, ferma la bouche aux railleurs.

Du moment que Pierre Landry se mettait au régime hydrothérapique par la raison très-naturelle que le vin le rendait malade, il n'y avait plus lieu de le bombarder d'épigrammes. — Ceci fut compris par tout le monde. — La réaction s'opéra instantanément, et les charpentiers s'écrièrent avec une parfaite unanimité :

— Vive Pierre Landry, le buveur d'eau!...

A partir de ce moment, et pendant la première partie du banquet, l'entente la plus cordiale ne cessa de régner entre les compagnons; la gaieté la plus franche se manifesta, et le père de Denise fit sur lui-même de tels efforts que, malgré ses préoccupations que nous connaissons, et malgré celles que nous ignorons encore, il se montra, sinon de très-joyeuse humeur, du moins convive facile et presque souriant...

Un incident inattendu vint malheureusement assombrir la fin d'un repas si bien commencé.

IV. — UN DINEUR INSOLVABLE.

Nous avons dit dans le précédent chapitre que, pour arriver aux petits salons et aux cabinets du restaurant, il fallait traverser la grande pièce où les charpentiers étaient attablés.

On voyait de temps en temps un garçon, toujours le même, portant des plats et des bouteilles, se diriger d'un pas discret vers un cabinet voisin où la consommation devait être formidable.

Les choses se passaient d'ailleurs avec le plus grand calme et l'on entendait seulement parfois, à travers les portes closes, s'envoler de gros éclats de rire, de petits cris féminins, et des refrains de chansons à boire, mais ces bruits étaient faibles et personne n'y accordait la moindre attention dans le grand salon.

Tout à coup il se fit un mouvement considérable d'allées et de venues; — les garçons de l'établissement, au nombre de trois ou quatre, prirent à la fois le chemin du cabinet; — les éclats d'une violente discussion retentirent et le maître de la maison ne tarda point à suivre lui-même ses employés.

M. Raymond l'arrêta au passage.

— Qu'y a-t-il donc? — lui demanda-t-il — on croirait qu'il se passe là-dedans quelque chose d'extraordinaire...

— Non, monsieur, rien d'extraordinaire, — répondit le restaurateur — mais une scène très-désagréable et qui, malheureusement pour nous, ne se renouvelle que trop souvent... — Un quidam assez bien vêtu et dont la mine, sans être bonne, tant s'en faut, n'avait rien de tout à fait suspect, est venu dîner ici avec deux donzelles... — Vous comprenez qu'on ne peut pas dire aux gens, avant de les servir : — *Montrez-moi ce que vous avez dans votre porte-monnaie!...* — On éloignerait les clients de passage qui souvent sont les meilleurs... — Autant vaudrait fermer la maison!... — Bref, le quidam fit une grosse dépense, mangea du gibier, but du bon vin... Sa note se monte à cinquante francs!... et tout à l'heure, quand on lui a porté l'addition, il a négligé de la solder sous le prétexte frivole qu'il avait égaré sa bourse... — Vous comprenez que c'est une *couleur*, et que je ne donne pas là-dedans!... — Il reviendra payer demain!... — dit-il — va-t'en voir s'ils viennent, Jean!... — On lui a proposé d'envoyer un garçon avec lui, chez lui, toucher l'argent... — Il refuse, d'un air d'insolence... — Il tempête!... il menace!... — Les deux donzelles poussent les hauts cris, et tout cela est fort ennuyeux dans une maison bien tenue et qui se respecte...

— Qu'allez-vous faire?... — demanda M. Raymond.

— User d'un moyen extrême qui réussit assez souvent... — répliqua le maître du logis — je vais adresser une dernière sommation à mon chevalier d'industrie, et ensuite j'enverrai chercher la garde pour le conduire au poste...

— C'est très-bien — fit observer M. Raymond; — mais, si l'individu en question n'a pas d'argent, à quoi cela vous servira-t-il?...

— D'abord, à n'avoir pas été dindonné impunément... — Et puis voyez-vous, monsieur, ces sortes de gens ont toujours de mauvais antécédents qu'ils cachent de tout leur pouvoir... — La garde et le commissaire leur inspirent un salutaire effroi... — Ils savent bien qu'une fois entre les griffes de la police, ils n'en sortiront plus... — Au moment d'être arrêtés, ils font feu des quatre pieds et trouvent des ressources... — Ils se séparent de quelque bijou mal acquis... ou bien ils envoient chez un ami... chez un ancien complice, et, par une adroite menace de chantage, ils le décident à payer pour eux...

— Il me semble — murmura le conducteur chef avec un sourire contraint — que voilà de l'argent dont la source est bien impure...

— Ah! je ne dis pas le contraire, mais cela ne me regarde en rien... — Je n'ai même pas besoin de laver mes mains après l'avoir reçu... — On me doit, — on me paye,... — le reste n'est pas mon affaire...

— C'est juste, et je comprends que vous ayez le bon droit pour vous... — Mais, à votre place, j'aimerais mieux perdre cinquante francs que de me donner tout ce tracas...

— Là! monsieur, est-ce que c'est possible?... — s'écria le restaurateur.

— N'êtes-vous donc pas le maître chez vous?...

— Je suis le maître, assurément, et la somme en elle-même est peu de chose...

— Eh bien?...

— Mais si l'on venait à apprendre que je nourris splendidement et que je laisse partir bénévolement, sans toucher un sou, les industriels de l'espèce de mon drôle, tous les gredins affamés et gourmands de Paris et de la banlieue (et Dieu sait qu'il n'en manque pas!...) viendraient dévorer mes primeurs et mettre ma cave à sec!... — Il ne me resterait, monsieur, qu'à déposer après-demain mon bilan... — Grand merci!... — Je vais faire ma troisième et dernière sommation... — Puis, aussitôt après, au poste, vivement!...

Et le restaurateur se dirigea vers le cabinet.

Ce qui précède avait excité vivement l'attention et éveillé l'intérêt des compagnons. — Ils prêtèrent l'oreille et ils entendirent, au bout d'un instant, plusieurs voix monter à la fois au diapason le plus haut et se fondre en une cacophonie bruyante et discordante.

Cela dura quelques secondes, puis des portes s'ouvrirent avec une extrême violence, et le personnage à propos de qui tout ce tapage et tout ce scandale avaient lieu, fit une entrée peu solennelle dans le grand salon.

Il se débattait énergiquement, et avec force jurons, mais sans le moindre succès, entre les mains de deux garçons de service qui le tenaient chacun par un bras, tandis qu'un troisième le poussait par derrière et le contraignait à marcher.

Le maître de la maison venait ensuite.

Deux personnes d'âge indécis, appartenant au sexe féminin — (dont elles ne faisaient point la gloire) — fermaient la marche, exhalaient de sourds gémissements et des glapissements aigus, et cachaient à demi, dans des mouchoirs parfumés aux plus violentes essences, leurs yeux éraillés et leurs visages peinturlurés de rouge et de blanc...

Le chevalier d'industrie était un homme d'une trentaine d'années, portant sur un front bas de longs cheveux huileux, frisés et formant tire-bouchons. — Son visage maigre offrait des tons olivâtres et s'encadrait dans les massifs touffus de deux favoris à la Bergami d'un noir d'ébène. — Des moustaches de la même couleur, luisantes, effilées, et retroussées en crocs, ombrageaient sa lèvre supérieure. — Ses yeux rougis et d'une couleur douteuse lançaient des éclairs de fureur.

Le costume de ce personnage offrait une incohérente réunion des nuances les plus disparates. — Habit de cheval d'un bleu clair à larges boutons dorés et guillochés; — gilet de cachemire rouge; — cravate de satin vert émeraude; — pantalon abricot, taillé à la hussarde.

Tous ces vêtements étaient d'ailleurs absolument neufs et constituaient une élégance de barrière suffisante pour justifier ces paroles du restaurateur : *un quidam assez bien vêtu.*

A l'aspect des nombreux convives assis autour de la vaste table du grand salon, le chevalier d'industrie s'arrêta brusquement, malgré les efforts réunis des trois garçons qui le tiraient et qui le poussaient en avant, et il s'écria d'une voix retentissante :

— Messieurs, je vous prends tous à témoin des indignes procédés d'un misérable gargotier faisant violence à un galant homme, parce que ce galant homme a perdu sa bourse, ou, ce qui revient au même, parce qu'elle lui a été volée!... — Vous le voyez, messieurs, on me maltraite, on m'accable, on m'entraîne!... — Mais les choses n'en resteront pas là!... les choses iront très-loin, car, grâce au ciel, il y a une justice!...

— Eh! — réplique le restaurateur — c'est précisément parce qu'il y a une justice que je vous engage à marcher sans vous faire prier... — Vous vous expliquerez plus vite avec M. le commissaire... — Allons, en route pour le poste!... — Epargnez-moi du moins l'ennui de faire venir jusque chez moi les quatre hommes et le caporal.

Le maître du logis aurait pu parler longtemps ainsi sans être interrompu. — Le prisonnier ne l'écoutait plus.

Il regardait avec une prodigieuse et dévorante attention Pierre Landry, placé juste en face de lui, et dont le feu des bougies éclairait vivement la figure expressive et mélancolique; et, tout en le regardant, il semblait interroger au fond de sa mémoire des souvenirs vagues et confus.

Tout à coup une flamme vive rayonna dans ses yeux, illumina sa physionomie mobile et rusée, et lui donna une expression toute nouvelle.

D'un mouvement brusque il dégagea ses deux bras captifs; — il prit une pose pleine de fierté, et il dit d'un ton impérieux :

— Eh! sacrebleu!... faquins, lâchez-moi, et dépêchez-vous!... — Tout à l'heure, par le plus grand hasard du monde, je ne pouvais payer une somme insignifiante... Maintenant il n'en est plus de même... — Songez donc à me traiter avec tous les égards qui me sont dus, et que vous avez trop oubliés depuis quelques instants!...

Les manières du restaurateur se modifièrent aussitôt.

Il fit un signe à ses garçons, qui se reculèrent de deux ou trois pas, et il demanda poliment, mais avec une nuance de doute :

— Comme ça, monsieur, vous allez solder l'addition?...

— Je vais du moins — répondit le bizarre personnage — vous donner une caution bonne et valable, dont vous vous accommoderez certainement...

Le restaurateur fit la grimace et se gratta légèrement le haut de la tête avec le doigt annulaire de la main droite.

— Caution bonne et valable!... — répéta-t-il; — hum! hum!... — où diable la prendrez-vous?

— Je n'irai pas loin pour la trouver — reprit l'aventurier — car je vois ici même, à cette table, un brave garçon qui me connaît parfaitement bien... — Ce brave garçon se trouve au milieu de ses camarades, honorables soldats du travail comme lui!... — Il est entouré de l'estime universelle!... Sa moralité vous répondra de la mienne!... — Je ne suppose point que vous ayez la fantaisie de contester un témoignage aussi peu équivoque...

Les regards du maître de la maison se tournaient maintenant, avec une vive curiosité, vers la table des charpentiers, et cherchaient à découvrir, parmi les convives, celui dont le dîneur insolvable allait se réclamer avec tant d'assurance.

Les compagnons, de leur côté, s'examinaient les uns les autres. Tous semblaient également surpris; — tous également intrigués.

Le chevalier d'industrie désigna du geste Pierre Landry stupéfait, et s'écria :

— J'ai recours à toi, sans façon, mon vieux camarade, et je compte sur ton amitié comme, en une pareille occurrence, tu pourrais compter sur la mienne... — Dis bien vite à ce restaurateur

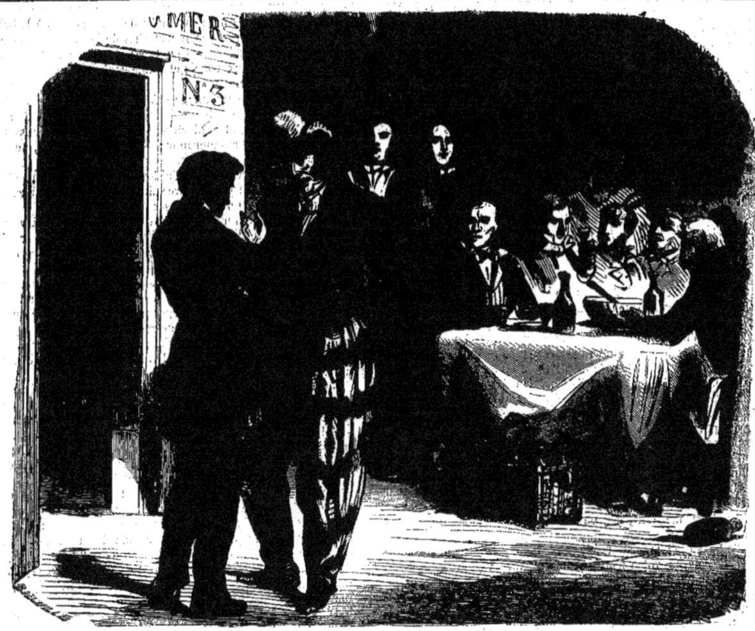

Il le conduisit dans la partie la plus reculée du grand salon, de manière à pouvoir lui parler sans être entendu. (P. 8.)

farouche, qui juge si mal les gens sur la mine, que tu réponds de moi et qu'au besoin tu réponds pour moi...

Aucune expression ne pourrait donner une idée exacte du trouble et de l'embarras du père de Denise quand il vit tous les yeux se fixer sur lui, à la suite de l'interpellation directe dont il venait d'être l'objet.

Il conserva cependant assez de sang-froid pour demander, avec une stupeur parfaitement sincère :

— Est-ce bien à moi que vous vous adressez, monsieur? — En vérité, j'ai peine à le croire...

— Comment, si c'est à toi? — Oui, certes! — A moins, cependant, que, par hasard, je ne sois le jouet d'une invraisemblable illusion! — d'une ressemblance prodigieuse!... — N'es-tu pas compagnon charpentier? Ne te nommes-tu pas Pierre Landry?...

— Je me nomme, en effet, Pierre Landry, mais...

— Mais, tu ne me reconnais pas? — interrompit l'étrange personnage.

— Je l'avoue... et je jurerais volontiers que je vous vois en ce moment pour la première fois de ma vie...

— Parfait! parfait!... je sais ce que c'est... — Mes moustaches et mes favoris sont la cause unique de cette trahison de ta mémoire!... — J'étais rasé comme une demoiselle, quand nous devînmes une paire d'amis bien intimes, et tu dois te rappeler à merveille que pendant deux ans, de 1836 à 1838, nous ne nous sommes guère quittés, ni le jour ni la nuit, tant nous étions inséparables, et que chacun disait de nous : *Ravenouillet et Pierre Landry, voilà deux gaillards qui cordent joliment ensemble!... On croirait que ce sont deux frères!...*

Le charpentier devint pâle comme un mort, si pâle qu'on put croire un instant qu'il allait perdre connaissance. — Mais il fit sur lui-même un violent effort et il balbutia, d'une voix qu'il essayait en vain de rendre assurée :

— Vous avez raison, monsieur... mes souvenirs étaient infidèles. Je vous reconnais, maintenant...

— A la bonne heure!... J'en étais sûr!... — Mais pourquoi me parler ainsi, avec une froide cérémonie?... — Je suis bon prince, et quoique ma position dans le monde soit très-évidemment supérieure à la tienne, je t'autorise à me tutoyer...

Pierre Landry, toujours livide, quitta la place qu'il occupait à table et s'approcha de Ravenouillet — puisque tel était le nom que le chevalier d'industrie venait de se donner à lui-même.

Il lui toucha le bras légèrement, pour l'engager à le suivre, et il le conduisit dans la partie la plus reculée du grand salon, de manière à pouvoir lui parler sans être entendu.

— Que voulez-vous de moi, malheureux?... lui demanda-t-il à voix basse.

— Ce que je veux de toi?... — Parbleu! tu le sais bien!... — Tire-moi de la position fausse où j'ai eu la sottise de me mettre!... Réponds pour moi au gargotier de cette gargotte!...

— Cela m'est impossible...

— Pourquoi donc?

— Je viens ici pour la première fois de ma vie... je n'y suis point connu... — D'ailleurs, un pauvre ouvrier n'a pas de crédit.

— Alors, emprunte cinquante francs, séance tenante, et solde ma note... — J'aime encore mieux cela... c'est plus simple...

— Emprunter cinquante francs?... — A qui?

— Je l'ignore, et cela ne me regarde en aucune façon... — Tout ce que je sais, c'est que je veux sortir d'ici, que je compte sur toi, puisque le hasard t'a jeté sur mon chemin, et que, si tu ne m'obéis pas à l'instant même, je dirai tout haut à ces honnêtes imbéciles et

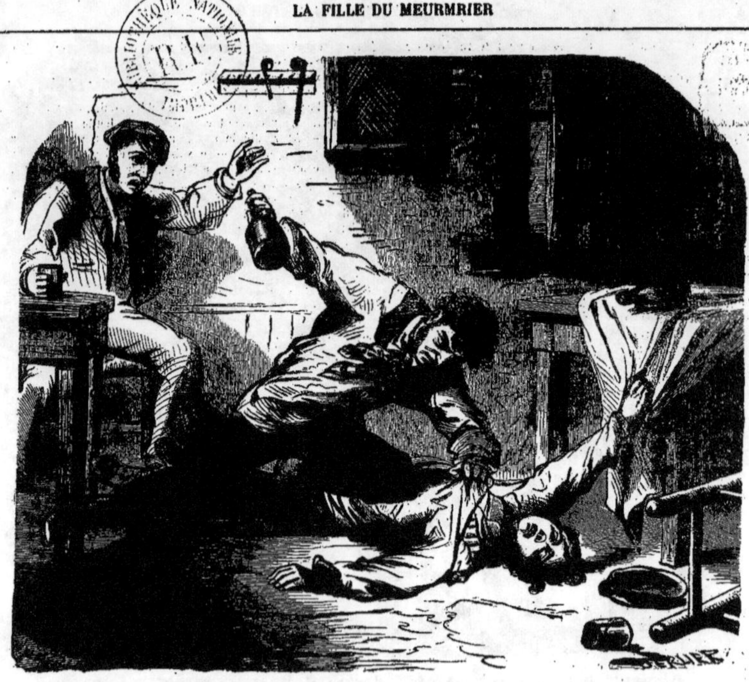

C'est à peine si je me souviens d'une lutte corps à corps, d'un affreux tumulte... (P. 13.)

quel endroit et à quel propos notre connaissance s'est faite... — Tonnerre du diable! quelle bombe!

Les dents de Pierre Landry se heurtèrent, et ses poings se serrèrent convulsivement.

— Misérable! — dit-il sourdement — crois-tu que si je te sautais à la gorge, si je t'étranglais, si je te broyais sous mes pieds, je serais coupable?...

Ravenouillet se mit à ricaner.

— Je ne sais pas si tu serais coupable... — fit-il ensuite — mais je suis parfaitement tranquille; — tu ne te passeras point la fantaisie de me tordre un peu le cou, d'abord parce qu'il y a des témoins qui t'en empêcheraient, et ensuite parce que cette plaisanterie te mettrait en état de récidive, ce qui sentirait mauvais pour toi... — Finissons-en donc, mon vieux camarade, et finissons-en vite!... — Ces demoiselles s'impatientent, et moi-même j'ai quelques affaires... — J'éprouve le besoin de m'en aller...

Pierre Landry jeta sur Ravenouillet un regard chargé de haine et de mépris, mais le chevalier d'industrie ne fit que sourire de cette impuissante rage.

— C'est une affaire terminée, monsieur...— dit-il en se tournant vers le restaurateur; — mon ami et moi, nous avions à échanger quelques confidences à propos d'anciens souvenirs, chose bien naturelle entre intimes qui se retrouvent après deux années de séparation; mais nos épanchements s'achèveront ailleurs, et mon ami va, sans plus tarder, vous solder ce petit compte...

Cette assurance amena sur la figure du maître de la maison une expression de parfait contentement.

Pierre Landry, ne trouvant aucune autre issue à sa situation, avait pris le parti de s'exécuter.

Il s'approcha du conducteur chef, le visage pourpre de confusion et de honte, et, se penchant vers son oreille, il balbutia :

— Monsieur Raymond, seriez-vous assez bon pour me faire l'avance de cinquante francs que je vous rembourserai sur la paye de samedi prochain?...

— Ah çà! — demanda le conducteur chef — vous connaissez donc véritablement ce drôle?...

— Hélas! oui...

— Et vous allez payer pour lui?...

— Il le faut bien...

— Pierre Landry, prenez garde...—Vous me faites l'effet d'avoir là une fort mauvaise connaissance... — Ou je ne suis qu'un âne, incapable de juger une physionomie, ou bien cet homme est un coquin.

— Je ne le sais que trop...

— Croyez-moi donc, Pierre Landry, ne vous intéressez point à ce mauvais sujet... — Laissez-le conduire au poste... il le mérite... — ce sera justice...

— Je le voudrais, monsieur Raymond... — soupira le charpentier — malheureusement, c'est impossible...

— Dans ce cas, voilà vos cinquante francs... je vous les prête de bon cœur, mais j'aimerais mieux vous les prêter pour toute autre chose...

— Merci, monsieur Raymond... c'est un service véritable que vous me rendez là...

Le père de Denise mit dans la main du restaurateur l'argent qu'il venait de recevoir.

Ravenouillet avait suivi des yeux Pierre Landry; — il vit ce dernier mouvement.

— C'est payé? — demanda-t-il.

— Je ne réclame plus rien... — répondit le maître de la maison.

— A merveille!... — Pierre Landry, mon bon, donne-moi ton

adresse... je passerai chez toi demain matin pour te rembourser cette bagatelle...

Le charpentier haussa les épaules et ne répondit pas.

— A ton aise! — reprit le chevalier d'industrie, — je m'acquitterai d'une autre façon... — je jetterai dans le tronc des pauvres cet argent que tu dédaignes!... — je ne t'en remercie pas moins. — Messieurs, je suis votre serviteur... — Mesdemoiselles, suivez-moi...

Et Ravenouillet se précipita dans l'escalier, suivi de fort près par les deux donzelles.

Il n'avait pas encore eu le temps d'en atteindre les dernières marches, lorsqu'un des garçons, sortant en toute hâte du cabinet où le trio peu recommandable avait pris son repas, se mit à crier du haut de sa tête : — Au voleur!... au voleur!... arrêtez-le!...

Aussitôt que ces clameurs se furent fait entendre, une bruyante agitation se manifesta dans la salle du rez-de-chaussée du restaurant; — une lutte s'engagea entre Ravenouillet et ceux qui voulaient s'opposer à son passage, et qui triomphèrent en définitive, car au bout de quelques secondes, le malencontreux coquin fut ramené de vive force dans le grand salon du premier étage.

Il était livide et portait sur l'œil gauche une meurtrissure bleuâtre... — l'un des pans de son habit neuf offrait aux regards une large déchirure... — le nœud triomphant de sa cravate n'existait plus. Deux gardes nationaux le tenaient au collet.

V. — LES COUVERTS D'ARGENT.

Ravenouillet, nous venons de le dire, était livide. — Nous devons ajouter, pour être dans le vrai, que la pâleur effrayante de Pierre Landry ne le cédait en rien à la sienne.

Un tremblement nerveux agitait les membres du chevalier d'industrie. — Il essaya cependant de payer d'audace, et il s'écria, d'une voix qu'il s'efforçait en vain d'affermir :

— Mordieu!... se moque-t-on de moi ici!... cette mauvaise plaisanterie va-t-elle donc se prolonger pendant longtemps encore!...— l'indignation s'empare de moi!... je finirai par porter ma plainte!...

Cette indignation et cette menace n'en imposèrent nullement au garçon par qui l'alarme avait été donnée.

— Ne l'écoutez pas!... — s'écria-t-il en montrant le poing à Ravenouillet — ne l'écoutez pas!... c'est un voleur!...

— Un voleur!... moi!... — hurla le gredin — qu'ai-je donc volé?... je vous somme de dire ce que j'ai volé!...

Tout ce qui précède s'était passé d'une façon si rapide que le restaurateur lui-même n'avait pas eu le temps de se renseigner.

Il se tourna vers le garçon accusateur et il demanda :

— Qu'a-t-il volé?...

— Trois couverts d'argent, patron...

— Tu en es bien sûr?...

— Parbleu!...

— C'est faux!... — répliqua Ravenouillet d'une voix de plus en plus glapissante. — Je suis un honnête homme, incapable de voler une aile à une mouche!... — d'ailleurs vous devez savoir le compte de votre argenterie, restaurateur... comptez-la... comptez-la tout de suite, et vous verrez qu'il ne vous manque rien...

— Au fait, c'est une idée, cela... — murmura le maître de la maison, un peu ébranlé par un aplomb si grand, si complet. — Rien n'empêche de compter l'argenterie...

— Inutile, patron... — dit vivement le garçon de service, en tirant de la poche de son tablier trois cuillères et trois fourchettes neuves et brillantes, et en les agitant dans ses deux mains; — j'ai mis le nez, moi pas bête, sur le *truc* de ce brigand-là...

— Qu'est-ce que c'est que ça? — fit le restaurateur en désignant les fourchettes et les cuillères dont nous venons de parler.

— Cela, patron, c'est le propre *truc* du scélérat... — trois couverts en métal d'Alger, laissés sur la table dans les assiettes sales, afin qu'en desservant on ne s'aperçoive de rien... — par bonheur, j'ai l'œil américain... je m'ai méfié!... — les vrais couverts, de vrai argent, marqués à votre vrai nom, patron, sont dans les chaussettes du gredin, et je parierais volontiers ma tête, contre une pièce de trente sous, qu'on les y découvrira tout à l'heure en pratiquant une petite fouille bien comprise, dont je me chargerai si on veut...

— Pincé!... — se dit Ravenouillet à lui-même — l'assurance n'est plus de mise... — il faut changer de gamme... — essayons de l'attendrissement...

La physionomie mobile du mauvais drôle prit aussitôt une expression d'angoisse déchirante et de supplication désespérée.

Il se laissa tomber à genoux devant le restaurateur, et tendant vers lui ses deux mains, qu'agitaient de petits frissons, il balbutia d'une voix entrecoupée par des sanglots, et avec accompagnement de gestes pathétiques :

— Eh bien, oui... je m'avoue coupable... oui... c'est vrai, je suis criminel... effroyablement criminel, et la honte m'écrase à vos pieds!... — Ayez pitié de moi... ne me perdez pas... laissez-moi vivre pour le repentir... — je vais vous rendre les objets sur lesquels un égarement fatal m'a fait porter la main... — ne me livrez point à la justice... — ne condamnez pas au désespoir, aux larmes, au déshonneur, l'honnête famille à laquelle j'appartiens et pour qui ma flétrissure serait le coup de la mort... — je ne suis point un scélérat endurci, et je vous jure, sur tout ce qu'il y a de plus sacré dans ce monde et dans l'autre, que je viens de commettre, tout à l'heure, ma première faute...

Sur la scène du monde, Ravenouillet jouait de fort vilains rôles, avec une réussite très-médiocre; — mais, nous croyons pouvoir affirmer qu'il aurait obtenu sans conteste, sur un théâtre, des succès de premier ordre.

Il venait de déclamer sa longue tirade d'une façon si pathétique et avec une chaleur si entraînante que le restaurateur se sentait attendri, et que, rassuré d'ailleurs sur le sort de son argenterie, il allait incliner vers l'indulgence...

Le filou, toujours agenouillé, devina cette disposition favorable, et pour achever ce qu'il avait si bien commencé, il força ses yeux à verser quelques pleurs qu'il se garda bien d'essuyer.

M. Raymond et les ouvriers charpentiers avaient quitté la table et formaient un cercle autour du maître de la maison, des deux gardes nationaux et du prisonnier.

Pierre Landry, auquel en ce moment personne ne faisait attention, semblait en proie à une agitation prodigieuse. — Son visage changeait d'aspect de seconde en seconde et devenait tantôt livide et tantôt écarlate. — De grosses gouttes de sueur perlaient à la racine de ses cheveux et coulaient sur son front.

— Au nom du ciel, soyez miséricordieux!... — reprit Ravenouillet d'une voix noyée dans les larmes; — jusqu'à ce jour et jusqu'à cette heure j'avais vécu en honnête homme!... — Je ne m'écarterai plus jamais du chemin de l'honneur, si vous avez pitié de moi...

— C'est peut-être vrai, ce qu'il dit là... — murmura le propriétaire du restaurant; — et puis, après tout, c'est un bien grand ennui d'aller déposer au tribunal... — Si c'est la première fois qu'il vole, j'espère pour lui qu'il ne recommencera plus... — qu'il rende les couverts, et qu'il s'en aille!...

D'un bond, Ravenouillet fut sur ses pieds, — son visage s'illumina, — il allait se confondre en actions de grâces, mais il n'en eut pas le temps.

Pierre Landry venait de prendre une résolution suprême.

Il s'avança de deux pas dans le cercle formé par les compagnons, et il dit, nettement, fermement, sans hésiter :

— Le silence est une lâcheté... j'aurais dû parler tout à l'heure... je n'en ai pas eu le courage... je répare ma faute... — gardez bien cet homme... il est dangereux... c'est un voleur de profession...

— Tu mens, misérable!... — s'écria Ravenouillet écumant de rage, — tu mens!... et d'ailleurs, si j'étais véritablement un voleur, comment le saurais-tu?...

— J'ai connu cet homme à la Maison centrale de Poissy, où j'étais prisonnier comme lui... — répliqua Pierre Landry froidement.

— Il l'avoue!... — hurla le gredin à qui la fureur faisait perdre toute présence d'esprit; — l'homme qui m'accuse est un meurtrier!... il a mangé de la prison pour assassinat!...

Une sourde rumeur se fit parmi les compagnons charpentiers, et tous, élargissant le cercle d'un mouvement instinctif, s'éloignèrent de Pierre Landry.

Le conducteur chef, seul, se rapprocha du malheureux père de Denise et lui demanda : — Est-ce vrai?...

— C'est vrai, monsieur Raymond, j'ai tué un homme... — répondit Pierre en baissant la tête. — J'ai été condamné... justement condamné...

Un silence profond accueillit cette réponse, et ne fut interrompu que par le bruit des crosses de fusil dans l'escalier.

L'un des garçons du restaurant avait couru chercher la garde, et les fusiliers de la ligne arrivaient, accompagnés de deux sergents de ville et d'un agent de la police de sûreté, qui se trouvait là par hasard.

— Tiens!... — fit l'agent en reconnaissant le prisonnier — c'est Ravenouillet, dit Grinchart, dit l'Ecureuil, dit le Poivrier, dit le

Rupin... — une pratique finie!... — le voilà pincé... bonne affaire!... — Au poste, et, de là, à la salle Saint-Martin...

Ravenouillet, voyant qu'il ne lui restait plus aucun espoir, se tourna du côté de Pierre Landry, et lui montra le poing, en s'écriant :

— Gredin!... tu m'as perdu! — mais patience!... la vie est longue!... — je te revaudrai cela plus tard!... — Prends garde à toi le jour où nous nous retrouverons!...

En entendant ces paroles menaçantes, l'agent de la police de sûreté s'approcha du charpentier et le regarda avec attention.

— Je le connais aussi, celui-là, — dit-il au bout d'une seconde; — ce n'est pas un voleur et c'est peut-être un honnête homme... — d'ailleurs il a payé sa dette... — je n'ai rien à démêler avec lui... — En route, vous autres!...

Un instant après, il ne restait plus, dans le grand salon du premier étage, que le conducteur chef et les compagnons charpentiers.

Ces derniers, à l'exception de Pierre Landry et de Gribouille, s'étaient formés en groupe à l'une des extrémités de la pièce et causaient entre eux vivement et à voix basse.

Leur entretien fut de courte durée; — le vieux contre-maître à nez bourgeonné et à cheveux blancs se détacha du groupe, s'approcha du conducteur chef, non sans un embarras manifeste, l'attira un peu à l'écart et lui dit :

— Monsieur Raymond, je viens vous trouver de la part des camarades... — nous venons de causer comme ça, entre nous... nous sommes d'avis tous, à l'unanimité, qu'il y a ici, présentement, quelqu'un de trop... et nous pensons bien, monsieur Raymond, que vous serez du même avis pareillement...

— Expliquez-vous mieux — répliqua le conducteur chef — je ne comprends pas bien ce que vous voulez dire...

— Nous voulons dire, monsieur Raymond, qu'étant tous braves gens, de père en fils, sans rien avoir à démêler avec le procureur du roi, nous ne voulons pas garder avec nous un homme qui a commis un meurtre, un condamné, un repris de justice; et, quoique ça soit un vilain dessert pour le repas de M. Durand, qui avait commencé si parfaitement bien, nous demandons que le nommé Pierre Landry s'en aille d'ici tout de suite, ou bien nous nous en irons nous-mêmes... — Voilà la chose, monsieur Raymond...

— Eh bien! puisque telle est votre résolution, n'êtes-vous pas les maîtres de l'exécuter d'une façon ou de l'autre, à l'instant même?...

— Nous sommes les maîtres, c'est certain; mais pour éviter, si faire se pouvait, les querelles et les batteries, nous avons voulu vous prier, monsieur Raymond, de couler la chose en douceur à Pierre Landry... — Avec vous il n'osera pas faire le méchant, il prendra sans mot dire la poudre d'escampette et nous pourrons nous remettre à boire à la santé de M. Durand et à la vôtre...

— C'est-à-dire que vous désirez que je chasse ce malheureux?...

— Quelque chose à peu près comme cela, oui, monsieur Raymond... si toutefois c'était un effet de votre bonté...

— Ne comptez pas sur moi... — répondit nettement le conducteur chef. — Je refuse...

Le vieux contre-maître parut stupéfait.

— Cependant... — commença-t-il.

M. Raymond l'interrompit.

— Oui, certes, je refuse, et je vous engage à réfléchir avant de commettre un acte d'inutile brutalité!... — Pierre Landry a été grandement coupable, c'est évident, il l'avoue lui-même, mais il a payé sa dette, vous avez entendu l'agent de police le proclamer tout à l'heure; — vous savez bien d'ailleurs que Pierre Landry n'est ni un scélérat, ni un méchant homme, et vous l'avez vu, ce matin, exposer courageusement sa vie pour sauver celle d'un camarade!... — Pas un de vous, peut-être, n'en aurait fait autant! — Est-ce vrai?

Le vieux contre-maître hocha la tête.

— C'est parfaitement vrai — répliqua-t-il — et nous ne prétendons pas le contraire; mais nous avons nos idées, monsieur Raymond, et tous les raisonnements n'y changeraient rien!... — nous ne voulons pas que les gibiers des maisons centrales puissent dire, en nous regardant travailler : — *Voyez-vous ces compagnons charpentiers... ça ne doit pas être grand'chose de bon... — ils ont un repris de justice avec eux!...* — Nous ne le voulons pas, monsieur Raymond, et, foi de Jean Maclet, ça ne sera pas!...

Le conducteur chef haussa les épaules.

— Agissez donc selon votre idée!... — dit-il presque avec violence; — et puisque rien ne peut vous empêcher de chasser ce malheureux, chassez-le vous-mêmes!... — Moi je ne m'en mêle pas et je m'en lave les mains!...

Ces dernières paroles furent prononcées presque à voix haute, et Pierre Landry les entendit. — Depuis quelques instants, d'ailleurs, il comprenait bien qu'il était question de lui et il devinait ce qui se passait. Il releva la tête, qu'il avait tenue penchée sur sa poitrine depuis quelques minutes; — il s'avança vers M. Raymond, et d'une voix tremblante, mais parfaitement distincte, il murmura :

— Me chasser!... — ils n'en auront pas la peine!... — je vais me rendre justice... je vais m'éloigner volontairement!... — je sais trop bien qu'il me faut cacher ma honte loin d'ici, maintenant que le fatal secret de ma vie est connu de tout le monde!... — je sais trop bien que d'honnêtes ouvriers ne peuvent conserver au milieu d'eux l'homme que les échappés de Poissy tutoient et que les voleurs appellent leur ami...

Pierre Landry fut obligé de s'interrompre pendant un instant; — l'émotion l'étranglait...

Au bout d'une seconde, il reprit, après avoir passé ses mains brûlantes sur ses paupières humides :

— Je vais quitter Paris... — je vais aller chercher du travail en province, au fond de quelque bourgade obscure où personne ne pourra me reconnaître!... où la tache sanglante de mon passé ne me poursuivra pas!... — Mais avant de m'éloigner de vous pour toujours, laissez-moi vous dire l'histoire de ce meurtre que j'ai commis... — vous y trouverez peut être un enseignement, et vous verrez que si je fus bien coupable, je fus aussi bien malheureux... et peut être, tout à l'heure, aurez-vous pour moi plus de compassion que de mépris...

VI. — CONFESSION.

Le charpentier parut attendre la réponse de ceux auxquels il venait de s'adresser.

Pas un des compagnons ne remua les lèvres. — Le silence s'était rétabli; un silence si profond qu'on aurait entendu voler une mouche.

— Parlez, Pierre Landry — dit M. Raymond — nous vous écoutons... et je vous affirme qu'aucune de vos paroles ne sera perdue...

— Ah! — murmura le charpentier — je ne serai pas long... — Je ne sais point raconter, moi... — Je vais vous dire les choses comme elles sont... — Il y a deux heures, au commencement de ce repas qui devait finir si tristement pour moi, plusieurs d'entre vous se sont étonnés de mon obstination à boire de l'eau... et rien que de l'eau... — Je leur ai répondu que le vin était mauvais pour moi... qu'il me rendait malade. . — Je ne mentais pas... — Le vin est mon mortel ennemi. — C'est lui qui m'a perdu!... — Lui seul est l'unique cause de toutes les fautes et de tous les malheurs de ma vie!... qu'il soit maudit!... qu'il soit maudit!...

Pierre Landry passa son mouchoir à deux reprises sur son front mouillé de sueur, puis il continua :

— De ce que je viens de vous dire, n'allez pas conclure que j'étais un débauché par goût et par habitude, et que je m'enivrais sans cesse... — Rien au monde ne serait plus faux... — Je ne veux pas faire mon éloge, mais enfin il faut bien que je dise la vérité, le bien comme le mal... — Dans ma jeunesse je passais avec raison pour un bon sujet, très-travailleur; — je songeais à mon ouvrage beaucoup plus qu'au cabaret... — J'aimais le vin comme tout le monde l'aime, mais je ne buvais guère, même le dimanche et le lundi, parce que j'avais bien vite reconnu que lorsque j'avais un coup de trop dans la tête, moi qui suis naturellement doux et pacifique, il me montait au cerveau une espèce de transport, une sorte de fièvre chaude, et je devenais tout à coup querelleur et méchant... — Déjà deux ou trois fois, entraîné par des camarades à boire un peu plus que de raison, j'avais eu des batailles terribles et sans motifs... — Je savais ça — je me défiais, et, dans la crainte de ne pas m'arrêter à temps, j'aimais mieux ne pas commencer du tout...

« J'ai un caractère un peu sauvage... — Je ne me liais pas volontiers et ne me prodiguais guère... — Beaucoup de gens qui m'ont connu prétendaient que j'étais un sournois... ils se trompaient; — j'étais simplement un garçon timide... — Quand on m'engageait à me marier, je répondais : *Non!* — J'étais décidé à rester célibataire... — Savez-vous pourquoi? — parce que, pour me marier, il aurait fallu faire la cour à une femme... et les femmes me faisaient peur.

« J'arrivai ainsi jusqu'à ma trente-troisième année. — Je devins alors amoureux d'une jeune fille, d'une enfant plutôt, qui n'avait que dix-sept ans. — Son père s'appelait Lorrain; — il était dans le bâtiment, — un maçon, un brave homme, un franc travailleur... — Seulement il levait un peu le coude!... — Je lui demandai Suzanne en mariage; — l'enfant ne me voyait point d'un mauvais œil... — Le père savait que je ne boudais pas à la besogne, — il me répondit que je deviendrais son gendre aussitôt que la petite aurait ses dix-huit ans accomplis.

« Cette réponse me tourna la tête... — J'emmenai mon futur beau-père au cabaret, afin de lui faire la politesse d'une ou deux bouteilles de cachet vert... — La joie me fit oublier ma prudence habituelle... — je bus un verre de vin de trop; — ma raison s'égara; — je devins fou furieux; — je cherchai une querelle d'Allemand à un pauvre diable qui n'en pouvait mais, — je lui donnai une volée de coups de poings; — il fallut l'arracher de mes mains, et, comme je menaçais de tout briser dans le cabaret, on me conduisit au poste où je passai la nuit et une partie de la journée du lendemain...

« Quand j'en sortis, j'étais dégrisé, honteux, confus et très-inquiet. — Il y avait de quoi!...

« Je courus chez le père Lorrain... — Il me reçut un peu plus mal qu'un chien dans un jeu de quilles. — Il m'annonça qu'en conséquence de ce qui s'était passé la veille sous ses yeux, il me reprenait sa parole; — enfin, il me déclara qu'un homme qui se grisait comme moi ne serait jamais son gendre. — Il ajouta qu'il maudirait sa fille plutôt que de me la donner...

« Je priai; — je suppliai; — je pleurai; — je fis les promesses les plus solennelles... — Tout cela ne servit à rien... — Le vieux maçon fut inflexible comme une barre de fer...

« Suzanne m'avait juré qu'elle n'appartiendrait qu'à moi. — Je pris le parti d'attendre...

« Cette attente ne fut pas de longue durée. — Au bout d'un an le pauvre Lorrain reçut un moellon du poids de cent cinquante kilos sur la tête... — Suzanne eut un grand chagrin et crut qu'elle ne se consolerait jamais; — elle se consola pourtant, et après les six premiers mois de son deuil, je l'épousai...

. . . .

Pierre Landry cacha son visage entre ses deux mains, et, pendant quelques secondes, il parut s'absorber dans ses souvenirs...

Lorsqu'il releva la tête pour continuer son récit, ses joues étaient inondées de larmes...

— Ah! — reprit-il — je fus bien heureux!... — Mon bonheur était si grand, si complet, que son souvenir seul me bouleverse jusque dans les profondeurs de mon âme, aujourd'hui que l'infortune a fondu sur moi... — J'aimais Suzanne... Suzanne m'aimait... — Notre pauvre intérieur était un paradis où nous goûtions les joies du ciel... — Une félicité pareille ne pouvait pas durer... — Elle ne dura pas en effet... — Elle s'anéantit au bout de deux ans, par ma faute, hélas!... par ma faute!...

« Ma femme devint mère... — Elle mit au monde une petite fille qui reçut le nom de Denise et qui est pour moi l'objet d'une adoration pareille à celle dont j'entourais Suzanne...

« Depuis mon mariage j'avais absolument rompu avec le petit nombre de camarades que je fréquentais de temps en temps quand j'étais garçon... — Aussitôt ma journée finie, je revenais à mon logis et, pour l'empire du monde, on ne m'en aurait plus fait sortir... — Il ne m'était pas arrivé une fois, une seule fois, de mettre les pieds dans un cabaret...

« Le lendemain du baptême de Denise, je quittai mon travail une heure plus tôt que de coutume, et je me dirigeai vers la rue Ménilmontant où nous demeurions...

« Chemin faisant, je rencontrai deux de ces camarades d'autrefois que je ne voyais plus, deux bons garçons, pas très-actifs, pas très-courageux, un peu trop amoureux de la guinguette et de la *Saint-Lundi*, mais de vrais agneaux pour la douceur.

« Ils m'arrêtèrent, avec de grandes démonstrations d'amitié, ils me témoignèrent un intérêt à n'en plus finir, ils s'informèrent de ce que j'étais devenu depuis que je les avais mis *dans le sac aux oublis*, et enfin ils me demandèrent si j'avais fait fortune pour avoir le visage si triomphant et la physionomie si rayonnante...

« La joie m'étouffait littéralement, et, quand la joie vous étouffe, il est bien difficile de ne pas la laisser déborder...

« Je répondis que j'avais trouvé beaucoup mieux que la fortune, puisque j'avais trouvé le bonheur... — Je parlai de mon amour, de mon mariage, de ma Suzanne bien-aimée et du baptême de ma Denise.

« L'un de mes anciens camarades, le plus jeune, s'appelait Jérôme Aubert. — Il pouvait avoir vingt-huit ans. — Ses cheveux étaient si blonds et son visage si juvenil que l'hiver, dans les bals costumés de la Courtille, on le prenait assez souvent pour une femme déguisée en homme.

« — Bravo, Pierre Landry!... — s'écria-t-il — tu es heureux! ça nous réjouit le cœur, car nous t'aimions bien, parole sacrée!... — Nous comprenons parfaitement que des braves garçons comme nous, un peu mauvais sujets, un peu *gouapeurs*, ne sont plus une société pour un homme comme toi, marié, rangé, et père de famille... nous ne t'en voulons pas de nous avoir lâchés d'un cran et nous ne te demandons point de fréquenter en notre compagnie les endroits où l'on s'amuse, ni même de nous recevoir chez toi, mais pour nous prouver que tu es toujours un bon diable et que tu ne dédaignes pas les vieux amis, tu vas venir décoiffer avec nous une fine bouteille de vieux bourgogne... — C'est moi qui paye... — Voici justement un marchand de vin de ma connaissance chez qui le liquide n'est pas baptisé... — Entrons...

« Je répondis avec quelque embarras, et non sans hésitation :

« — Je suis vraiment fâché de vous refuser, mes amis... mais...

« — Comment, tu nous refuses!... — interrompit Jérôme Aubert.

« — Il le faut...

« — Pourquoi?...

« — Parce que je me suis promis de ne jamais mettre les pieds chez un marchand de vin...

« — Tu as bien fait de le promettre, et tu fais bien de le tenir, mais une fois n'est pas coutume...

« — Nous ne te retiendrons pas longtemps...

« — J'ai hâte d'embrasser ma petite fille...

« — Oh! sois sans inquiétude — dit Jérôme Aubert en riant. — On ne te l'enlèvera point parce que tu rentreras cinq minutes plus tard, et tu ne l'embrasseras qu'avec plus de plaisir tout à l'heure... — D'ailleurs c'est justement à sa santé que nous allons boire... — Allons, viens...

« Je ne savais plus que répondre, — cependant je balbutiai :

« — Je vous en prie, mes amis, n'insistez pas.. — Je serais très-heureux de passer un instant avec vous, mais je vous affirme que c'est impossible...

« Jérôme Aubert prit une physionomie chagrine :

« — Au moins — s'écria-t-il — sois donc franc!... — Dis tout de suite que tu nous méprises et que tu rougirais de te montrer quelque part en notre société...

« — Ah! — répliquai-je vivement — vous ne le croyez pas!...

« — Nous le croirons certainement si tu continues à te retrancher dans un refus humiliant pour nous!... Allons, Pierre Landry, nous avons été tes camarades... nous ne t'avons jamais fait de mal... ne nous attriste pas aujourd'hui...

« Cette insistance me contrariait d'autant plus que je me sentais au moment de céder, et qu'un vague pressentiment m'avertissait que j'aurais à me repentir de ma faiblesse, mais je ne savais plus de quelle façon motiver l'obstination de mon refus, et je ne voulais pas blesser gratuitement deux honnêtes garçons qui véritablement ne m'avaient jamais offensé, ainsi que venait de le dire Jérôme Aubert.

« — Du moins — balbutiai-je — vous me promettez bien de ne me garder que cinq minutes...

« — C'est entendu... — D'ailleurs ne seras-tu pas libre de nous quitter quand tu voudras?...

« — Et nous ne boirons qu'une bouteille?...

« — Une bouteille chacun... c'est convenu...

« Je baissai la tête, et, pour la première fois depuis mon mariage, j'entrai dans un cabaret...

— Ah! — continua Pierre Landry avec feu — ah! pourquoi la porte de ce lieu maudit ne s'est-elle pas écroulée sur moi au moment où j'en franchissais le seuil!... — que ne suis-je mort ce jour-là! — je n'aurais pas vécu, du moins, pour le désespoir et pour la honte!...

« Le cabaret était plein de monde. — Jérôme Aubert demanda un cabinet de société. — Il n'y en avait pas de libre. — Nous nous installâmes dans la salle même, à une petite table, près du comptoir, et l'on nous apporta du vin...

« L'horloge était en face de moi. — Je regardai le cadran au moment où Jérôme débouchait la première bouteille, et je me dis :

« — J'ai fait ce qu'ils me demandaient... — ils n'auront pas le droit de me trouver fier et dédaigneux, et maintenant, quelles que soient leurs instances, je les quitterai dans dix minutes...

« La résolution était sage, et Dieu sait que mon intention ferme était de la tenir...

« Au moment où l'aiguille arriva sur la dernière des dix minutes, je me levai. — J'étais parfaitement calme. — J'avais tout mon sang-froid, et le vin que je venais de boire à la santé de Suzanne et de Denise ne produisait pas plus d'effet sur ma tête que si c'eût été de l'eau pure...

« — Comment! — s'écria Jérôme Aubert — tu t'en vas!... déjà!...

« — Oui, mon vieux camarade, je m'en vais...

« — Nous arrivons à peine!..

« — Il y a dix minutes que nous sommes ici...

« — Qu'est-ce que cela?... — Allons, reste encore un quart d'heure...

« — Vous savez bien que vous m'avez promis de me laisser parfaitement libre... répliquai-je.

« — C'est juste... — mais au moins vide ton verre... — ce sera le dernier, et ensuite nous te dirons adieu, ou plutôt, au revoir...

« Jérôme, tout en parlant, me présentait mon gobelet, qu'il venait de remplir jusqu'au bord.

« Je ne sais quel ridicule sentiment de respect humain m'empêcha de répondre négativement. — Je pris le verre, avec une sorte de répugnance instinctive, et je le vidai d'un seul trait.

« Une goutte d'eau, c'est bien peu, — et cependant il ne faut qu'une goutte pour faire déborder un vase trop plein... — Cette dernière gorgée de vin produisit sur moi l'effet terrible et inexplicable que je connaissais bien et qu'au prix de ma vie j'aurais dû éviter...

« Un nuage passa devant mes yeux; — une ivresse foudroyante et que rien ne justifiait prit possession de mon cerveau. — Au lieu de me diriger vers la porte, ainsi que je venais d'en manifester l'intention, je me laissai retomber lourdement sur mon siége...

« — A la bonne heure! — dit alors Jérôme Aubert en riant d'un gros rire — voilà que tu deviens bon garçon tout à fait... — Que diable!... les amis ne sont pas des Turcs, et l'on ne doit point leur brûler la politesse au bout de cinq minutes, comme tu voulais le faire tout à l'heure! .. — A ta santé, mon vieux Pierre Landry!... — avale-moi ça en deux temps et un seul mouvement!...

« Tout en parlant il remplissait mon verre, et moi, sans même m'en apercevoir, je le vidai de nouveau...

« A partir de ce moment, un nuage épais, vaguement traversé par quelques éclairs, s'étend sur mes souvenirs... — Les dernières paroles de Jérôme que je me rappelle un peu distinctement sont celles-ci : — *Un homme est un homme, que diable!... — le mari, dans son ménage, doit porter les culottes, et ne pas permettre que sa femme le conduise par le bout du nez!...*

« Depuis un instant j'étais en proie, je vous l'ai dit, à cette effroyable ivresse intérieure que rien ne trahissait au dehors, et qui, lorsqu'elle s'empare de moi, me pousse à des actes sauvages et incompréhensibles...

« Les paroles de Jérôme Aubert sont de celles qui se répètent cent mille fois par jour dans tous les cabarets de la terre!... — En quoi pouvaient elles m'offenser?... — Je ne le comprends pas, et, vous qui m'écoutez, vous ne le comprenez pas non plus...

« Une fureur soudaine et bestiale, la fureur du dogue auquel on veut arracher un os, s'empara cependant de moi, comme si le pauvre Jérôme venait d'insulter Suzanne... — Je vis rouge... je me levai tout debout et je fis un mouvement pour me jeter sur lui, en criant avec une rage indicible : — *Misérable!... je te défends de parler de ma femme!... entends-tu bien? je te le défends!...*

« J'avais pris une bouteille sur la table, et je la brandissais comme un casse tête. — Jérôme se recula instinctivement et balbutia : — Devient-il fou?...

« Tout le reste, je vous le répète, disparut derrière ce nuage sombre qui me cache une scène hideuse. — C'est à peine si je me souviens d'une lutte corps à corps, — d'un affreux tumulte, — de cris aigus et de gémissements désespérés...

. . . .

« Quand je revins à moi, j'étais seul, dans un cachot, étendu sur un lit de fer. — La camisole de force emprisonnait mes bras et paralysait mes mouvements...

« Je me demandai si j'étais sous le coup d'un rêve épouvantable, si quelque accès de démence passagère n'égarait pas mes sens, — et je ne pouvais pas me répondre...

« Un gardien entra. — Il semblait ne s'approcher de moi qu'avec défiance et inquiétude, quoique la camisole de force dût le rassurer... — Lorsqu'il s'aperçut que j'étais parfaitement calme, son effroi se dissipa, mais son étonnement grandit...

« Je le questionnai.

« Jugez de ce que je devins lorsque j'appris par lui ce qui s'était passé la veille... — Le tonnerre tombant sur moi m'aurait moins brisé... moins anéanti...

« J'avais commis un crime monstrueux, sans même en avoir conscience... — j'avais tiré de ma poche mon compas de charpentier. — Jérôme Aubert, frappé au cœur, était tombé roide mort, et j'avais foulé aux pieds son cadavre sanglant!...

« Depuis seize heures un cachot de la Force avait refermé ses portes sur moi... — La justice des hommes allait me demander compte d'un assassinat infâme et lâche, et ma femme, ma malheureuse femme, bien faible et bien souffrante encore, ignorait ce que j'étais devenu, et ne le saurait que trop vite!...

« Voilà ce que le vin et ma propre faiblesse avaient fait de moi!... — voilà dans quel abîme ils m'avaient précipité!... »

. . . .

Pierre Landry s'interrompit pendant un instant. — Son émotion était si profonde, en face des souvenirs déchirants évoqués par lui, que sa voix s'affaiblissait et que ses paroles devenaient à peine distinctes...

Les auditeurs du charpentier partageaient cette émotion dans une certaine mesure, et déjà, à deux ou trois reprises, M. Raymond avait porté sa main à ses yeux, pour essuyer une larme furtive...

— Tonnerre du diable!... — murmura entre ses dents le vieux contre-maître au nez bourgeonné. — En voilà un qui n'a pas eu de chance!.. — c'est-il bien Dieu possible que le vin, qui est l'ami de l'homme en général et le bienfaiteur du travailleur en particulier, devienne comme ça de *la* vraie poison pour d'aucuns qui ne savent pas boire!...

Pierre Landry reprit :

— Vous ne savez pas sans doute ce que c'est qu'une instruction criminelle, et vous êtes bien heureux!... — Celle de mon affaire ne fut pas longue. — Le meurtre avait eu vingt témoins!... — Moi, je ne pouvais que pleurer et je n'avais rien à répondre, car je ne savais rien... — j'étais coupable de fait, mais innocent d'intention; — mes larmes coulaient sur ma victime, autant que sur moi-même...

« Mon avocat obtint pour ma pauvre Suzanne l'autorisation de venir me voir en prison... — Elle accourut, et elle apporta notre fille... — La chère et sainte créature m'aimait autant que par le passé... — elle ne doutait point de moi... — elle savait bien que ma volonté n'était pour rien dans le crime commis par mon bras... — Elle me plaignait de toute son âme... elle ne cessait pas de m'estimer et elle s'efforçait de me donner du courage...

« Sa vue me fit tout à la fois beaucoup de bien et beaucoup de mal. — Je la trouvai si changée, si pâle, si maigrie, que je devinai dès ce moment le deuil prochain qui m'attendait... — La douce enfant n'était pas de force à supporter de pareils chocs. — mon arrestation, l'accusation qui pesait sur moi et qui pouvait me conduire à l'échafaud avaient été pour elle le coup de la mort...

« Je passai en cour d'assises...

« Que Dieu préserve mes plus mortels ennemis, si j'en ai, de se voir assis sur la sellette des coupables, entre les juges qui vous écoutent et les curieux qui vous regardent!... — Je ne sais pas comment j'ai pu survivre à ce supplice qui dura trois heures...

« Le procureur du roi fut terrible. — Après l'avoir écouté, je me sentis véritablement convaincu que, pour un scélérat tel que moi, la guillotine serait un supplice trop doux...

« Mon avocat était un jeune homme qui ne faisait pas de grandes phrases. — Il parlait bien, cependant, et ce qu'il disait allait droit au cœur...

« Il s'attacha principalement à démontrer à mes juges que, quoique criminel, j'étais un honnête homme, et qu'aucun intérêt de cupidité, de haine, de vengeance, n'avait pu me pousser au meurtre commis par moi, mais pour ainsi dire à mon insu...

« Il raconta ma vie entière, jusqu'au jour et jusqu'à l'heure de cette fatale rencontre avec mes deux anciens camarades. — Il prouva que j'avais toujours joui de l'estime universelle, et que, connaissant les effets terribles du vin sur mon organisation, j'avais fait sans cesse ce qui dépendait de moi pour me soustraire à toutes les occasions de faiblesse et de surprise...

« Enfin, il démolit si bien le discours du procureur du roi, que, lorsqu'il eut dit son dernier mot, je me sentis relevé à mes propres yeux...

« L'effet produit sur le tribunal et sur les membres du jury fut d'ailleurs favorable. — Je fus déclaré coupable de coups et blessures ayant occasionné la mort, mais sans intention de la donner, et condamné à deux ans d'emprisonnement...

« J'ai subi ma peine dans la Maison centrale de Poissy, vous le savez déjà. — C'est là que j'ai connu le misérable Ravenouillet...

« Tandis que je courbais la tête sous une expiation méritée, je recevais régulièrement chaque semaine des lettres de ma bien-aimée Suzanne... — La chère femme ne se plaignait jamais, mais elle constatait avec simplicité, et sans y voir de présage funeste, son affaiblissement progressif...

« Peut-être aurait-il été possible de combattre cet affaiblissement terrible avec des soins constants, du repos, une nourriture fortifiante, une vie exempte de toute inquiétude et de tous soucis...

« Voilà ce que je me disais avec rage!... — et j'étais sans argent!... — Et Suzanne, après avoir épuisé bien vite l'humble somme résultant de nos économies, menait une existence de labeurs et de privation, obligée de gagner par son travail manuel le pain insuffisant du lendemain...

« Dieu tout-puissant!... — combien j'ai souffert, et quel courage il m'a fallu pour ne pas me briser cent fois le crâne contre l'angle d'un mur pendant mes accès de désespoir et de découragement!...

« Enfin le temps passait, mais avec quelle lenteur!...— Il ne me restait plus que deux mois à faire. — Le directeur me fit appeler et m'annonça qu'en récompense de ma conduite irréprochable et des bons exemples que j'avais donnés aux autres détenus, il venait d'obtenir la remise du reste de ma peine...

« J'étais libre!... — j'allais revoir Suzanne!... j'allais embrasser Denise!... — Mon cœur, que je croyais mort à toute joie, à toute espérance, se mit à battre, ou plutôt à bondir d'espérance et de joie...

« Je baisai les mains du directeur, et, après avoir échangé mes vêtements de condamné contre des habits d'ouvrier, je m'élançai hors de la prison...

« Quelques heures plus tard, j'étais à Paris et je courais à cette maison où j'avais été si heureux...

VII. — LE REMÈDE DU CONTRE-MAITRE.

— C'était une de ces pauvres maisons, comme nous en habitons, nous autres travailleurs... — continua Pierre Landry; — cependant elle avait un concierge qui poussa un cri de surprise en me voyant, et qui voulut m'arrêter au passage...

« Je ne l'écoutai pas... — Je gravis l'escalier de toute la vitesse de mes jambes et j'arrivai haletant au quatrième étage, à la porte de mon logement..

« Tandis que j'ouvrais cette porte, mon cœur sautait dans ma poitrine comme s'il allait m'étouffer... — Je me disais : — *Suzanne va se jeter dans mes bras!... — Quelles étreintes!... quelle ivresse!... — Un baiser de ma femme bien-aimée effacera toutes les angoisses et toutes les tortures du passé!...*

« Je me disais cela, et j'entrai!... — Quel spectacle!... — Suzanne, livide, agonisante, était couchée sur le lit sans rideau, seul meuble qui restât dans la chambre dépouillée... — L'huissier avait saisi tout le reste!...

« Suzanne me vit; — elle me reconnut; — une faible teinte rosée chassa pour un instant la pâleur de son visage; — elle se souleva le plus qu'elle put, et elle balbutia, en me tendant ses deux petites mains aussi maigres que celles d'un squelette :

« Dieu soit béni!... tu arrives à temps!... — Je n'espérais plus te revoir... — Le ciel sans doute a voulu faire un miracle pour qu'il me soit possible de te remettre notre enfant avant de m'en aller de ce monde.

« Je m'écriai :

— Tu vivras!... tu vivras, Suzanne!... Je ne veux pas que tu meures!

« Elle n'eut point la force de répondre... — Elle secoua doucement la tête, et se laissa retomber sur l'oreiller en fermant les yeux et en tenant toujours une de mes mains dans les siennes...

« Depuis plusieurs jours déjà la chère créature était arrivée au dernier degré de la faiblesse et de l'épuisement. — Elle n'avait pas voulu me le dire dans sa dernière lettre... — A quoi bon, en effet, m'infliger l'épouvantable supplice de la savoir mourante, puisque le plus insurmontable des obstacles, les portes d'une prison, se dressaient entre elle et moi?...

« La remise inespérée du reste de ma peine m'avait permis de la retrouver vivante encore...

« Hélas!... ce dernier souffle de vie... cette lueur incertaine et tremblante devaient être de courte durée...

« Suzanne, le lendemain, s'éteignit dans mes bras... J'étais désormais seul sur la terre, avec ma petite Denise qui n'avait pas encore tout à fait deux ans... et, sans cette pauvre innocente, j'en aurais fini depuis longtemps avec ce fardeau trop lourd d'une existence odieuse!... — En revenant de conduire Suzanne au cimetière dans le corbillard des pauvres, je me serais attaché une lourde pierre à chaque pied, et les eaux bourbeuses du canal auraient reçu et gardé mon cadavre...

« Mais Denise me condamnait à vivre...

« Depuis deux ans, Dieu m'en est témoin, je n'ai vécu que pour elle... — Je me suis refusé, je ne dirai pas tout plaisir — (il n'en est plus pour moi) — mais toute distraction avec les longues heures du travail!... — L'un de vous m'a-t-il entendu chanter?...— L'un de vous m'a-t-il vu sourire?... — Ma tristesse habituelle vous éloignait de moi, et je ne cherchais point à vous retenir, car la solitude, je le comprenais bien, était désormais l'une des conditions de ma destinée.

« J'espérais continuer à vivre ainsi d'une façon courageuse et honorable... — Je croyais pouvoir racheter par un infatigable labeur, par une résignation constante, un crime involontaire... — Je croyais enfin que la tache ineffaçable imprimée sur mon front resterait inconnue de vous, et que cette ignorance me sauvegarderait de votre mépris...

« Je m'étais trompé... — La créature humaine, quelle qu'elle soit, qui a commis une grande faute, doit s'attendre à ce que cette faute la poursuivra toute sa vie...

« Vous vous éloignez avec dégoût du condamné dont la présence dans vos rangs serait une flétrissure pour vous tous... — Vous le chassez; — vous rougissez de honte en vous souvenant que ce matin encore votre main a touché la sienne!... — Je ne vous en veux pas... — C'est justice... — Je porte la peine de mon crime!...

« Peut être vous demandez-vous pourquoi je viens de vous raconter, plus longuement qu'il n'aurait fallu, cette triste histoire dont vous n'aviez que faire?... — Eh! mon Dieu, je n'ai pas eu le courage de vous laisser la croyance que Pierre Landry, votre camarade était un misérable assassin, un infâme meurtrier, ayant frappé lâchement un homme pour prendre une bourse sur son cadavre...

« J'ai tué, c'est vrai!... — Mais avec quelle ivresse j'aurais donné ma vie pour sauver celle de ma victime!...

« Maintenant, compagnons, vous tous que j'aimais sans vous le dire, recevez mes adieux... — Je me sépare de vous avec désespoir, car la dernière espérance qui me soutenait vient de s'anéantir...

« Demain j'aurai quitté Paris, emmenant avec moi ma fille, pauvre innocente, condamnée, elle aussi, pour le crime commis par son père le lendemain du jour où elle est venue au monde...

« Nous irons loin, tous les deux... nous irons bien loin!... — En quel lieu?... — Je ne le sais pas... — Le hasard seul, ce dieu des malheureux, se chargera de nous conduire...

« Fasse le ciel que la fatalité, qui s'acharne si cruellement après moi, ne nous poursuive pas dans notre fuite!... — Ici du moins — (j'en étais sûr), — Denise ne pouvait manquer de pain... — En sera-t-il de même ailleurs?... — Le travail infatigable de mes bras suffira-t-il aux nécessités de notre vie?... — La misère, les privations, le chagrin, ont tué la mère entre mes bras... Ne verrais-je pas l'enfant souffrir et s'éteindre de même?... »

. . . .

Pierre Landry appuya ses deux mains sur le côté gauche de sa poitrine, comme si quelque morsure, profonde et déchirante, se faisait sentir à l'endroit du cœur.

— Mon Dieu... — balbutia-t-il d'une voix presque éteinte — les hommes ont été sans pitié... ne soyez pas sans miséricorde!... — Protégez le père et la fille!...

Il se tourna vers les charpentiers qui le regardaient et qui l'écoutaient avec un étonnement plein de douleur et de compassion.

— Adieu, pour toujours... — leur dit-il. — Ah! vous m'avez fait bien du mal!...

Puis il se dirigea vers la porte.

Le conducteur chef, M. Raymond, fit un mouvement pour courir à lui et pour l'arrêter, mais depuis quelques instants déjà Pierre Landry n'était plus soutenu que par une sorte de surexcitation nerveuse qui céda tout à coup.—Les forces de l'infortuné trahirent ses intentions.. — Il chancela comme un homme ivre, — il battit l'air de ses deux bras et il s'abattit sur le parquet en poussant un gémissement sourd...

Il avait perdu connaissance.

— Ah! le malheureux! — s'écria M. Raymond — le malheureux!...

Les ouvriers de Paris sont généralement mobiles et impressionnables comme des femmes ou comme des enfants. — Ils vont sans réflexion où les pousse leur premier mouvement, et ils reviennent de même. — Nous ne les flattons point; — l'esprit chez eux est bien souvent faussé, — le sens moral laisse parfois beaucoup à désirer, — mais presque toujours le cœur est bon...

Autant les compagnons charpentiers avaient fait preuve de brutalité, et presque de cruauté à l'endroit de Pierre Landry, avant d'avoir entendu l'histoire de son crime et de sa condamnation, — autant ils se sentaient maintenant empressés, affectueux, prêts à tout faire pour réparer l'impression terrible produite par leurs rigueurs primitives...

Chacun se hâta donc de chercher les moyens les plus ingénieux et les plus efficaces pour rappeler à lui-même le père de Denise...

— Dans les pièces de comédie que j'ai vues à l'Ambigu — s'écria l'un d'eux — on frappe dans les mains des personnes *évanouites*, et ça ne manque jamais son effet.

— On ranime aussi très-bien les gens en leur jetant de l'eau fraîche à la figure — dit un second.

— Le meilleur, c'est encore de leur *fourrer* du vinaigre dans le nez — fit un troisième.

La conséquence de ces opinions variées fut que chacun voulut faire prédominer le moyen hygiénique qu'il avait offert, et que Pierre Landry fut inondé simultanément d'eau fraîche et de vinaigre, tandis qu'un robuste charpentier, agenouillé à côté de lui, lui frappait dans les mains vigoureusement.

Tout ceci, d'ailleurs, ne produisit aucun résultat, et, malgré ces soins multipliés, l'évanouissement persista.

— Mes amis — murmura M. Raymond avec un accent de vive inquiétude — c'est peut-être plus grave que nous ne le pensons...— Je crains un coup de sang.

— Que faire ?... — demandèrent plusieurs voix.

— Rien d'immédiat, car ce que nous tenterions au hasard risquerait fort d'être plus nuisible qu'utile... — Il faut un médecin...

— Je cours en chercher un... — s'écria Gribouille, qui n'avait pas cessé de pleurer à chaudes larmes pendant tout le récit de Pierre Landry.

— Inutile... — répliqua M. Raymond — j'y vais aller moi-même... — Je connais, par le plus grand hasard du monde, la demeure du meilleur médecin de Bercy, et cela nous empêchera de perdre du temps en recherches.

M. Raymond sortit rapidement du grand salon, et on l'entendit descendre l'escalier à toute vitesse.

— Ce pauvre diable de Pierre Landry — dit alors un des compagnons — je trouvais bien qu'il n'avait pas l'air d'avoir inventé la gaieté, et qu'il riait un peu moins souvent qu'à son tour, mais jamais, au grand jamais, je ne me serais *imaginé* qu'il était si malheureux que cela !

— C'est-à-dire — fit observer le charpentier amateur de spectacles, et qui parlait volontiers de théâtre à tout propos — c'est-à-dire que j'ai vu à la Porte-St-Martin des *Mélos* en douze tableaux, où l'infortuné qui jouait le grand rôle n'avait pas eu seulement la moitié, ni le quart des infortunes de Pierre Landry !...

— Et cependant c'était un bien brave homme, au fond...

— Ah ! dam !... oui... c'est un brave homme !... — Il a tué Jérôme Aubert... c'est la vérité et c'est un malheur... — Mais, quand on y réfléchit bien, on ne le trouve pas très-criminel...

— C'est plutôt Jérôme Aubert qui était le coupable, puisqu'il a été la cause de tout, en forçant Pierre Landry d'aller au cabaret et en le faisant boire malgré lui...

— Pour mon compte, quoiqu'il ait fait deux ans de prison, je lui rends mon estime...

— Parbleu !... et moi aussi...

— Nous la lui rendons tous !...

— Et nous lui serrerons la main, comme à un vrai camarade que nous aimons, que nous respectons...

— Et nous lui demanderons de rester toujours avec nous et de ne plus se souvenir de ce qui s'est passé aujourd'hui...

— S'il pouvait nous entendre, c'est ça qui lui ferait joliment du bien... — C'est le chagrin qui est cause de son accident, et ça le consolerait tout de suite... par conséquent, ça le guérirait...

— Eh bien, moi, camarades — dit alors le vieux contre-maître au nez bourgeonné — je me charge de le faire revenir, et plus vite que ça !... — C'est une idée qui vient de me pousser *subito*... et je réponds qu'elle est bonne...

— Comment vas-tu t'y prendre ?

— Vous allez voir...

— Ça ne pourra pas lui faire de mal ?..

— Jamais !... plus souvent !... — Attrapez-moi ce pauvre garçon par les jambes et par les épaules, et mettez-le là... sur cette chaise...

Ceci fut fait à l'instant. — Deux compagnons soulevèrent le corps de Pierre Landry et le placèrent sur un siége, à l'endroit désigné.

Le vieux contre-maître prit alors un flacon de rhum parmi les nombreuses bouteilles qui couvraient la table. — Il introduisit l'un de ses doigts entre les lèvres décolorées de Landry, puis entre ses dents, de façon à disjoindre les mâchoires trop serrées; — ensuite on lui versa dans la gorge une assez bonne partie du liquide contenu dans le flacon...

Avez-vous vu, sur la table de marbre de la clinique, les phénomènes étranges et terribles que fait naître le fil conducteur d'une machine électrique en touchant un cadavre ?...

Le rhum produisit sur Pierre Landry des effets non moins soudains et non moins effrayants...

Une contraction brusque et violente secoua tout son corps... — Une teinte d'un rouge ardent envahit son visage pâle... — Ses yeux s'ouvrirent et s'arrondirent démesurément, et une sorte de rugissement rauque et bestial s'échappa de sa poitrine...

VIII. — UN MALHEUR COMPLET.

Les compagnons, qui se pressaient autour du père de Denise et se penchaient sur lui, reculèrent épouvantés.

Le vieux contre-maître se gratta l'oreille en murmurant :

— Sac à papier !... j'ai peur d'avoir fait une boulette !...

Pierre Landry, pendant quelques secondes, parut en proie à un accès de cette maladie épouvantable qu'on appelle le *delirium tremens*.

Ses membres tremblaient, — un rictus farouche contractait ses lèvres et dévoilait ses dents entre-choquées ; son regard vague offrait une expression indéfinissable. — Tout à coup, cette expression devint féroce; — ses prunelles dardèrent la lueur rouge, et pour ainsi dire sanglante, qui jaillit des yeux du tigre en furie...

Evidemment la hideuse ivresse de l'alcool le dominait tout entier et mettait dans son cerveau cette folie destructive qui le changeait en une véritable bête fauve.

— Ah ! — cria-t-il d'une voix gutturale dont les notes stridentes déchiraient l'oreille. — Ah ! vous êtes encore là, misérables !... — Vous m'avez insulté !... — Vous m'avez chassé comme on chasse un chien !... — Vous avez prononcé mon arrêt de mort et vous avez tué mon enfant !...— Eh bien, le chien enragé va mourir, mais non pas sans vengeance !...— Il mordra dans son agonie !... le condamné se relève ! .. malheur aux bourreaux !...

En même temps, Pierre Landry se dressa et bondit en avant...

Les charpentiers, comprenant bien qu'il y aurait prudence et non lâcheté à se soustraire aux attaques d'un infortuné que dominait la plus furieuse et la plus terrible de toutes les folies, s'enfuirent devant lui, et Landry les poursuivit en poussant des cris rauques qui n'avaient rien d'humain...

Les portes de trois ou quatre cabinets ouvraient dans le grand salon. — Quelques-uns des compagnons parvinrent à se réfugier derrière ces portes. — Malheureusement, le vieux contre-maître était moins ingambe et ses souliers garnis de gros clous glissaient sur le parquet ciré...

Pierre Landry l'atteignit, le saisit à la gorge, le renversa avec une violence irrésistible, lui appuya un genou sur la poitrine et se mit à l'étrangler et à l'étouffer à la fois, en riant d'un rire épouvantable.

— Au secours !... — hurla le contre-maître — au secours !... il me tue !...

Puis sa voix s'éteignit. Il râlait...

Instruits par cette clameur suprême du péril mortel que courait l'un d'eux, les charpentiers quittèrent leurs asiles provisoires et se précipitèrent au secours du contre-maître.

Pierre Landry, les prenant, dans son délire, pour des ennemis acharnés qui se réunissaient contre lui, abandonna le vieillard déjà sans connaissance, se releva et leur fit face...

Alors commença une lutte effrayante entre ce malheureux insensé rugissant, aspirant au meurtre, et ces hommes qui s'efforçaient de paralyser ses mouvements et de s'emparer de lui sans lui faire de mal...

A dix reprises ils le saisirent. — A dix reprises il s'échappa de

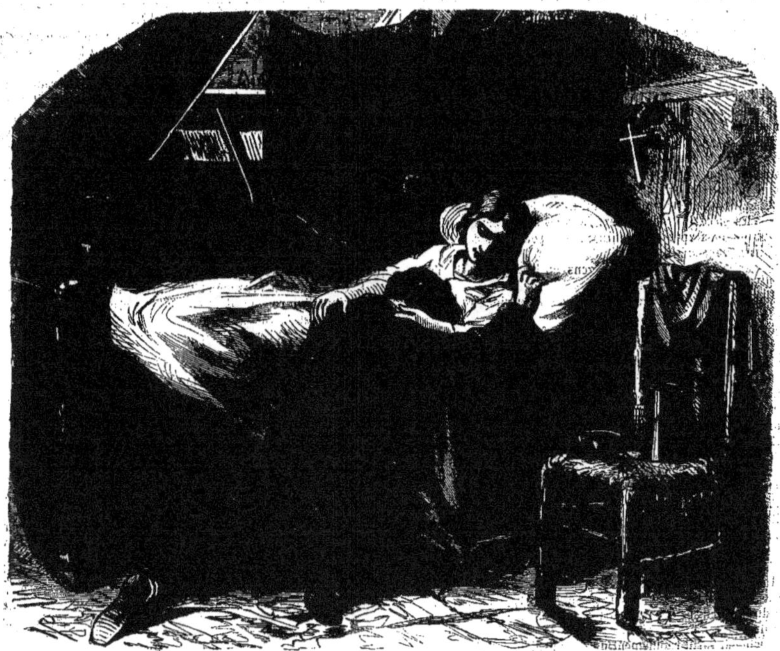

Suzanne, le lendemain, s'éteignit dans mes bras. (P. 14.)

leurs mains, mais cependant ses forces commençaient à s'épuiser et il allait avoir le dessous, quand les hasards de cette bataille inégale le conduisirent auprès de la table encore toute servie.

Il saisit un couteau sur cette table, en poussant un hurlement de triomphe, et il recommença l'attaque avec une impétuosité nouvelle, frappant à droite et à gauche, en avant et en arrière, mais, par bonheur, frappant en aveugle...

Le sang coulait déjà pourtant, et, sans doute plus d'une victime allait tomber, frappée mortellement, quand les soldats du poste voisin, rappelés en toute hâte par le maître de la maison, firent irruption de nouveau dans le grand salon et enfermèrent Pierre Landry dans un cercle de baïonnettes...

En même temps l'un des charpentiers, se dévouant pour empêcher le malheureux de s'enferrer lui-même sur ces fers aigus et menaçants, l'étreignit par derrière, réussit à lui enlever son couteau et le renversa sur le plancher...

Le péril n'existait plus désormais. — Pierre Landry, désarmé et terrassé, cessait d'être à craindre. — On lui attacha les mains et les pieds avec des serviettes, et au moment où il se débattait en écumant sous ces liens improvisés, M. Raymond rentra dans le salon du restaurant accompagné d'un médecin.

Le conducteur chef éprouvait pour Pierre Landry, depuis le matin de ce même jour, une sympathie d'autant plus vive qu'il le savait plus profondément à plaindre. — Sa stupeur et son chagrin furent très-vifs en apprenant ce qui venait de se passer, et surtout en en prévoyant les résultats... — Mais il ne pouvait rien, ni contre les faits accomplis, ni contre leurs conséquences...

Le délit était manifeste! — rien n'y manquait : — coups et violences, blessures graves, effusion de sang !... — Plusieurs des compagnons charpentiers avaient le visage et les mains tailladés et saignants; — le vieux contre-maître, presque étranglé, semblait dans un état alarmant.

Le commissaire de police rédigea séance tenante un procès-verbal accablant pour Pierre Landry, et ce dernier fut ensuite emmené, ou plutôt emporté, car il continuait à se débattre en vociférant, et son accès de rage paraissait plus terrible que jamais...

. . . .

Un simple sommaire des faits qui suivirent presque immédiatement cette funeste soirée suffira pour nos lecteurs.

Dès le lendemain, M. Raymond, accompagné de l'entrepreneur pour le compte duquel il dirigeait les travaux, et qu'il avait instruit de tout ce que nous connaissons déjà, se rendit au palais de justice et parvint à se faire désigner le juge d'instruction chargé de l'affaire de Pierre Landry.

L'entrepreneur était un homme riche, honorable, bien posé, et jouissant d'une notoriété et d'une estime très-grandes dans le monde des affaires et de la finance.

Sa parole avait du poids, — ses affirmations n'étaient point de celles qu'on rejette sans en tenir compte. — Le juge d'instruction promit de témoigner au prévenu toute la bienveillance qui pourrait s'allier avec la rigueur de ses devoirs de magistrat, et en effet, le surlendemain, après un premier interrogatoire, il consentit à le mettre en liberté sous caution... — Cette caution fut fournie par l'entrepreneur.

Pierre Landry retourna chez lui en proie au désespoir le plus profond. — Il ne s'illusionnait point sur l'effrayante gravité de sa situation... — Il comprenait bien que, si grande que fût la modération dont on ferait preuve à son égard, la circonstance terrible de la récidive attirait inévitablement sur sa tête une lourde condamnation.

Paris. — Typ. Collombon et Brûlé, rue de l'Abbaye, 22.

Morne, silencieux, le cœur gros, les yeux humides, il s'éloignait de Belleville en tenant par la main la petite Denise. (P. 18).

— Allons — se dit-il — je suis perdu !... bien décidément perdu, cette fois !... — Toute réhabilitation sera désormais impossible pour le condamné récidiviste, pour le pilier des maisons centrales !.. — Oh ! ma Denise, ma fille chérie, que vas-tu devenir avec un père misérable et abandonné comme le tien !... — Pourquoi Dieu n'a-t-il pas eu pitié de toi ?... — Pourquoi n'es-tu pas morte en naissant ?...

Pierre Landry conservait cependant au fond de son âme un faible et vague espoir...

Il comptait sur la veuve Giraud.

— Peut-être — murmurait-il — la brave femme aura-t-elle eu meilleure chance qu'elle ne le croyait elle-même... — Les cœurs les plus durs s'ammollissent parfois... — Son riche parent sera venu sans doute à son aide... — Elle le méritait si bien !... et alors, comme elle aime véritablement Denise, et comme elle est la meilleure et la plus digne créature qui soit au monde, peut-être consentira-t-elle à garder la chère enfant, même en sachant que pendant plusieurs années je ne pourrai rien payer pour elle...

Dévoré par le désir ardent, fiévreux, de savoir le plus tôt possible ce qu'il devait craindre et ce qu'il pouvait espérer, le charpentier ne perdit pas une heure pour courir à Belleville...

Son cœur battait à briser sa poitrine au moment où il ouvrit la porte de la maisonnette que nous connaissons.

Denise s'élança dans ses bras comme de coutume, et le couvrit de baisers, mais c'est à peine s'il rendit à la petite fille ses tendres caresses, tant son attention était absorbée par le visage soucieux et singulièrement assombri de la veuve Giraud.

La bonne femme semblait avoir vieilli de plusieurs années, depuis deux jours, tant elle était pâle et ridée, et tant ses yeux rougis s'entouraient d'un large cercle de bistre.

Elle ne portait pas ses lunettes, et Pierre Landry crut voir une larme rouler sur sa joue, habituellement rougeaude comme une pomme de reinette trop mûre.

— Eh bien, ma bonne madame Giraud — lui demanda-t-il d'une voix altérée — quelles nouvelles ?...

La veuve secoua la tête et répondit :

— Mauvaises...

— Votre parent de province ?...

— Il m'a écrit une lettre bien dure... — il me marque dans cette lettre que quand on est arrivé à mon âge sans savoir faire ses affaires, on ne le saura jamais, et il ajoute qu'il est inutile, après avoir mangé mon argent, de manger celui des autres...

— De telle sorte qu'il ne vous envoie rien de ce que vous lui demandez ?...

— M'envoyer quelque chose, lui !... le vieil avare !... — Il n'avait seulement pas affranchi sa lettre !...

Pierre Landry reprit :

— Et vos créanciers ?...

— Ils continuent à m'accabler de papier timbré et ne veulent entendre à rien... — D'ailleurs je ne leur fais aucune promesse, sachant bien que je ne pourrais tenir ce que je promettrais... — J'ai reçu ce matin la visite d'un homme d'affaires envoyé par mon marchand de fourrages...

— Que vous a-t-il dit ?...

— Il m'a prévenue que ma faillite serait déclarée après-demain, si je n'avais pas payé son client dans les quarante-huit heures...

— Et, que ferez-vous ?...

— Rien, puisque je n'ai pas de quoi payer...

— Mais, la faillite, c'est la ruine absolue !...

— C'est bien plus que la ruine, puisque c'est la prison...

— Et ne pouvoir vous venir en aide!... — Ah! si j'étais riche!... — murmura Pierre Landry en frappant du pied.

— Vous me tireriez de là, mon pauvre garçon, c'est certain, et je n'en doute pas un instant... — répliqua la veuve — mais que voulez-vous, ceux qui ont bon cœur n'ont pas d'argent, et ceux qui ont de l'argent n'ont pas de cœur... — Je ne prétends point, d'ailleurs, que ce soit la règle générale, mais cela ne se voit que trop souvent en ce bas monde...

Après un instant de silence, madame Giraud reprit :

— Avez-vous pensé à ce que vous feriez de notre chère petite Denise, dont il va falloir me séparer?...

— Hélas!... — Répondit le charpentier — je n'ai pensé à rien... — J'espérais encore... j'espérais toujours...

— Vous voyez maintenant, mon ami, que malheureusement il ne faut plus compter sur moi... — Songez donc à décider quelque chose.

— Eh! mon Dieu, que puis-je faire?... — Où placer cette pauvre enfant qui n'a plus de mère?... — Qui prendra soin d'elle avec tendresse?... qui l'aimera comme vous l'aimiez?...

— Personne, assurément .. — repartit la veuve en essuyant une larme; — mais enfin, il y a encore quelques bonnes âmes... Il ne s'agit que d'en trouver une...

— En trouver une!... — C'est facile à dire!... — Sais-je seulement où la chercher?...

— Ah! je conviens que votre position est bien difficile et bien pénible... mais, de même que vous ne pouvez rien pour moi, je ne peux rien pour vous... — Je garderai Denise jusqu'au jour où je n'aurai plus d'asile et où les portes de la prison pour dette s'ouvriront pour moi... Ce jour-là, je vous la rendrai...

Pierre Landry quitta la maison de Belleville plus triste, plus désespéré qu'il ne l'était en y arrivant...

Son dernier espoir venait de s'anéantir!...

Il n'avait pas voulu parler à la veuve Giraud du nouveau et foudroyant malheur qui l'écrasait...

A quoi bon cette douloureuse confidence?... — La pauvre femme avait bien assez de sa propre infortune!...

IX. — UN JUGEMENT.

La chambre des mises en accusation renvoya Pierre Landry devant la sixième chambre du tribunal de police correctionnelle, sous prévention de coups et blessures ayant occasionné une incapacité de travail de plus de vingt jours.

Le réquisitoire du ministère public, très-remarquable au point de vue de la logique, fut écrasant pour le malheureux charpentier.

— Messieurs de la cour — fit le magistrat en terminant — on va certainement plaider devant vous l'ivresse involontaire... — on va vous dire que Pierre Landry, au moment où il a frappé et blessé grièvement d'honnêtes ouvriers, ses camarades, ne possédait pas sa raison, n'avait point conscience de ses actes et s'était enivré sans le vouloir et sans le savoir... — Peut-être même certains témoignages complaisants que je ne veux pas incriminer, car ils sont dictés par des sentiments généreux, viendront-ils appuyer ce système de défense...

« Ma réponse sera facile et je puis la faire à l'instant... — C'est le passé de Pierre Landry qui parlera pour moi...

« L'homme que vous avez devant vous s'asseyait, il y a quatre ans, sur la sellette de la cour d'assises...

« Il avait commis un meurtre. — Il avait, dans un transport de violence inouïe, dans un accès de rage monstrueuse, assassiné lâchement un jeune homme sans défense et sans défiance, dont il serrait la main et qu'il appelait son ami...

« Funeste amitié!... — baiser de Judas!...

« Alors, comme aujourd'hui, on a plaidé l'innocence absolue, la non responsabilité de l'homme qui n'a pas la conscience de ses actes... — Cette théorie funeste a presque complétement triomphé!... — Le meurtrier n'a été condamné qu'à deux ans de prison...

« La conséquence de cette pénalité insuffisante, la voilà!... — Pierre Landry est devant vous!... — il a commis de nouveau le crime si faiblement expié jadis, et sans doute, aujourd'hui encore, il compte obtenir par les mêmes moyens ou un acquittement, ou du moins une condamnation dérisoire...

« Vous entendrez tout à l'heure, je l'affirme, une deuxième édition de la plaidoirie d'il y a quatre ans... mais j'affirme aussi que vous n'imiterez pas la coupable indulgence qui protége le crime par l'impunité...

. . . .

L'avocat de Pierre Landry, en entendant cette péroraison du réquisitoire, baissa la tête et se dit à lui-même :

— Plus rien à faire!... — ma cause est perdue!...

Le procureur du roi venait en effet, avec une extrême habileté, de saper à l'avance tous les arguments de la plaidoirie, et d'annihiler l'impression favorable que pourrait produire sur les juges l'audition des témoins à décharge.

L'affaire fut plaidée cependant, et même d'une façon très-brillante; — les témoins déclarèrent, l'un après l'autre, que dans leur âme et conscience Pierre Landry leur semblait complétement innocent, puisque l'imprudence du vieux contre-maître avait seule causé tout le mal...

Le coup n'en était pas moins porté...

Le procureur du roi, dans une courte réplique, acheva ce qu'il avait commencé si victorieusement, et la culpabilité du prévenu devint lumineuse comme le soleil.

La cour condamna Pierre Landry à cinq années de prison et à cinq années de surveillance de la haute police.

Après la lecture de l'arrêt, qu'il avait écouté debout, le malheureux se laissa retomber, écrasé, sur le banc des prévenus...

— Dix ans!... — murmura-t-il en cachant dans ses mains son visage livide — toute une vie!...

Son défenseur se pencha vers lui.

— Du courage, mon ami... — lui dit-il à voix basse — il vous reste la ressource de l'appel...

Le charpentier releva la tête et demanda :

— En appel, puis-je être acquitté?...

— Sans doute... tout est possible...

— Croyez-vous que l'acquittement soit probable?...

— Est-ce la vérité vraie que vous voulez savoir?...

— Oui.

— Eh bien! non... je ne crois pas à l'acquittement... mais la cour peut abaisser la pénalité d'un ou deux degrés...

— Le fera-t-elle?...

— Je n'en puis répondre...

— Alors, à quoi bon?...

— En supposant que nous n'arrivions qu'à la confirmation pure et simple du jugement, l'appel aurait toujours un bon côté pour vous...

— Lequel?...

— Celui de vous donner un peu plus de temps pour vous constituer prisonnier...

Pierre Landry secoua la tête.

— A quoi bon? — répéta-t-il. — Est-ce être libre que de voir entr'ouverte devant soi la prison qui vous attend?... mieux vaut en finir tout de suite...

— Vous en êtes le maître, mon ami, mais vous réfléchirez et vous me ferez part de votre détermination...

§

Trois jours après le jugement et la condamnation de Pierre Landry, ce dernier, en allant embrasser Denise chez la veuve Giraud, vit une grande affiche jaune collée sur la porte du jardin de la maisonnette de Belleville.

Cette affiche jaune le bouleversa. — Il savait bien ce qu'elle signifiait; — il n'eut pas le courage de la lire.

La première parole de la veuve fut celle-ci :

— Mon pauvre garçon, c'est pour demain... — Dès le matin les huissiers arriveront, et les recors, enfin toute la clique... — on vendra les meubles, les vaches, les chèvres, les poules et les lapins, et l'on me conduira en fiacre à Clichy, où il y a, à ce qu'il paraît, un compartiment réservé pour les personnes du beau sexe... — Il ne faut pas que la chère petite soit ici dans ce vilain moment-là... ça pourrait lui faire du chagrin... — vous l'emmènerez ce soir avec vous...

Pierre Landry n'eut pas la force de répondre, — il fit un signe affirmatif, et quelques heures plus tard, morne, silencieux, le cœur gros, les yeux humides, il s'éloignait de Belleville en tenant par la main la petite Denise qui pleurait à chaudes larmes, car le chagrin de quitter la bonne veuve Giraud lui faisait oublier la joie d'accompagner son père, qu'elle aimait avec toute la tendresse qu'une enfant de cet âge est capable d'éprouver...

Une semaine s'écoula, pour le père et pour la fille, dans une profonde tristesse.

Pierre Landry, ne pouvant se résigner à subir une seconde fois le supplice de l'audience, à entendre de nouveau tonner à son oreille la parole écrasante du procureur du roi, avait laissé passer le délai d'appel...

Le moment approchait où il devrait se constituer volontairement prisonnier, sous peine d'être arrêté par les agents de la sûreté publique.

Depuis l'effroyable soirée du restaurant des Marronniers à Bercy, il ne travaillait plus. — La modeste somme qui constituait ses économies touchait à sa fin; — il allait se trouver sans un sou, quoique M. Raymond, remboursé par l'entrepreneur, eût refusé de recevoir les cinquante francs avancés pour la rançon du misérable Raveinouillet.

Pierre Landry acceptait avec une résignation stoïque sa vie désormais perdue sans ressource et sans espoir, mais la perspective de l'avenir le rendait fou d'épouvante quand il pensait à Denise — et il y pensait à toute heure du jour et de la nuit, car de longues insomnies succédaient à des journées de douleur...

— Qu'allait devenir Denise?...

Le charpentier se posait incessamment cette question, et il ne pouvait pas y répondre.

Il était sans famille, sans argent, sans amis; — où parviendrait-il à trouver, en de telles conditions, une âme angélique consentant à se charger d'une pauvre petite créature inconnue, et prenant l'engagement de lui donner la nourriture du corps et de l'intelligence, et de plus cette tendresse maternelle, aussi nécessaire aux enfants que le pain et que le soleil?...

Sans doute il existait une ressource suprême, et le charpentier le savait bien. — Paris renferme un grand nombre d'établissements fondés et dirigés par une charité pieuse... — Denise pouvait être reçue, par exemple, dans la sainte maison des *enfants délaissés;* mais cette ressource, Pierre Landry ne l'admettait pas. — Homme du peuple, il avait tous les préjugés du peuple. — Les établissements dont nous venons de parler lui inspiraient la même répugnance insurmontable que les classes ouvrières éprouvent généralement pour l'hôpital... — il lui semblait que sa fille, en franchissant le seuil de l'un des asiles ouverts à l'enfance orpheline ou abandonnée, cesserait de lui appartenir...

Ce n'est pas tout encore : — les maisons hospitalières — (sur lesquelles nous ne saurions d'ailleurs appeler une admiration trop vive et une reconnaissance trop profonde) — élèvent leurs pensionnaires dans l'idée qu'elles devront plus tard se mettre au service pour gagner leur vie...

Or, le peuple de Paris aime le travail, mais il déteste la servitude, et Pierre Landry sentait tout son sang se révolter à la pensée que sa fille pourrait être servante un jour...

§

Nous prions nos lecteurs de vouloir bien nous accompagner une fois encore dans la mansarde qu'ils connaissent déjà.

Il était huit heures du soir. — Une chandelle, consumée aux trois quarts et enfoncée dans le goulot d'une bouteille, éclairait faiblement toutes les misères de l'abject taudis.

Le charpentier, assis sur l'unique siége de la mansarde, à côté du petit berceau dans lequel il venait de coucher Denise, la regardait dormir d'un calme et profond sommeil.

L'enfant, depuis huit jours, était bien changée. — Une pâleur maladive couvrait maintenant sa figure amaigrie, et sur chacune de ses pommettes se voyait une tache rose d'un aspect alarmant, car elle pouvait dénoter les sourdes atteintes d'une maladie de poitrine à son début.

L'expression du visage de Pierre Landry était tout à la fois sombre et désespérée; — une angoisse surhumaine se lisait dans ses yeux fixes et secs, où brillait la flamme d'une fièvre continue.

— Dans deux jours il me faudra la quitter!... se disait le malheureux père... — Dans deux jours les verrous d'une prison m'auront séparé du monde, et Denise restera seule... abandonnée... perdue!... — Ne vaudrait-il pas mieux, mille fois mieux, pour elle et pour moi, la prendre dans mes bras, la porter jusqu'aux grèves de la Seine et chercher avec elle l'éternel repos sous le froid linceul des eaux noires?...

Pour la troisième fois, depuis la veille, le charpentier se posait cette question terrible, et personne n'oserait dire qu'il n'allait pas la résoudre affirmativement, quand un bruit soudain et inattendu le fit tressaillir...

Une main ferme venait de frapper un coup sec contre la porte de la mansarde.

— Qui peut venir ainsi?... — se demanda Pierre Landry.

Et, comme la clef se trouvait en dedans, il se dirigea vers la porte, l'ouvrit lui-même et se vit en présence d'un inconnu.

Le visiteur était un homme grand et robuste vêtu avec une élégance qui n'excluait pas la simplicité. — Son visage soigneusement rasé, sauf une paire de moustaches très-longues et d'un noir d'ébène, était bronzé dans sa partie supérieure comme celui d'un homme qui vient d'habiter les pays chauds, tandis que le menton et le bas des joues offraient le ton bleuâtre d'un épiderme fraîchement rasé.

Les cheveux étaient noirs et coupés en brosse, — les yeux d'un bleu pâle, presque gris.

Le nouveau venu appartenait évidemment aux classes élevées de la société.

X. — UN ENVOYÉ DE LA PROVIDENCE.

Dans l'obscurité presque complète de la mansarde, Pierre Landry crut d abord qu'il avait en face de lui un agent de police chargé de l'arrêter, et il frissonna de tout son corps; mais un second regard l'avertit de son erreur. — Un agent de police n'aurait eu ni la bonne mine, ni la tenue élégante, ni surtout la politesse de l'inconnu, qui garda son chapeau à la main après avoir salué.

— Vous vous trompez sans doute d'étage ou de porte... — dit le charpentier, ne pouvant supposer qu'un tel visiteur eût affaire à lui.

— Je ne sais si je me trompe — répliqua l'inconnu — et je pense, monsieur, que vous voudrez bien me renseigner à cet égard...

— Je suis tout à votre disposition... — murmura le père de Denise.

— Je cherche quelqu'un qui demeure dans cette maison, et qui se nomme Pierre Landry.

— C'est moi qui suis Pierre Landry, monsieur...

— S'il en est ainsi, je vous demande la permission d'entrer chez vous, et je vous prie de m'apprendre s'il vous est possible de m'accorder un entretien immédiat?...

— Cela m'est possible et facile...

— Cet entretien sera peut-être long...

— Je puis disposer de tout mon temps...

Après ce rapide échange de paroles, le charpentier, plus surpris et plus intrigué que nous ne saurions le dire, s'écarta pour laisser passer le visiteur, et, désignant de la main l'unique chaise qui se trouvât dans la mansarde, il ajouta :

— Prenez la peine de vous asseoir, monsieur...

— Et vous?... — demanda l'inconnu.

— Oh! moi, je resterai debout...

— Voilà ce que je ne souffrirai pas...

— Eh bien! mon lit me servira de siége...

— A la bonne heure...

L'étranger s'assit, et, pendant une ou deux secondes, il garda le silence.

Evidemment il cherchait la forme la plus convenable pour entrer en matière, et cette forme, sans doute, n'était pas facile à trouver...

— Monsieur Landry — dit il enfin — la démarche que je fais en ce moment vous étonne, je le comprends... — elle vous étonnera bien plus encore tout à l'heure; mais, avant d'aborder un sujet d'une délicatesse infinie, je dois vous donner ma parole d'honnête homme que cette démarche singulière est dictée par le très-vif et très-profond intérêt que vous m'inspirez...

— Je vous inspire de l'intérêt, moi?... — s'écria Pierre Landry.

— Un intérêt vif et profond... je vous le répète...

— Qui donc vous envoie chez moi?...

— Nous supposerons, si vous le voulez bien, que c'est la Providence... vous ne refusez pas, j'imagine, de croire à son intervention dans les choses humaines...

— Non, certes!... quoique jusqu'à ce jour et jusqu'à cette heure, elle m'ait donné bien peu de preuves de son bon vouloir à mon égard...

— Il est un commencement à tout, et ma visite en est la preuve... — Votre position me touche au plus haut point...

Pierre Landry interrompit l'étranger.

— Me permettez-vous de vous adresser une question?... — fit-il.

— Questionnez-moi tout à votre aise... — je m'empresserai de vous répondre...

— Comment me connaissez-vous, et d'où vient que vous soyez renseigné sur ma position...

— C'est bien simple... — j'assistais à l'audience du tribunal de police correctionnelle le 7 décembre dernier...

— Le jour où l'on m'a condamné!... — murmura le charpentier dont la pâleur augmenta soudain. — Mais alors, monsieur, vous devez me regarder comme un misérable!... mais alors, vous me méprisez!...

— Je vous regarde comme un homme très-malheureux, voilà tout!... — Frappé par votre physionomie, qui me paraissait sympathique au plus haut point, et touché par l'expression tout à la fois déchirante et résignée de votre regard, je pris des renseignements sur votre compte, et de ces renseignements résulta pour moi la conviction que vous étiez, non point un coupable, mais une victime de la fatalité; — bien loin de vous mépriser, je vous estime, monsieur, et la preuve c'est que je vous tends la main, et que je vous demande de serrer la vôtre...

Le cœur du charpentier bondit; — des larmes involontaires vinrent à ses yeux, et il pressa avec une vive effusion la main que lui tendait le visiteur.

Ce dernier reprit : — Si je ne me trompe, vous n'avez point formé d'appel contre le jugement qui vous a frappé?...

— Vous ne vous trompez pas, monsieur... — les délais sont expirés, et c'est dans deux jours que je dois me constituer prisonnier...

— La loi est positive... — Devant elle il faut courber la tête, et dans les circonstances présentes un recours en grâce serait inutile... — il ne vous reste donc qu'à subir courageusement votre peine, que d'ailleurs de hautes influences sauront bien abréger, je vous en donne l'assurance; — mais à cette situation si triste, si déplorable, il est possible peut-être d'apporter quelque adoucissement...

— Un adoucissement? — balbutia Pierre Landry — et, lequel, mon Dieu!... lequel?...

— Vous avez une fille?...

— Oui, monsieur...

— Agée de quatre ans environ, n'est-ce pas?...

— Quatre ans et deux mois, monsieur...

— Vous l'aimez?...

— Si je l'aime?... ah! plus que ma vie!... cent mille fois plus que ma vie!...

— Où est cette chère petite créature?...

— La voici...

Le visiteur prit la chandelle qui répandait sa lueur douteuse au milieu des ténèbres de la mansarde, — il s'approcha du berceau et se pencha sur Denise endormie.

— Quelle délicieuse enfant!... — fit-il au bout d'une seconde.

Un rayon d'orgueil paternel éclaira le front de Pierre Landry, qui répondit :

— Elle ressemble à sa mère... — Sa mère était belle comme un ange...

— Mais combien elle est frêle!... — reprit l'inconnu — et combien son doux et gracieux visage est pâle!... — Ce cercle bleuâtre autour des paupières m'inquiète, et ces taches roses, sur les pommettes, me semblent de mauvais augure...

La figure du charpentier prit une expression d'angoisse indicible; — il étendit vers le visiteur ses mains jointes, et il murmura, du ton d'une ardente supplication :

— Oh! ne me dites pas cela, monsieur!... au nom du ciel, ne me dites pas cela!... — Ces symptômes alarmants dont vous parlez, je m'efforce de ne pas les voir!... ces terreurs qu'ils font naître dans mon âme, je les repousse de toutes les puissances de ma volonté!... — Songez donc; en ce monde, il n'existe plus pour moi que mon enfant, et je la quitte dans deux jours!... — Si j'allais ne pas la retrouver!... — si elle allait mourir, pendant que je serai loin d'elle sous les verrous infâmes d'une prison!... — Oh! mon Dieu!... mon Dieu!... si je ne la revoyais jamais!...

Et Pierre Landry, cachant son visage bouleversé dans ses mains qu'agitaient des tressaillements convulsifs, ne put contenir les sanglots qui montaient de son cœur à sa gorge, et qui l'étouffaient.

— Pourquoi vous désespérer ainsi, mon ami, car vous me permettrez sans doute de vous donner ce nom?... — demanda le visiteur! — j'ai dit que l'enfant était frêle, et que des signes caractéristiques annonçaient une constitution débile, mais je n'ai rien dit de plus... — Je me suis occupé de médecine autrefois... — j'ai quelque expérience, et je vous affirme que le mal n'est point sans remède... — l'enfant peut vivre!...

— Le croyez-vous véritablement? — s'écria Pierre Landry ranimé.

— Je vous jure que, non-seulement je le crois, mais que j'en ai la certitude...

— Ah! monsieur, soyez béni pour cette bonne parole!...

— Seulement — continua le visiteur — il lui faut des soins... de grands soins...

— Ah! voilà... — balbutia le charpentier en retombant dans un morne découragement. — Des soins!... de grands soins!... et qui les lui donnera, mon Dieu!...

— Que deviendra cette chère petite pendant votre longue absence?... — reprit l'inconnu, — quelle est la personne à qui vous allez la confier?...

— Eh! monsieur, cette question que vous me faites, je me la suis adressée vingt fois à moi-même, et je n'ai pas pu me répondre!... — Je n'ai personne... je ne connais personne... je ne sais pas ce que deviendra l'enfant?...

L'inconnu fit un geste brusque.

— Songez-vous donc à l'abandonner à la charité publique?... — demanda-t-il d'un ton de reproche.

— Je ne songe à rien... je ne prévois rien... C'est à peine si la faculté de penser survit en moi... — mon anéantissement est si grand, je suis plongé dans un tel désespoir, qu'au moment où vous avez frappé à ma porte, j'étais tout prêt à commettre un double crime...

— Un crime!... vous!... et lequel, grand Dieu?...

— Celui d'aller me jeter dans la rivière avec ma fille, pour en finir moi-même et pour épargner à la pauvre enfant les misères, les hontes et les douleurs de la vie...

— Malheureux! vous seriez devenu l'assassin de votre enfant!...

Pierre Landry frissonna.

— Ah! — balbutia-t-il — peut-être qu'au dernier moment je n'aurais pas eu le courage...

— Aviez-vous donc oublié tout à fait la Providence?...

— Hélas!... je ne comptais plus sur elle...

— Vous voyez maintenant que vous aviez tort...

— Comment cela, monsieur?...

— Sans doute, puisque je suis venu, envoyé par la Providence elle-même, et prêt à la remplacer auprès de vous...

XI. — LE SACRIFICE.

Pierre Landry ne répondit pas.

Il avait tant souffert, — il avait au cœur tant et de si cuisantes blessures, qu'il n'osait pas ouvrir trop vite son âme à l'espérance, dans la crainte de se préparer une déception nouvelle...

Son cœur battait violemment; — il attachait ses regards sur l'inconnu avec une ardente fixité, et il attendait, silencieux.

Le visiteur reprit :

— Ecoutez-moi bien, Pierre Landry, et pesez avec soin mes paroles, car chacune d'elles mérite d'être prise par vous en sérieuse considération... — Je suis riche... très-riche... — ma position est considérable, — je jouis de l'estime universelle, et j'ai le droit d'en être fier, car cette estime j'ai su l'acquérir par une vie de travail et de probité...

« Je suis veuf... — j'avais une enfant... une adorable enfant de l'âge de la vôtre et qui ressemblait à la vôtre... — je viens de la perdre... — mon cœur s'est brisé... — la solitude s'est faite autour de moi et la grande fortune que je possède ne suffit point à combler ce vide affreux...

« Le ciel, aujourd'hui, m'envoie l'occasion de reconquérir, du moins en partie, l'unique joie de mon intérieur, en faisant une bonne action et en venant en aide à une immense et touchante infortune... — Je remercie le ciel, et je saisis cette occasion avec empressement et reconnaissance...

« Pierre Landry, si je vous disais : — Donnez-moi votre fille... — elle remplacera pour moi l'enfant que j'ai perdu... — je l'aimerai comme si véritablement mon sang coulait dans ses veines... — Elle pourra grandir et se développer dans l'aisance... — elle vivra heureuse, entourée de toutes les jouissances que donne le luxe aux élus de la richesse... — j'assurerai son bonheur en lui trouvant un bon mari lorsque l'âge de l'adolescence sera venu pour elle, et, enfin, je lui laisserai ma fortune entière après moi... — Si je vous disais cela, Pierre Landry, que répondriez-vous?...

Le charpentier était haletant d'émotion. — Ses yeux s'ouvraient démesurément; une expression de joie profonde, mêlée d'un doute involontaire, flottait sur son visage; — on voyait qu'il avait peine à croire à ce qu'il entendait, — qu'il craignait de faire un beau rêve, et de retomber au réveil dans les abîmes de la réalité...

— Que signifie cela? — reprit l'inconnu au bout d'un instant — pourquoi garder ainsi le silence? — N'auriez-vous donc aucune réponse à faire à celui qui vous dirait ce que je viens de vous dire?...

— Ah! monsieur — balbutia le charpentier — où trouver des paroles pour exprimer toute ma pensée?... Je tomberais aux pieds de l'homme généreux qui me tiendrait un pareil langage... j'embrasserais ses mains... je donnerais pour lui mon sang jusqu'à la dernière goutte, car il aurait fait bien plus que de me sauver la vie, la liberté, l'honneur... il aurait sauvé ma fille...

— Ainsi, vous accepteriez sa proposition?... vous lui confieriez votre enfant?

— Il faudrait être plus qu'en délire, il faudrait être fou, pour repousser une offre pareille...

— Eh bien, cette offre, je vous la fais...

— Vous, monsieur? vous?...

— Moi-même... et c'est pour cela seulement que je suis venu vous trouver...

— Vous consentiriez à vous charger de Denise?...

— Je suis prêt à l'adopter, à lui prodiguer tous les soins qui ranimeront en elle la lueur vacillante de la vie et qui rendront à son enfance la force et la santé!... Je suis prêt à la rendre heureuse et riche...

— Heureuse et riche! ma fille!... ma Denise!... — balbutia Pierre Landry suffoqué par la joie et par la reconnaissance. — Ah! ceux qui doutent de la bonté de Dieu sont bien coupables!... Dieu est grand! Dieu est bon!... — Ceux qui blasphèment la Providence sont bien insensés! Elle existe! elle se montre à mes yeux! elle me retire des profondeurs de l'abîme! elle fait d'un misérable tel que moi un homme heureux entre tous les hommes, puisqu'elle va donner le bonheur à mon enfant!...

Le visiteur n'interrompit point Pierre Landry. — Il lui laissa le temps d'exhaler le trop plein de l'enthousiasme et de la reconnaissance qui débordaient dans son âme.

— Calmez-vous, mon ami... — dit-il ensuite au pauvre père en lui prenant affectueusement la main... — notre entretien n'est pas terminé... — il nous reste à nous entendre sur bien des points...

— Ah! monsieur — s'écria le charpentier — puis-je avoir, désormais, d'autre volonté que la vôtre?... ne suis-je pas à vous?... tout à vous?...

— Aussi, j'espère que nous nous accorderons facilement... je dois même dire que j'en suis certain, puisque vous aimez véritablement votre fille... c'est-à-dire que vous l'aimez pour elle, et non pour vous...

Pierre Landry ne se rendit point compte du sens exact de ces paroles, mais il sentit quelque chose de glacial tomber sur son exaltation... — Un sentiment de vague inquiétude se fit jour au milieu de sa joie.

— Pour elle et non pour moi... — répéta-t-il — que signifie cela, monsieur?

— Cela signifie que votre tendresse paternelle ne reculera devant aucun sacrifice pour assurer l'avenir de votre enfant...

— Avez-vous donc un sacrifice à me proposer?...

— Oui...

— Lequel?...

— J'hésite malgré moi, car je sens bien que je vais faire à votre cœur une blessure profonde... — Cette blessure, je voudrais pouvoir vous l'éviter... Malheureusement, c'est impossible...

— Allons... — murmura Pierre Landry à voix basse — je vois bien que je m'étais trop hâté de me réjouir...

Puis, il ajouta, tout haut :

— Parlez, monsieur... parlez sans crainte et sans hésitation... J'ai l'habitude de souffrir...

— Je vous ai dit que j'adopterais votre enfant — reprit le visiteur — et que j'aurais pour elle une affection vraiment paternelle... — En échange de cette affection, en échange du bien-être matériel que je lui prodiguerai, je désire qu'elle éprouve à mon égard toute la tendresse filiale qu'un enfant doit à son père... — Vous comprenez cela, n'est-ce pas, Pierre Landry?

— Je le comprends et cela me paraît juste... — Mais soyez tranquille, monsieur, la chère créature est d'un bon sang... Ni le cœur ni la reconnaissance ne feront défaut chez elle, vous y pouvez compter...

Le visiteur secoua la tête.

— Vous m'avez mal compris... — dit-il; — un sentiment inspiré par la reconnaissance ne pourrait me satisfaire...

— Que voulez-vous donc?

— Je vous l'ai dit, je veux une tendresse filiale absolue... exclusive... — Je veux que l'enfant se sente entraînée vers moi par les instincts de la nature... Je veux, en un mot, qu'elle se croie véritablement ma fille...

Pierre Landry changea de visage.

— Est-ce que cela se peut? — fit-il d'une voix décomposée.

— Pourquoi non?... — A l'âge de la chère petite, les souvenirs sont si fugitifs... les impressions s'effacent si vite!... — Pourquoi ne serais-je pas son père?

— Et moi?... — balbutia le charpentier — et moi, que serais-je donc pour elle?

— C'est ici que doit commencer le sacrifice dont je vous parlais... Il est immense et déchirant, mais il est inévitable... — Vous me demandez ce que vous serez pour Denise?... — Si Denise devient ma fille, vous n'existerez plus pour elle...

Pierre Landry porta l'une de ses mains à son cœur.

— Elle ne saura pas que je suis son père? — demanda-t-il d'une voix faible comme un souffle.

— Elle ne le saura pas... elle ne le saura jamais... — répondit l'inconnu.

Un court silence suivit ces paroles, puis une rougeur ardente envahit le visage du charpentier, et il s'écria, avec une sorte de fiévreuse indignation :

— Mais, monsieur, ce que vous me proposez là, c'est d'abandonner, c'est de renier ma fille!...

— Je vous offre de la sauver, et vous êtes parfaitement le maître de repousser ma proposition... — Regardez vous-même la pâleur de cette enfant... — La chère petite créature va languir et s'éteindre bientôt, faute de soins, faute d'un régime fortifiant, faute d'une tendresse attentive et sans cesse présente pour veiller sur elle... — Vous avez à choisir entre son bonheur et sa mort... et c'est à vous de prononcer...

— Une telle alternative!... ah! c'est affreux!... — Vous êtes cruel, monsieur! bien cruel!...

— Prenez garde, Pierre Landry!... — Tout à l'heure, vous n'aviez pas assez de bénédictions pour moi, et maintenant vous allez me maudire!... — Qu'ai-je donc fait?... — Est-ce être cruel que d'exiger toute la tendresse d'une enfant à qui je donnerai toute la mienne?...

— Ah! monsieur, je vous en supplie, je vous en conjure, pardonnez-moi!... — Les plaintes d'un malheureux ne sauraient vous blesser!... — A peine si je sais ce que je dis.. ma pensée est confuse... un nuage s'étend sur mon cerveau... — Oui... oui... je le comprends, c'est le bonheur de ma fille que vous voulez... son bonheur... et vous avez certes bien le droit de mettre des conditions à vos bienfaits... — Mais, permettez-moi de vous le demander humblement, pourquoi cette volonté terrible et rigoureuse?... — Pourquoi ne pas me laisser, du moins, l'espoir qu'un jour Denise saura que je suis son père?...

— Parce que je ne promets jamais que ce que je puis et je veux tenir, et cet espoir ne se réaliserait pas!... — Je vous l'ai dit : si Denise connaissait les liens du sang qui l'unissent à vous, elle ferait forcément deux parts de son cœur... et je veux son cœur tout entier... — Mais ce n'est là qu'une des raisons qui doivent rendre ma détermination inflexible... — Il en est une autre encore... une autre non moins importante...

L'inconnu s'interrompit.

— Et cette autre?... — demanda le charpentier pâle et tremblant.

— J'hésite à vous la faire connaître...

— Je vous le demande à genoux, monsieur... parlez...

— Je crains que mes paroles ne vous blessent et ne vous irritent...

— Ai-je donc le droit de me blesser ou de m'irriter de quelque chose?... — Ah! je connais trop ma misérable situation... — D'ailleurs, c'est la Providence qui vous envoie... — De vous, je puis tout accepter...

— Eh bien, je sais, moi, que vous êtes un honnête homme... — Je connais les atténuations puissantes apportées par des circonstances fatales aux deux actions coupables pour lesquelles vous avez été condamné... Mais enfin, les condamnations existent, et le monde ne juge que sur les apparences...

« Je ne veux pas, lorsque l'enfant élevée sous mes yeux demandera : — *Où est mon père?* — être forcé de lui répondre : — *Ma fille, ton père est en prison!...*

« Je ne veux pas, surtout, que l'enfant, devenue jeune fille et jeune femme, puisse avoir à rougir de honte et de douleur, en entendant murmurer sur son passage :

« — *Voilà la fille de Pierre Landry le meurtrier... de Pierre Landry le condamné !...* »

Le malheureux père baissa la tête, poussa un profond soupir, et de grosses larmes coulèrent de ses yeux rougis sur ses joues livides.

— Allons — balbutia-t-il — vous avez raison... vous saurez aimer l'enfant mieux que moi... — Il ne faut pas que la chère fille ait à souffrir un jour à cause de moi... il ne faut pas que les éclaboussures de l'infamie paternelle rejaillissent sur elle...

— Ainsi — demanda vivement l'inconnu — vous acceptez mes propositions telles que je vous les ai soumises, et sans mettre aucune restriction à l'abandon complet que vous me faites de tous vos droits sur votre enfant?

— Je les accepte... oui, monsieur... — Je puis bien briser mon cœur, puisque je serais prêt, pour Denise, à l'arracher de ma poitrine et à le fouler sous mes pieds... — Une question encore, cependant...

— Je suis prêt à répondre...

— Vous m'avez dit que Denise se croirait véritablement votre fille...

— Je vous l'ai dit et je vous le répète...

— C'est votre intention, qu'il en soit ainsi, je le comprends... — Mais, de quelle manière cette intention se réalisera-t-elle? — Il suffira d'un mot imprudent pour désabuser la petite... — Pouvez-vous espérer qu'aucun des gens qui vivront autour d'elle et qui sauront la vérité, ne prononcera ce mot?...

— Ce serait une espérance folle, en effet, — mais, par suite de circonstances particulières, dont je vais vous instruire en vous mettant au fait de ma position, ce danger n'est point à craindre... — Tout le monde, autour de moi, ignorera que Denise n'est pas ma fille...

Pierre Landry fit un geste de surprise.

— Cela vous semble étrange !... — reprit l'inconnu. — Je vais vous donner le mot de l'énigme ; mais jurez-moi d'abord, jurez-moi sur ce que vous avez de plus cher au monde, jurez-moi sur la vie de Denise elle-même, de me garder un éternel secret...

— Je le jure ! — répondit le charpentier. — Rien de ce que vous allez m'apprendre ne sera répété par moi, ni maintenant, ni jamais...

— Je me nomme Achille Verdier — fit le visiteur — je suis Parisien de naissance, mais j'ai passé ma vie presque entière aux colonies, et j'y serais encore, si la nouvelle que je venais de faire un héritage considérable ne m'avait déterminé à revenir en France avec ma fille... — Hélas! cet héritage m'a porté malheur !... — Le navire sur lequel j'avais pris passage s'est perdu corps et biens, et l'Océan furieux m'a ravi mon bien le plus cher, mon enfant adoré...

Le visiteur s'interrompit. — Il tira son mouchoir de sa poche, et il fit le geste d'essuyer ses yeux parfaitement secs...

— Ah! monsieur — s'écria Pierre Landry — que je vous plains! — Comme vous avez dû souffrir !... comme vous devez souffrir encore !...

— D'une façon cruelle... oh ! bien cruelle !... — répliqua le personnage que nous mettons en scène. — Un enfant, c'est tout pour un père ! .. — Il semble que la vie s'en va, quand l'enfant cesse d'exister ! — La chère créature emporte avec elle le bonheur, l'espoir, l'avenir...

— Allons — se dit à lui-même Pierre Landry avec une sorte de joie douloureuse — allons, que Dieu soit béni !... Au moins, il aimera bien Denise...

Achille Verdier continua :

— La solitude m'est insupportable, et comme j'avais fait à la mémoire de ma femme bien-aimée le serment de ne me remarier jamais, je conçus le projet de me rattacher à la vie en adoptant une petite fille qui remplacerait la mienne...

XII. — SACRIFICE ACCOMPLI.

— Vous le voyez bien, monsieur... — murmura Pierre Landry — Il s'agissait dans votre pensée d'une adoption... rien que d'une adoption...

— Oui sans doute — répondit Achille Verdier — mais pour que cette adoption fût possible à mon point de vue, il me fallait reconnaître une orpheline, une enfant isolée, ayant non-seulement perdu son père et sa mère, mais encore ne se rattachant par aucun lien à une famille proche ou éloignée... — j'aurais eu de cette façon la certitude de garder pour moi seul son affection tout entière...

« Le hasard, ainsi que je vous l'ai dit, me révéla votre situation, et mes projets se modifièrent aussitôt... — Éloigné de Paris depuis plus de vingt ans, je n'y connais plus personne... — les gens d'affaires avec lesquels je dois me mettre en rapport pour la succession qui m'est échue, ignorent mon retour et ne savent pas que ma fille a cessé de vivre pendant la traversée .. — Rien n'est donc plus facile, vous le voyez, que de présenter à tous, comme m'appartenant réellement, l'enfant choisie par moi, et personne au monde, excepté vous, ne pourra me démentir, mais votre serment m'est un gage assuré de votre discrétion... — Avez-vous quelque chose à répondre à cela, Pierre Landry, et trouvez-vous que je sois dans le vrai?...

— Non, monsieur, je n'ai rien à répondre... — murmura le charpentier — je n'ai pas une seule objection à faire... — vous avez tout prévu... — votre plan est simple et logique... il doit réussir en effet... — je me soumets donc... je me résigne... je m'immole, et j'accepte le sacrifice, puisque de lui doit dépendre la vie et l'avenir de Denise...

Achille Verdier prit les mains de Pierre Landry et les serra entre les siennes.

— Mon ami — lui dit-il — vous êtes un honnête homme et un bon père... — le bonheur de votre enfant sera votre récompense...

— Ah! monsieur — s'écria le charpentier — je n'en veux pas d'autre... je n'en espère pas d'autre !... — mais il faut que Denise soit bien heureuse, pour me payer par son bonheur tout ce que j'ai souffert...

— Elle sera bien heureuse, je vous le jure...

— C'est que, voyez-vous — reprit Pierre Landry avec une violence involontaire — si jamais j'apprenais qu'il en est autrement, il n'y aurait plus de serment qui tienne... je redeviendrais un père pour ma fille... un protecteur... un vengeur...

Un sourire d'une expression ironique vint aux lèvres d'Achille Verdier.

— Eh ! quoi ! — répliqua-t-il — déjà les doutes !... déjà la défiance !... c'est trop tôt !... — Songez que rien n'est encore définitif entre nous... — si vous regrettez la parole donnée, je vous la rends !... — Dieu sait que je ne suis point venu pour contraindre votre volonté... — je me retire... — Gardez Denise, puisque vous croyez le pouvoir, et ne vous en prenez qu'à vous seul de la fin triste et prochaine de la pauvre enfant...

En disant ce qui précède, Achille Verdier s'était levé, et se dirigeait vers la porte.

Pierre Landry se précipita entre cette porte et lui, les mains jointes, et balbutia :

— Au nom du ciel, monsieur, pardonnez-moi, cette fois encore, des paroles que je regrette du fond de mon âme !... — La douleur d'une séparation inévitable obscurcit ma pensée, trouble ma tête, me rend presque fou !... — si vous vous éloigniez maintenant par ma faute, que deviendrait Denise?... — C'est pour le coup que je serais vraiment criminel, puisque, ayant pu la sauver, je ne l'aurais pas voulu.

Achille Verdier se rasséréna et son visage prit une expression compatissante et miséricordieuse...

— Je comprends ce que vous devez souffrir — dit-il — et je vous pardonne de bien grand cœur une défiance injurieuse, mais irréfléchie...

— Ah! vous êtes bon, monsieur !... vous êtes bon comme Dieu lui-même... — s'écria le charpentier.

Puis, après un silence, il ajouta timidement :

— Dans cinq années... quand j'aurai payé ma dette... quand j'aurai fait mon temps, — si la surveillance de la haute police m'autorise à revenir à Paris, me sera-t-il permis de voir quelquefois Denise?... oh! de loin, monsieur... de bien loin?...

Un mécontentement manifeste se peignit sur la physionomie d'Achille Verdier, qui répondit d'un ton presque sec :

— Mieux vaudrait, je crois, n'en rien faire... — je n'aurai pas le droit cependant de vous écarter du chemin de ma fille... — mais ces rencontres inutiles ne serviront qu'à rouvrir vos blessures... et qui sait si votre émotion trop vive ne vous trahira pas?

— Me trahir !... — interrompit Pierre Landry — jamais, monsieur !... cela n'est point à craindre... — je sais trop bien, d'ailleurs, que je détruirais par une imprudence le bonheur de Denise sans assurer le mien... car elle ne m'aimerait pas... elle ne pourrait pas m'aimer !... — je ne serais rien pour elle... — La belle et riche demoiselle ne pourrait voir en moi qu'un vieil ouvrier, un pauvre homme, auquel elle ferait l'aumône dans la charité de son cœur...

— Ce que vous venez de dire — reprit Achille Verdier — me met sur la voie du dernier sujet que je me propose de traiter avec vous dans cet entretien... — Vous avez prononcé le mot de pauvreté...

— Sans doute...

— Je n'entends pas que vous soyez pauvre... — la fille au sein de la fortune, le père dans le besoin, cela serait contre nature, cela serait immoral et je ne le souffrirai point...

Pierre Landry regarda son interlocuteur d'un air étonné.

Achille Verdier reprit vivement :

— Je vous ai dit que j'étais très-riche, et qu'après avoir partagé ma fortune pendant sa vie, Denise la posséderait tout entière après moi... — Il est juste et légitime qu'un filet de ce fleuve d'or soit détourné vers vous... — Je vais, dès à présent, assurer votre position à venir, en vous assurant non la fortune, mais l'aisance... — Il est impossible de se faire la moindre illusion à cet égard : lorsque vous sortirez de prison, il vous deviendra bien difficile sinon complétement impossible de trouver de l'ouvrage; — le préjugé qui s'attache aux prisonniers libérés fermera devant vous la porte des chantiers; mais, vous trouvant à la tête d'un petit capital, vous pourrez fonder un établissement qui prospérera dans vos mains actives et intelligentes... — Douze mille francs vous suffiront-ils?...

Pierre Landry ne répondit pas. — Il semblait frappé de stupeur.

Achille Verdier se méprit à la nature de ce silence.

— Si le chiffre que je viens de poser vous semble trop minime — continua-t-il — dites-le-moi sans le moindre scrupule... — je désire vous satisfaire tout à fait, et je vais vous remettre à l'instant la somme que vous fixerez vous-même...

En disant ce qui précède, le visiteur tirait de sa poche un volumineux portefeuille, tout gonflé de billets de banque.

Il l'ouvrit, de manière à laisser voir son contenu...

— Fixez la somme... — répéta-t-il. — Je suis votre caissier...

Pierre Landry étendit la main et repoussa le portefeuille avec une sorte d'horreur.

— Eh bien! que faites-vous donc? — s'écria Achille Verdier — j'espère que vous ne songez point à m'affliger par un refus.

— N'espérez pas cela, monsieur!... — répliqua vivement le charpentier — je refuse!... je refuse cent fois plutôt qu'une!...

— Pourquoi donc?

— Parce que rien au monde ne me ferait consentir à toucher à votre argent... — si j'en acceptais la plus minime partie, mon sacrifice deviendrait un marché!... — j'aurais vendu ma fille!... — Si je suis dans la misère un jour, que m'importe!... — s'il me faut tendre la main à l'aumône, je la tendrai sans rougir, mais du moins je n'aurai pas spéculé sur l'abandon de mon enfant!... — Tout pour elle... rien pour moi!... — voilà mon dernier mot.

— Je n'ai pas le courage de vous blâmer... — répondit Achille Verdier — quoique, selon moi, vous poussiez jusqu'à la plus extrême exagération un sentiment noble et généreux... — je n'insiste pas, mais il m'est pénible de voir de quelle façon vous repoussez ce que j'aurais été si heureux de faire pour vous... — C'est me traiter presque en ennemi...

— Voulez-vous la preuve du contraire?... — demanda Pierre Landry.

— Oui, certes, je veux cette preuve... — mais comment me la donnerez-vous?...

— En acceptant pour un autre une partie de ce que je refuse pour moi-même...

— Expliquez-vous, je vous en prie...

— Voulez vous me permettre d'écrire devant vous deux ou trois lignes... — ce ne sera pas long, quoique j'aie bien peu l'habitude de manier la plume...

— Je n'ai pas de permission à vous donner... — vous êtes chez vous, et c'est moi qui suis à vos ordres...

Le charpentier ouvrit l'armoire de bois blanc dans laquelle il enfermait son linge et ses vêtements, et, après quelques recherches, il finit par y trouver une feuille de vieux papier jauni, une de ces écritoires en plomb dont les écoliers font usage, et une plume ébouriffée, tordue comme un soleil.

L'encre n'existait plus qu'à l'état de boue liquide. — Pierre Landry versa dans l'écritoire quelques gouttes d'eau, et, se servant de son genou comme de pupitre, il traça les lignes suivantes, d'une grosse écriture irrégulière :

« Ma bonne madame Giraud,

« Je suis plus heureux qu'au moment où nous nous sommes vus pour la dernière fois. — Une personne charitable consent à se charger de Denise, et je n'ai plus d'inquiétude à avoir sur le compte de cette chère enfant. — Quant à moi, j'ai trouvé de l'ouvrage en province, dans de bonnes conditions, et je quitte Paris pour plusieurs années. Des circonstances imprévues, dans le détail desquelles il serait trop long d'entrer, font que je suis à même de disposer librement d'une somme d'argent assez forte. — C'est un nouveau bienfait de la personne charitable qui se charge de Denise.

« Je vous ai entendu dire, ma bonne madame Giraud, que quelques milliers de francs vous permettraient de sortir de la position fâcheuse où vous êtes et de recommencer les affaires avec plus de succès sans doute que la première fois. — Voici cinq mille francs. — Ils ne vous sont point prêtés, ils vous sont donnés en toute propriété. — Je souhaite bien sincèrement qu'ils vous portent bonheur...

« Adieu, ma bonne madame Giraud; — je ne sais pas quand nous nous reverrons, mais croyez bien que partout où je serai, je penserai sans cesse à vous, et que je garderai une reconnaissance éternelle des bontés, des soins et de la tendresse que vous aviez pour ma chère Denise.

« Je suis, en terminant, votre très-affectionné

« PIERRE LANDRY. »

— J'en ai écrit plus long que je ne voulais — dit le charpentier en jetant une pincée de cendres sur la feuille de papier — mais enfin, c'est fini...

Il traça ensuite, sur la lettre pliée tant bien que mal, le nom de la veuve Giraud, et il reprit, en s'adressant à Achille Verdier :

— Ceci est pour une bonne et brave vieille femme qui, pendant ces deux dernières années, a servi de mère à Denise... — La digne personne est très-malheureuse en ce moment; — elle a fait faillite; — on a tout vendu chez elle, et ses créanciers ont eu le mauvais cœur incroyable de la faire enfermer dans la prison pour dettes...

— Il faut l'en tirer au plus vite! — s'écria Achille Verdier.

— C'est ce que j'ai pensé... — Vous avez eu la générosité, tout à l'heure, de m'offrir douze mille francs...

— Vous voulez vous pour cette brave femme?

— Non; — ce serait trop. — Cinq mille suffiront amplement.

Achille Verdier détacha de la liasse cinq billets de banque.

— Les voilà... — dit-il.

— Gardez-les — répliqua Pierre Landry — et chargez-vous, je vous en prie, de les faire remettre à madame veuve Giraud, à la Maison d'arrêt de la rue de Clichy, aussitôt que je me serai constitué moi-même prisonnier, c'est-à-dire dans deux jours...

— Vous pouvez compter que cette mission sera religieusement accomplie...

— Soyez béni, monsieur. — C'est une bien grande charité que vous allez faire là!...

— Ce n'est pas moi qui donnerai — interrompit Achille Verdier — c'est vous, puisque cet argent vous appartient...

Le charpentier secoua la tête.

— Vous savez déjà ce que je pense à cet égard... — dit-il. — Puis il ajouta : — Et maintenant, il ne me reste plus qu'à vous demander une grâce...

— Une grâce à moi?... — laquelle?... — elle vous est accordée d'avance...

— C'est de ne me prendre Denise qu'après-demain... au moment où je partirai de cette maison pour aller au Palais de justice... — Songez donc, monsieur, un jour passe si vite... et je n'ai plus qu'un jour à être son père...

— Vous garderez cette chère enfant jusqu'à la dernière minute et jusqu'à la dernière seconde — murmura Achille Verdier — et du moins, en vous séparant d'elle, vous emporterez la pensée consolante que votre fille chérie va commencer une existence de bonheur, et que ce bonheur elle le devra tout entier à votre dévouement, à votre sacrifice...

— Oh! merci, monsieur, merci!... — s'écria le charpentier — vous faites bien de me parler ainsi!... — vous me donnez la force qui me manquait!... — vous me donnez le courage dont j'avais tant besoin...

§

Une semaine environ après l'entretien auquel nous venons de faire assister nos lecteurs, une voiture cellulaire emmenait Pierre Landry, en même temps que quelques autres condamnés, à la Maison centrale de Clairvaux, où il devait passer cinq années...

FIN DE LA PREMIÈRE PARTIE.

As-tu religieusement accompli mes instructions ? (P. 26.)

Paris. — Typ. Collombon et Brûlé, rue de l'Abbaye, 22

DEUXIÈME PARTIE.

I. — LE CHANTIER.

Un laps d'environ quinze ans s'était écoulé depuis les derniers événements racontés par nous dans les pages précédentes.

Ceci nous conduit à l'automne de 1854.

Nous prions nos lecteurs de vouloir bien nous accompagner dans l'intérieur du vaste établissement fondé vingt-cinq années auparavant par Philippe Verdier, — établissement dont l'importance avait plus que doublé sous l'administration active et intelligente de son neveu, Achille Verdier.

Les chantiers du quai de Billy étaient devenus les plus considérables et les mieux organisés de tout Paris, et leur réputation croissante attirait quotidiennement un assez grand nombre de visiteurs, qui ne regrettaient point ensuite que la curiosité les eût entraînés à une si lointaine excursion.

Chaque jour, en effet, de grands bateaux chargés de magnifiques bois de construction, amenés par les rivières et par les canaux, ou des variétés les plus précieuses et des essences les plus rares provenant des forêts du nouveau monde et apportées par les steamers transatlantiques, venaient s'amarrer aux anneaux de fer rivés dans les dalles du quai, et de nombreuses escouades de travailleurs, aidés au besoin par de puissantes machines, s'occupaient de leur déchargement.

Le chantier proprement dit couvrait plus de vingt mille mètres de terrain; — les solives et les billes amoncelées avec art formaient de toutes parts des arceaux, des galeries voûtées interminables et des colonnades de lourds piliers de style roman, s'étendant à perte de vue.

Ces constructions bizarres donnaient à l'établissement tout entier l'aspect d'une sorte de ville originale et quasi fantastique.

L'habitation du maître touchait aux chantiers. — Sa façade en pierres de taille, d'une élégante simplicité, dominait le quai dont elle n'était séparée que par une cour sablée, plantée d'arbres et formant jardin.

Cette maison, construite par Philippe Verdier à l'époque où sa fortune commençait à s'arrondir, n'avait subi depuis lors aucune modification, ni à l'intérieur, ni à l'extérieur. — Les pièces vastes, bien éclairées, bien aérées et d'une distribution commode, offraient des ameublements si modestes que plus d'un commis aux appointements de deux mille quatre cents francs aurait dédaigné le mobilier de ce logis de millionnaire.

Des treillages de fil de fer, soutenus par quatre pilastres rustiques et recouverts de plantes grimpantes aux larges feuilles et à la végétation touffue, formaient une marquise verdoyante au-dessus des trois portes-fenêtres du rez-de-chaussée...

Les pilastres eux-mêmes disparaissaient sous les enroulements des liserons, des gobéas et des volubilis.

De l'autre côté de la cour, en face de la maison du maître et touchant au chantier, s'élevait un pavillon construit en forme de chalet. — Les fenêtres étaient garnies de barreaux de fer d'une grande solidité. — La porte, peinte en vert sombre, et très-épaisse, avait pour doublure une plaque de tôle. — Sur cette porte se lisaient ces mots tracés en lettres blanches :

BUREAU ET CAISSE.

La caisse et le bureau occupaient en effet le rez-de-chaussée. — Le caissier occupait le logement du premier étage.

Ni l'habitation principale, ni le chantier, n'avaient de concierge. — Un contre-maître, logé dans une sorte de cellule pratiquée au

Le lendemain, M. Achille Verdier m'acceptait. (P. 29.)

milieu du chantier, était chargé d'ouvrir chaque matin la porte particulière par laquelle les ouvriers se rendaient à leur ouvrage. — Ce contre-maître s'acquittait en outre d'une mission de confiance. — Chaque soir, accompagné de *Pluton* (chien boule-dogue d'une férocité reconnue et passant toutes les journées à l'attache), — chaque soir, disons-nous, après le départ des ouvriers, il s'armait d'un fusil de garde national et d'une lanterne, et faisait une ronde dans toutes les galeries, dans toutes les rues, dans tous les carrefours du chantier.

Si d'aventure un malfaiteur avait eu la fâcheuse idée de se blottir au fond de quelqu'une de ces nombreuses retraites qu'offrent les constructions en bois, du genre de celles dont nous avons parlé plus haut, le boule-dogue, grâce à son flair et à son instinct, n'aurait pas manqué de le découvrir et de lui sauter à la gorge.

Pendant l'hiver de 1852, un ivrogne fourvoyé, sans domicile mais aussi sans mauvaise intention, avait trouvé moyen de s'introduire dans le chantier, et là, mollement étendu sur un amas de sciure de bois, entre deux piles de planches, il cuvait son vin et ronflait comme un poêle alsacien.

Pluton, à peine détaché, bondit jusqu'à la retraite de l'ivrogne, lui enfonça dans la chair ses terribles crocs, et l'aurait infailliblement dévoré sans l'intervention du contre-maître. — Le malheureux, réveillé et dégrisé par cette attaque formidable, avait très-fort couru le risque de passer, presque sans transition, du sommeil à la mort.

Ces précautions de rondes nocturnes paraissaient indispensables, pour deux motifs : — le premier, c'est que la caisse renfermait souvent des sommes considérables, surtout la veille des jours d'échéance. — La deuxième raison, c'est que la malveillance, toujours à craindre de la part de quelque ouvrier renvoyé, pouvait facilement allumer un incendie, et qu'il suffisait d'une poignée de copeaux enflammés pour réduire en fumée plusieurs millions.

Achille Verdier, dans la prévision d'un sinistre possible, s'était assuré sagement à deux compagnies, mais il ne jugeait pas moins utile de conjurer, par une surveillance assidue, toutes les éventualités fâcheuses.

Le 12 septembre 1854, vers cinq heures du soir, une trentaine d'ouvriers étaient occupés au déchargement d'une énorme quantité de bois de chauffage, qu'ils transportaient dans l'intérieur du chantier en franchissant une passerelle en planches conduisant du quai au bateau, et réciproquement.

Environ à cent cinquante pas de l'entrée principale de la maison Verdier, et à l'endroit où finissait la muraille de clôture du chantier, s'élevait un cabaret de mauvaise mine, avec cette enseigne :

AU RENDEZ-VOUS DES BONS ENFANTS.

Il paraît que les bons enfants étaient nombreux parmi les ouvriers du riche marchand de bois, car aux heures de repos le cabaret ne désemplissait pas, malgré les vigoureuses admonestations du contre-maître, et bien souvent même quelques paresseux, un peu plus altérés qu'il n'aurait fallu, abandonnaient sournoisement le travail et se dirigeaient de façon clandestine du côté de la buvette tentatrice.

Au moment où cinq heures sonnaient, un homme long et maigre, coiffé d'une casquette graisseuse dont la visière rabattue cachait le haut de son visage, et vêtu d'une blouse grise sur laquelle tranchaient vivement les bouts flottants d'une cravate rouge, sortit du cabaret, s'avança jusqu'au bord du canal, et se mit à siffler un air de valse que toutes les orgues de Barbarie répétaient à cette époque.

A peine les premières notes de l'œuvre nouvelle du grand Musard venaient-elles de traverser l'atmosphère, que l'un des ouvriers fit un faux pas en arrivant à l'extrémité de la passerelle, et tomba sur le quai, les mains en avant, disséminant autour de lui toute la charge de bois qu'il portait sur ses épaules.

Un éclat de rire universel accueillit cette lourde chute.

— Bravo, Gobert! — s'écria une voix moqueuse; — voilà ce que j'appelle balayer proprement le trottoir!

— Billet de parterre à prix réduit! — fit un loustic; — y en a-t-il encore au bureau, Gobert?

— Gobert, vends-tu ta contre-marque? — demanda un troisième railleur. — Je te l'achète au prix coûtant.

— Riez donc, tas de sans cœur! — répliqua l'ouvrier auquel on donnait le nom de Gobert; — je voudrais bien vous voir à ma place! Le genou me fait un mal de tous les diables! J'ai peur de m'être décroché la patte!

— Ah çà, c'est donc sérieux?...

— Tonnerre! je le crois bien que c'est sérieux! — Au lieu de faire de l'esprit comme des imbéciles, aidez-moi plutôt à ramasser mon sac et mes quilles!

Les ouvriers ne riaient plus et s'empressaient autour de leur camarade qui peut-être s'était blessé dans sa chute.

Deux d'entre eux le prirent par les épaules et le mirent sur ses pieds. — Il se tint parfaitement debout, quoiqu'en poussant de petits gémissements sourds.

— Hé bien, ça va-t-il mieux? — fit un compagnon.

— Hum! pas trop... — C'est un maître atout! — soupira Gobert.

— Rien de cassé, cependant?

— Non.., du moins je ne crois pas... mais ça m'élance! ah! tonnerre! on dirait que j'ai les genoux sur un réchaud!

— Bah! bah! ça ne sera rien! — Avant cinq minutes la douleur sera passée...

— Faut tout de même prendre ses précautions, — répliqua Gobert — je vas me frictionner avec de l'eau-de-vie...

— Intérieurement! — s'écria l'un des ouvriers. — Connu, mon vieux! C'est dans ton gosier que tu mettras les compresses!

Les éclats de rire recommencèrent. — Gobert haussa les épaules sans répondre et prit clopin-clopant le chemin du cabaret.

Ce Gobert était un gaillard de très-vilaine mine et d'un âge indéfinissable. — De petites rides innombrables s'entre-croisaient sur la peau parcheminée de son visage terreux. — Deux mèches de cheveux huilées à outrance se tordaient en tire-bouchons de chaque côté de ses joues. — Un rudiment de moustache terne et qui semblait brûlé se voyait au-dessous de ses narines et ne se prolongeait pas au delà des angles du nez.

Les ouvriers avaient interrompu leur besogne pour le regarder s'éloigner en boitant.

En ce moment, le contre-maître sortit du chantier et se dirigea vers le bateau. — Ce contre-maître était un homme de cinquante-cinq à soixante ans, du moins en apparence. — Une chevelure blanche comme la neige couronnait son visage pâle aux traits énergiques. — Il semblait avoir conservé, dans un âge plus que mûr, toute la force de sa jeunesse.

— Eh bien, eh bien, mes enfants — demanda-t-il — qu'est-ce qui se passe? Pourquoi restez-vous là les bras ballants? — L'ouvrage n'avance pas! — Croyez-vous que le bateau se déchargera tout seul, par hasard?

— Pardon, excuse, monsieur Pierre — répondit un des ouvriers — c'est Gobert qui nous a donné une distraction...

— Gobert! toujours Gobert! — Où est-il donc ce joli sujet? Il me semble que je ne le vois pas...

— Où il est? — pardine, c'est facile à deviner... — il est en train d'anéantir des *canons* sur le comptoir, au *Rendez-vous des bons-enfants*! — En voilà un canonnier fini! — Il aurait dû se faire artilleur!

Un éclat de rire immense accueillit ce jeu de mots.

— Au cabaret! — reprit le contre-maître en frappant du pied; — encore au cabaret! toujours au cabaret!

— Ah! dame, c'est son tic à ce Gobert! Voilà la sixième fois d'aujourd'hui qu'il va s'humecter le tempérament! Dame, si on lui paye sa journée le même prix qu'à nous autres, ça sera une injustice, tout de même...

— Soyez paisibles, mes enfants — répliqua M. Pierre; — des ouvriers de cet acabit-là, c'est la peste! — Je vais en nettoyer le chantier!

II. — GOBERT, L'ÉCUREUIL ET PLUTON.

Au moment où Gobert, traînant la jambe et paraissant ne marcher qu'avec peine, s'était séparé du groupe des ouvriers, l'homme à la blouse grise et à la cravate rouge avait pirouetté sur ses talons et regagné l'intérieur du cabaret.

— Le cabinet de société, vivement! — dit-il au maître de la guinguette. — Un litre à quinze, cachet jaune, et deux verres...

— On y va, bourgeois... — répliqua le marchand de vin en prenant une bouteille sous son comptoir d'étain brillant comme de l'argent, et en ouvrant la porte d'une petite pièce très-exiguë, séparée de la salle basse par une cloison vitrée, sur laquelle retombait un rideau de toile à matelas quadrillée de rouge et de blanc.

Au milieu de la petite pièce se trouvait une table. — L'homme à la cravate rouge s'installa. — Gobert franchit le seuil, vint le rejoindre et s'assit en face de lui, après avoir soigneusement refermé la porte.

— Salut à l'Ecureuil!... — Bonjour, ma vieille! — Ça va bien?... — dit Gobert en décoiffant la bouteille et en se versant une large rasade.

— Pas trop mal, comme tu vois!... — répliqua l'Ecureuil en riant. — Mais sais-tu bien, mon pauvre Gobert, que je ne te reconnais plus...

— Ah! ah! et pourquoi donc ça?...

— Comment, toi, Gobert, surnommé *Moelle de sureau* à cause de la souplesse de tes articulations, tu te donnes le genre de prendre la mesure du trottoir, ni plus ni moins qu'un simple bourgeois, qui marche sur une peau d'orange! — tu t'étales! — tu prêtes à rire aux badauds!...

— Ah çà, tu as donc pris la cabriole au sérieux! — s'écria Gobert. — Parole d'honneur, elle est bien bonne!... — mais c'était une frime, mon vieux l'Ecureuil, une simple frime!... — histoire de venir te retrouver, sans occasionner trop d'escandale, quand j'ai entendu ton signal!... — Dans ce chantier de malheur, vois-tu bien, ils sont tous à m'appeler: *Bois sans soif!*... — il y a surtout un gueux de contre-maître qui est comme un crin à mon endroit!... — en voilà une bête farouche!... — Ah! m'agace-t-il, celui-là!... m'agace-t-il!... — S'il pouvait me mettre à l'attache pour m'empêcher de fréquenter le *Rendez-vous des bons enfants*, vrai, il le ferait!...

— Un contre-maître? — demanda l'Ecureuil. — Celui qui se fait appeler Pierre?... — Cinquante-cinq ans? des cheveux blancs?... — est-ce le signalement?...

— Tout juste.

— Connu... — on pourrait la museler si on voulait, ta bête farouche!... — Mais ce n'est pas de ça qu'il retourne présentement... — je vas te faire subir un petit interrogatoire... — songe à me répondre avec un peu plus de sincérité que si j'avais l'honneur d'être M. le juge d'instruction en propre personne...

— Vas-y gaiement!... — car la plus petite bourde ne sortira de ma lèvre de rose... — Mais d'abord apprends-moi une chose...

— Laquelle?

— Pourquoi diable m'as-tu fait embaucher, depuis quinze jours, dans cette maudite baraque où mon existence se flétrit et s'étiole comme une fleur séparée de sa tige, malgré les nombreux petits verres dont je l'arrose quotidiennement pour tâcher de la ranimer!... — C'est pas ma place, ici, vois-tu bien!... — on a beau inventer des trucs à la douzaine pour ne rien faire, sans en avoir l'air, faut toujours travailler un peu, et ça ne me va pas du tout!... — je maigris!... — j'ai déjà perdu plus de sept kilos de mon poids!... — Si ça doit continuer encore, faut m'avertir... je donnerai ma démission...

— Silence, clampin!... — s'écria l'Ecureuil en frappant sur la table — en voilà assez, — en voilà trop!... — Cependant, je veux bien te répondre: — Je t'ai fait embaucher parce que c'était l'ordre du maître... — ta mission était de confiance... elle touche à sa fin...

— Quelle chance!...

— As-tu religieusement accompli mes instructions?...

— J'ai fait pour le mieux...

— T'es-tu rendu compte, jusque dans ses moindres détails, de la topographie du chantier?...

— Je m'y retrouverai les yeux fermés...

— Pourras-tu désigner, depuis le dehors, l'endroit où la descente sera le plus facile après l'escalade?...

— Parfaitement bien... — j'ai fait une marque avec du charbon sur le mur, à une certaine place où il y a une pile de bois qui rendra la chose toute simple... — On descendra là, la canne à la main... en se promenant...

— La cabane du contre-maître?...

— Elle est au milieu du chantier... — En cas de nécessité, avec deux clous pointus bien huilés dont on aurait enveloppé la tête avec des étoupes, on pourrait condamner la porte sans bruit depuis le dehors...

— La niche du chien?...

— Près de la cabane du contre-maître... — En voilà un bouledogue enragé!... — scélérat de Pluton, vous a-t il des crocs, cet être-là!... — quand il les montre pour faire une risette de travers, ça donne des frissons dans les mollets... si on en a!... — Ah! le mâtin!... quel animal peu caressant!...

— As-tu trouvé moyen de l'apprivoiser un peu?... — Se familiarise-t-il avec toi?...

— Avec moi, non!... — Aucune illusion à se faire, il ne me gobe pas du tout!... — Il m'aime peut-être au fond, mais alors c'est qu'il me considère comme un comestible appétissant et qu'il voudrait m'apprécier de plus près... — Seulement, il se familiarise le mieux du monde avec les friandises que je lui porte en catimini...

— Il mange sans défiance et sans difficulté ce que tu lui donnes?...

— Il y prend même un plaisir très-bien senti... — il me voit venir et il gronde... — je lui jette une saucisse, — il l'attrape au vol, l'avale comme une pilule, se lèche les babines, et se remet à gronder, ce qui prouve bien toute l'ingratitude de son caractère!... — C'est comme ça deux fois par jour... — Le gueux m'a déjà coûté trente saucisses plates, à dix centimes l'une... — Je pense qu'il m'en sera tenu compte...

— Sois paisible... — on t'indemnisera...

— C'est que, vois-tu, mon vieux l'Ecureuil, pour le quart d'heure les eaux sont un peu basses... — Mes toiles sont au moment de se toucher...

— Voici vingt francs en attendant mieux...

— Parfait!... — Faut-il faire emplette de nouvelles saucisses?...

— Inutile. — Celle de ce soir sera la dernière, et c'est moi qui vais la fournir...

— Ah! ah! je comprends...

L'Ecureuil tira de sa poche une boulette de viande soigneusement enveloppée.

— Voilà le souper de M. *Pluton*... — dit-il.

— Il sera bien puni de sa gourmandise!... — reprit Gobert en étendant la main vers la boulette empoisonnée. — Mais ça n'aura-t-il pas des inconvénients pour la suite de la chose?...

— Lesquels?...

— Généralement, quand on voit un chien de garde, qui se portait comme le pont Neuf, trépasser de mort subite, ça donne à réfléchir, — on se défie et on fait bonne garde...

— En règle générale, tu as raison, mon fils — répliqua l'Ecureuil; — mais Pluton ne périra pas subito... — La préparation est bien comprise... — Le boule-dogue sera languissant demain, il refusera de manger ou mangera du bout des dents, bref il aura l'air de commencer une maladie, ce qui est tout à fait naturel, et il ne CASSERA DÉFINITIVEMENT SA PIPE que dans la nuit du 14 au 15...

— Sapristi!... l'opération est combinée de main de maître!... — s'écria Gobert. — Dans dix minutes, M. Pluton sera servi.

— Maintenant, — reprit l'Ecureuil, — tu vas quitter le chantier où ta présence est désormais inutile, et deviendrait compromettante...

— Vive la charte!... — Voilà une circonstance qui me botte un peu crânement!... — En rentrant tout à l'heure, je vas donner mon compte, réclamer mon dû, et je file!...

— Bonne idée!... pour qu'on dise demain dans le chantier : — *C'est ce gredin de Gobert qu'a régalé Pluton d'un beefteack au vert-de-gris!...* — et on n'y manquerait pas...

— Comment donc qu'il faut faire?...

— C'est bien simple!... — il faut tout bêtement te faire flanquer à la porte...

— Suffit!... — Ça ira comme sur des roulettes... — le contre-maître n'est déjà pas si toqué de moi!... — ma boule le fait loucher, cet homme!... — Je n'aurai qu'à l'agacer un tout petit brin, pour qu'il m'envoie à tous les diables...

— C'est bien... mais avant de te laisser congédier, songe au souper de M. Pluton...

— Pas de danger que je l'oublie. — Et, maintenant, la consigne?

— Ce soir, à onze heures, à l'estaminet de la *Reine Blanche*, boulevard Pigale ; — *le maître* veut te parler.

— Je serai exact... — A ce soir, mon vieux l'Ecureuil!...

Gobert acheva la bouteille, quitta le cabaret, et reprit, sans se hâter, le chemin du chantier.

Le contre-maître était debout sur le seuil de la porte conduisant au quai.

Au moment où le faux ouvrier passa devant lui, il lui toucha légèrement l'épaule, et lui demanda d'un ton ferme mais parfaitement calme :

— D'où venez-vous?

— De quoi?... de quoi?... — répliqua Gobert avec la cynique insolence du bandit parisien de bas étage. — Faut croire que vous n'aviez pas mis vos lunettes, mon vieux, pour ne point voir que je sors du *Rendez-vous des bons enfants!...*

— Où vous étiez depuis vingt minutes... — reprit le contre-maître impassible.

Gobert mit ses poings sur ses hanches.

— Dites donc, farceur, — s'écria-t-il — puisque vous le savez, pourquoi que vous me le demandez?... — Vous voulez me faire poser, mon bonhomme, mais je peux pas souffrir les poses!... méfiez-vous!...

Le contre-maître continua, sans se départir de son calme :

— Vous avez passé aujourd'hui au cabaret près d'un quart de la journée...

— Eh bien! après?... — interrompit Gobert; — est-ce que ça vous regarde?... — C'est-il vous, par hasard, qui êtes le patron?...

— Je ne suis point le patron, mais je le représente, et je vous déclare que, pas plus que lui, je ne puis admettre une telle conduite... — Que diriez-vous, si, au lieu de vous payer votre journée de travail quatre francs, on ne vous en donnait que trois?...

— Ce que je dirais?... — Pardieu, ça n'est pas malin à deviner... — Je dirais qu'on me vole de vingt sous!...

— Et que faites-vous donc, vous, en ne donnant au patron que les trois quarts du temps de travail auquel il a droit?... — Ne comprenez-vous pas que vous le volez?...

— Vous vous moquez du monde!... ce n'est pas la même chose...

— Où est la différence?...

— Mettez vos besicles pour la voir... — et puis, dites donc, est-ce que vous allez me *mécaniser* longtemps comme ça!... — Faites le chien couchant auprès du patron tant que ça vous plaira... mais laissez l'ouvrier tranquille!... Croyez-vous pas que je vas me débolter *l'échine dorsale* du matin jusqu'au soir à porter sur mon dos vos gueusardes de bûches, sans me réchauffer de temps en temps le fanal avec un verre de n'importe quoi!... — plus souvent!... — La conclusion, c'est que j'irai au cabaret toutes fois et quantes j'en aurai la fantaisie, et, si vous n'êtes pas content, je vous dirai : *zut!...* ah! mais!...

Gobert termina cette longue tirade par le geste bien connu que les gamins de Paris semblent avoir emprunté aux cantonniers des chemins de fer.

Tandis que le mauvais drôle pérorait, le rouge de la colère était monté à deux ou trois reprises au visage du contre-maître dont l'irritation intérieure grandissait évidemment; — mais il eut assez d'empire sur lui-même pour contenir cette irritation et pour en arrêter l'explosion imminente. — Au bout de quelques secondes il redevint pâle, calme et froid comme de coutume, et au lieu de saisir au collet l'insolent, pour le châtier, il lui dit tranquillement :

— Gobert, vous ne faites plus partie des ouvriers de M. Verdier.

Le mauvais drôle prit une physionomie narquoise.

— C'est-il à dire que vous me chassez? — demanda-t-il.

— Vous vous servez d'un mot qui rend ma pensée parfaitement bien... — Je vous chasse, en effet...

— Eh bien, c'est bon... on s'en ira... et sans se faire prier, encore!... — C'est pas précieux, pour qu'on la regrette, une cassine de ce numéro, où l'on traite l'ouvrier comme un nègre!... Oh! la! la!... — Sans compter l'agrément d'être mouchardé par un vieux démoli de votre espèce!... — Bonsoir la compagnie!... je vas me donner de l'air aussitôt qu'on m'aura payé mon dû...

— Passez à la caisse dans cinq minutes... — votre compte sera fait...

— Suffit!... et qu'on soigne l'addition!... — j'aime pas les erreurs!... — quand il s'agit d'affaires d'argent, l'exactitude, c'est ma devise!... — Je vas chercher ma blouse que j'ai accrochée dans le chantier... je touche mon *quibus* et je vous tire ma révérence...

Gobert se dirigea vers l'une des arcades formées par les bois de construction, et il disparut en chantant à tue-tête un refrain populaire.

Le contre-maître le suivit des yeux aussi longtemps qu'il lui fut possible de le voir.

— Ou je ne me connais plus en physionomies — se dit-il — ou voilà un franc gredin qui fera parler de lui... — Hélas! — ajouta-t-il avec un profond soupir — j'en ai tant vu de ces figures de coquins!... je n'ai pas le droit de m'y tromper!... — Par bonheur, dans cinq minutes il ne sera plus ici!.. — Fier débarras pour le chantier!... — A l'avenir je ne me laisserai plus prendre aux belles paroles de ces gens de vilaine mine qui demandent de l'ouvrage en pleurant, et prétendent mourir de faim, et qui, s'ils n'ont pas au fond de leur poche assez d'argent pour le boulanger, en ont toujours pour le cabaret... — Je vas prier M. de Villers de lui régler son compte...

En disant ce qui précède, le contre-maître traversa la cour et entra dans le bureau.

Pendant ce temps, Gobert arrivait à proximité de la niche du boule-dogue, et, quoiqu'il fût encore hors de vue, maître Pluton faisait entendre un grondement sourd, très-significatif, et témoignant une médiocre estime pour celui qui s'approchait de sa demeure.

— Grogne!... grogne, mon bon ami!... — murmura le bandit en riant. — C'est la dernière fois que tu me montreras les dents, et je vas te laisser un petit cadeau d'adieu dont tu me diras des nouvelles...

Il franchit l'espace qui le séparait du boule-dogue. — Ce dernier s'élança, roidit sa chaîne, et si l'une des mailles de fer était venue à se rompre, Gobert, sans aucun doute, aurait passé un vilain quart d'heure...

— Et l'on parle de la reconnaissance du chien!... — poursuivit le bandit en haussant les épaules; — quelle blague de calibre!... — Décidément l'animal ne vaut pas mieux que l'homme!...

Il tira de sa poche la boulette et fit le geste de la jeter au boule-dogue, qui, soudainement radouci par la convoitise, se dressa à demi sur ses pattes de derrière, en passant sa langue rouge et rugueuse sur ses babines pendantes.

— C'est du nanan, Pluton!... attrape!... — continua Gobert. — Attrape, mon joli petit mignon... mon ami bien chéri!...

La boulette décrivit une parabole et retomba dans la gueule du dogue, qui l'engloutit sans la mâcher, et qui se remit, aussitôt après, à gronder de plus belle.

Gobert se frotta les mains.

— L'affaire est dans le sac! — dit-il joyeusement. — Bonsoir, monsieur Pluton... — Tout à l'heure vous étiez un jeune chien... vous voilà parvenu présentement à la vieillesse la plus avancée!... — Il est inutile de m'adresser une lettre de faire part pour le convoi et l'enterrement... je suis prévenu... — j'y viendrai...

Le bandit reprit sa blouse; — il alla toucher à la caisse l'argent qu'il avait si mal gagné, et enfin il quitta le chantier en répondant par des bravades moqueuses aux adieux ironiques des ouvriers.

III. — PHOTOGRAPHIES ÉCRITES.

Le soir de ce même jour, vers dix heures, André de Villers (dont nous avons entendu le contre-maître prononcer le nom, et qui cumulait, chez M. Achille Verdier, les fonctions de caissier et celles de teneur de livres), replaça, dans l'un des casiers du bureau, les registres qu'il venait de compulser et de mettre au net, s'assura que la porte du pavillon était fermée à double tour et que la clef ne se trouvait point oubliée sur la serrure du coffre-fort; puis, après avoir pris toutes ces précautions, il emporta sa lampe à abat-jour vert et il remonta dans la chambre qu'il occupait au premier étage.

Rien ne se pouvait imaginer de plus simple, de plus spartiate, que cette chambre.

Un petit papier coutil, rayé de blanc et de bleu, tapissait les murailles; une couchette de fer, à rideaux blancs, une table de bois noir, chargée de livres et de papiers, une grande armoire et deux chaises constituaient l'ameublement.

Une pendule commune, escortée de deux flambeaux à bas prix, trônait sur la cheminée.

Une porte entr'ouverte laissait voir un cabinet de toilette meublé d'une façon non moins rigide, mais avec une propreté irréprochable.

André de Villers était un jeune homme de vingt cinq ans environ, grand et mince, très-bien de visage, avec des cheveux noirs et des yeux bleus. — La distinction réelle de sa tournure et de ses manières, et sa physionomie ouverte, intelligente et résolue, le rendaient sympathique à première vue.

Ses vêtements ne se recommandaient point par leur élégance, et sa petite redingote de lasting noir sortait évidemment d'un magasin de confection à prix fixe, mais ceci ne l'empêchait pas d'avoir l'air d'un homme du monde, d'*un gentleman*, dans le sens précis de l'expression anglaise, beaucoup plus que d'un simple commis aux appointements modestes.

André de Villers plaça la lampe sur la table, qu'il débarrassa d'une partie des livres et des paperasses qui la couvraient; — il s'assit ensuite, prit une large feuille de papier à lettre, trempa sa plume dans l'encrier et se mit à écrire.

Nous allons profiter de notre pouvoir discrétionnaire et de nos privilèges de romancier pour reproduire sa lettre, qui nous évitera de donner à nos lecteurs d'amples explications sur la maison d'Achille Verdier, sur ses habitants et sur la position que le jeune homme lui même occupait dans cette maison.

Il est bien entendu que nous copions textuellement :

« Paris, 13 septembre 1854.

« Ma bonne et tendre mère,

« Tu me reproches mon silence; — tu t'étonnes et tu t'affliges de ne recevoir de moi que des billets rares et laconiques, et tu me demandes avec instance si je me trouve heureux dans ma nouvelle position.

« Tes reproches sont justes, je le reconnais, mais cependant je ne suis pas sans excuses. — Depuis longtemps déjà je me propose chaque jour de t'écrire une lettre interminable et pleine de détails, et quand arrive le soir, je suis si fatigué du travail de la journée que le courage me manque pour reprendre la plume et que je me jette sur mon lit, où je dors d'un profond sommeil jusqu'au point du jour. — Je me réveille alors, avec la régularité toute mécanique que donne l'habitude, et à peine mes yeux sont-ils ouverts et ma toilette faite, que la nécessité du travail recommence pour moi...

« Si je ne t'écris guère, d'ailleurs, ce n'est pas faute de penser à toi!... Bien souvent, tandis que ma plume aligne des chiffres, mon esprit s'envole vers la Bretagne et franchit le seuil de cette maisonnette, où tu vis maintenant toute seule avec Yvonne, ta vieille servante. — Ma pensée traverse le salon modeste dont le portrait de mon père en uniforme de lieutenant de vaisseau forme le seul ornement; — je vais te chercher au fond du petit jardin escarpé qui domine un si vaste et si magnifique panorama, et d'où la vue plane sur la rade de Brest et sur les immensités de l'Océan... — là je te trouve, assise à l'ombre grêle du poirier rabougri et tordu par les vents de mer; — je te crie : — *Me voici!...* — je te prends dans mes bras et je te presse contre mon cœur avec toute la force de ma tendresse...

« Par malheur, tout cela n'est qu'un rêve — un rêve bien doux, mais qui s'envole trop vite au contact brutal des chiffres!... — Quand me sera-t-il permis de le réaliser? — Dieu seul le sait; — moi, je l'ignore.

« Bonne mère, je suis ce soir moins fatigué que de coutume, et j'en profite pour me donner la joie de causer longuement avec toi et de répondre à toutes tes questions...

« D'abord, et avant tout, tu me demandes si je suis heureux, et je dis : — *Oui!...* franchement et sans hésiter... — Cependant, il y a des nuages sur mon bonheur... — Ces nuages, ce sont des désirs insensés, ce sont des espérances trop belles pour que leur réalisation soit possible.

« Je ne te cacherai rien, mais il faut commencer par le commencement...— Tu te souviens qu'il y a quelques années au moment où je venais de finir mes études au collége de Brest, tu voulais absolument me garder auprès de toi et tu me disais : — *Nous ne sommes pas riches, tant s'en faut, et pourtant le revenu des soixante mille francs qui m'ont été donnés par notre oncle, et la pension que je touche comme veuve d'un officier de marine peuvent suffire à notre existence à tous deux...* — *Ne me quitte donc pas, mon enfant, et songe que le repos et l'indépendance, lorsqu'on les a sous la main, valent bien la fortune après laquelle on court...*

« Je répondis à cela que votre pension de veuve, jointe aux quinze cents livres que rapportent annuellement les soixante mille francs, placés en terre, avaient pour unique destination de vous assurer une vieillesse paisible, et que je me chargeais de me faire à moi-même une position... — L'ambition me poussait médiocrement, mais l'oisiveté me fait horreur, vous le savez bien, et j'éprouve pour l'homme inutile un invincible dédain...

« Quoique j'appartienne par mon père à une famille de noblesse très-incontestable, sinon très-illustre, mes goûts et mes instincts me dirigeaient, non vers les carrières de la marine ou des armes, mais vers celles du commerce et de l'industrie... — Riche, je me serais fait armateur... — pauvre, il fallait chercher ma voie...

« Je vins à Paris; — je suivis les cours de l'Ecole de commerce et ceux du Conservatoire des arts et métiers; puis, grâce à la recommandation de M. Kergarouet, le banquier de Brest, notre ami, j'entrai dans l'importante maison de banque de M. Victor Didier, qui ne tarda guère à me témoigner beaucoup d'affection et de confiance.

« J'y passai trois ans. — Au bout de ce temps, je m'aperçus que je me pétrifiais en quelque sorte dans une spécialité qui ne me conduisait à rien, puisque, selon toute apparence, je ne posséderais jamais les capitaux indispensables pour faire la banque à mon tour. — En conséquence, et comme je désirais acquérir une plus large et plus complète habitude des affaires commerciales, je parlai de mes intentions à M. Didier, qui me promit de chercher à me satisfaire.

« Au bout de quelques jours, il me fit appeler dans son cabinet et il me dit :

« — Je crois que j'ai trouvé... — Voici ce que c'est : — Un de mes clients, très-riche et encore plus avare, vient de renvoyer son teneur de livres et son caissier, qu'à tort ou à raison il soupçonne d'infidélités... — Il voudrait mettre la main sur un homme de confiance, cumulant ce double emploi... — La place vous convient-elle? — Vous serez accablé de besogne, payé médiocrement, mais vous pourrez acquérir en quelques mois la triture la plus complète de certaines affaires industrielles auxquelles les maisons de banque restent forcément étrangères...

« Je demandai :

« — A la tête de quelle industrie se trouve votre client?

« — Il possède les plus vastes chantiers de bois qui soient à Paris, et sa fortune est considérable....

« — Est-ce d'ailleurs un homme honorable et considéré?...

« — Sans aucun doute, puisqu'il a toujours fait honneur à ses engagements avec une religieuse exactitude...

« Cette réponse me semblait d'une logique contestable, mais je n'étais pas venu pour discuter; — je passai outre, et je repris :

« — Comment s'appelle la personne de qui vous me parlez?...

« — Achille Verdier...

« — Et ses chantiers sont situés?...

« — Quai de Billy ..

« Je tressaillis malgré moi... — N'était-il pas curieux en effet que le hasard me mit à même d'entrer, en qualité de commis, dans un établissement où nous nous serions trouvés les maitres si la fille unique de M. Achille Verdier n'avait pas vécu, — puisque, vous vous en souvenez, une clause du testament de votre oncle Philippe Verdier vous laissait toute sa fortune en cas de mort de l'enfant...

« Avant d'accepter, je me consultai et je me fis subir à moi-même un sévère interrogatoire. — Je voulais m'assurer qu'aucun mauvais levain d'envie ne viendrait à germer dans le fond de mon âme, en présence de richesses aussi considérables, sur lesquelles je me figurerais peut être avoir quelques droits...

« Je sortis de cet interrogatoire content de moi-même. — Ma conscience m'avait répondu négativement. — Je pouvais donc affronter le danger, puisque pour moi ce danger n'existait pas...

« J'avais pris vingt-quatre heures pour réfléchir; — le même soir j'allai trouver M. Didier et je lui dis :

« — Présentez-moi quand vous voudrez au marchand de bois du quai de Billy... — j'entrerai chez lui comme caissier et teneur de livres, aux conditions qui lui conviendront...

« — Gardez vous bien de lui dire cela à lui-même!... — s'écria le banquier en riant. — Il serait homme à en abuser outrageusement!... — Mais je débattrai moi-même vos intérêts avec notre avare, et je tâcherai d'obtenir de lui des conditions à peu près raisonnables. . — Les deux places reunies vaudraient pour le moins six mille francs... — il en donnait quatre mille à ses deux derniers commis... — Peut-être obtiendrai-je mille écus... mais avec bien de la peine...

« Le lendemain M. Achille Verdier m'acceptait, pour entrer immédiatement en fonctions, aux appointements de deux mille huit cents francs. — Ce millionnaire (dont je suis, sinon le parent, du moins presque l'allié) avait trouvé le moyen de réaliser une nouvelle économie de deux cents francs sur le traitement déjà si maigre et si réduit de son employé principal!... — Quelle belle chose que la fortune, quand on sait en user si noblement!...

« Depuis un an bientôt, ma bonne mère, je suis le factotum du grand commerçant, et, si je ne vous ai pas entretenue plus tôt des détails de ma nouvelle existence (détails si intéressants pour vous), c'est que je voulais avant tout me familiariser avec cette existence, et me bien rendre compte des personnes qui m'entourent, et avec lesquelles je suis destiné peut-être à vivre longtemps encore...

« A tout seigneur, tout honneur. — Je commence par mon patron. — C'est un homme grand et fort, aussi droit qu'un jeune homme, et dont le visage serait beau sans une expression habituelle de dureté et de défiance qui repoussent, et qui inspirent une vague inquiétude. — M. Verdier a cinquante-cinq ou cinquante-six ans, mais c'est tout au plus s'il paraît en avoir cinquante, car ses cheveux d'un noir d'ébène grisonnent à peine sur les tempes. Rien n'égale l'activité dévorante dont il fait preuve. — Il dirige tout; — il surveille tout personnellement; — il ne s'en rapporte qu'à lui-même pour conclure d'immenses achats de bois dans les pays producteurs, et de fréquents voyages le retiennent loin de Paris pendant une bonne moitié de l'année.

« Quand M. Verdier est dans ses chantiers, les plus rudes travaux ne l'effrayent pas; — il donne l'exemple aux ouvriers et il met la main résolûment aux besognes les plus pénibles et les plus dangereuses...

« Il est juste, il parait loyal, il ne manque jamais à une parole donnée, pas plus qu'à un engagement écrit, et cependant il n'a point su conquérir l'affection de ceux qui vivent autour de lui; — cela tient sans doute à la constante brusquerie de sa parole et à la rudesse presque brutale dont il fait preuve dans le commandement. — On supposerait, à l'entendre, qu'il croit toujours parler aux nègres de ses plantations de Saint-Domingue! — (Avant de recueillir l'héritage de Philippe Verdier, il habitait les colonies, tu ne l'as sans doute pas oublié, ma bonne mère.)

« La fortune de M. Verdier doit s'augmenter chaque année et presque chaque jour dans des proportions incalculables, car cet homme étrange dédaigne souverainement les jouissances que donne la richesse; — tranchons le mot, il est avare autant qu'on puisse l'être; — il entasse avec une infatigable persistance, il se refuse non-seulement le luxe, mais encore le comfortable, enfin il mène, à très-peu de chose près, la même vie matérielle que ses ouvriers... — Son habitation est vaste, mais, si modeste que soit le mobilier de notre petite maison de Brest, il est somptueux encore à côté des meubles plus que simples qui garnissent cette riche demeure...

« Une seule pièce, à ce qu'on affirme, fait exception... — C'est la chambre à coucher de mademoiselle Lucie Verdier... — On en dit des merveilles... — On parle de tentures de soie et de meubles exquis... mais tu comprends bien, ma bonne mère, que je n'ai pas pu vérifier...

« M. Verdier, si dur et si sévère avec ses subordonnés et faisant tout ployer devant lui, comme un vent d'orage, semble chercher à adoucir cette rude écorce quand il s'approche de sa fille. — Il devient alors, à mes yeux du moins, tout à fait indéfinissable... — On croirait voir un homme qui s'efforce de traiter paternellement une étrangère et de lui témoigner une affection qu'il n'éprouve pas, mais qui ne réussit qu'à moitié dans cette tentative, comme un acteur médiocre, chargé de l'interprétation d'un rôle trop difficile...

« Les expressions de la tendresse de M. Verdier sont contraintes et sonnent faux. — Combien de fois n'ai-je pas vu, quand il cessait pour un moment de s'observer, quand il oubliait de continuer son rôle, sa froideur et son indifférence, devenues soudainement évidentes, glacer la pauvre enfant dont le cœur, j'en suis certain, renferme des trésors infinis d'amour filial...

« A plus d'une reprise, après ces distractions paternelles, j'ai surpris mademoiselle Lucie essuyant ses yeux humides. — Elle éprouvait sans doute autant d'étonnement que de chagrin de ne pas trouver chez son père l'affectueuse et sincère expansion qui l'aurait rendue si heureuse...

« Mais je m'aperçois, bonne mère, que de Lucie elle-même je ne vous ai pas encore dit un mot... — C'est pourtant la chaste et rayonnante figure qui répand autour de nous sa douce lumière!... c'est le charme et la joie de cette maison et de ma vie!...

« Vous ne tenez guère à son portrait détaillé, n'est-il pas vrai?... — Outre que, faute de talent et faute d'habitude, je ne serais pas un bon peintre, il me faudrait les nombreuses pages d'une rame entière de papier si je voulais énumérer les qualités et les perfections de cette jeune fille, et, quand il ne me resterait plus de place pour ajouter une seule ligne, je n'aurais certainement pas encore tout dit...

« Mademoiselle Lucie Verdier vient d'entrer dans sa dix-neuvième année... — on ne lui donnerait pas plus de seize ans...

« Elle est grande et svelte, elle est blanche et blonde, elle a des yeux bleus et des lèvres roses. — Ses lèvres et ses yeux sont doux et souriants, — ils expriment la bonté naïve, la bienveillance inépuisable...

« Joignez à cela le charme et l'attrait... — joignez-y la simplicité parfaite, l'esprit qui s'ignore, la franchise, l'horreur du mal et le respect du beau et du bien... — joignez-y la candeur et la charité sainte... cette charité intelligente, grâce à laquelle le pauvre qui reçoit l'aumône n'a jamais à rougir devant le riche qui la lui donne... — joignez-y plus encore, et sans doute vous commencerez à comprendre que cette enfant est la plus aimable fille qui soit au monde, et que par conséquent il est impossible de la voir sans l'aimer...

« Aussi, tout le monde l'aime; et moi, ma mère, — comme tout le monde et plus que tout le monde, — je l'aime, ou plutôt je l'adore!...

« Hélas! oui... je l'adore!... — Voilà le secret tout à la fois doux et funeste que j'aurais voulu vous cacher, mais qui s'échappe malgré moi de mon cœur trop plein...

« Je suis un insensé, n'est-ce pas, moi le subalterne sans fortune, moi, le teneur de livres, moi le caissier qu'on peut, par caprice, renvoyer demain... je suis un insensé de lever les yeux sur la fille du millionnaire?...

IV. — SUITE DU PRÉCÉDENT.

« Tout cela — continuait André de Villers — tout cela, je me le suis dit cent fois, et je me le répète sans cesse; — mais à quoi bon? l'amour est plus fort que la raison, et d'ailleurs, en ce monde, tout est possible, même l'impossible!... Il est probable, cependant, que je travaille à me préparer beaucoup de déceptions, d'angoisses et de souffrances, mais peut-être aussi mon beau rêve se réalisera-t-il un jour...

« Si je ne craignais de me laisser aveugler par l'ardeur de mes désirs et par les rayonnements trompeurs de mes espérances, je vous dirais que, dans ce combat de la vie où je vais me jeter comme un fou, toutes les chances ne me paraissent pas contre moi... — La suite de cette lettre vous apprendra quelles sont ces chances que j'espère trouver favorables...

« D'abord, M. Verdier — et je l'en bénis de toute mon âme — ne fait point de sa fille une de ces poupées vis-à-vis desquelles l'humilité actuelle de ma position serait, même pour l'avenir, un obstacle insurmontable aux projets que j'ose former...

« Lucie, quoique instruite au moins autant que le sont habituellement les autres jeunes filles de son âge, vit avec une simplicité si grande que sa situation dans la maison de son père n'est guère supérieure à la mienne, du moins en apparence. — Elle ignore toute coquetterie, — elle fait ses robes elle-même; — ses relations au dehors sont absolument nulles, — elle sort à peine, et ne trouve des distractions à la monotonie de son existence que dans le travail auquel elle se livre avec ardeur...

« Le travail dont je vous parle est l'unique cause de la familiarité, je puis même dire de l'intimité qui règne entre la jeune fille et moi...

« Chaque jour, mademoiselle Verdier passe deux ou trois heures dans le bureau que j'occupe moi-même. — Nous partageons la tenue des livres, et pas une seule fois je n'ai trouvé en faute sa merveilleuse exactitude. Elle s'occupe avec une grande intelligence des affaires de la maison et paraît y prendre un vif intérêt; — elle fait une partie des factures; — elle reçoit les clients en l'absence de son père, et traite avec eux les opérations les plus importantes...

« Oh! ce n'est guère une héroïne de roman que cette belle et douce enfant, et si elle n'était fille d'un millionnaire, si elle ne possédait pas un sou, elle pourrait gagner sa vie de la façon la plus large et la plus honorable... — Ne pensez-vous pas, ma bonne mère, que c'est là une chose bien belle et bien rare?...

« Vous me connaissez trop bien pour n'être point certaine que je suis incapable de tirer parti, pour me faire aimer de Lucie, pour l'essayer du moins, de l'intimité habituelle qu'encourage la confiance, je dirais même volontiers l'insouciance de M. Verdier... — Je suis homme d'honneur avant tout. — Je renoncerais plutôt à mes rêves, à mes espérances, que d'adresser à cette chaste jeune fille, dans nos longs tête-à-tête, une parole que j'hésiterais à prononcer devant son père...

« J'ignore absolument de quelle nature sont les sentiments que Lucie éprouve pour moi... — La solitude à deux ne lui cause aucun trouble, aucun embarras. — Souvent, quand je lui parle, il me faut faire un appel à toute mon énergie pour raffermir ma voix... — La sienne, en me parlant, ne tremble jamais... — Je ne suis point cependant, pour elle, un étranger, un indifférent... — Je crois qu'elle m'estime... Je crois qu'elle veut bien m'accorder un peu d'une affection toute fraternelle... — L'amour viendra-t-il? — Je ne sais, et, à coup sûr, Lucie est bien loin de soupçonner celui qu'elle m'inspire...

« Je vous ai parlé de la froideur, souvent mal dissimulée, de M. Verdier pour sa fille, froideur étrange, incompréhensible, injustifiable... — Il existe, en revanche, dans les chantiers, un brave homme pour qui je ressens le plus profond intérêt, la plus vive sympathie, précisément à cause de l'affection sans bornes dont il ne cesse de donner des preuves à mademoiselle Verdier.

« Ce brave homme s'appelle *Pierre*. — Peut-être a-t-il un autre nom, mais il n'est connu que sous celui-là. — Il est entré dans la maison il y a dix ans, et depuis six années il est contre-maître et dirige les travaux avec une ardeur si soutenue, avec une persévérance si infatigable, qu'on croirait que ses propres intérêts se trouvent en jeu. — Il doit avoir une soixantaine d'années. — Ses cheveux sont blancs comme la neige, mais il a conservé une vigueur extraordinaire.

« M. Verdier lui témoigne une grande confiance et même une certaine déférence, chose difficile à comprendre pour qui connaît le caractère du patron...

« Pierre est ferme et sévère avec les ouvriers; — il ne leur passe aucune faute; — il exige d'eux toute la somme de travail qu'ils doivent donner loyalement en échange du salaire qu'ils touchent. — Il ne ferme les yeux sur aucune inexactitude et ne tolère aucune indélicatesse; — mais comme à sa sévérité se joignent une droiture et une impartialité manifestes, et comme, en outre, il ne manque jamais de donner raison aux réclamations justes, les ouvriers l'adorent; ils se jetteraient volontiers pour lui dans le feu ou dans l'eau, et les plus indisciplinables lui obéissent, ainsi que les moutons au chien du berger...

« L'affection du vieux contre-maître pour mademoiselle Verdier remonte à une époque déjà très-éloignée. — Pierre n'était dans le chantier que depuis quelques mois lorsque la petite fille, alors âgée de dix ans à peine, tomba malade, et si dangereusement que les médecins déclarèrent la guérison impossible. — M. Verdier, il faut lui rendre cette justice, parut en proie au désespoir le plus sombre et le plus complet... — (J'espère pour lui qu'aucune arrière-pensée pécuniaire ne se trouvait au fond de ce désespoir.)

« Pierre dit alors, à ce qu'il paraît :

« — Laissez-moi faire, et je la sauverai!...

« Si bizarre que dût sembler et que fût en effet cette proposition d'un simple ouvrier, M. Verdier l'accepta... — Pierre, à partir de ce moment, s'installa au chevet de la petite fille... — Il y passa quinze jours et quinze nuits, sans prendre une heure ni une minute de repos, lui prodiguant des soins si tendres et si éclairés qu'une mère en aurait été jalouse...

« Le seizième jour, Pierre, à bout de forces, quittait son poste pour tomber dangereusement malade à son tour... — Mais il avait tenu parole... l'enfant était sauvée!...

« Pendant que ceci se passait, M. Verdier, bien vite revenu de ses terreurs premières, ne témoignait déjà plus pour sa fille que cet intérêt banal qui s'exprime par des phrases toutes faites, et il s'occupait activement de ses affaires!... — Voilà l'homme...

« On ajoute que, pour reconnaître d'une façon digne et magnifique le service rendu, il offrit à Pierre d'augmenter le prix de ses journées...

« Pierre remercia M. Verdier, mais refusa l'augmentation...

« Depuis lors, les liens d'une affection mutuelle unissent la jeune fille et le contre-maître, affection vive et familière de la part de Lucie, profonde mais toujours respectueuse de la part du vieil ouvrier...

« Je t'ai dit, ma bonne mère, que j'aimais ce brave homme. — De son côté, sans prétendre se mettre avec moi le moins du monde sur un pied d'égalité, il me témoigne une sympathie dont il n'est assurément pas prodigue, et qui me flatte plus que tu ne saurais le croire...

« Il est le seul des employés en sous ordre de M. Verdier qui passe la nuit dans les chantiers. — Quelquefois le soir, après le travail, je lui fais signe, et, sous prétexte de renseignements à lui demander, j'entame une conversation dans laquelle le nom de mademoiselle Verdier ne tarde guère à être prononcé par l'un de nous...—Alors, ses yeux s'animent, son visage, habituellement pâle, se colore, une expression de tendresse indicible rayonne sur son front.

« Aussitôt qu'il parle de Lucie, il ne tarit plus, et sa parole, toujours commune et souvent même triviale, devient presque éloquente.

« Un jour, voyant à quel point je partageais son admiration et son enthousiasme, il a balbutié d'une voix émue :

« — Ah! vous me comprenez, vous, monsieur André!...

« Et sa main, par un mouvement irrésistible et tout machinal, s'est tendue vers moi...

« Je l'ai prise et je l'ai serrée, tandis qu'il devenait rouge jusqu'aux oreilles et qu'il murmurait avec un embarras et une confusion manifestes :

« — Faites excuse, monsieur André... Je perds la tête!... je ne sais plus ce que je fais!... Parole d'honneur, je suis un vieux fou!...

« Ah! si Pierre était le père de Lucie!... — Par malheur, il n'est rien! rien qu'un pauvre vieillard qui donnerait sa vie pour elle!...

« Je crois t'avoir parlé de tout le personnel important de la maison que j'habite... — Il ne faut cependant pas que j'oublie une bonne femme, créature insignifiante s'il en fut, qui répond au nom de *madame Blanchet*, et que M. Verdier a attachée à la personne de sa fille, par pure convenance, en qualité de femme de chambre ou de dame de compagnie... Une vraie sinécure!...

« J'ai dit : *bonne femme*... — J'ai peut-être eu tort. — Je crois la bonté de madame Blanchet quelque peu sujette à caution... — Dans tous les cas, cette duègne, imposante par son poids, par ses cheveux gris, par ses façons de parler solennelles et par sa position de veuve d'un lieutenant de pompiers, me paraît animée à mon égard de dispositions peu bienveillantes... — Elle rêve les grandeurs... elle a des aspirations vers le luxe et la vie élégante, et quiconque se livre à un travail nécessaire est classé par elle à un degré très-bas sur l'échelle des êtres créés...

« Ai-je besoin d'ajouter que son influence ne peut qu'être absolument nulle sur une jeune fille du caractère et de l'esprit de Lucie?

« Il me reste maintenant, bonne mère, à te faire toucher du doigt la base des vagues et ambitieuses espérances que j'ose concevoir et dont je te parlais plus haut.

« Le premier et le principal repose précisément sur l'ardente tendresse de M. Verdier pour son argent, et sur sa froideur manifeste pour sa fille, c'est-à-dire sur son avarice et sur son indifférence...

« M. Verdier n'a que la jouissance des revenus de la fortune de Lucie; — il devra lui mettre dans les mains cette fortune entière, lorsqu'elle aura atteint sa vingt-et-unième année, c'est-à-dire dans deux ans... — Tout le monde ignore ces détails, mais toi et moi, ma mère, nous les connaissons, puisque le testament même de ton oncle nous a été communiqué...

« M. Verdier — je crois en avoir la certitude — tient infiniment plus à conserver son argent qu'à garder sa fille...

« Si un homme d'une naissance honorable et dans une bonne position venait lui dire :

« — J'aime mademoiselle Lucie et je vous la demande... Mais je ne veux qu'elle absolument... — Vous resterez donc dans l'avenir, comme vous l'avez été dans le passé, le maître absolu de sa fortune entière...

« Pourquoi M. Verdier n'accueillerait-il pas joyeusement une telle ouverture, et pourquoi ne serais-je pas moi-même l'homme par qui elle lui serait faite?

« Je t'entends d'ici t'écrier, ma bonne mère :

« — Cher enfant, comment vivrais-tu? comment ferais-tu vivre ta femme? — A-t-on le droit de penser au mariage quand on ne possède rien et quand on ne veut rien accepter?...

« Tu as raison, sans doute, mais c'est que tu ne sais pas encore tout! — J'ai l'espoir d'être bientôt, sinon riche, du moins dans une position très-aisée, et qui pourra me conduire rapidement à la fortune...

« Je vais t'expliquer cette heureuse chance qui m'arrive et te présenter en même temps un nouveau personnage, destiné peut-être à jouer un grand rôle dans ma vie...

« Il me faut t'apprendre d'abord qu'une société anonyme, composée de grands capitalistes, vient de se constituer pour acheter de vastes terrains improductifs ou peu productifs, dans les environs de Paris, et les couvrir de constructions, de manière à décupler immédiatement leur valeur.

« L'idée est admirable, à tous les points de vue, — c'est incontestable; — il y a des sommes immenses à gagner dans une entreprise de cette nature, et nul doute que la société ne place avec une forte prime le petit nombre d'actions qui lui restent en portefeuille.

« A la tête de cette société se trouve un homme très-jeune encore, extrêmement distingué comme physique et comme intelligence, rompu aux affaires, menant de front la vie de travail et la vie d'élégance et de plaisir, tel, en un mot, qu'il faut être aujourd'hui pour réussir d'une façon rapide et complète.

« Ce jeune homme, déjà très riche par lui-même, se nomme Albert Maugiron, et c'est lui qui sera mon protecteur... du moins il me l'a promis positivement, et comme il n'avait aucun intérêt à me leurrer de vaines espérances, je n'ai, moi, aucun motif pour révoquer sa parole en doute.

« La société fondée pour la *Colonisation de la banlieue* (c'est le nom qu'elle se donne à elle-même) devant entreprendre de colossales constructions, a besoin d'énormes quantités de bois de charpente, de solives, de planchers, etc. — M. Albert Maugiron, qui traite les affaires en grand, mais qui ne dédaigne pas néanmoins de s'occuper personnellement des détails, est venu lui-même aux chantiers. — M. Verdier était en Bourgogne; mademoiselle Lucie, un peu souffrante ce jour-là, gardait la chambre. — C'est donc à moi que s'adressa le nouveau client...

« A le voir descendre d'un ravissant petit coupé, attelé d'un cheval anglais magnifique, à considérer sa chevelure si bien frisée, ses favoris et ses moustaches d'une correction si parfaite, ses gants paille, son stik, son lorgnon dans l'œil, je l'avais pris d'abord pour un de ces dandys de la plus haute futaie, qui veulent s'occuper d'affaires auxquelles ils n'entendent pas le premier mot.

« Je m'aperçus bien vite que je m'étais trompé, et que ce jeune lion à tous crins possédait des connaissances très-sérieuses et très-pratiques.

« Notre entretien dura très-longtemps.

« Après une visite faite aux chantiers en ma compagnie, après m'avoir témoigné l'admiration que lui causaient leur vaste étendue et leur ordre merveilleux, et m'avoir parlé des bases d'un traité dont la conclusion lui semblait possible entre la Compagnie de Colonisation et la maison Verdier, pour une fourniture gigantesque, M. Albert Maugiron en arriva à me parler de moi-même, et il parut le faire avec un vif intérêt...

« Il me questionna sur mes études, — sur mes aptitudes particulières, — sur ma position actuelle, — sur mes travaux et sur mes appointements.

« Ces questions étaient faites avec tant de simplicité et de bonhomie que je n'hésitai point à y répondre.

« — Savez-vous, cher monsieur — me dit alors M. Albert Maugiron — que vous me paraissez un garçon très-distingué, très-instruit, très-intelligent, et capable de rendre les services les plus importants à qui saurait vous comprendre et vous mettre véritablement à votre place?

« Je voulus m'inscrire en faux, par convenance, contre la bienveillance exagérée d'un tel d scours. — M. Maugiron m'interrompit :

« — Allons, allons — s'écria-t-il — pas de modestie exagérée! — Vous savez bien ce que vous valez, que diable! — Il est incompréhensible pour moi que vous restiez ici, avec des émoluments absurdes, chargé de fonctions dont le premier venu pourrait s'acquitter aussi bien que vous, pour peu qu'il eût du zèle, de l'honnêteté et une routine toute machinale de comptabilité et de tenue de livres. — Il est clair comme le jour que M. Verdier vous exploite abominablement.

« — Mais... — balbutiai-je.

« — Il n'y a pas de *mais*;... — il vous exploite! — Il est dans son droit, d'ailleurs, et il fait bien d'en user puisque vous le laissez faire. — Chacun pour soi dans la bataille de la vie! C'est une devise dont la justesse me paraît incontestable. — L'intérêt personnel avant tout! — Or, je trouve un avantage à faire tourner à mon profit le mérite d'autrui, toutes les fois que ce mérite se rencontre sur mon chemin; mais, comme j'ai des idées larges, j'aime à payer, sinon les choses, du moins les gens, selon leur valeur, et j'évite avec soin cette chose honteuse, l'exploitation de l'homme par l'homme. En conséquence, je crois pouvoir vous faire espérer, dans un très-prochain avenir, une situation digne de vous.

Cette femme avait l'air éploré. (P. 34.)

« — Soyez indulgent pour ma curiosité — balbutiai-je alors — et permettez moi de vous demander quelle serait cette position ?

« — Je ne vous en ferai point mystère — répondit M. Maugiron; — il s'agirait d'occuper le poste de secrétaire général de la compagnie que je représente. — Je ne puis disposer seul de ce poste, mais j'ai dans le conseil d'administration plusieurs amis qui veulent bien m'accorder une très-grande influence sur leurs décisions. — Il y a donc lieu de regarder la chose comme à peu près faite, du moment que je m'en occupe. — Le chiffre fixe de vos appointements serait de dix-huit mille francs, mais comme vous auriez une part proportionnelle dans les bénéfices de la société, ce chiffre pourrait atteindre et même dépasser vingt-cinq ou trente... — Il vous serait facile, en outre, de spéculer sans danger sur les terrains, et de réaliser rapidement une fortune tout à fait indépendante... — Qu'est-ce que vous pensez de cela, cher monsieur ? — Me serait-il permis, le cas échéant, de compter sur vos bons services ? — Puis-je parler de vous à mes collègues du conseil d'administration ?

« Je ne répondis pas tout d'abord...

« Une telle proposition, tu dois le comprendre, bonne mère, m'éblouissait, me tournait la tête, et me causait une sorte de stupeur et d'enivrement.

« Songes-y donc, bonne mère ! — des appointements de dix-huit ou vingt mille francs, sans compter les éventualités, et la fortune en perspective ! — Certes, avec un si sérieux avenir devant moi, rien ne m'empêcherait plus d'aspirer à la main de Lucie Verdier, et je pourrais, sans présomption folle, adresser ma demande à son père !

« M. Maugiron ne semblait point s'étonner de mon silence et me regardait en souriant.

« La présence d'esprit me revint enfin et la parole en même temps. — Je pus affirmer à mon interlocuteur que j'accepterais ses propositions avec une profonde reconnaissance, et je le remerciai chaleureusement de l'intérêt tout à fait inattendu qu'il voulait bien me témoigner.

« J'ajoutai que je le priais de garder le secret de ses offres devant M. Verdier et devant sa fille, à qui je me réservais, s'il y avait lieu, d'apprendre moi-même ma détermination nouvelle.

« Il me le promit.

« — Vous m'y faites penser — dit-il ensuite. — M. Verdier a une fille... — je le sais... — est-elle jolie?

« — Mademoiselle Lucie est une charmante personne...

« Et je sentis qu'en faisant cette réponse si simple je devenais pourpre jusqu'au blanc des yeux.

« — Pourquoi rougir ainsi, — cher monsieur ? — s'écria M. Maugiron du ton le plus affectueux et en souriant doucement ; — vous êtes épris de la fille de votre patron, c'est dans l'ordre ! Les choses ne se passent jamais autrement ! — Vous êtes pauvre et elle sera riche. — Ceci met un abîme entre vous; mais j'espère que la position sur laquelle vous êtes en droit de compter jettera bientôt un pont sur cet abîme. — Je ferai deux heureux au lieu d'un seul en faisant une bonne affaire... C'est tout bénéfice pour moi ! — Les grandes relations que je vais, selon toute apparence, établir avec la maison Verdier, me donneront vraisemblablement un certain crédit sur l'esprit du père de mademoiselle Lucie. — J'userai de ce crédit dans votre intérêt. — Voici mon adresse. — Venez me voir demain à midi en m'apportant les tarifs qu'il faut que j'étudie. — Nous causerons de vos projets.

Ensuite M. Maugiron regagna sa voiture après m'avoir serré la main comme à un ami.

« Le lendemain, à l'heure dite, j'arrivai chez ce bon et charmant jeune homme. — Il faut qu'il possède une fortune personnelle bien considérable, car il est logé comme un prince, et jamais je ne m'é-

Paris. — Typ. Collombon et Brûlé, rue de l'Abbaye, 22

LUCIE VERDIER ET MADAME BLANCHET.

Paris. — Typ. Collombon et Brûlé, rue de l'Abbaye, 22

tais figuré quelque chose de pareil au luxe inouï de son appartement.

« Il me fit l'accueil le plus cordial.

« — Je me suis occupé de vous, déjà, — me dit-il, — mais je n'ai rien encore de nouveau à vous apprendre; — trois de mes collègues, ceux précisément sur lesquels je compte le plus, sont absents de Paris et n'y doivent revenir que dans quelques jours... — C'est un retard, mais il est sans importance, car la prochaine séance du conseil d'administration ne doit avoir lieu qu'à la fin de la semaine prochaine, et c'est à cette séance que tout se décidera...

« Nous nous occupâmes ensuite de l'affaire à propos de laquelle M. Maugiron était venu la veille au chantier, et il me chargea d'annoncer sa prochaine visite à mademoiselle Verdier, avec qui il se proposait d'arrêter les bases du traité à intervenir entre M. Verdier et la Compagnie de colonisation de la banlieue.

« Il vint en effet au chantier le lendemain, et depuis lors il n'a jamais manqué d'y faire chaque jour une apparition; — il a tourné la tête de cette vieille folle de madame Blanchet, qui ne jure plus que par lui et qui le proclame à tout propos, et même hors de tout propos, le parangon de la beauté, de l'élégance et de la distinction.

« — Grand Dieu! — s'écriait-elle hier en levant vers le ciel ses gros yeux de faïence, — ce jeune homme est le type le plus *chevaleresque* que j'aie rêvé! — Feu Blanchet était assurément un cavalier accompli! — On ne pouvait le contempler sans émotion et sans trouble, dans son bel uniforme de lieutenant de pompiers; eh bien, à côté de M. Maugiron, feu Blanchet n'eût été que de la Saint-Jean!

« Mademoiselle Lucie ne partage point cet enthousiasme dans ce qu'il a d'exagéré et de ridicule, mais elle prend un plaisir assez vif à la conversation de mon protecteur, et ne se lasse point d'admirer l'âpreté consciencieuse avec laquelle il défend les intérêts de la Compagnie qu'il représente... — Il prétend que la galanterie n'a rien à voir dans les affaires, qu'on ne doit point subir l'influence de deux beaux yeux quand on va signer un marché, et il le prouve...

« De son côté, Lucie, par amour-propre, ne veut rien céder, ce qui fait que le vendeur et l'acheteur sont aussi loin de s'entendre que le premier jour. — Mais on annonce comme très-prochain le retour de M. Verdier, et l'affaire se terminera vite alors.

« M. Maugiron est venu ce matin. — Il ne m'a dit que quelques mots, mais c'en était assez pour me rendre heureux...

« — La solution approche... — bonne espérance! — elle sera favorable!

« Voilà donc où j'en suis, mère chérie. — Tu connais maintenant l'état de mon cœur, et tu devines que si une déception doit suivre le rayon d'espoir qui vient de luire à mes yeux, cette déception sera bien cruelle!

« Il est trois heures du matin; — la fatigue m'accable; — la lampe s'éteint; — je ferme ma lettre, mais auparavant je veux te dire, ou plutôt te redire, que je t'aime de toutes les forces de mon âme, et que je t'embrasse avec une tendresse sans bornes.

« Ton fils respectueux,

« ANDRÉ DE VILLERS.

« P. S. — Aussitôt que j'aurai à te donner une nouvelle, bonne ou mauvaise, je t'écrirai. »

V. — LE GARÇON DE RECETTES.

La mythologie, souvent absurde, commettait une de ses plus lourdes bévues en attachant un bandeau sur les yeux de l'Amour.

L'Amour n'est point aveugle. — Comment le serait-il? — Il n'existe qu'à la condition de voir, seulement il voit habituellement mal, et presque toujours son rayon visuel grossit démesurément les appas et les qualités de *l'objet aimé*, et rapetisse, dans des proportions non moins exagérées, les imperfections et les défauts du même objet.

Ceci est une règle générale, mais elle ne saurait s'appliquer toujours...

Ainsi, par exemple, André de Villers, confirmant la règle par l'exception, ne s'était exagéré ni la beauté radieuse, ni la grâce, ni surtout le charme irrésistible de Lucie Verdier.

Rien ne se pouvait imaginer de plus ravissant que la jeune fille, au moment où, le lendemain matin, un peu après neuf heures, elle franchissait le seuil du pavillon servant de bureau.

Une robe très-simple, en mousseline blanche à petites raies d'un bleu pâle, dessinait sa taille ronde et souple et les lignes fluides de ses épaules et de sa poitrine.

Son visage aux traits fins et purs brillait d'un éclat incomparable, et jamais Boucher ni Latour, dans leurs merveilleux pastels, n'ont fondu plus délicatement les teintes blanches et rosées sur les joues d'une marquise déguisée en bergère, ou d'une duchesse en costume de nymphe...

Ses grands yeux bleus, d'une expression tout à la fois si piquante et si douce, semblaient presque noirs sous l'ombre veloutée de ses longs cils d'ébène...

Ses magnifiques cheveux blonds, relevés en bandeaux épais au-dessus de ses petites oreilles nacrées, se tordaient sur la nuque en masses si lourdes qu'elles semblaient fatiguer, par leur poids, la tête élégante de Lucie.

Pour tout ornement, cette chevelure splendide avait un ruban bleu négligemment enroulé parmi les nattes dont il faisait ressortir à merveille le ton doux et cendré...

La jeune fille entra très-vite et s'approcha du bureau derrière lequel le caissier, courbé sur un immense livre à coins de cuivre, écrivait.

— Monsieur André... — dit-elle.

Le jeune homme fit un mouvement brusque, rougit légèrement, et demanda, d'une voix qui aurait été tremblante s'il n'en avait assourdi à dessein les notes :

— Vous avez besoin de moi, mademoiselle?

— Une lettre de mon père... — répondit Lucie; — le facteur vient de l'apporter à l'instant...

— Et sans doute — reprit André — M. Verdier confirme l'espoir qu'il nous a donné de son prochain retour?...

— Mon père me mande qu'il sera ici demain, dans la matinée, avec son bateau LE TITAN.

— M. Verdier est en bonne santé?

— Je le pense... — il ne m'en dit rien... — Vous savez que, lorsqu'il écrit, il parle généralement fort peu de lui-même... — Du reste, voici sa lettre, — elle est pour vous tout autant que pour moi...

De Villers jeta les yeux sur le papier que la jeune fille lui tendait tout déplié.

Achille Verdier n'écrivait que quelques lignes de recommandations à propos des affaires du chantier, et terminait par une de ces formules banales de froide affection dont il avait l'habitude...

André — nous le savons déjà — ne pouvait s'accoutumer à cette froideur. — Sans doute son visage exprima quelque chose de ce qui se passait au dedans de lui, car Lucie dit vivement, en baissant les yeux, et avec une nuance visible d'embarras :

— Ce pauvre père... il est tellement occupé... tellement absorbé par les affaires, que c'est à peine s'il lui reste du temps pour aimer sa fille, pour le lui dire, du moins... — car, au fond, j'en suis bien sûre, son cœur est tout à moi...

— Eh! comment en serait-il autrement, mademoiselle? — s'écria André presque malgré lui; — comment M. Verdier pourrait-il ne pas vous aimer jusqu'à l'adoration?...

Lucie ne parut pas s'apercevoir de l'expression d'enthousiasme exalté avec lequel venait de parler M. de Villers, et elle reprit, mais en changeant d'entretien :

— C'est demain jour d'échéance...

— Oui, mademoiselle...

— Sommes-nous en mesure par nous-mêmes, ou devrons-nous avoir recours au banquier de mon père?

— Nous n'aurons besoin de personne, mademoiselle... — Voyez plutôt...

De Villers tourna deux ou trois feuillets du grand livre et mit le doigt sur des chiffres formant un total, et groupés au bas d'une colonne d'autres chiffres.

— Notre échéance de demain, une des plus faibles dont je me souvienne — continua-t-il — est de soixante-trois mille francs... — Or, nous avons en caisse vingt mille francs, et j'ai remis hier soir à Thibaut, le garçon de recettes, des traites et des factures pour une somme de cinquante mille, dont le paiement immédiat est assuré... — Nous aurons donc en caisse, avant midi, soixante-dix mille francs; sept mille, par conséquent, de plus qu'il ne nous faut.

— C'est bien... — dit Lucie en souriant. — Vous êtes un caissier modèle, monsieur de Villers!...

André, sans doute, allait répondre, mais il n'en eut pas le temps; — une femme du peuple, très-proprement vêtue, entra, ou plutôt se précipita dans le bureau..

Cette femme avait l'air éploré... — elle tenait de la main gauche un grand portefeuille, suspendu à une chaînette d'acier, et de la main droite un mouchoir de poche à carreaux, avec lequel elle essuyait les larmes qui ruisselaient sur son visage.

— Eh! mais — s'écria de Villers — c'est Marguerite, la femme du garçon de recettes...

— Oui... monsieur... oui... mademoiselle... — balbutia la nouvelle venue d'une voix à peine distincte — oui... c'est moi... Marguerite... — Ah! quel malheur! mon Dieu!... quel malheur!...

— Qu'est-il donc arrivé? — demandèrent à la fois Lucie et André.

— Mon homme... mon pauvre homme...

— Eh bien?

— Il s'est cassé la jambe!...

— Quand cela?...

— Tout à l'heure...

— Où?

— Dans notre maison!... Eh! le pauvre cher homme!... il s'est laissé dégringoler jusqu'au bas de l'escalier au moment où il allait sortir pour aller toucher votre argent par la ville... — Voilà tous vos papiers qu'il vous renvoie... — examinez-les... — il n'y manque rien... — Ça l'inquiétait tant qu'il en était comme un fou!... — Il m'a dit : — *Femme, prends le portefeuille et cours bien vite au chantier trouver M. André...* — J'ai couru tout le long du chemin, et me voici...

Marguerite, questionnée par Lucie, se lança dans un interminable récit où nous ne la suivrons pas.

La jeune fille, après l'avoir entendue, la renvoya, sinon consolée, du moins calmée. — Elle partit en emportant une somme d'argent fort ronde, une lettre pour l'un des premiers chirurgiens de Paris, et enfin la promesse que, dans la journée, le blessé recevrait la visite de mademoiselle Verdier.

— Cet accident est deux fois malheureux!... — dit cette dernière lorsqu'elle se retrouva seule avec André dans le bureau : — malheureux par lui-même... malheureux parce qu'il arrive aujourd'hui... — Comment allons-nous faire pour remplacer Thibaut?...

— Rien n'est moins embarrassant, mademoiselle... — répliqua de Villers. — Je vais aller moi-même encaisser traites et factures...

— Vous, monsieur André?...

— Et pourquoi non?

— Mais c'est l'affaire d'un garçon de recettes et non la vôtre...

— Eh! qu'importe? — la dignité du caissier n'aura rien à souffrir, je vous l'affirme, de ce changement momentané d'attributions, et d'ailleurs, s'il le fallait, pour être utile à la maison Verdier, je n'hésiterais pas à placer un crochet sur mes épaules, et à travailler avec notre monde à décharger les bateaux de votre père...

Lucie rougit légèrement et baissa les yeux sous le regard enflammé que le jeune homme attachait sur elle.

— Nous connaissons votre dévouement à nos intérêts, monsieur André... — balbutia-t-elle — nous savons qu'il est sans bornes et nous en sommes, mon père et moi, bien reconnaissants...

— Je ne fais que mon devoir, mademoiselle — répondit de Villers, — et je voudrais qu'il me fût possible de le faire d'une façon beaucoup plus large encore...

Un instant de silence suivit ces derniers mots.

Ce silence fut rompu par André.

— Je vais monter prendre mon chapeau — dit-il — et je me mettrai en route sur-le-champ...

— Est-ce donc si pressé? — demanda Lucie.

— Rien ne presse, assurément; mais, si j'ai hâte de partir, c'est afin de vous laisser moins longtemps seule au chantier pour le cas où il se présenterait des acheteurs...

— Vous savez que ceci ne m'embarrasserait en aucune façon, et, d'ailleurs, le contre-maître Pierre me viendrait en aide au besoin...

— A propos d'acheteurs — ajouta-t-elle sans transition — pensez-vous que nous recevions aujourd'hui la visite de M. Albert Maugiron ?

— Cela n'est pas douteux, mademoiselle...

— Qui vous le fait supposer ?

— M. Maugiron m'a dit hier qu'il aurait l'honneur de vous voir dans la matinée...

— Ah! tant mieux!... — s'écria Lucie dont la délicieuse figure devint rayonnante.

Cette joie si expansive produisit sur de Villers une impression pénible et lui fit ressentir la première atteinte d'une maladie, douloureuse entre toutes, qu'il ignorait encore, — la jalousie...

— Vous semblez bien heureuse de cette visite, mademoiselle ? — balbutia-t-il d'un air effaré et sans presque avoir conscience de ce qu'il disait.

Avec cet instinct des choses du cœur, si développé chez les filles d'Ève, même chez les plus naïves, Lucie comprit, ou plutôt devina la souffrance secrète d'André.

Elle en fut touchée et elle voulut rassurer à l'instant même le jeune homme.

— Vous avez raison, à une nuance près... — répliqua-t-elle en souriant. — Je n'en suis pas heureuse, comme vous venez de le dire, mais j'en suis ravie...

— Ah! — fit André, en donnant à ce simple monosyllabe une inflexion éloquemment interrogative.

— Mais sans doute — continua Lucie — et rien n'est plus naturel... — Hier, quand M. Maugiron nous a quittés, j'étais au moment de m'entendre avec lui à propos de cette grande affaire qui l'amène si souvent ici, et que je souhaite tout autant que lui conduire à bonne fin... — J'espère bien qu'aujourd'hui nous tomberons complétement d'accord, et je suis même décidée à faire, pour arriver à ce résultat, quelques petites concessions refusées par moi jusqu'à présent... — Songez donc combien je serais fière et joyeuse d'apprendre demain à mon père que j'ai conclu, en son absence, une opération très-importante, qui donnera, j'en suis certaine, des bénéfices magnifiques!... — Sans doute, en voyant combien ses intérêts me sont chers, mon père comprendrait à quel point toutes mes pensées et toutes mes actions se rapportent à lui (car, que m'importe l'argent, à moi!) et me témoignerait une tendresse plus expansive...

— Vous avez raison, mademoiselle, toujours raison!... — murmura de Villers dont les inquiétudes venaient de disparaître comme par enchantement. — Ah! qu'un père est heureux d'avoir une fille telle que vous!...

— Et moi aussi je suis heureuse d'avoir un père comme le mien! — répondit Lucie vivement, mais avec une chaleur un peu contrainte. — Il m'est impossible de ne pas croire à son affection, dont il me donne des preuves continuelles, car, s'il travaille sans relâche, ne s'accordant jamais un moment de repos, c'est pour moi, c'est pour moi seule... — Il n'aime ni le luxe, ni la dépense... à quoi lui servirait donc d'entasser? — Mais il veut que je sois riche, très-riche, et vous voyez qu'il consacre sa vie à la réalisation de ce désir...

André garda le silence. — La réponse à ce qu'il venait d'entendre était bien facile, mais il ne pouvait la faire... — Comment dire, en effet, à cette jeune fille qui s'efforçait de garder, malgré l'évidence, une illusion consolante :

— Non, votre père ne vous aime pas!... — il n'aime rien en ce monde, si ce n'est l'argent, et ce que vous prenez pour de la tendresse n'est que l'avarice la plus insatiable!...

— Permettez-moi de vous quitter, mademoiselle... — reprit, au bout d'un instant, le jeune caissier; — l'heure se passe, et vous savez qu'il est d'usage de présenter les traites et les factures dans la matinée...

En disant ce qui précède, André gravit lestement l'escalier qui conduisait à sa chambre et redescendit avec son chapeau.

— Je vais prendre une voiture — continua-t-il — afin de revenir plus vite...

— Et moi — répliqua Lucie — je m'installe dans le bureau jusqu'à votre retour... — S'il se présente des clients, je les recevrai, et, s'il faut passer quelque écriture, soyez tranquille, je m'en acquitterai consciencieusement; — vous trouverez le journal et le grand-livre dans un ordre parfait...

— A tout à l'heure, mademoiselle... — Voici la clef de la caisse...

— Allez, monsieur André... et soyez sûr que mon père sera reconnaissant du service que vous nous rendez aujourd'hui...

De Villers sortit du bureau et se dirigea rapidement vers la porte charretière donnant sur le quai.

C'était l'heure du repas des ouvriers. — Les uns déjeunaient dans le chantier même; — d'autres, en assez grand nombre, cédaient aux séductions du vin bleu du *Rendez-vous des bons enfants*, et dépensaient au cabaret une partie de leur paye de la journée.

Pierre, le vieux contre-maître, assis sur un banc de bois près de la porte, avait à côté de lui les éléments de son déjeuner, c'est-à-dire la moitié d'un pain de munition, un morceau de petit salé et un verre d'eau claire; mais il ne mangeait pas et il semblait s'absorber en de profondes réflexions.

Le bruit des pas de M. de Villers le tira de cette rêverie; — il se leva et vint au jeune homme.

— Vous sortez, monsieur André? — lui demanda-t-il avec cette familiarité respectueuse dont il avait l'habitude.

— Comme vous voyez, mon brave Pierre... — Vous savez l'accident qui est arrivé à Thibaut?...

— Je ne le sais que trop... J'ai vu la pauvre Marguerite tout à l'heure...

— Eh bien, je vais faire des recouvrements à la place de Thibaut.

— Est-ce que vous ne pourriez pas, monsieur André, envoyer une autre personne au lieu d'aller vous-même?

— Non, sans doute; mais à quel propos me demandez-vous cela?

— Parce que je n'aime pas vous voir sortir ce matin...

— Vous n'aimez pas?... — répéta M. de Villers très-surpris.

— Ah! dam! non... — Faut dire la vérité... — ça me vexe carrément!...

— Mais, pourquoi?

— Parce que je mettrais ma main au feu et ma tête à couper que, dix minutes après que vous aurez filé, nous verrons arriver le muscadin, dans sa boîte à quatre roues, attelée d'un grand poulet dinde noir, efflanqué, qu'ils appellent un *anglais!*... — Je ne peux pas le sentir, moi, ce méchant moderne, avec sa raie dans le dos, son col en guillotine, ses favoris en nageoires d'anguille de mer et son carreau de vitre dans l'œil...

— Ah çà! — demanda le caissier d'un ton sévère — est-ce de M. Maugiron que vous parlez?

— De M. Maugiron... oui... tout juste...

— Alors, que signifient ce ton et ce langage, je vous prie?

— Cela signifie que je suis un homme franc, et que, quand je déteste les personnes, j'aurais beau me donner du mal, je ne viendrais jamais à bout de ne point le laisser voir...

— Vous détestez M. Maugiron?

— Cordialement!

— Mais c'est absurde!...

— Savoir...

— Que vous a-t-il fait?...

— A moi? — rien du tout... — Je ne vaux seulement pas la peine qu'il me regarde en passant... — Mais pourquoi vient-il ici tous les jours?

— Pour traiter une affaire importante avec la maison...

— Une affaire importante, qui doit toujours se conclure le lendemain, n'est-il pas vrai, et qui ne se conclut jamais!... — Le prétexte n'est point mal trouvé; mais j'ai un instinct, un flair, quelque chose comme le nez d'un chien de chasse... et je ne donne pas là-dedans...

— Que supposez-vous donc?

— Tout bêtement que le moderne tourne autour de mademoiselle Lucie pour l'entortiller...

— Dans quel but?

— Dans le but de l'épouser, pardine!...

— Allons, allons, mon pauvre Pierre, vous êtes fou!...

— Pas si fou que ça, monsieur André!... — Elle sera bien riche un jour, la chère demoiselle, et les sacs d'écus, les portefeuilles bourrés de billets de banque sont comme les chandelles qui attirent les papillons... — J'ai mauvaise idée de ce mirliflor-là, moi, monsieur André!... — Il est beau garçon, je ne dis pas le contraire... mais sa figure ne me revient ni peu, ni beaucoup... — On m'apprendrait que c'est un gredin, que je n'en serais guère étonné.

— Un gredin!... M. Maugiron!...

— Pourquoi non?

— Mais il est riche... très-riche...

— C'est lui qui vous l'a dit...

— Son intérieur, son train de maison, sa tenue, tout le prouve...

— Excusez-moi de vous contredire, monsieur André, mais tout ça ne prouve absolument rien, selon moi...

— Comment?...

— Dam! — vous n'avez pas vu les factures acquittées des fournisseurs! Donc, le mobilier, la boîte à quatre roues, le poulet dinde anglais et les beaux habits peuvent très-bien n'être pas payés!...

M. de Villers haussa les épaules

— Voilà — dit-il — des suppositions injurieuses et purement gratuites!... — La position de M. Albert Maugiron est connue...— Il est à la tête d'une société industrielle d'une grande importance...

Le vieux Pierre ne répliqua rien, mais il fit une moue prononcée.

André continua :

— J'ai d'ailleurs la certitude que le but de ses visites ici est parfaitement sérieux, ne cache aucune arrière-pensée, et que M. Maugiron ne songe point à faire la cour à mademoiselle Lucie Verdier...

— Vous avez cette certitude, monsieur André? — demanda le contre-maître en rivant pour ainsi dire son regard sur les yeux du jeune homme.

— Oui — répondit ce dernier — j'en ai la certitude matérielle... — Je vous prie donc, Pierre, de vous abstenir, à son égard, de toutes réflexions désobligeantes; vous me blesseriez personnellement, car M. Maugiron me témoigne un très-vif intérêt, et il est au moment de me rendre un immense service, qui doit avoir une grande influence sur mon bonheur à venir...

— Mais, ce service, il ne vous l'a pas encore rendu... — objecta timidement le contre-maître.

— D'ici à trois jours il me le rendra...

— Et il ne vous demande rien en échange?...

— Rien...

— Allons, tant mieux... je suis un vieux fou!... — Je m'étais trompé, sans doute... — Je ne dirai plus rien...— murmura Pierre.

Puis, il ajouta tout bas :

— Mais je veillerai quand même...

VI. — MADAME BLANCHET.

André de Villers s'éloigna, un peu contrarié d'avoir découvert chez le contre-maître, qu'il aimait et qu'il estimait à cause de son affection pour mademoiselle Verdier, ce sentiment d'hostilité inexplicable à l'endroit d'Albert Maugiron.

Tout en cheminant, il se disait, non sans une vague inquiétude :

— Ce brave homme est entièrement dévoué à Lucie, c'est incontestable, et, quoiqu'il me soit attaché, je ne puis avoir à ses yeux qu'une importance très-secondaire; — c'est donc pour elle, pour elle seule, qu'il redoute un danger et qu'il croit le voir dans la présence fréquente de mon protecteur au milieu de nous... — D'où lui vient cet étrange instinct?... — A coup sûr il est dans l'erreur!... les faits me le prouvent jusqu'à l'évidence!... — Si Maugiron pensait à Lucie, s'il était épris d'elle ou amoureux de sa fortune, s'il se proposait en un mot de demander sa main, il est clair comme le jour qu'il ne favoriserait point un rival... — Or, il me l'a dit en propres paroles, après avoir deviné mes sentiments, la nouvelle position qu'il va me faire sera le pont jeté sur l'abîme qui me sépare de Lucie... — Décidément le contre-maître a perdu la tête!... — De ce côté je n'ai rien à craindre et j'ai tout à espérer...

La conséquence naturelle de ces réflexions fut qu'André de Villers, rassuré complétement, sourit de dédain au souvenir des lubies ridicules du vieil ouvrier, et se mit en course la tête libre et le cœur joyeux...

. . . .

Le contre-maître, après le départ du jeune homme qu'il avait accompagné jusqu'à une certaine distance sur le quai, revint au chantier, reprit son petit salé, son pain de munition et sa cruche d'eau claire, et comme il s'aperçut que Lucie Verdier venait d'ouvrir la fenêtre du bureau, donnant sur une plate-bande de fleurs, et qu'assise à côté de cette fenêtre elle travaillait à un ouvrage de broderie, il changea de place et s'installa de manière à pouvoir attacher sur elle, de loin et sans être vu, un regard chargé de tendresse.

Tout en la contemplant il se parlait à lui-même, et nous allons extraire quelques phrases de son long monologue.

— Oui... oui... — répétait-il — je veillerai quand même... — M. André est un bon et brave jeune homme... — il aime bien Lucie... il donnerait son sang pour elle; mais il n'y voit pas plus loin que le bout de son nez, et il s'est laissé tourner la tête par les belles paroles de cet enjôleur à qui les promesses ne coûtent rien!... — M. André, comme tous les honnêtes gens qui sont encore jeunes, est plein de confiance et ne croit pas au mal... — D'ailleurs il n'a point de droits ici et ne peut s'opposer à rien... — M. Verdier est absent, et, s'il était là, il se laisserait peut-être duper comme les autres et ne défendrait pas Lucie ou la défendrait mal... — Je suis donc tout seul, moi, pauvre diable, pour tenir tête à ce méchant moderne dont je me défie comme de la peste, et pour jeter des bâtons dans ses roues!... — La besogne est rude, mais j'y suffirai s'il plaît à Dieu, car j'ai le courage qu'il faut pour ne reculer devant rien et ne jamais se laisser abattre... le courage du cœur...

Le contre-maître continuait à se parler à lui-même et à paraphraser sous toutes les formes les pensées que nous venons de mettre sous les yeux de nos lecteurs, lorsqu'il fut interrompu par l'arrivée d'un nouveau personnage, qui venait en courant de l'intérieur des chantiers et qui s'arrêta devant lui.

Ce personnage était un jeune garçon d'une douzaine d'années, un orphelin dont le père avait été tué deux ans auparavant par un éboulement de bois, en déchargeant un des bateaux de M. Verdier.

Depuis cette époque, sur la demande expresse de Lucie, on employait l'enfant à toutes sortes de petits travaux dans la mesure de ses forces, de manière à lui faire gagner sa vie et à le préparer à devenir un jour un bon ouvrier.

Il répondait au nom, ou plutôt au surnom de Papillon.

— Monsieur Pierre... — dit-il en soulevant sa casquette.

— Qu'est-ce que tu veux?... — demanda le contre-maître.

— Pluton...

— Eh bien, Pluton?...

— Il est malade...

— Pas possible!... — Il a fait, cette nuit, la ronde avec moi...— Je l'ai remis à la chaîne au point du jour, avant d'ouvrir la porte charretière, et je lui ai donné à manger.

— Possible, mais présentement il est couché sur le ventre dans sa niche... il n'a pas touché à sa pâtée... — Il a les yeux tout je ne sais comment, et quand on lui parle il ne fait point signe qu'il entend...

— Je vais l'aller voir... — murmura le vieil ouvrier en se dirigeant avec Papillon du côté de la niche du boule-dogue.

Le pauvre animal semblait en effet très-abattu; — cependant, à la vue du contre-maître, il agita faiblement la queue, il se souleva, non sans peine, et il s'avança vers lui, de toute longueur de sa chaîne.

— Allons... allons... ce ne sera rien... — fit le contre-maître en le caressant; — il aura eu quelque colique...— Les bêtes, c'est sujet à la souffrance comme les gens... — Ce soir il n'y paraîtra plus... — Oui... oui, Pluton, mon bon garçon, tu es un brave chien... tu es un fidèle serviteur... nous aurons bien soin de toi, et tu vivras longtemps pour garder ta maîtresse...

Le boule-dogue parut comprendre ces paroles, et une étincelle de tendresse intelligente brilla dans ses yeux ronds, habituellement farouches, mais qui s'adoucissaient en se fixant sur Pierre. — Ensuite il rentra dans sa niche, allongea son corps, posa sa tête sur ses pattes étendues, et prit une attitude endormie.

— L'appétit lui viendra tantôt... — reprit l'ouvrier; — je vais achever mon déjeuner... — Il n'est que temps...

Et il retourna s'asseoir à l'endroit d'où il pouvait voir Lucie continuant à travailler près de la fenêtre du pavillon.

Le déjeuner de famille, dans la maison Verdier, avait lieu régulièrement à dix heures et demie, et le maître du logis, lorsqu'il se trouvait à Paris, exigeait la ponctualité la plus grande dans le service.

André de Villers, en sa qualité de caissier, et madame Blanchet, en vertu de ses attributions comme dame de compagnie, partageaient les repas d'Achille Verdier et de sa fille.

Au moment où dix heures et demie sonnèrent, madame Blanchet sortit du corps de bâtiment principal, et se dirigea vers le bureau.

La veuve du lieutenant de pompiers était dans toute la force du terme un *Prudhomme* féminin... — Elle avait l'encolure épaisse, l'organe solennel et la phraséologie prétentieusement ampoulée de l'illustre bourgeois immortalisé par Henry Monnier...

La simplicité lui faisait horreur; — elle prenait l'afféterie pour de la distinction, et tout ce qui n'était point ambitieux et alambiqué lui paraissait trivial à faire peur.

Madame Blanchet, gonflée d'aspirations vers les hauteurs sociales, se trouvait déclassée, — elle avait une foi robuste en ses propres mérites, et ne croyait pas qu'il fût possible de pousser plus loin qu'elle ne le faisait le savoir-vivre et l'usage du monde.

Ses ridicules innombrables, et de dimension peu commune, amusaient quelquefois Lucie; mais le plus souvent ils la fatiguaient.

La bonne dame entra majestueusement dans le bureau et dit à la jeune fille :

— L'heure à laquelle vous avez l'habitude de prendre votre nourriture matinale et quotidienne, mademoiselle, vient de sonner... — Les mets sont sur la table — et j'ai donné à entendre à la fille de service que je me chargeais de vous prévenir... — Vous plaît-il de laisser de côté votre ouvrage et d'accorder quelques instants à l'œuvre de la réfection?

Lucie leva la tête et fixa sur son interlocutrice son grand œil bleu, limpide et souriant.

— Je suppose, ma chère madame Blanchet — répliqua-t-elle — que vous venez de m'annoncer tout simplement que le déjeuner est servi...

— Il me semble, mademoiselle — fit la matrone en se pinçant les lèvres — il me semble que je m'exprime de façon à me faire facilement comprendre...

— Sans aucun doute, chère madame Blanchet, mais vous parlez si bien, et je prends un si grand plaisir à vous écouter, que bien souvent la musique de vos paroles me fait oublier d'en chercher le sens...

Ceci fut dit par Lucie Verdier avec une moquerie douce que madame Blanchet accepta sans difficulté pour un compliment.

— Il est certain que je ne parle pas comme tout le monde!... — murmura-t-elle en se rengorgeant avec une satisfaction vaniteuse.

— Et je vous en fais mon compliment bien sincère!... — Mais, dites-moi, ma chère madame Blanchet, êtes-vous très-pressée de vous mettre à table?...

— Je ne suis jamais pressée, mademoiselle, lorsqu'il s'agit de choses grossièrement matérielles qui, bien loin de m'attirer, me repousseraient plutôt... et la nourriture est de ce nombre...

— Cela signifie, je pense, que vous n'avez aucun appétit?...

— Aucun appétit... c'est bien cela, mais malheureusement j'ai passé une nuit déplorable... — J'avais hier au soir des vapeurs qui m'ont obsédée sans relâche aussi longtemps que les ténèbres ont régné sur la terre!... — Je m'en ressens encore quelque peu à l'heure présente... — Ma nature infiniment délicate tient beaucoup de la sensitive... — Quand un organe souffre chez moi, tous les autres se contractent à la fois... — En ce moment les vapeurs agissent directement sur l'estomac... — il subit des crispations et des agitations bien chagrinantes!... — il semble se mettre en révolte ouverte contre l'idéal immatériel qui m'est si précieux!... — en un mot, il aspire à la plénitude...

Cette fois Lucie ne put retenir un éclat de rire frais et sonore.

— C'est-à-dire que vous mourez de faim!... — s'écria-t-elle. — Pourquoi ne pas l'avouer tout de suite?...

Madame Blanchet prit un air de dignité blessée.

— Il est bien triste d'être chez autrui!... — murmura-t-elle, en levant vers le ciel ses gros yeux. — On est forcé de subir en silence les choses les plus humiliantes... — Ah! je n'étais point née pour cela!...

Lucie avait un cœur si parfait que la souffrance, quelle qu'elle fût, ne lui semblait jamais ridicule.

— Mon Dieu!... — s'écria-t-elle — vous aurais-je blessée sans le vouloir?... — Ah! j'en serais vraiment aux regrets.

— On n'a pas le droit d'être blessée quand on mange le pain des autres!... — répliqua madame Blanchet d'un ton stoïque. — Je me résigne et je courbe la tête...

Lucie essaya de faire diversion.

— J'allais vous demander — reprit-elle — s'il vous était égal de retarder quelque peu notre déjeuner?...

Madame Blanchet fit une grimace significative.

— Mademoiselle sait bien que je suis à ses ordres... — répliqua-t-elle avec une maussaderie manifeste — et du moment que mademoiselle n'est pas prête...

— Eh! — répliqua vivement la jeune fille — il ne s'agit pas de moi... — Si je vous propose de reculer le moment de nous mettre à table, c'est pour donner à M. de Villers le temps de revenir...

Madame Blanchet releva la tête, elle ferma l'un de ses yeux à demi, elle pinça ses lèvres et murmura d'un air ironique :

— M. de Villers se fait attendre!... en vérité, c'est fort curieux!... — Ce jeune homme a des priviléges...

— Il n'en a d'autres ce matin que de rendre service à notre maison!... — répliqua Lucie, non sans un peu d'impatience.

Madame Blanchet se trouva prise d'un si violent accès de curiosité que, pour se satisfaire plus vite, elle négligea d'employer sa phraséologie habituelle, et qu'elle répéta :

— Rendre un service à la maison!... lui!... M. de Villers!...

— Oui, sans doute...

— Où donc est-il?...

— En course, depuis deux heures, pour toucher des traites et encaisser des factures... — C'est demain jour d'échéances...

— Ah! bah!... — Je croyais que votre père avait un garçon de recettes spécial, et que M. André était son caissier et son teneur de livres...

— Sans doute, mais le garçon de recettes s'est cassé la jambe ce matin...

— Et M. de Villers le remplace!... — s'écria dédaigneusement madame Blanchet... — Au fait, pourquoi pas?... — Cette position nouvelle est tout à fait au niveau de son mérite!... — On pourrait aussi lui faire balayer les chantiers... je suis sûre qu'il s'en acquitterait à merveille...

Malgré son indulgence habituelle pour la grosse femme, Lucie Verdier haussa les épaules.

— Ma chère madame Blanchet — dit-elle — vous me semblez bien mal disposée à l'endroit de M. de Villers... — Que vous a-t-il donc fait, en quoi vous a-t-il offensée... pour que vous le détestiez ainsi?...

La dame de compagnie ne se contenta plus de lever les yeux vers le plafond, elle y leva les mains en même temps...

— Ce qu'il m'a fait?... — s'écria-t-elle — mais, Dieu du ciel, il ne m'a rien fait, ce jeune homme, je ne lui reproche aucune offense, et je ne le déteste ni peu ni beaucoup!... — Je sais bien que ce n'est nullement sa faute s'il n'a pas un genre élégant et distingué et s'il est vulgaire à faire frémir!... — Sans cesse en contact avec des ouvriers et des gens de peu, il ne saurait être autrement!... — Les chantiers n'ont jamais passé pour une école de belles manières!... — Une seule chose m'indispose contre lui, une chose grave...

— Laquelle?...

— Sa présomption... son outrecuidance...

Lucie regarda madame Blanchet d'un air étonné...

— Que voulez-vous dire? — demanda-t-elle.

— Est-ce que mademoiselle ne s'en doute pas?...

— Je ne me doute de rien, et je vous prie de vous expliquer...

— Du moment que vous m'en priez, mademoiselle, c'est un ordre pour moi!... — Eh bien, je n'aime pas qu'un commis sans sou ni maille, un petit employé sorti on ne sait d'où, gueux comme un rat d'église, se permette d'entretenir dans sa cervelle fêlée les plus ridicules espérances, et lève ses regards audacieux sur une personne qu'il devrait respecter assez pour bien comprendre que la distance qui les sépare est infranchissable!...

Enchantée de cette phrase laborieuse, dont la construction lui semblait irréprochable et l'élégance inappréciable, madame Blanchet s'arrêta et tira de sa poche une tabatière d'écaille brune, dans laquelle ses doigts épais puisèrent largement...

Une teinte d'un rose vif colora instantanément le charmant visage de la jeune fille, et ses longues paupières s'abaissèrent...

Madame Blanchet, dont le nez monumental venait d'aspirer une énorme pincée de tabac, prit une physionomie triomphante.

— Ah! ah!... — fit-elle d'une voix de basse-taille — je crois que mademoiselle commence à me comprendre...

— En croyant cela vous vous trompez!... — répliqua sèchement Lucie. — Si vous voulez que je vous comprenne, dites les choses sans ambiguïté et sans détours...

— Je pensais avoir été suffisamment explicite, — murmura la duègne — mais, puisque je m'étais trompée, je vais mettre les points sur les *i*!... — M. André de Villers se permet d'éprouver à votre égard un sentiment d'une impertinence insoutenable dans sa position de subalterne faiblement appointé!... en un mot, mademoiselle, ce jeune homme indélicat est amoureux de vous...

Nous avons dit que depuis un instant Lucie était toute rose. — Elle devint pourpre.

— Amoureux de moi!... — répéta-t-elle d'une voix basse et très-altérée. — Je ne puis le croire!... vous vous trompez, madame Blanchet...

— D'abord, mademoiselle, je ne me trompe jamais!... — répliqua la grosse femme; — mon expérience, mon habitude du monde et, j'ose le dire, un certain tact dont je suis pourvue tout autant, sinon plus, que toute autre personne de mon sexe, ne me permettraient point de me laisser induire en erreur par des fausses apparences... — D'ailleurs il n'y a pas grand mérite à voir clair quand il fait grand jour, et dans les présentes circonstances la lumière crève les yeux!... — Pour voir, il suffit de regarder : — or, grâce au ciel, je n'ai pas la vue basse, et M. André de Villers ne cherche guère à cacher son jeu... — Il pousse des soupirs à faire tourner des moulins à vent... il affecte des distractions en votre présence, qui viennent de ce qu'il s'absorbe uniquement dans la contemplation de votre personne... — Sa voix se trouble quand il vous parle... il devient rouge quand vous lui parlez... bref, il fait toutes les simagrées du vieux manége des amoureux; et c'est une honte dans sa position, car il doit bien penser que jamais M. Verdier, votre père, un homme qui possède des millions, et qui dit-on même ne connaît pas lui-même sa fortune, ne ferait jamais la sottise de consentir à prendre pour gendre un pauvre diable de commis qui n'aurait seulement pas de quoi s'acheter un habit neuf le jour de ses noces!... — Ah! s'il s'agissait de M. Albert Maugiron, quelle différence!... — Voilà un personnage distingué!... — voilà un cavalier accompli!... — voilà ce que j'appelle un grand parti!... un beau parti!... — Il en trouvera des héritières celui-là, j'en réponds! il n'aura qu'à se baisser pour en prendre!... — Si vous vouliez cependant vous en donner la peine, je suis bien sûre qu'il ne s'en irait point à d'autres, car j'ai surpris certains regards qu'il jetait sur vous, et dans lesquels se peignait une admiration qu'un peu d'encouragement ne tarderait point à changer en un sentiment plus tendre!... — A votre place, j'essaierais, mademoiselle... — Peste!... ce papillon vaut la peine qu'on lui rogne les ailes pour le fixer, et vous auriez un époux bien flatteur pour l'amour-propre d'une jolie femme!...

Lorsqu'une locomotive est lancée à toute vapeur, il n'y a aucune raison pour qu'elle s'arrête, aussi longtemps, bien entendu, que l'eau et le combustible ne lui manquent pas.

Il en était de même de madame Blanchet.

La bonne dame aurait pu continuer longtemps encore, et nous croyons qu'elle aurait indéfiniment abusé de la parole, si la respiration ne lui avait fait défaut tout à coup.

Depuis quelques instants la rougeur vive de Lucie s'était dissipée, et sa figure offrait son expression habituelle, avec une nuance de dédain.

— Madame Blanchet — dit-elle d'un ton ferme — je vous ai laissée parler sans vous interrompre, ce qui prouve de ma part beaucoup de patience et de désir de vous être agréable... — Maintenant que vous avez fini, je vous prie, je vous enjoins, au besoin, de me faire grâce à l'avenir de vos rêveries, et de vous abstenir de digressions folles au sujet de M. André de Villers et de M. Albert Maugiron... — Ni l'un ni l'autre ne s'occupent de moi... — Les sentiments que vous leur prêtez à tous deux n'existent que dans votre imagination, et je ne veux plus, — vous entendez bien — je ne veux plus que vous m'entreteniez de ces jeunes gens...

Madame Blanchet courba la tête de l'air d'une victime qui se résigne à son sort.

— Il suffit, mademoiselle... — murmura-t-elle d'une voix gémissante ; — je connais mes devoirs, et je saurai m'y soumettre!... — Vous m'ordonnez le silence... je me tairai!... — Je concentrerai dans mon sein et je scellerai d'un triple sceau les pensées judicieuses que vous traitez de rêveries et de digressions folles!... — Quand on est chez les autres, ainsi que moi... quand on mange le pain de la dépendance, ainsi que moi, il faut accepter docilement les plus cruelles avanies... — Il faut savoir obéir... j'obéirai...

— Et maintenant — reprit Lucie en souriant — comme après tout M. de Villers peut fort bien ne pas rentrer de sitôt, je serais désolée de faire attendre plus longtemps votre estomac débilité par les vapeurs de cette nuit... — Allons déjeuner, ma chère madame Blanchet... allons déjeuner...

— Pour cela et pour toute autre chose je suis à vos ordres, mademoiselle...

Lucie se pencha en dehors de la fenêtre, et de sa voix la plus douce elle appela le contre-maître.

Ce dernier n'était pas loin, — il accourut à cet appel qu'il semblait attendre.

— Vous avez besoin de moi, mademoiselle Lucie?... — demanda-t-il avec un visage rayonnant.

— Je veux seulement vous prévenir, mon bon Pierre, que madame Blanchet et moi nous quittons le bureau; faites bonne garde, je vous en prie, et si quelqu'un se présentait pour parler, soit à M. de Villers, soit à moi, venez me prévenir sur-le-champ...

— Soyez tranquille, mademoiselle Lucie, et ne vous inquiétez de rien...

— Je suis toujours tranquille, mon bon Pierre, quand je me suis reposée sur vous de quelque soin... — répliqua la jeune fille en souriant à l'ouvrier... — Je puis compter sur vous au moins autant que sur moi-même, je le sais...

Puis elle se dirigea vers la maison, suivie de madame Blanchet qui ne disait mot, mais dont la physionomie hargneuse était de tout point semblable à celle d'un dogue privé de l'os qu'il convoitait.

Le contre-maître suivit la jeune fille d'un regard attendri jusqu'à ce qu'elle eût franchi les trois marches du perron.

— C'est un ange!... — murmura-t-il ensuite — c'est un véritable ange du bon Dieu!... — Quand je la regarde... quand je la vois me sourire... quand je l'entends me parler de sa petite voix qui ressemble à une musique, il me semble que je ne suis plus sur la terre et que le ciel s'est ouvert pour moi!...

Un quart d'heure après ce moment, le cheval noir à grandes allures, attelé au délicieux petit coupé d'Albert Maugiron, menait grand bruit sur les pavés inégaux du quai de Billy, et s'arrêtait net devant la grille de la maison d'Achille Verdier.

VII. — PIERRE ET MAUGIRON.

Le contre-maître se tourna du côté de la grille et reconnut l'élégant équipage du jeune homme qu'il détestait cordialement par le motif qu'il le soupçonnait de faire la cour à Lucie Verdier.

— Ah! ah! — se dit-il à lui-même — je vais bien te recevoir, toi, freluquet! — Si je pouvais donc, une bonne fois pour toutes, t'ôter l'envie de remettre les pieds ici!... — tonnerre du diable! — j'aurais fait une fameuse journée!...

Albert Maugiron, que nos lecteurs connaissent déjà par la lettre d'André de Villers à sa mère et par les exclamations admiratives de madame Blanchet, était véritablement un agréable jeune homme; et la régularité de sa figure, la distinction de sa tournure et de sa mise, lui donnaient tout à fait l'air d'un *gentleman*.

Il pouvait avoir trente ans. — Sa taille était moyenne, mais bien prise. — Une chevelure brune opulente couronnait un visage pâli par les veilles du travail ou celles du plaisir, et qu'encadraient les massifs d'une barbe noire brillante et parfumée.

Les traits corrects de ce visage offraient habituellement une expression de bienveillance attrayante. — La bouche avait un charmant sourire. — Les yeux seuls, très-grands d'ailleurs et très-beaux, auraient pu démentir pour un observateur attentif l'impression de franchise et de loyauté produite à première vue par la physionomie; — leur regard était fuyant, incertain, et ne se plongeait jamais hardiment dans un autre regard; — mais, en définitive, un si faible indice ne prouvait rien contre le jeune homme.

Son costume, dont les juges les plus sévères et les plus compétents auraient admiré la correction, réunissait la simplicité à une recherche de meilleur goût, et à la connaissance parfaite des USAGES de la bonne compagnie.

Jamais, par exemple, Albert Maugiron n'aurait commis le solécisme si fréquent de porter des gants *gris perle* avant midi et des gants *paille* avant huit heures du soir...

On ne voyait sur lui d'autre bijou qu'une chaîne de montre d'un travail exquis. — Le stick en corne de rhinocéros avec lequel il montait à cheval, au bois, n'attirait point le regard et valait vingt-cinq louis...

Tel que nous venons de le décrire, Maugiron descendit de son coupé, franchit la grille dont l'un des battants était entr'ouvert, et se dirigea d'un pas leste et assuré vers le pavillon.

Sur son passage il rencontra le contre-maître qui se posa carrément devant lui, de manière à l'arrêter net, et lui dit d'un ton bourru :

— Qui demandez-vous?...

Maugiron regarda, non sans quelque étonnement, son interlocuteur inattendu.

— Ah çà! mon brave — s'écria-t-il — est-ce que vous ne me reconnaissez pas?...

— Il faut connaître les gens pour les reconnaître!... — répliqua Pierre avec un redoublement de brusquerie.

— Ne savez-vous pas que je viens ici presque tous les jours?...

— Possible... mais ce ne sont point mes affaires... — Encore une fois, qui demandez-vous?...

Maugiron se mit à rire.

— Il faudrait se fâcher... — dit-il — j'aime mieux déclarer que vous êtes un original très-plaisant... — Je demande M. André de

Villers, caissier de cette maison... — le connaissez-vous, celui-là?...

— M. André est sorti...

— Quand rentrera-t-il?...

— Je n'en sais rien... — il n'a pas de comptes à me rendre...

— Dans ce cas, je désire parler à mademoiselle Lucie Verdier...

— Mademoiselle est occupée...

— Faites-lui savoir que M. Albert Maugiron sollicite l'honneur de la voir...

— Je ne suis pas un domestique, pour faire vos commissions...

Maugiron eut aux lèvres un nouvel éclat de rire.

— Dans tous les cas — répliqua-t-il — vous êtes un fier butor, mon ami...

— Un butor, soit... mais votre ami, non!... — il me semble que nous n'avons jamais gardé les pourceaux ensemble...

La patience commençait à manquer au nouveau venu.

— J'ai bien voulu jusqu'à présent prendre gaiement la chose — dit-il — mais en voilà assez!... en voilà trop!... — livrez-moi donc passage... je m'annoncerai moi-même...

— Impossible... — je suis le chien de garde de la maison, et personne ne passera... seulement, si c'est pour affaires que vous venez, je puis vous conduire dans le chantier et vous mettre au courant des tarifs, aussi bien que n'importe qui...

— Grand merci de vos offres, brave homme!... — fit Maugiron avec ironie — les affaires qui m'amènent ne se traitent pas avec les ouvriers, mais avec les maîtres... — Je vous répète que je veux voir mademoiselle Verdier...

— Et moi je vous répète qu'elle est occupée et que je ne la dérangerai point...

Maugiron croisa ses bras sur sa poitrine.

— Ah çà! mais — s'écria-t-il — c'est donc un parti pris d'insolence!...

Pierre secoua la tête et répondit :

— Le chien de garde n'est pas insolent parce qu'il montre les dents aux gens suspects...

Maugiron tressaillit et ses paupières battirent de l'aile, ce qui annonçait chez lui une vive émotion.

— Aux gens suspects!... — répéta-t-il d'une voix moins ferme qu'auparavant. — Est-ce que je vous suis suspect, par hasard?...

— Considérablement...

— Vous raillez, brave homme!... et à quel propos, je vous prie?...

— Tonnerre!... croyez-vous donc que parce qu'on n'est qu'un pauvre ouvrier on n'ait pas des yeux tout comme un autre, et un gros bon sens qui tient lieu d'esprit?... — Croyez-vous qu'on ne sache point ce que cela veut dire quand on voit un mirliflore, un moderne, un particulier astiqué dans votre genre et qui embaume à plein nez les odeurs fines, rôdailler tous les jours autour d'une belle jeune fille dont le père est toujours absent, et plus riche que douze douzaines de marchands de bœufs?... — Oh! que nenni!... pas si bête!... — Le moderne flaire une grosse dot, et il se remue comme le diable dans un bénitier pour enjôler la fille, afin de mettre la main sur les écus du père...

Maugiron, en entendant les paroles que nous venons de reproduire, poussa un soupir de soulagement; — un imperceptible sourire découvrit ses dents blanches sous sa moustache brune et effilée.

— Il ne soupçonne rien... — se dit-il — mais, morbleu!... quelle peur il m'a fait!...

Pierre continua :

— Oui... oui... voilà comment les choses se jouent!... ça n'est guère malin à deviner!... Mais le mirliflore, le moderne, l'individu bien astiqué, compte aujourd'hui sans le chien de garde qui veille, qui montre ses crocs, et qui dit dans son langage : — *Passez au large!... rien à faire ici pour vous!...*

Maugiron prit le petit lorgnon carré qu'un ruban de soie noire suspendait sur sa poitrine, et il se mit à examiner le contre-maître, d'un air moqueur, de haut en bas et de bas en haut.

— Qu'est-ce que vous avez donc à me dévisager comme ça, avec votre carreau de vitre dans l'œil? — s'écria Pierre, irrité de cette investigation railleuse.

— Brave homme — demanda Maugiron — seriez-vous par hasard le tuteur, ou le proche parent de mademoiselle Lucie Verdier?...

Le contre-maître devint pourpre.

— Moi... le tuteur... le parent... — balbutia-t-il — moi... un pauvre diable... vous savez bien que c'est impossible...

— Avez-vous reçu de mademoiselle Verdier elle-même l'ordre de m'éconduire grossièrement, ainsi que vous cherchez à le faire?..

— Non... personne ne m'a donné d'ordre...

— Ainsi, c'est de votre chef que vous agissez?...

— J'agis selon ma conscience... quand elle me commande, j'obéis...

— Brave homme — continua Maugiron — ceci est bon à savoir! — J'aurais respecté la volonté de M. Verdier, ou celle de mademoiselle Lucie... mais puisque c'est vous, et vous seul, que je trouve en face de moi, je suis en droit de vous dire que vous êtes un drôle, si vous n'êtes pas un fou, et que je vous ferai chasser d'ici, pour vous punir de vos insolences ou pour vous guérir de votre démence...

Le contre-maître devint livide; — son front se rida; — des étincelles fauves jaillirent de ses yeux.

— Me chasser d'ici!... — moi!... — cria-t-il d'une voix rauque et stridente; — ah! vous allez me payer cher cette menace!...

Et il se ramassa sur lui-même, les poings fermés, dans l'attitude d'un jaguar prêt à bondir.

— Prenez garde! — dit Maugiron avec le plus grand calme — je n'ai pas l'habitude des luttes populacières!... — Je vous préviens que ma canne renferme une épée... — si vous faites deux pas en avant, vous êtes un homme mort...

— Vous m'assassinerez donc!... — hurla le contre-maître — Eh bien, tant pis pour vous... nous verrons pour qui sera la justice de Dieu!...

Pierre fit un pas. — Maugiron saisit sa canne par le pommeau et fit jaillir du jonc flexible une lame d'acier mince et pointue, qui brilla sous un rayon de soleil comme un éclair bleuâtre.

Une catastrophe était imminente. — Le sang allait couler; — un cri de femme retentit soudain...

Le contre-maître entendit ce cri, et, au lieu de s'élancer en avant, il recula, en cachant son visage dans ses deux mains.

— Qu'allais-je faire?... — balbutia-t-il.

Lucie venait de paraître sur la plus haute des trois marches du perron; — elle ressemblait à la statue de la stupeur et de l'épouvante; pendant une ou deux secondes son cœur cessa de battre et l'anéantissement complet de ses forces la retint immobile...

Enfin, haletante, affolée, elle put accourir vers les deux hommes, et d'une voix agitée, à peine distincte, elle demanda :

— Mon Dieu!... mon Dieu!... qu'y a-t-il donc?... que se passe-t-il?... — répondez-moi, Pierre, au nom du ciel!... — Monsieur Maugiron, répondez-moi, je vous en supplie...

Pierre garda le silence et ne releva pas la tête.

Maugiron fit disparaître son épée dans sa canne — salua la jeune fille avec sa courtoisie habituelle, et dit en souriant :

— Ne comptez pas sur moi, mademoiselle, pour vous expliquer ce qui se passe, car moi-même je n'y comprends rien... — Ce brave homme voulait me tuer... — (ajouta-t-il en désignant le contre-maître) — et je me suis mis en défense... — voilà tout ce que je sais... — Je vous demande d'ailleurs mille fois pardon d'avoir joué un rôle passif dans la scène de violence et d'étrange folie qui vient de troubler cette demeure et de vous causer une si pénible émotion... mais je vous jure sur mon âme que j'en suis tout à fait innocent et que je n'en devine point les motifs...

— Il voulait vous tuer?... — répéta Lucie.

— Mon Dieu, oui... tout simplement...

— Lui!... le meilleur des hommes!... — Mais pourquoi cette affreuse pensée?...

— Demandez-le-lui, mademoiselle... — il vous répondra peut-être... — Quant à moi, j'ignore complètement la raison de sa haine et de sa fureur...

Lucie se tourna vers le contre-maître.

— Vous entendez, Pierre... — fit-elle d'un ton sévère; — le silence serait votre condamnation!... — il faut me répondre!... il le faut!... — je le veux... je l'exige!...

Le vieil ouvrier releva la tête et l'on put voir alors que ses yeux étaient rougis et son visage baigné de larmes.

— Mademoiselle — murmura-t-il d'une voix si basse que Lucie devina ses paroles plutôt qu'elle ne les entendit — une menace m'avait rendu fou...

— Une menace?... — laquelle?...

— Celle de me faire chasser de cette maison...

— Aviez-vous dit cela, monsieur? — demanda la jeune fille à Maugiron.

Ce dernier s'inclina.

— Oui, certes, je l'avais dit, mademoiselle... — répondit-il; — mais cet homme oublie d'ajouter que je ne possédais aucun autre moyen de réprimer la brutale insolence avec laquelle il voulait m'empêcher de parvenir jusqu'à vous...

Et Maugiron raconta en quelques mots la scène que nous venons

Qu'est-ce que vous avez donc à me dévisager comme ça, avec votre carreau de vitre dans l'œil? (P. 39.)

Paris. — Typ. Collombon et Brûlé, rue de l'Abbaye, 22.

de mettre sous les yeux de nos lecteurs, — seulement il eut soin de supprimer les paroles relatives à ses prétendus projets sur la main de Lucie.

— Voilà la vérité tout entière — ajouta-t-il en terminant; — que celui qui m'écoute me démente, s'il en a l'audace!...

— Avez-vous quelque chose à répondre? — fit Lucie.

Le contre-maître secoua la tête.

— Ainsi — continua la jeune fille — vous avez tenu cette conduite étrange, incompréhensible, inexcusable?...

— J'ai fait tout ce dont il m'accuse... — balbutia Pierre.

— Mais alors, vous méritiez cent fois plutôt qu'une d'être banni de cette demeure!... — M. Maugiron avait bien raison de vous menacer de se plaindre à moi, qui représente ici mon père, et, s'il l'exige, je vais faire justice!...

Le visage du contre-maître se décomposa.

— Oh! mademoiselle Lucie — murmura-t-il d'une voix éteinte — en étendant vers la jeune fille ses mains suppliantes — ayez pitié de moi!... — gardez-moi!... — S'il me fallait quitter cette maison... s'il me fallait, chassé par vous, franchir le seuil de cette porte, j'irais me coucher sur le quai, le long du mur d'enceinte du chantier... et je m'y laisserais mourir...

Un grand attendrissement se lisait sur la figure pâlie de Lucie Verdier, qui répondit cependant avec fermeté :

— J'ai reçu de nombreuses preuves de votre attachement, Pierre, et j'avais pour vous une grande affection, vous le savez bien, mais cette affection ne me donne pas le droit de pardonner certaines fautes!... — Vous venez d'insulter gravement, sans motifs, sans provocation, un homme honorable, un client, presque un ami de cette maison... lui seul est le maître de vous pardonner s'il le veut... — il décidera de votre sort... — je ne puis, moi, que solliciter son indulgence pour un acte de folie que sans doute vous ne comprenez plus, et qu'à coup sûr vous déplorez...

Le contre-maître se tourna vers Maugiron.

— Monsieur — s'écria-t-il avec un accent plus irrésistible que l'éloquence la plus entraînante — ma vie est dans vos mains... — soyez miséricordieux pour le misérable qui vient de vous offenser... — je vous demande pardon en pleurant... je me traîne à vos pieds... faites-moi grâce!...

Le contre-maître venait en effet de se jeter aux genoux de Maugiron; il les embrassait en sanglotant, et il répétait : — Faites-moi grâce!... au nom du ciel, monsieur, faites-moi grâce!...

Le jeune homme sembla prendre plaisir à le laisser pendant quelques secondes dans cette position, puis il se recula d'un pas et il répondit :

— Relevez-vous... — je vous pardonne volontiers!... — Les paroles d'un fou ne sauraient m'offenser; et d'ailleurs, quand bien même vous auriez eu les torts les plus graves à mon égard, je n'hésiterais point à les effacer de mon esprit, puisque mademoiselle Verdier daigne vous porter quelque intérêt... — C'est moi maintenant qui la supplie d'oublier tout ceci et de vous garder dans sa maison...

— Merci, monsieur, de ce que vous venez de faire... — balbutia le contre-maître en se relevant. — Je m'étais trompé... je le vois bien... je vous demande pardon de nouveau... et du fond du cœur...

Il saisit ensuite une des mains de Lucie, sur laquelle il appuya ses lèvres et qu'il mouilla de ses larmes, puis il s'éloigna d'un pas incertain mais rapide, et disparut derrière l'angle du pavillon.

Madame Blanchet, arrivée depuis un instant près de nos person-

Tirant de sa poche une clef toute neuve et brillante, il l'introduisit vivement dans la serrure. (P. 42.)

Paris. — Typ. Collombon et Brûlé, rue de l'Abbaye, 22.

nages, roulait ses gros yeux, faisait de grands gestes et semblait suffoquée par une admiration passionnée.

— Ah! monsieur — s'écria-t-elle enfin en s'adressant à Maugiron — ah! monsieur, c'est sublime!... quelle conduite que la vôtre!... quelle générosité chevaleresque!... quel grandiose pardon des injures!... — l'histoire n'offre pas de plus beaux exemples!... — vous êtes un colosse de magnanimité...

— Vous me comblez, chère dame!... — répondit Maugiron avec un sourire empreint d'une forte dose d'ironie : — une chose toute naturelle ne mérite point de tels éloges...

Madame Blanchet joignit ses deux mains en prenant une pose extatique.

— Et modeste, avec cela!... — reprit-elle — et modeste!... — toutes les vertus!... — quel homme!...

VIII. — LA CLEF DU PAVILLON.

— Mon Dieu, mademoiselle — dit vivement Maugiron en s'approchant de Lucie qui chancelait et semblait avoir peine à se soutenir — comme vous êtes pâle! — qu'avez-vous donc?...

— Je viens d'éprouver une très-vive émotion... — répondit la jeune fille — mais ce ne sera rien...

— En êtes-vous sûre? — On croirait que vous allez vous trouver mal...

— Rassurez-vous, monsieur... je me sens déjà mieux... beaucoup mieux...

— Bien vrai?

— Je vous l'affirme... — Laissez-moi vous faire toutes mes ex-

cuses, vous témoigner tous mes regrets de cette scène déplorable qui maintenant, autant que tout à l'heure, reste incompréhensible pour moi... — Le contre-maître Pierre est un homme excellent... je le connais et je l'aime depuis mon enfance... — Il possède la confiance de mon père, et jamais on n'a eu à lui adresser un seul reproche de violence, de brutalité, ou même d'impolitesse...

— Mais j'y pense, mademoiselle — répliqua Maugiron — le mot de l'énigme est peut-être facile à trouver...

— Comment?

— Peut-être cherchons-nous bien loin ce que nous avons sous la main... — Un assez grand nombre de ces pauvres diables d'ouvriers, honnêtes gens du reste, mais sans éducation et sans tenue, ont le vin mauvais!... — Une ou deux bouteilles de trop expliqueraient bien des choses.

— Oui, sans doute... — cela nous donnerait en effet le mot de l'énigme, comme vous dites... — Par malheur, cette explication est inadmissible...

— Pourquoi donc?

— Pour la meilleure de toutes les raisons... — Pierre ne boit jamais que de l'eau... — Vous voyez bien que c'est à n'y rien comprendre...

— S'il en est ainsi, j'en reviens tout simplement à ma première idée, et j'admets un accès de fièvre chaude accompagné de transport au cerveau... — Mais, je vous en prie, mademoiselle, ne parlons plus de tout cela, et veuillez n'y point attacher plus d'importance que je n'en attache moi-même...

— Si vous le voulez bien — dit Lucie — nous allons entrer au bureau. Nous nous occuperons de l'affaire qui vous amène, et j'espère bien que nous terminerons quelque chose...

La jeune fille ajouta en souriant :

— Mon père arrive demain matin... — Une lettre que je viens de recevoir m'en donne l'assurance positive... — Je serais bien heureuse et bien fière de l'accueillir par la nouvelle que j'ai conclu, en son absence, un important marché...

— Je suis à vos ordres, mademoiselle — répliqua Maugiron — et si cela ne dépend que de moi, nous nous accorderons à merveille.

Lucie se tourna vers la dame de compagnie, qui poussait de gros soupirs, attachait sur Maugiron des regards enflammés et paraissait oublier de la façon la plus complète feu Blanchet, en son vivant, lieutenant de pompiers!...

— Chère madame Blanchet — lui demanda-t-elle — vous nous accompagnerez, n'est-ce pas?...

— Jusqu'au bout du monde, s'il le faut!... — répondit la grosse femme avec exaltation.

— Oh! soyez tranquille... nous irons beaucoup moins loin...

— Tant pis!... — se dit la matrone à elle-même; — cet être me fascine!... je le suivrais jusqu'en enfer!...

Nos trois personnages se dirigèrent vers le pavillon et franchirent le seuil de la pièce du rez-de-chaussée.

— Hier — fit mademoiselle Verdier, après qu'elle se fut assise derrière le bureau et que Maugiron eut pris place en face d'elle — nous étions, si je ne me trompe, bien près de nous entendre... — Avez-vous réfléchi, monsieur, et pourrons-nous, aujourd'hui, nous entendre tout à fait?

— Si j'étais le seul maître, mademoiselle — dit Maugiron — je vous répondrais : — Oui, à l'instant et sans hésiter... — Mais les intérêts que je représente ne sont point exclusivement les miens, et je suis, à mon grand regret, forcé de discuter encore...

— Que demandez-vous donc?

— J'insiste sur cette concession sollicitée vainement de vous depuis trois jours, et sans laquelle, cependant, la solution attendue et désirée par vous et par moi va reculer encore...

— Mais cette concession que vous exigez est onéreuse pour notre maison...

Maugiron répondit par un sourire d'incrédulité polie.

Lucie continua :

— Ne pourrions-nous, du moins, trancher le différend par la moitié?

— Impossible...

— Si je vous prouvais, pourtant, par des chiffres, qu'en vous accordant ce que vous demandez notre bénéfice deviendrait nul?...

— Malgré tout votre mérite, mademoiselle, cette preuve vous semblerait difficile à faire, j'en réponds...

— Beaucoup moins que vous ne le croyez, monsieur...

— Faites-la donc...

— Vous allez voir.

Lucie prit une grande feuille de papier, trempa sa plume dans l'encre et se mit à tracer des chiffres; — mais au bout d'un instant une pâleur alarmante envahit de nouveau ses joues — ses yeux se fermèrent à demi — la plume s'échappa de ses mains; — enfin elle se renversa sur le dossier de son siége, en balbutiant :

— L'émotion a été trop forte... décidément, je ne me sens pas bien...

Maugiron et madame Blanchet s'étaient élancés déjà vers la jeune fille et la soutenaient chacun de leur côté.

— Qu'avez-vous, mademoiselle? — demandèrent-ils tous deux à la fois.

Lucie ne répondit pas; — ses yeux se fermèrent complétement, et sa tête, après avoir flotté, pour ainsi dire, une seconde, se reposa sur son épaule gauche.

Elle venait de perdre connaissance.

Il en fallait moins à madame Blanchet pour tomber dans l'un des accès de son exaltation habituelle. — Sa tête s'égara et elle se mit à crier, d'une voix glapissante :

— Puissances du ciel, ayez pitié de nous!... Quel malheur! quel affreux malheur!... La chère enfant a rendu son âme!... — Je veux la suivre dans la tombe!...

— Vieille folle!... — pensa Maugiron.

Puis, tout haut :

— Calmez-vous, chère madame — dit-il.

— Que je me calme!... jamais! jamais!... — Mon désespoir est de ceux qui tuent!...

— Il n'y a pas lieu de se désespérer... — Mademoiselle Verdier n'est qu'évanouie et son état n'a rien de grave...

— En êtes-vous certain, monsieur?

— Comme je le suis de mon existence...

— Noble jeune homme, soyez béni!... — Vous me sauvez la vie! — Mais que faire, grand Dieu! que faire?

— Il faut d'abord rappeler mademoiselle Lucie à elle-même...

— Comment?

— En lui faisant respirer des sels... — Vous devez avoir un flacon?...

— J'en ai trois...

— Où sont-ils?

— Dans ma chambre...

— Un seul suffira... — Courez le chercher...

— J'y vole...

— Vous ferez bien, chère madame, de rapporter en même temps un verre d'eau fraîche...

— Oui, monsieur... une carafe entière... — Ah! quel événement!... quel événement!... — Scélérat de contre-maître!... il est cause de tout!... — Cet homme mériterait l'échafaud!...

Ayant ainsi parlé, madame Blanchet se précipita hors du pavillon et se dirigea vers le corps de logis principal, aussi vite que le lui permirent la massive ampleur de ses formes et le poids imposant de sa personne.

— Allons, j'ai de la chance!... — murmura Maugiron resté seul dans le bureau — plus de chance que je ne devais l'espérer, et décidément le diable est pour moi...

Il s'approcha de la porte du pavillon, — il regarda au dehors, à droite et à gauche, afin de voir si personne ne s'approchait; — il s'assura que la jeune fille, toujours évanouie, ne rouvrait pas les yeux, et enfin, tirant de sa poche une clef toute neuve et brillante, il l'introduisit vivement dans la serrure et il constata, avec un très-vif sentiment de joie, que le pêne et la gâche, sollicités par elle, lui obéissaient sans résistance.

— Voilà qui va le mieux du monde! — reprit-il. — Cet animal de Gobert ne manque pas d'une certaine intelligence pratique... — le drôle a pris l'empreinte à merveille, et l'Ecureuil, qui sait tous les métiers, a forgé la clef comme un ange!...

Ce que nous venons de raconter s'accomplit en moins d'une minute...

Madame Blanchet, essoufflée, ou plutôt haletante, apparut sur la plus haute marche du perron, et roula comme un tourbillon à travers la cour plantée d'arbres.

— Déjà de retour!... — pensa Maugiron — Diable!... la bonne dame a marché vite!... — j'ai bien fait de me dépêcher!... — je n'avais pas de temps à perdre!...

La fausse clef venait de disparaître au fond de la poche de notre personnage, lorsque madame Blanchet, tenant de la main gauche un flacon et un verre, et de la droite une carafe de cristal, franchit le seuil du pavillon.

Elle se laissa tomber sur un siége. — Elle ne pouvait prononcer une seule parole, — elle étouffait dans son corset trop étroit et sa poitrine gigantesque battait à coups pressés.

Maugiron lui prit des mains le flacon d'éther, le déboucha et le mit sous les narines de Lucie; — la jeune fille tressaillit aussitôt faiblement, s'agita comme quelqu'un qui s'éveille, releva la tête, ouvrit les yeux et promena son regard autour d'elle avec une expression d'étonnement qui n'eut d'ailleurs que la durée d'un éclair.

— Vous sentez-vous mieux, mademoiselle?... — lui demanda Maugiron.

Elle fit signe que oui.

Madame Blanchet, dont la suffocation diminuait, s'approcha de Lucie à son tour, en poussant des exclamations et des interjections entrecoupées de gestes et de soupirs.

— Le verre d'eau!... vite!... — lui dit Maugiron — remplissez le verre d'eau!...

Elle obéit.

— Buvez, mademoiselle, je vous en supplie... — reprit le jeune homme — cela vous remettra tout à fait...

Lucie prit le verre et le vida d'un trait.

— Vous aviez raison — fit-elle ensuite en souriant — me voilà si complétement soulagée que c'est à peine si je me souviens d'avoir souffert... — je me suis montrée bien faible et bien ridicule tout à l'heure, et j'en suis plus honteuse que je ne saurais dire!...

Maugiron allait protester, lorsque André de Villers, revenant de ses courses, entra dans le bureau et poussa un cri de surprise et d'effroi en voyant Lucie pâle encore, à demi renversée dans son fauteuil et en respirant la vapeur d'éther dont l'atmosphère était saturée.

Il devint livide, et c'est à peine s'il eut la force de balbutier :

— Mademoiselle Lucie... mon Dieu... que vous est-il donc arrivé ?...

— Ne vous inquiétez pas, cher monsieur André — répondit vivement Maugiron — ce n'est rien... rien de grave du moins... — mademoiselle Verdier vient d'éprouver une émotion vive, à propos d'une chose qui ne la regardait pas personnellement... ses nerfs trop tendus ont déterminé une courte syncope... — mais par bonheur tout est bien fini et vous voyez que déjà les roses de la santé reparaissent sur les joues de mademoiselle...

— Oui, je le vois, et que Dieu en soit béni !... — reprit le caissier — mais cette émotion vive, quelle en était la cause ?...

Maugiron mit un doigt sur ses lèvres.

— Chut !... chut !... — fit-il ensuite — laissons de côté, quant à présent, ce sujet dangereux... — je vous raconterai plus tard ce que vous désirez savoir... — Mademoiselle Verdier doit avoir besoin de repos... — ne la fatiguons pas et retirons nous...

IX. — HABIT VERT ET PLUMES DE COQ.

En ce moment Lucie intervint.

— J'éprouve, en effet, quelque fatigue, dit-elle — et j'ai grand besoin d'une heure de repos... — Madame Blanchet voudra bien m'accompagner dans mon appartement... — je vous laisse ensemble, messieurs... — Je regrette, plus que je ne saurais dire, le dérangement inutile que j'ai causé ce matin à M. Maugiron, mais en vérité je ne me sens pas assez forte pour causer d'affaires en ce moment...

— Oh ! qu'importe, mademoiselle ? — répondit Maugiron — je terminerai demain, avec M. votre père, le marché que j'espérais conclure avec vous aujourd'hui... — où sera le mal ?...

Lucie se leva. — Elle était faible encore plus qu'elle ne l'avait supposé, et il lui fallût s'appuyer sur le bras de madame Blanchet.

— Mademoiselle — lui dit André — serez-vous assez bonne pour me rendre la clef de la caisse que je vous ai remise avant de quitter la maison...

— Voici cette clef, et je vous remercie de nouveau, monsieur André, bien sincèrement, de l'extrême complaisance avec laquelle vous vous êtes acquitté d'une besogne qui n'était pas du tout la vôtre...

— Oh ! mademoiselle, je n'ai fait que mon devoir...

— Plus que votre devoir, monsieur André... beaucoup plus... — je ne l'oublierai pas... — Le résultat de vos courses est-il satisfaisant ?...

— Traites et factures ont été payées à présentation... — reprit le caissier ; — j'ai là, dans mon portefeuille, cinquante mille francs en billets de banque...

Un éclair de convoitise s'alluma dans les prunelles d'Albert Maugiron qui baissa ses paupières pour le cacher.

— A merveille... — murmura Lucie Verdier — nous sommes en mesure sans avoir recours au banquier de mon père... — c'est ce que je voulais... — Au revoir, messieurs, à bientôt...

Et la jeune fille — s'appuyant toujours sur le bras de madame Blanchet — reprit le chemin du corps de logis principal.

Aussitôt que les deux femmes eurent disparu, de Villers se tourna vers Maugiron et s'écria :

— Je vous en supplie maintenant, monsieur, vous qui êtes si bon pour moi, apprenez-moi bien vite ce qui s'est passé pendant mon absence...

— Oh ! mon Dieu, cher monsieur André, il ne s'est rien passé d'important... — Une algarade inouïe, faite à votre serviteur par un vieil ouvrier, a seule causé l'émotion de mademoiselle Lucie...

— Un vieil ouvrier ? — répéta André — un homme de cinquante-cinq à soixante ans, n'est-ce pas ?...

— Oui.

— Grand et maigre — le visage pâle, avec des cheveux blancs comme la neige ?...

— C'est parfaitement cela...

— Pierre, le contre-maître ?...

— Il me semble me souvenir que je l'ai entendu nommer ainsi...

— J'en étais sûr !... — ah ! le malheureux !... mais il devient fou !...

— Je crois, en effet, que sa tête est loin d'être saine... et d'ailleurs c'est son unique excuse...

— Voyons, qu'a-t-il fait ?... qu'a-t-il dit ?...

Maugiron recommença le récit dont Lucie avait entendu la première édition.

André l'écoutait en hochant la tête d'un air sombre.

— Je lui parlerai — fit-il lorsque Maugiron eut achevé — oh ! je lui parlerai sévèrement et vous pouvez compter qu'une si déplorable scène ne se renouvellera pas !...

— Ah ! pardieu, j'y compte bien !... — répliqua le jeune homme en riant — Rien n'est plus désobligeant, je vous l'affirme, que de se mettre en défense contre une brute malfaisante qui vous attaque à l'improviste...

Puis, changeant de ton, il ajouta :

— A vos doubles fonctions de caissier et de teneur de livres, vous joignez donc maintenant celles de garçon de recette, cher monsieur André ?...

— Par hasard, et pour une seule fois...

— Comment ?...

André raconta l'accident que nous connaissons, et, tout en parlant, il tira de son portefeuille cinq liasses de billets de banque, de dix mille francs chacune, et les joignit à celles qui se trouvaient déjà dans le coffre-fort.

— Au fait, j'y songe — dit négligemment Maugiron — c'est demain le 15, jour d'échéance... — la vôtre est-elle forte ?...

— Non... — une des plus faibles, si ce n'est même la plus faible dont je me souvienne...

— Combien ?...

— Soixante-trois mille, environ...

— Oh ! mais, c'est cependant un chiffre, cela !...

— Insignifiant pour notre maison... — nos paiements bi-mensuels dépassent presque toujours cent mille francs, et ils seraient bien autrement forts si M. Verdier n'avait l'habitude de payer comptant presque tous ses grands achats de bois...

— En vérité !...

— Mon Dieu, oui... — il trouve un avantage considérable à traiter l'argent à la main avec les propriétaires... — il leur retient un escompte de six pour cent sur toutes les sommes ainsi payées, et cela donne, au bout de l'année, un résultat dont vous seriez étonné vous-même...

— La maison Verdier est donc bien riche ?...

André fit un geste qui signifiait :

— Cela dépasse toute croyance !...

— Et, malgré cette fortune — demanda Maugiron — M. Verdier vit simplement et travaille comme un commis !...

— Je ne connais aucun commis disposé à travailler autant que le patron... — répondit André en riant, et son existence intérieure est celle d'un pauvre petit commerçant joignant à grand'peine les deux bouts...

— Quelle étrange et prodigieuse avarice !...

— Je ne sais pas si c'est de l'avarice, et j'en douterais presque... — l'absence de tous besoins et de tous désirs expliquerait mieux, selon moi, ces mœurs lacédémoniennes...

— Les revenus et les bénéfices, sans cesse accrus, jamais dépensés, font évidemment la boule de neige... — reprit Maugiron.

— Evidemment... — répéta de Villers.

— Cette boule de neige finira par atteindre des proportions incalculables !... — Mademoiselle Lucie sera l'une des riches héritières de Paris...

— Hélas ! oui... — murmura le caissier.

— Pourquoi cet hélas ?... — Vous aurez gagné un fameux quine à la loterie, cher monsieur André, si vous devenez son mari...

— Ah ! ce n'est pas sa fortune que j'ambitionne !...

— C'est convenu, romanesque jeune homme, et je ne doute pas une minute de votre franchise et de votre désintéressement... mais croyez-moi, la fortune ne gâte jamais rien...

— Vous savez, monsieur, que c'est sur vous seul que je compte pour atteindre peut-être un jour le but de toutes mes ambitions, de toutes mes espérances !... — Avez-vous eu la bonté de faire en ma faveur quelques nouvelles démarches ?...

— Oui, cher monsieur André, — et dès demain, dès ce soir peut-être, je compte vous apprendre une heureuse nouvelle...

— Ah ! monsieur, vous serez ma providence !...

Au moment où de Villers prononçait ces derniers mots, Papillon, le jeune apprenti dont nous avons fait la connaissance à propos du chien Pluton, entra dans le bureau en ôtant sa casquette et en secouant sa chevelure blonde ébouriffée.

— Qu'est-ce que tu veux, petit ? — lui demanda le caissier.

— Monsieur André — répondit l'enfant — c'est un général autrichien, comme il y en a dans les pièces de batailles au Cirque du boulevard du Temple — avec un habit vert tout galonné en or, des grosses épaulettes, une belle épée et un chapeau à plumes...

— Un général autrichien !... — répéta de Villers.

— Il ne me l'a pas dit, mais je l'ai bien vu tout de suite...

— Et, pourquoi diable viens-tu me parler de ce général ?...

— Parce qu'il veut voir absolument un monsieur qui se trouve à ce qu'il paraît dans les chantiers... — Il prétend qu'il vient de chez ce monsieur, avec une lettre très-pressée — qu'on lui a dit qu'il était ici, et que d'ailleurs sa voiture est à la porte et qu'il la reconnaît parfaitement... — Le général est venu en cabriolet... — le monsieur qu'il cherche s'appelle *Moutgeron*, ou *Mouneron*... enfin un nom dans ces couleurs-là...

— Mais — s'écria de Villers — ce doit être vous, monsieur Maugiron...

— Maugiron... — dit vivement le gamin — oui... oui... c'est bien ça !... — faut-il amener le général ?...

— Y comprenez-vous quelque chose ? — demanda André !...

Maugiron se mit à rire aux éclats.

— Je comprends parfaitement !... — répliqua-t-il — le général autrichien est tout simplement un domestique en costume de chasseur !... — Amène-le, bonhomme, si toutefois M. de Villers veut bien le permettre...

— Certes !... — fit André en s'inclinant.

Papillon s'éloigna à toutes jambes, et revint bientôt, suivi d'un immense laquais formidablement empanaché.

Les *chasseurs*, aujourd'hui, sont passés de mode, et l'on ne voit plus flotter leurs plumes de coq au-dessus des calèches, des landeaux et des berlines qui prennent la file dans l'Avenue de l'Impératrice et sur la rive gauche du lac, au bois de Boulogne, mais, en 1854, il existait encore quelques échantillons de l'espèce.

— Ah ! c'est vous, Lorrain !... — dit Maugiron — par quel hasard venez-vous me relancer jusqu'ici ?...

— Je suis chargé d'une lettre de mon maître pour monsieur... — répondit le chasseur — et M. le vicomte m'ayant averti que c'était très-pressé, et qu'il fallait remettre cette lettre en mains propres, je suis venu ici d'après les indications du valet de chambre de monsieur.

— Cette lettre ?...

— La voici...

— Y a-t-il une réponse ?...

— Je l'ignore... — Monsieur verra après avoir lu...

L'enveloppe était large. — Un large cachet de cire rouge, amplement armorié, en scellait les plis.

Maugiron brisa le cachet, déchira l'enveloppe et déploya une feuille de papier carrée, épaisse comme du parchemin.

— Je n'ai pas de réponse écrite à vous donner... — fit-il après avoir parcouru des yeux les quelques lignes tracées sur ce papier ; — dites à M. le vicomte que je trouve son idée excellente, que j'y applaudis des deux mains, et qu'il peut compter absolument sur moi...

— Pas autre chose, monsieur ?...

— Non, pas autre chose...

Le chasseur salua et sortit.

Maugiron se tourna vers André.

— Cher monsieur de Villers — lui dit-il — vous étonnerais-je beaucoup en vous apprenant que dans le message qui m'arrive si fort à l'improviste, il est question de vous ?...

— De moi !... — s'écria le caissier stupéfait.

— Mon Dieu, oui... — Cette lettre est d'un de mes excellents amis, le vicomte de Montaigle, mon collègue au conseil d'administration de la société de Colonisation de la banlieue...

— Ah ! — murmura André, dont la respiration s'arrêta, tant son émotion fut vive.

— J'ai parlé de vous au vicomte de Montaigle... — reprit Maugiron — je lui en ai parlé à plusieurs reprises et dans des termes que je vous laisse à deviner... — Je lui ai dit et répété que je lui demandais, comme un service personnel, d'user de toute son influence auprès de nos autres collègues pour obtenir l'emploi que je désire si vivement vous voir occuper... — C'est à cela que répond le vicomte...

— Et, balbutia M. de Villers — que répond-il ?...

— Lisez...

En même temps Maugiron présentait au caissier la lettre déployée.

X. — L'INVITATION

André prit la feuille de papier velin qui portait en relief à son sommet des armoiries semblables à celles du cachet de cire rouge, et il lut d'un œil ébloui les lignes suivantes, tracées d'une écriture longue et aristocratique :

« Tu m'as si souvent et si chaudement parlé, mon cher ami, de « ton jeune protégé, M. de Villers, que j'ai fini par m'intéresser « à lui presque aussi vivement que toi-même...

« La place de secrétaire général de notre compagnie, tu le sais, « mettra nécessairement son titulaire en contact incessant avec les « personnages les plus distingués : — il est donc indispensable d'être « tout à fait homme du monde pour occuper cette place.

« M. de Villers remplit parfaitement cette condition ; — tu me « l'as dit et je m'en rapporte à toi, car je te connais bon juge « en ces matières ; mais il importe de faire partager cette conviction « à nos collègues, et voici ce que j'ai trouvé de mieux pour arriver « vite et à coup sûr à ce résultat...

« MM. de Ribeaucourt et de Grandval jouissent d'une influence « considérable sur le conseil d'administration...

« Je viens de les inviter à souper ce soir aux Frères-Provençaux. — « Ils ont accepté.

« Viens te joindre à nous et amène avec toi M. de Villers ; « tu le présenteras à ces messieurs et ils pourront se former à son « égard une opinion immédiate... — Si cette opinion est favorable, « et je ne doute pas qu'elle le soit, nous pourrons, je crois, chanter « victoire à l'avance, et nous regarder comme maîtres de la situation « sans risquer de vendre la peau de l'ours...

« A ce soir donc, cher ami. — Je te serre les mains, et suis tout « à toi.

« Vte GONTRAN DE MONTAIGLE. »

« *Post scriptum*. — Le rendez-vous est aux Frères Provençaux, petit salon numéro 6, à dix heures très-précises. — Je te recommande l'exactitude. »

— Eh bien, cher monsieur de Villers, que dites-vous de cela ? — demanda Maugiron, quand il vit que le caissier avait achevé sa lecture.

— Vos bontés pour moi sont grandes !... — s'écria André ; — toute une vie de reconnaissance ne saurait les payer !...

Maugiron sourit.

— Pas d'exagération, je vous en prie, mon jeune ami !... — répliqua-t-il — ce que je fais est la chose du monde la plus simple... — J'agis pour moi, d'ailleurs, au moins autant que pour vous... — Mes rapports avec le secrétaire général de notre compagnie doivent être continuels... — Il est tout naturel, vous le comprenez, que je désire avoir un secrétaire qui me plaise... — Je n'agis pas en homme dévoué... j'agis en égoïste... Voyons, suis-je dans le vrai, oui ou non ?...

— Je conviendrai de tout ce dont il vous plaira que je convienne, monsieur... — répondit André en souriant. — Mais je n'en conserverai pas moins mon opinion personnelle sur le service que vous me rendez, et sur la manière dont vous me le rendez, qui en centuple le prix !...

— Quelle tête exaltée !... s'écria Maugiron.

— La reconnaissance n'est pas de l'exaltation !...

— Vous voulez avoir le dernier mot... soit !... Mais trêve sur ce sujet... — Vous êtes des nôtres ce soir, c'est convenu...

— Certes, je n'aurai pas la folie de refuser une invitation d'où dépend mon avenir... — Mais une chose m'inquiète un peu... m'inquiète même beaucoup... je ne puis vous le cacher...

— Quelle est cette chose ?...

— Vous avez promis à ces messieurs un *homme du monde*... ce sont les expressions de la lettre du vicomte de Montaigle...

— Eh bien ?...

— Eh bien, je ne suis nullement dans les conditions du programme... je ne m'illusionne pas à cet égard... — Ces messieurs ne verront en moi, et avec raison, qu'un employé modeste, complètement dépourvu de ces formes brillantes sur lesquelles votre affirmation leur donne le droit de compter...

— Il est bon d'être modeste, cher monsieur André — répliqua vivement Maugiron — mais il ne faut pas l'être trop... — Vous avez une distinction naturelle irréprochable et des manières parfaites dans leur simplicité... — Ne redoutez donc en aucune façon le résultat de l'épreuve, car je connais beaucoup de gens du monde, du meilleur monde, du plus grand monde, qui seraient bien heureux de vous ressembler...

— Ainsi donc véritablement, selon vous, je puis avoir confiance ?...

— Confiance absolue... — je réponds de la réussite...

— Je veux vous croire...

— Et vous faites bien !... — Je vous recommande seulement un peu d'élégance dans votre toilette...

— Ma garde-robe n'est pas riche !...

— Habit et pantalon noirs, gilet blanc, gants paille... — Vous avez cela, que diable!... ou vous pouvez vous le procurer d'ici à ce soir...— Soyez à dix heures précises aux Frères-Provençaux... — demandez si je suis arrivé .. — si on vous répond négativement, attendez quelques minutes, mon retard sera court... — Si la réponse est affirmative, faites-moi passer votre carte... je descendrai vous prendre à l'instant pour vous épargner l'ennui de vous présenter vous-même...

— Je ne vous remercie plus... — je n'en finirais pas...

— Vous me remercierez une fois pour toutes, après le succès...— Au revoir, cher monsieur André... à ce soir...

Maugiron quitta le chantier et remonta dans sa voiture qui l'emporta rapidement.

Le caissier, resté seul, fit appeler le contre-maître.

Pierre arriva la tête basse — l'air embarrassé. — Il n'osait pas lever les yeux sur monsieur de Villers.

— En vérité — s'écria ce dernier — j'avais peine à croire tout à l'heure le récit qu'on me faisait de votre étrange conduite!... — Est-il bien possible qu'après notre entretien de ce matin, vous, à qui je croyais de l'affection pour moi, vous vous soyez livré sans raison, sans prétexte, à de telles menaces, à de telles violences vis-à-vis d'un homme que je considère comme mon protecteur et comme mon ami!

— Accablez-moi, monsieur André — balbutia le contre-maître — vous ferez bien — car je n'ai pas d'excuses... — je n'en ai pas, du moins, qui puissent vous paraître bonnes, ni à vous, ni à personne!... — que voulez-vous, quand je vois ce M. Maugiron, je me figure qu'il doit porter malheur à tous ceux que j'aime... et alors... alors... je ne sais plus ce que je dis, ni ce que je fais...

— Mais c'est de la folie, cela!...

— Peut-être...

— M. Maugiron cependant s'est montré bon pour vous... — il vous a pardonné... — il a demandé votre grâce...

— Il a fait cela, oui monsieur André, mais non pas pour moi... — il voulait plaire à mademoiselle Lucie... voilà tout...

— Eh bien, même en admettant ce motif, ne valait-il pas mieux cent fois être agréable à mademoiselle Lucie que de la faire souffrir... que de la rendre malade comme elle l'est en ce moment par votre faute...

Le contre-maître leva sur M. de Villers des yeux effarés, dit d'une voix sourde, en se frappant la poitrine:

— Elle est malade!... et par ma faute!...

— Ne le saviez-vous pas?... — elle s'est évanouie dans cette pièce... on l'a difficilement rappelée à elle-même, et maintenant son état est très pénible... — Croyez-vous donc qu'une jeune fille soit de force à supporter de pareilles émotions sans en éprouver de cruels effets?...

— Ah! — s'écria Pierre avec un désespoir effrayant — ah! je suis un misérable!... — je suis un maudit!... — Ce que j'ai de mieux à faire, pour moi et pour les autres, serait d'aller me jeter dans le canal... et j'y vais...

Le contre-maître s'élança vers la porte. — André le retint.

— Allons... allons — lui dit-il — calmez-vous!... — l'emportement est un mauvais conseiller... les partis extrêmes ne réparent rien!... il ne s'agit pas de vous tuer, mais d'être sage à l'avenir et de ne plus vous abandonner sans résistance aux accès de folie qui pourront s'emparer de vous... Faites oublier à mademoiselle Lucie la scène déplorable d'aujourd'hui... — cela vous sera facile... — elle est plus affligée qu'irritée... — elle croit toujours à votre affection et ne vous a pas retiré la sienne...

— Est-ce bien vrai, cela, monsieur André? — balbutia le vieil ouvrier. — En êtes-vous sûr?...

— J'en suis sûr... — mademoiselle Lucie me l'a dit elle-même...

— Et son indisposition ne sera pas grave?...

— Je l'espère!... — Après quelques heures de repos, le bon ange de cette maison reprendra sa place au milieu de nous...

Le visage du contre-maître s'illumina, ses regards devinrent rayonnants, et il murmura:

— Ah! monsieur André, vous l'avez bien nommée: *le bon ange!...* — Vous savez l'aimer, vous!... vous méritez de la rendre heureuse et d'être heureux par elle!...

Le jeune homme devint pourpre.

— Pierre... — fit-il vivement et avec le plus grand trouble — que signifient ces paroles imprudentes?... songez-vous bien à ce que vous dites?...

— Il ne faut point m'en vouloir, monsieur André... répliqua le vieillard — j'ai surpris votre secret... — mais soyez tranquille... il est en lieu sûr!... — ce n'est pas moi qui le trahirai jamais!... — je donnerais mon sang jusqu'à la dernière goutte pour la chère enfant et pour vous, voyez-vous bien; et, si cela dépendait de moi, mademoiselle Lucie Verdier s'appellerait dans huit jours madame de Villers...

Il est des paroles qui fondent la colère au cœur des amoureux comme les premiers rayons du soleil d'avril fondent les dernières neiges de l'hiver. Les paroles du vieux contre-maître obtinrent immédiatement un résultat de ce genre et le jeune caissier n'éprouva désormais pour lui que commisération, indulgence et bienveillance.

— A tout péché miséricorde, mon pauvre Pierre! — lui dit-il d'un ton qui n'était plus sévère; — vous venez d'avoir un tort grave en unissant mon nom à celui de mademoiselle Lucie, mais je vous le pardonne, parce que c'est votre affection pour elle et pour moi qui vous a fait parler, et que d'ailleurs personne n'en saura rien... Allez donc, et n'oubliez pas que vous avez en moi un ami, et qu'il serait mal de m'affliger par quelque nouvelle imprudence...

— Soyez tranquille, monsieur André... je veillerai sur moi solidement!... il ne vous arrivera pas de plainte sur mon compte... et même, quand je rencontrerai ce monsieur Maugiron, je tâcherai de lui faire bonne mine... — Ça ne me sera pas bien commode, mais enfin j'y arriverai...

Pierre se dirigea vers la porte du pavillon. — Au moment de l'atteindre il se retourna.

— C'est égal — murmura-t-il — j'en suis toujours pour ce que j'ai dit!... — Mademoiselle Lucie et vous, vous êtes faits l'un pour l'autre!... — vous serez son mari, elle sera votre femme, et, s'il plaît à Dieu, ça ne se fera peut-être pas attendre aussi longtemps qu'on pourrait le supposer!...

Et sans attendre la réponse, ou plutôt les nouveaux reproches du caissier, le contre-maître sortit du bureau et s'éloigna rapidement.

André resta très-rêveur et très-agité.

— Tous ceux qui m'approchent — se dit-il — devinent cet amour que je croyais si bien caché!... — Deux hommes, placés aux deux extrémités de l'échelle sociale, le riche et élégant Maugiron, et Pierre, l'humble ouvrier, s'accordent à me prédire que Lucie deviendra ma femme!... — Un tel mariage est-il donc possible en effet?... — mon étoile est-elle si brillante là-haut qu'une telle destinée puisse devenir la mienne?..

Après quelques minutes de réflexion, notre héros ajouta fort sagement:

— C'est l'avenir seul qui peut me répondre!...

Le reste de la journée s'écoula sans amener le moindre incident digne de fixer l'attention de nos lecteurs.

Lucie Verdier, — (complétement remise des suites de son émotion du matin) — redevint le soir fraîche et rose comme de coutume, à la grande joie d'André de Villers, à qui la moindre souffrance de la jeune fille infligeait une souffrance vingt fois plus grande...

Pierre le contre-maître surveilla les ouvriers et les travaux avec un redoublement de zèle, bien motivé d'ailleurs par le prochain retour de M. Verdier...

Enfin madame Blanchet ajouta quelques assises au socle monumental élevé complaisamment par elle pour la statue de Maugiron...

XI. — ENTRE NEUF ET ONZE HEURES DU SOIR.

Neuf heures du soir sonnaient. — La nuit était orageuse. — De grands nuages, chassés par un vent du sud-ouest assez fort, couraient sur Paris, voilaient le disque échancré de la lune et rendaient les ténèbres profondes partout où les clartés du gaz ne parvenaient pas.

C'est assez dire que l'intérieur des chantiers était aussi noir que les entrailles d'une mine de charbon...

Deux bougies brûlaient par extraordinaire dans le pavillon, sur la cheminée de la chambre du premier étage, et M. de Villers, debout devant la glace entre les deux bougies, regardait son image avec une certaine satisfaction d'amour propre.

Il venait d'achever sa toilette à laquelle, contrairement à toutes ses habitudes, il avait mis un temps considérable et apporté des soins minutieux. Sa figure rasée de près, sa chevelure brillante et disposée coquettement, sa cravate blanche, son gilet blanc, ses gants paille de la plus irréprochable fraîcheur, lui donnaient l'apparence d'un élégant cavalier partant pour le bal.

Personne n'ignore que, de tous les vêtements modernes, l'habit noir est sans contredit le plus difficile à porter. — Bon nombre de gentilshommes, lorsqu'ils ont endossé ce frac malencontreux, ressemblent parfaitement bien à leurs propres valets de chambre ou à eurs propres maîtres d'hôtel.

Chose bizarre!... — André de Villers, tout naturellement et sans l'avoir soupçonné jamais, portait l'habit avec une grâce aisée, et cette enveloppe de drap noir à basques étriquées ne parvenait point à rendre vulgaires sa taille souple et sa tournure dégagée.

— Ah çà, vais-je devenir fat, par hasard? — se demanda le jeune homme en souriant; — je crois presque, Dieu me pardonne! que je ne ferai point trop mentir Maugiron, et que le pauvre commis mal appointé aura ce soir l'air d'un homme du monde!... — Décidément, si j'étais riche, je ne serais pas plus mal qu'un autre!...

André regarda sa montre d'argent placée sur la tablette de la cheminée et suppléant à l'insuffisance de la pendule qui, remontée rarement, marchait rarement aussi.

Cette montre marquait neuf heures trois minutes.

— Allons — se dit-il — un solliciteur ne doit jamais se faire attendre!... — il est temps de me mettre en route...

Il venait d'éteindre les bougies désormais inutiles, et il se préparait à descendre avec sa petite lampe de travail, quand tout à coup ses sourcils se contractèrent et une ride profonde se creusa sur son front...

Une pensée sombre se présentait à son esprit. — Il se souvenait de a caisse mise sous sa garde, caisse pleine de billets de banque, qu'il allait abandonner pour la première fois depuis qu'il remplissait les fonctions de caissier dans la maison d'Achille Verdier.

— Ai-je bien le droit de m'éloigner? — se demandait-il — ma conduite ne sera-t-elle point semblable à l'action du soldat qui déserte son poste?... — N'est-ce pas une lâcheté, n'est-ce pas un crime que je vais commettre?...

Certes, ces questions étaient graves, et de nature à troubler fortement une conscience délicate...

André de Villers les agita pendant quelques instants, avec une angoisse manifeste, puis ses sourcils se détendirent et sa physionomie bouleversée reprit une expression plus calme...

Il venait de se répondre à lui-même d'une façon qui lui semblait, sinon triomphante, du moins suffisante...

— Pour qu'il pût y avoir lâcheté — s'était-il dit — il faudrait qu'un danger quelconque fût à craindre... or, ce danger n'existe pas... — jamais la moindre tentative de vol n'a été faite dans le chantier... — le coffre-fort est solide, la porte du pavillon ferme bien, Pierre fait sa ronde tous les soirs et toutes les nuits, et *Pluton* est un gardien vigilant et incorruptible... — d'ailleurs, comment pourrait-on songer à profiter de mon absence, puisque tout le monde ignorera que je ne suis pas dans ma chambre?

Après une seconde d'hésitation, le jeune homme continua :

— Sans doute il aurait mieux valu songer plus tôt à cette circonstance exceptionnelle d'une veille d'échéance, prévenir Maugiron que je ne pouvais sortir cette nuit — il était homme à comprendre mes motifs et à les approuver!... — et lui demander comme une faveur de vouloir bien remettre le souper et ma présentation à un autre soir... Mais maintenant il est trop tard!... — j'ai consenti... — je suis attendu!... — il n'existe aucun moyen de faire annoncer à ces messieurs mon brusque changement de résolution!... — Manquer au rendez-vous serait commettre une impolitesse tout à fait impardonnable, — ce serait m'aliéner à tout jamais la bienveillance de Maugiron, — ce serait perdre le brillant avenir qui m'est offert et que je sacrifierais stupidement à la plus chimérique de toutes les craintes!... Allons donc!... — pour agir ainsi il faudrait être fou, et, grâce à Dieu, je ne le suis pas!...

Après ce monologue (que nous venons d'abréger beaucoup) André, sans se donner le temps de réfléchir davantage, descendit rapidement, s'assura que la caisse était bien close, et que les volets intérieurs, disposés derrière les barreaux de fer des fenêtres, se trouvaient à leur place...

Il détacha ensuite du clou, où elle se trouvait suspendue, une double clef de la petite porte pratiquée dans un des panneaux de la maîtresse porte charretière; — il sortit du pavillon, donna soigneusement deux tours de clef derrière lui, — jeta un regard chargé d'amour vers une des fenêtres du corps de logis principal, celle de la chambre de mademoiselle Verdier.

Une faible lueur, brillant derrière la mousseline transparente des rideaux, annonçait que Lucie était encore éveillée.

Au moment où André envoyait un baiser à cette lueur, elle s'éteignit.

Lucie allait dormir!...

— Si elle pouvait me voir dans ses rêves!... — murmura le jeune homme.

Puis, étouffant le bruit de ses pas, car il ne voulait pas risquer d'attirer sur lui l'attention du contre-maître, qui peut être faisait sa ronde, il se dirigea vers la porte de sortie, l'atteignit sans encombre et se trouva enfin sur le quai.

Un bateau vide, dont le déchargement avait été opéré dans la journée, se trouvait amarré en face du chantier.

Lorsque le caissier se fut éloigné d'une cinquantaine de pas, deux têtes caractéristiques — celle de Gobert et celle de l'Écureuil — se montrèrent au-dessus du plat-bord de ce bateau.

— Voilà l'oiseau qui s'envole!... — murmura l'Écureuil.

— Nous ne trouverons pas la pie au nid... — répliqua Gobert en ricanant — mais les œufs ne seront point dénichés...— A quelle heure irons-nous opérer la ponction aux portefeuilles trop gonflés de mon ci-devant patron?...

— Entre onze heures et minuit... — c'est le bon moment...

— Il est neuf heures et quart tout au plus... — d'ici là j'ai le temps de faire un somme, pas vrai, l'Écureuil?...

— Faire un somme!... — perds-tu la boule?... — Allons, leste et preste, mon bonhomme, et emboîte-moi ce gaillard-là, sans qu'il s'en doute...

— Comment! il faut le filer?...

— Parbleu!...

— A quoi bon?...

— Imbécile!... — n'est-il pas indispensable de s'assurer qu'il ne changera point d'idée en route?...—Serais-tu curieux de le voir nous tomber sur le dos au moment où nous nous attendrions le moins?...

— Non, fichtre pas!...

— Je l'ai bien examiné ce matin, quand je suis allé, déguisé en *larbin de la haute*, remettre une lettre au *Flambard* pour me rendre compte des êtres et de la situation du coffre-fort dans le bureau... — Il m'a fait l'effet d'un solide lapin...

— Oui... oui, oh! je crois qu'il ne bouderait pas!... — sans compter qu'il appellerait à son aide, et que le contre-maître arriverait!... — Encore un animal peu caressant, celui-là!... — un mâtin qui taperait dur!... — Je ne parle pas du chien Pluton, et pour cause!... — Ah! je crois que nous passerions un vilain quart d'heure!...

— Alors, en chasse!...

— On y va!... — Jusqu'où faut-il filer le caissier?...

— Jusqu'au Palais Royal, parbleu!...

— Mais, au boulevard, il prendra une voiture, c'est certain...

— Tu t'accrocheras derrière... — les ressorts sont faits tout exprès pour ça...

— Si le cocher me cingle des coups de fouet!...

— Tant pis pour toi... — Faut avoir le cuir solide quand on veut gagner sa vie honnêtement dans les meubles de son prochain...

— Comme ça je le lâcherai au Palais-Royal?

— Tu le lâcheras quand tu l'auras vu dans les mains du Flambard!... — Alors il n'y aura plus de danger... — tu reviendras ici et je dirai : — *Allons y gaiement!...*

Pendant le dialogue qui précède, André de Villers avait gagné beaucoup de terrain; — cependant les becs de gaz placés de distance en distance sur le quai éclairaient encore au loin sa silhouette.

Gobert sauta par-dessus le plat-bord du bateau et se mit à la poursuite du jeune homme, en longeant les murailles.

La tête de l'Écureuil avait déjà disparu et le quai redevint désert et silencieux.

§

Vers dix heures et demie, l'orage qui se préparait depuis le commencement de la soirée éclata tout à coup. — Des éclairs aveuglants déchirèrent les nuages sombres amassés sur la grande ville, et les roulements du tonnerre firent grincer dans leurs alvéoles les vitres de toutes les fenêtres, comme si les caissons d'une gigantesque artillerie lancée au galop ébranlaient les pavés des rues de Paris... — La pluie ne tombait pas encore.

Le contre-maître avait fait sa ronde comme de coutume à la chute du jour, immédiatement après le départ des ouvriers; puis, avant de se jeter sur son lit pour y goûter deux ou trois heures de repos, il avait visité Pluton dans sa niche.

Le boule-dogue semblait moins abattu que le matin de ce même jour, au moment où Papillon avait attiré l'attention de Pierre sur les symptômes de souffrance du pauvre animal. — Sa pâtée intacte indiquait cependant qu'il n'avait pas recouvré l'appétit, mais il remua la queue, et il accueillit l'ouvrier avec une sorte de grondement amical qui lui servait à manifester sa tendresse et sa joie.

— Bien sûr que le bon Dieu a mis au monde ces bêtes-là pour nous les donner en exemple!... — murmura le contre-maître après avoir caressé Pluton. — L'homme, qui est une créature raisonnable (à ce qu'il prétend du moins) se fait périr de *boissonnement* et d'indigestion!... — le chien s'ordonne la diète à soi-même quand il se sent le tempérament mal accommodé... — Aussi, qu'arrive-t-il? — le chien guérit et l'homme s'en va dans le royaume des taupes, manger les pissenlits par la racine!... — C'est bien fait!... — comme on fait son lit on se couche!... — Je te lâcherai sur le coup de dix ou onze heures, mon brave Pluton... — tu prendras de l'exercice un peu cette nuit, et demain matin tu te sentiras plus ragaillardi que si tu n'avais jamais été malade... Ah! la bonne bête!...

Pierre rentra dans l'espèce de maisonnette étroite et construite en bois qui lui servait de logis, et dont les petites cabanes placées de distance en distance le long des rails, pour les cantonniers des chemins de fer, pourraient donner une idée à peu près exacte.

Trois minutes après, il ronflait.

Le premier coup de tonnerre le réveilla à dix heures et demie. — Il alluma sa lanterne, regarda sa montre, jeta sur son épaule un fusil dont il vérifia l'amorce, et sortit de la cabane en se disant:

— Dépêchons-nous... — voici l'orage, et je ne serai pas fâché d'avoir fini ma ronde avant que la pluie commence... — Mais d'abord, détachons Pluton...

Chaque soir le boule-dogue, tenu à la chaîne toute la journée, se sentait pris d'une sorte d'ivresse au moment où la liberté lui était rendue. Il se mettait alors à décrire de grands ronds autour du contre-maître, en courant de toute la vitesse de ses pattes et en aboyant à pleine gueule, comme le chien diabolique de Méphistophélès enfermant le docteur Faust dans des cercles magiques.

Ce délire de l'esclave affranchi ne durait que quelques secondes, puis Pluton, redevenu grave et soucieux de ses devoirs, se mettait en quête, le nez au vent, précédant l'ouvrier d'une dizaine de pas, en parcourait ainsi non-seulement les artères principales, mais encore tous les coins et tous les recoins des chantiers...

Il était impossible, matériellement impossible, qu'un étranger blotti sous une pile de bois, ou caché derrière un amas de charpentes, pût échapper à la vigilance du brave chien.

Le contre-maître détacha comme de coutume le porte-mousqueton qui retenait Pluton par l'anneau de son collier.

La chaîne tomba.

Le boule-dogue voulut commencer cette course folle à laquelle des hurlements joyeux servaient d'accompagnement, mais ses membres roidis n'obéirent point à sa volonté. — Il chancelait sur ses pattes affaiblies, et c'est à peine s'il put achever le premier tour, en poussant des aboiements sourds qui ressemblaient à des râles...

Pierre le regardait avec inquiétude, et l'encourageait vainement de la voix...

Tout à coup Pluton parut frappé de vertige... il tourna sur lui-même à deux ou trois reprises avec des mouvements brusques et saccadés, gémissant d'une façon lugubre et se mordant les flancs, puis il s'abattit aux pieds du contre-maître et ne remua plus...

Il était mort.

XII. — LA NUIT.

Le vieil ouvrier fut pris d'une sorte de stupeur, lorsque, après s'être penché sur le boule-dogue et avoir constaté la rigidité croissante de ses membres et de tout son corps, il comprit qu'il venait d'assister à une agonie...

Il aimait Pluton, son allié fidèle: — Pluton, chargé comme lui de veiller sur le repos et sur la sûreté de Lucie, et s'acquittant de sa tâche avec autant de zèle que lui-même...

— Pauvre bon chien, comme il est mort vite!... — murmura-t-il en essuyant une larme sur sa joue avec sa main calleuse... — La journée d'aujourd'hui n'est pas bonne pour moi!...

L'idée d'un empoisonnement ne se présenta pas à son esprit, mais il se dit cependant qu'il fallait redoubler de vigilance cette nuit-là, puisque le gardien terrible et incorruptible sur lequel on pouvait compter aveuglément avait cessé de vivre...

Les éclairs redoublaient; — les coups de tam-tam du tonnerre se succédaient sans interruption; — les tourbillons d'un vent furieux produisaient des bruits étranges en passant sous les voûtes de bois du chantier, et en se brisant contre les angles des piliers massifs...

Pierre fit sa ronde beaucoup plus longuement que de coutume, et visita lui-même les mille détours de ce labyrinthe que chaque nuit il laissait au boule-dogue le soin d'explorer.

A onze heures et demie il longeait encore le chemin circulaire pratiqué le long de la muraille d'enceinte du chantier.

L'ouragan se déchaînait alors avec une fureur croissante et d'énormes gouttes de pluie commençaient à tomber...

Tout à coup, arrivé dans un endroit où la route qu'il suivait formait un coude brusque, le contre-maître entendit, à quelques pas de lui, le bruit d'un éboulement.

Il laissa tomber sa lanterne inutile, car les lueurs éblouissantes des éclairs en annulaient la pâle clarté, il arma son fusil et il s'élança en avant, prêt à faire feu si un objet suspect s'offrait à sa vue...

Ses pieds heurtèrent quelques bûches tombées d'une pile de bois, dont le sommet s'adossait au mur d'enceinte.

— Que signifie cela? — se demanda-t-il avec un sentiment de profonde inquiétude.

Mais la réflexion le rassura presque aussitôt, et il murmura :

— Je suis fou!... — L'ouragan souffle assez fort pour démolir tout le chantier!... c'est un coup de vent, bien sûr, qui aura fait rouler ces bûches...

Il retourna en arrière pour reprendre sa lanterne, il se remit en marche avec tranquillité, et il ne s'arrêta plus que dans la cour plantée d'arbres, en face du pavillon dont le bureau et la caisse occupaient le rez-de-chaussée, et où sans doute André de Villers était endormi au premier étage.

Là il se remit à réfléchir de nouveau pendant un instant.

— J'ai bien envie d'éveiller M. André; — se dit-il — de l'avertir que le chien est mort, et de lui recommander de faire bonne garde... — Ah! ma foi oui, tant pis, je vais l'appeler... — il n'en dormira que mieux la nuit prochaine...

Une fois cette décision prise, il s'avança sous la fenêtre de la chambre à coucher, et faisant un porte-voix avec ses deux mains, il répéta plusieurs fois de suite :

— Monsieur André!... Eh! monsieur André... — s'il vous plaît, éveillez-vous!...

Mais qu'est-ce que la voix humaine au milieu des terribles symphonies d'une tempête à grand orchestre?... — Les roulements de la foudre assourdissaient le contre-maître et ne lui permettaient même pas de s'entendre parler...

— Va te promener!... — murmura-t-il — c'est comme si je chantais : *Femme sensible* sur l'air du *Tra, la, la!*... — Comment donc faire?... Ah! une idée... — Je m'en vas cogner contre la porte avec la crosse de mon fusil... — faudra bien que M. André fasse attention à la chose...

Pierre saisit son lourd fusil par le canon et se prépara à mettre à exécution l'idée qu'il venait d'avoir, mais au moment de frapper il hésita et secoua la tête.

— Pas moyen de jouer ce jeu-là!... — reprit-il — un tel vacarme, à une pareille heure, mettrait en révolution toute la maison... — Lucie l'entendrait et elle aurait peur!... — faut décidément chercher autre chose...

Il chercha en effet, ne trouva rien, et finit par se dire :

— Ah! bah!... laissons-le dormir, ce jeune homme... — Je vas monter la garde devant la porte jusqu'au point du jour... — Une mauvaise nuit est bientôt passée!...

Le contre-maître, le fusil sur l'épaule, commença courageusement sa faction de long en large, ainsi qu'une sentinelle attentive, mais soudain les cataractes du ciel s'ouvrirent, et l'une de ces pluies diluviennes qui métamorphosent en un instant les ruisseaux en torrents, et changent les torrents en fleuves, s'abattit sur lui comme une trombe, et le força d'aller chercher un abri sous l'une des voûtes du chantier...

Au bout d'une heure la pluie cessa, — l'orage était dissipé, — le vent soufflait toujours et balayait les derniers nuages; — le croissant de la lune brillait dans le ciel purifié...

Pierre vint aussitôt reprendre le poste qu'il s'était donné à lui-même et il ne le quitta qu'au moment où les pâles clartés de l'aube blanchirent du côté de l'Orient.

— Inutile de me coucher maintenant... — murmura-t-il — je n'ai plus le temps de dormir... — Je m'en vais changer de vêtements pour me réchauffer un tantinet, car je suis engourdi comme

Pauvre chien! comme il est mort vite! (P. 47.)

un glaçon, et je reviendrai ouvrir la grande porte... — M. Verdier arrive ce matin... il faut commencer l'ouvrage à bonne heure.

§

Il est nécessaire de revenir sur nos pas et de suivre André de Villers que nous avons laissé, la veille au soir, s'éloignant du chantier dans son élégant costume, pour courir au rendez-vous donné par Maugiron.

Le jeune homme gagna le boulevard par le chemin le plus direct, monta dans une voiture de remise qui passait à vide, et dit au cocher : — Palais-Royal... — Frères-Provençaux...

La voiture roula. — Gobert, obéissant aux sages conseils de l'Écureuil, s'installa de son mieux derrière le véhicule, en s'accrochant aux ressorts, et il eut le bonheur inespéré d'échapper aux coups de fouet de l'automédon.

Il était dix heures précises au moment où André de Villers mit pied à terre en face de l'entrée particulière du restaurant.

Gobert, avec la prudence du serpent, était descendu un peu plus tôt...

— Je vas attendre cinq minutes pour voir si le caissier ne ressort pas — se dit-il — et ensuite je file!... — Il y a une rude trotte d'ici au quai de Billy!... — Ah! bah!... je me payerai l'omnibus... — Je compte empocher assez de papier Garat cette nuit pour pouvoir me fendre de six monacos sans que ma famille me fasse interdire...

— M. Maugiron est-il arrivé?... — demanda André au domestique en livrée qui s'était empressé de lui ouvrir la portière.

— M. Maugiron... — cabinet n° 6... — il arrive à l'instant... — monsieur a dû croiser sa voiture au Perron... — répondit ce valet.

— Veuillez lui faire remettre ma carte.

— Monsieur, je vais la lui porter moi-même...

La minute d'après, Maugiron prenait André par le bras et lui faisait gravir l'escalier recouvert d'un large tapis de moquette.

— Excellente tenue, cher monsieur de Villers!... — mes compliments sincères! — lui dit-il, chemin faisant — tournure parfaite!... élégance de bon goût! — J'en étais sûr d'avance, mais j'en suis enchanté!... — Ces messieurs sont là... — ils nous attendent!...— Vous allez avoir un succès, et nous emporterons la position à la baïonnette!...

Maugiron ouvrit la porte du petit salon n° 6, et il reprit, en s'effaçant pour laisser passer André :

— Messieurs, je vous présente M. de Villers, mon ami et notre futur secrétaire général, pour qui je réclame toute votre bienveillance...

André franchit le seuil et salua avec une profonde humilité les puissants personnages, de qui dépendaient, croyait-il, son avenir et son bonheur, c'est-à-dire la possibilité de son mariage avec Lucie Verdier.

Ces personnages lui parurent tout d'abord imposants, quoique leur accueil fût d'une politesse et d'une familiarité encourageantes...

Le vicomte de Montaigle était un homme d'une trentaine d'années, barbu, moustachu, fort élégant, un peu trop aristocratique, et portant ses armoiries partout, sur son épingle de cravate, sur les boutons de son gilet, sur le chaton d'une ample bague chevalière, et sur la boîte de sa montre.

MM. de Ribeaucourt et de Grandval offraient le type accompli de ces vieux viveurs qui, s'obstinant à rester jeunes, réussissent jusqu'à un certain point à faire illusion, grâce aux teintures, aux cosmétiques, au rouge végétal, à la poudre de riz, aux râteliers osanores et aux postiches exécutés en trompe-l'œil...

Paris. — Typ. Collombon et Brulé, rue de l'Abbaye

Continuez votre récit. — Il vous intéresse, illustre Flambart? (P. 53.)

Ils avaient l'un et l'autre l'air folâtre, et la boutonnière de leur habit offrait une brochette multicolore de décorations étrangères.

Le souper, commandé de façon savante, et exécuté avec ce talent hors ligne qui distingue les cuisiniers des Frères-Provençaux fit son apparition sur la table; — les vins les plus exquis accompagnèrent les mets délicats et se succédèrent selon les principes d'une gradation calculée.

Les premières libations triomphèrent de la timidité naturelle d'André de Villers; — il se sentit bien vite parfaitement à son aise et il se montra ce qu'il était, c'est-à-dire homme d'esprit et causeur intéressant.

A plusieurs reprises le vicomte de Montaigle et MM. de Grandval et de Ribeaucourt applaudirent ses saillies, et félicitèrent chaudement Maugiron d'avoir découvert, pour le poste important de secrétaire général de la compagnie nouvelle, un candidat aussi remarquable à tous égards que l'était son protégé...

— Vous pouvez compter sur nous, cher monsieur de Villers! — s'écrièrent-ils au milieu des chaudes effusions provoquées par le vin de Champagne, — nos voix vous sont d'avance acquises, et il faudrait un concours de circonstances bien invraisemblables pour que tout ne marchât point au gré de nos désirs et des vôtres!...

André, transporté de reconnaissance et d'espoir, se voyait déjà parvenu au comble de ses vœux; — il faisait raison à tous les tostes et il arrivait rapidement à cet état de joyeuse exaltation qui, s'il n'est pas encore l'ivresse, le précède habituellement d'assez près.

Mais le vicomte de Montaigle et ses convives n'avaient point sans doute l'intention de griser le jeune homme, car, aussitôt qu'ils eurent constaté son exaltation naissante, ils cessèrent de l'exciter à remplir son verre, et ils s'arrêtèrent eux-mêmes; mais les cigares remplacèrent les bouteilles, la conversation ne se ralentit point, et elle devint même si vive, si bruyante, que c'est à peine si les roulements du tonnerre parvinrent à se faire entendre au milieu du tumulte de ces paroles animées, qui tantôt éclataient toutes à la fois, tantôt se croisaient et s'entrechoquaient à la façon des fusées d'un feu d'artifice...

En de tels entretiens les heures s'écoulent avec une invraisemblable rapidité, aussi notre ami André ne put retenir une exclamation de surprise lorsque Maugiron, tirant sa montre, s'écria en riant :

— Eh! eh! messieurs, savez-vous qu'il est bientôt quatre heures et demie du matin!... — Je crois que voici le moment de rentrer chez nous, sous peine de passer pour des noctambules incurables!..

— Quatre heures et demie!... — murmura de Villers — mais c'est à n'y pas croire!...

— Mon cher ami — lui dit Maugiron — aussitôt que vous serez secrétaire général de notre compagnie, il faudra vous accoutumer à passer les nuits à table...

— Pourquoi donc cela? — demanda le jeune homme — je ne suppose pas que les conseils d'administration tiennent leurs séances après minuit, dans des cabinets particuliers...

— Non, sans doute, mais dans le monde industriel où vous allez vivre, les vastes affaires se font bien souvent en soupant!... — Il ne faut point d'ailleurs que cela vous étonne... — La place de la Bourse est loin du quai de Billy!... — Autres lieux, autres mœurs!..

Les convives avaient quitté la table, et M. de Montaigle soldait l'addition, tandis qu'un des garçons allait éveiller sur leurs siéges les cochers de ces tristes voitures de régie, qui stationnent toutes les nuits et par tous les temps aux abords des grands restaurants dont les cabinets gardent des soupeurs.

On se donna force poignées de mains, et André monta dans l'un de ces véhicules démantelés, destinés au service nocturne, et qu'on ne parviendrait plus à retrouver dans Paris aussitôt que le soleil brille.

Le cocher allait fouetter son cheval, mais Maugiron lui donna l'ordre d'attendre et, s'approchant de la portière, il dit au jeune homme : — M. Verdier arrive ce matin, n'est-ce pas ?...

— Oui...

— Savez-vous à quelle heure ?...

— Je sais seulement qu'il doit être à la maison dans la matinée... — entre onze heures et midi, je suppose... — Pourquoi cette question ?...

— Parce qu'ayant hâte de terminer avec lui l'affaire qui m'occupe depuis plusieurs jours, je désire me trouver dans les chantiers presque au moment de son arrivée...

— En toute autre circonstance ce serait facile, mais aujourd'hui, sans doute, vous avez besoin de repos et vous vous lèverez tard...

— Moi !... pas le moins du monde... — Oh ! je suis rompu à la vie nocturne !... — Je vais prendre un bain, dormir une heure, parcourir ma correspondance, déjeuner et me mettre en route pour le chantier... — Si M. Verdier arrive avant moi, annoncez-lui ma visite, je vous prie, et demandez-lui de vouloir bien m'attendre...

— Comptez sur moi... votre commission sera faite... — à bientôt, cher monsieur Maugiron.

— Cher monsieur de Villers, à bientôt...

Maugiron s'éloigna et André donna l'ordre de toucher au quai de Billy et de marcher bon train. — Le cocher étouffa une demi-douzaine de jurons en apprenant quelle énorme course il lui fallait fournir et, selon la coutume de ses pareils, il passa sa mauvaise humeur en assénant une grêle de coups de fouet sur la maigre échine du pauvre cheval qui n'en pouvait mais !...

Chemin faisant, André réfléchit que le bruit d'une voiture s'arrêtant à la porte du chantier attirerait l'attention, et il eut soin de mettre pied à terre cent ou cent cinquante pas avant d'être arrivé au but de sa course.

Le jour commençait à poindre au moment où il tira sa clef de sa poche pour ouvrir la petite porte...

XIII. — AU POINT DU JOUR.

André introduisit sa clef dans la serrure, — la porte s'ouvrit, et le jeune homme ne put retenir un mouvement de vive contrariété en voyant en face de lui le contre-maître qui se préparait à tirer les verrous de la porte charretière.

De son côté, Pierre fit un geste de stupeur.

— Monsieur André !... — s'écria-t-il.

— Plus bas !... — dit vivement le caissier — il est inutile qu'on puisse vous entendre depuis la maison. .

— Monsieur André !... — répéta Pierre en baissant la voix — vous, à cette heure, et dans cette toilette de marié !...

— Qu'y a-t-il d'étonnant à cela ? — répliqua le jeune homme, non sans un extrême embarras — je rentre...

Pierre leva les mains vers le ciel.

— Bonté divine !... — murmura-t-il — vous avez donc passé la nuit tout entière dehors ?...

— Sans doute...

— Mais la caisse, la caisse qui vous est confiée, vous l'aviez donc abandonnée ?...

— Aucun danger ne la menaçait, je pense...

— Eh ! qu'en sait-on ? — l'argent attire les voleurs !... — Heureusement, je veillais, moi... — J'ai veillé jusqu'au jour ! — Ah ! monsieur André, je n'aurais pas supposé cela de vous !... — Si je ne vous voyais de mes deux yeux je ne le croirais pas encore...

— Suis-je donc un esclave ? — répondit le jeune homme avec impatience — n'ai-je pas le droit de faire de mon temps ce que bon me semble, lorsque mon temps n'appartient plus au travail ?

Pierre avait la tête basse et les sourcils froncés. — Tout à coup il se redressa et regarda M. de Villers bien en face.

— Où donc avez-vous passé cette nuit, monsieur André ? — demanda-t-il d'un ton presque impérieux.

La fierté du jeune homme se cabra sous le coup de fouet de cette question.

— Ah çà ! que vous importe ? — s'écria-t-il — d'où vient que vous vous permettez de m'interroger ainsi ? — Faut-il vous rappeler votre position subalterne ? — Vous êtes ici sous mes ordres, monsieur Pierre, puisque je représente le maître !... Vous l'avez oublié, mais ne l'oubliez plus !...

— Je n'oublie rien, monsieur André — balbutia le contre-maître humblement — je n'ai pas besoin qu'on me remette à ma place, dont je ne songe guère à sortir, et je sais que je suis bien peu de chose... — Si j'ai pu me permettre de vous questionner, c'est qu'il y a ici une jeune fille... un bon ange... (c'est vous-même qui lui avez donné ce nom) et je croyais qu'à cette jeune fille appartenaient votre cœur et votre âme... toutes vos pensées... toutes vos actions. C'est pour cela qu'en vous voyant rentrer tout à l'heure, je n'ai point été le maître de ma surprise, de mon chagrin, et, pourquoi vous le cacherai-je, de ma colère aussi !... — Vous êtes mon supérieur, monsieur André, je vous dois du respect et je n'ai rien à voir dans votre conduite, c'est bien vrai... — Assurez-moi donc que vous ne songez pas à mademoiselle Lucie, que vous n'y songerez jamais, qu'aucune idée de mariage ne s'est présentée et ne se présentera à votre esprit, et, je vous le jure, je ne m'inquiéterai guère de savoir où vous avez passé cette nuit, ni avec qui vous l'avez passée...

M. de Villers semblait irrité ; — il tordait ses gants dans ses mains crispées ; — ses dents mordaient ses lèvres pâlies.

— Je vous avais défendu déjà — dit-il, après un silence, d'une voix sèche et d'un ton sévère et presque méprisant — je vous avais défendu de rapprocher mon nom de celui de mademoiselle Lucie Verdier !... — Mais votre obstination dans une désobéissance incompréhensible me contraint à vous dire que vous vous arrogez sur mes sentiments un contrôle qui m'importune et qui me blesse !... — Vous n'êtes rien pour mademoiselle Verdier... rien qu'un ouvrier aux gages de son père !... — Comprenez donc, à la fin, monsieur le contre-maître, combien est ridicule et inconvenant, pour ne pas dire plus, l'étalage de grands sentiments dont vous faites profession à son égard, et souvenez-vous que cet attachement et ce dévouement dont vous parlez sans cesse et que l'indulgence de mademoiselle Verdier encourage, doivent rester toujours respectueux et savoir se tenir à distance !...

— Je n'ai pas voulu vous interrompre, monsieur de Villers — répliqua Pierre avec tristesse en même temps qu'avec fermeté ; — mais vous êtes dans l'erreur, j'ai des droits sur mademoiselle Lucie...

— Lesquels ?

Les yeux du contre-maître étincelèrent.

— Ceux d'un père !... — répondit-il.

— Vous, les droits d'un père ? — répéta André. — Allons donc ! vous êtes fou !...

Pierre secoua la tête.

— Non — dit-il — je ne suis pas fou, et vous allez le voir... — Un père n'est-il pas l'homme à qui l'on doit la vie ? — Eh bien, un jour (sans doute vous l'ignoriez, car sans cela vous ne m'auriez point parlé tout à l'heure avec une dureté si grande !) un jour, il y a bien longtemps, mademoiselle Lucie n'était encore qu'une enfant, elle tomba malade et fut condamnée par les médecins... — M. Verdier la pleurait déjà comme morte... — L'espoir était si complétement perdu qu'on préparait le linceul pour l'enterrer... — Je l'aimais, moi, cette pauvre chère petite créature qui me souriait doucement malgré mes pauvres habits d'ouvrier, et qui ne dédaignait point mes caresses... — Je m'écriai : — *Je la sauverai !...* — C'était de la folie, cela, n'est-il pas vrai ?... — Et cependant, je tins parole ! je la sauvai à force de soins, à force de tendresse !... — Elle me doit son existence ; et depuis ce jour, — quoique je n'oublie jamais la distance qui nous sépare, — je ne puis pas m'empêcher de la regarder comme ma fille, et, je vous le jure devant Dieu qui m'écoute, je me crois fermement le droit de veiller sur elle et de tout faire pour écarter de sa route les chagrins et les malheurs... — Elle n'est pas très-heureuse, la chère fille, malgré les grandes richesses qui l'entourent... — Rien ne lui manque assurément, mais son vrai père, M. Verdier, ne l'aime pas comme un pareil ange mériterait d'être aimé... — Eh bien, moi, monsieur André (excusez-moi si je vous dis tout), j'avais fait pour son avenir un rêve de bonheur... — Je trouvais en vous la jeunesse, le travail, la probité, la force... vous étiez enfin selon mon cœur... (il ne faut pas que cela vous offense !) je vous croyais amoureux de mademoiselle Lucie, en silence, mais passionnément !... — Je me disais : — *Il est digne d'elle... il mérite d'être aimé par elle, et le bon Dieu, malgré les obstacles, finira par unir ces deux êtres si parfaits !...* — En vous voyant arriver à cette porte, il n'y a qu'un instant, après une longue nuit passée dehors, mon rêve s'est brisé, et mon cœur a fait comme mon rêve !... — J'ai pensé que la fortune seule de mademoiselle Lucie vous attirait, et que vous étiez épris de ses millions et non de sa personne, puisque vous la trompiez d'avance! — J'en ai ressenti un grand chagrin... un grand découragement... J'ai eu honte pour vous, monsieur André, et voilà pourquoi je vous ai parlé comme je l'ai fait... — J'ai eu tort, je le sais... je le sens... mais c'est par suite d'un attachement trop fort!... — Il faut donc me pardonner et tout oublier... — Vous le voulez bien, n'est-ce pas?

Une émotion profonde se lisait sur le visage de M. de Villers, tandis que le contre-maître lui parlait ainsi, mais dans cette émotion il n'y avait plus de dédain, plus de colère, il n'y avait désormais que de l'attendrissement.

— Pierre! — s'écria-t-il en saisissant une des mains de l'ouvrier et en la serrant entre les siennes — vous êtes un brave homme, un noble cœur!... vous valez mille fois mieux que moi!... — Vous venez de me donner une leçon que je n'oublierai pas et dont je tâcherai de profiter!... — Je vous demande pardon, mon ami, de la manière inique et brutale dont je vous ai traité tout à l'heure...

Le contre-maître devint pourpre de confusion.

— Vous me demandez pardon... vous... monsieur André?... — balbutia-t-il.

— Oui, certes, et je n'en rougis point...

— Et vous m'appelez votre ami?

— Je serai fier que vous le soyez toujours, et je n'en aurai jamais de meilleur que vous...

— Mais c'est trop d'honneur que vous me faites...

— Non... ce n'est que justice!... — et comme amitié ne va pas sans confiance, je ne veux plus rien avoir de caché pour vous... — Oui, Pierre, vous avez raison... — j'aime celle que vous regardez à bon droit comme votre fille, ou plutôt je l'adore!... — Je ne forme qu'un rêve... c'est celui de la nommer un jour ma femme et de lui donner, à force d'amour, tout le bonheur qu'elle mérite!... — c'est l'unique espoir de ma vie, et, s'il ne devait pas se réaliser, je mourrais...

La figure pâle et ravagée du contre-maître s'illumina.

— Ah! — balbutia-t-il — que Dieu soit béni, qui me permet d'entendre de telles paroles! — Si vous saviez quel bien vous me faites!

Mais, presqu'en même temps, son regard s'attrista de nouveau.

— Monsieur André — continua-t-il d'un air embarrassé — excusez-moi si je reviens là-dessus... mais enfin, il faut bien que je vous le demande encore... — Où donc étiez-vous cette nuit?...

Un sourire vint aux lèvres du jeune homme.

— Je comprends votre question, mon brave Pierre, et maintenant je suis tout à fait disposé à vous répondre... — J'étais depuis hier au soir, dix heures, dans un cabinet particulier du restaurant des *Frères-Provençaux*, au Palais-Royal...

Le contre-maître fronça le sourcil.

— Je n'ai jamais fréquenté ces endroits-là, comme bien vous le pensez... — murmura-t-il — mais je ne suis pas sans savoir qu'il ne s'y passe rien de bon... — Il y a même une chanson sur les *Cabinets particuliers*, que je ne voudrais pas entendre chanter devant une jeune personne de conduite honnête... — Pour sûr et pour certain, vous n'étiez pas là-dedans tout seul?...

— Il y avait avec moi quatre personnes...

— Des messieurs?... — demanda le contre-maître dont l'inquiétude semblait redoubler.

— Oui, mon brave Pierre... — Des membres du conseil d'administration de la Compagnie nouvelle dans laquelle j'espère obtenir, d'ici à très-peu de jours, un emploi magnifique... — M. Maugiron me présentait à ces messieurs, et cette présentation était le but principal du souper...

— Encore M. Maugiron!... — fit l'ouvrier d'un ton chagrin.

— Naturellement, puisque, malgré vos préventions injustes contre lui, il est mon dévoué protecteur...

— Vous savez bien, monsieur André, que je ne croirai guère à cette protection-là avant d'en avoir vu les effets...

— Vous les verrez bientôt...

— Je le souhaite de tout mon cœur... — Mais, dites-moi, monsieur André, quand le souper a été fini...

— Eh bien?

— Qu'est-ce que vous avez fait?

— J'ai pris une voiture et je suis revenu droit ici...

— Au point du jour?

— Sans doute.

— Il s'est donc continué pendant la nuit entière, ce repas?

— Mon Dieu, oui... — Cela vous étonne?

— Dam! un peu... — Je trouve que c'est long... — Comment donc qu'on peut faire, mon bon Dieu, pour boire et manger des huit et dix heures de suite?... — Il y a de quoi tomber mort!...

— On cause, les coudes sur la table, mon bon Pierre, et l'on oublie en causant les heures qui s'écoulent...

— Je n'y comprends rien du tout, mais je n'ai pas besoin de comprendre... — Vous êtes un honnête jeune homme, monsieur André... — Donnez-moi votre parole d'honneur que les choses se sont passées comme vous le dites, et je vous croirai...

— Je vous donne ma parole, Pierre... et vous voyez que je n'hésite pas...

— C'est bien, ça, monsieur André, c'est très-bien!

— Maintenant, vous voilà tranquille?

— Comme si je ne vous avais point quitté d'une minute depuis hier au soir.

— A la bonne heure... Mais, s'il vous restait l'ombre d'un doute, je vous autorise à questionner M. Maugiron, qui doit venir ici ce matin pour parler au patron dès qu'il sera arrivé, et terminer avec lui la grande affaire dont il s'occupe depuis quelques jours...

— Inutile!... — Si votre parole d'honneur ne me suffisait pas, je serais un rien qui vaille!... — Ah çà, mais, c'est donc sérieux, cette grande affaire de votre M. Maugiron?

— Si c'est sérieux!... — Il ne fallait rien moins que votre incurable et incompréhensible défiance à l'endroit de cet excellent jeune homme, pour vous en faire douter!

— Eh bien, c'est bon!... suffit!... on verra!... — et si je me suis trompé sur son compte, je ne demanderai pas mieux que de lui faire réparation... — au-dedans de moi-même, bien entendu, car il ne se soucie guère de l'opinion d'un pauvre diable de contre-maître... sans compter qu'il n'a pas tort...

— Mais — demanda M. de Villers en souriant — que direz-vous donc quand il aura assuré mon avenir et rendu possible mon mariage avec mademoiselle Lucie Verdier?

— Oh! alors, je le bénirai!... — je bénirais le diable en personne s'il faisait cela!... je pourrai bien bénir M. Maugiron!... — Par malheur, ce n'est pas encore fait...

— Ah! décidément, Pierre, vous êtes trop incrédule!...

— Et vous, monsieur André, prenez garde d'être trop confiant! — Mais, j'y songe, voici déjà bien du temps que je vous tiens là, sur vos jambes... — Les ouvriers vont arriver, et vous devez être tué de lassitude...

— J'en conviens... je suis fatigué...

— Courez vite vous reposer pendant deux bonnes heures... — ça vous remettra peut-être un peu... — Tous ces soupers-là, ça ne vaut rien!... — Si vous voyiez comme vous êtes pâle!... — Prenez bien garde qu'on ne vous aperçoive... — Si madame Blanchet apprenait que vous êtes sorti cette nuit, elle ferait des histoires à n'en plus finir!... — Voilà une mauvaise langue de femme!... ah! tonnerre!... — Par bonheur, comme il n'y a que vous et moi qui sachions quelque chose, et comme nous ne bavarderons pas, le secret sera bien gardé... — Seulement, dépêchez-vous... on va s'éveiller dans la maison d'un instant à l'autre, et l'une des bonnes peut sortir...

André serra une dernière fois la main du contre-maître et se dirigea vers le pavillon, dont il ouvrit facilement la porte fermée par lui-même à double tour la veille au soir...

Il ploya l'un des volets intérieurs, afin de laisser la lumière pâle et grise du matin pénétrer dans le bureau, et il jeta du côté de la caisse un regard rapide.

Tout était parfaitement en ordre.

André repoussa le volet et la porte, monta dans sa chambre, échangea son costume de soirée contre ses vêtements habituels afin d'être tout prêt à descendre aussitôt que sa présence dans le bureau serait nécessaire, et enfin il se laissa tomber sur son lit et il s'endormit d'un sommeil lourd et profond, au moment même où sa tête toucha l'oreiller.

Pendant ce temps, les hommes dont la journée allait commencer arrivaient l'un après l'autre à la porte du chantier; — le contre-maître les accueillait par ces mots :

— A la besogne, mes enfants! à la besogne!... — Le patron arrive ce matin, faut se mettre en quatre pour le contenter!...

Et les ouvriers se disaient les uns aux autres, avec une grimace significative :

— Le patron arrive... — c'est fini de rire!...

XIV. — RUE D'AMSTERDAM.

Albert Maugiron occupait, dans le haut de la rue d'Amsterdam, près de l'ancienne barrière, un très-petit hôtel dont il était le seul locataire.

Sa vie extérieure offrait les apparences d'une régularité parfaite. — Il avait un train de maison convenable pour un garçon, et composé d'un cocher qui soignait les deux chevaux, et d'un groom faisant fonction de valet de chambre.

Maugiron, ne mangeant jamais chez lui, ne se donnait point le luxe inutile d'une cuisinière.

Ses fournisseurs habitaient le quartier. — Il dépensait beaucoup et payait comptant et sans marchander.

Sa réputation était excellente. — On le disait riche, et très-lancé dans les grandes affaires industrielles et dans la meilleure compagnie. — On voyait chaque jour d'élégants équipages s'arrêter à sa porte, et aucun individu de mine suspecte ne se permettait de soulever le marteau de son hôtel...

D'où venait la fortune de Maugiron?... — en quoi consistait cette fortune?... — Possédait-il des terres au soleil, des rentes sur l'État, des actions en portefeuille? — Un notaire ou un banquier étaient-ils dépositaires de ses fonds et chargés de les faire valoir?...

Voilà ce que personne ne savait et ce dont personne, à vrai dire, ne se préoccupait.

La fortune du jeune homme existait, rien n'était plus certain, rien n'était plus incontestable, puisqu'il dépensait largement, ne faisait point de dettes, n'occupait aucun emploi rétribué et ne touchait jamais une carte... — Qui donc avait besoin d'en savoir davantage?...

Quelle était la famille de Maugiron?...

Une famille bourgeoise de province, enrichie dans le commerce, et qui avait mis sa gloire à faire de son fils un homme distingué...

C'était du moins ce que répondaient aux curieux les amis les plus intimes de notre personnage... — Hâtons-nous d'ajouter qu'en parlant ainsi ils ne faisaient que répéter ce que le jeune homme leur avait dit à eux-mêmes...

Si Maugiron s'était targué de noblesse, on aurait cherché peut-être... — on aurait voulu s'enquérir... — mais il parlait d'obscure bourgeoisie, enfouie au fond de quelque bourgade ignorée... — Rien au monde, il faut bien en convenir, n'était plus naturel, et la façon dont il faisait cet aveu, décelait à coup sûr une âme droite et franche, exempte de tout orgueil mal placé...

Maugiron possédait véritablement un certain nombre de connaissances dans le monde des gens comme il faut... — Il ne s'agissait point d'amitiés bien vives, fondées sur une estime et sur une sympathie réciproques, mais de ces liaisons superficielles, ébauchées dans les villes d'eaux ou aux bains de mer, et qui se continuent à Paris en ayant pour but unique le plaisir...

Ces liaisons suffisaient pour amener à sa porte des voitures armoriées et pour lui permettre de placer en temps utile quelques mots à propos de ses amis les marquis et les comtes... — il ne demandait pas autre chose...

Ce petit hôtel, décoré avec goût et meublé avec luxe, était situé entre cour et jardin. — La cour donnait sur la rue d'Amsterdam, nous l'avons dit. — Une muraille de clôture, intérieurement revêtue de treillages et de lierres, séparait le jardin de vastes terrains déserts, qui depuis cette époque ont acquis une valeur considérable.

Maugiron, immédiatement après avoir signé un long bail avec le propriétaire, avait fait construire à ses frais un petit pavillon, une sorte de kiosque, adossé au mur d'enceinte, dans lequel une porte étroite fut percée, établissant ainsi une communication sans but apparent avec les terrains vagues dont nous parlions quelques lignes plus haut...

Un guichet presque imperceptible, une sorte de *judas*, permettait de voir depuis l'intérieur quiconque se présentait pour entrer, et d'échanger certaines paroles avant d'ouvrir.

Assez souvent, la nuit, à des heures convenues d'avance, de mystérieuses figures escaladaient les palissades en mauvais état dressées autour des terrains vagues, arrivaient à la porte du kiosque, frappaient trois coups contre cette porte d'une façon particulière, et prononçaient un mot de passe; — on entendait aussitôt ouer des serrures et craquer des verrous, et Maugiron introduisait les visiteurs, qui ne passaient jamais plus de quelques minutes avec lui.

Après avoir quitté M. de Villers en sortant des *Frères-Provençaux*, le bizarre personnage monta en voiture et se fit reconduire directement à la rue d'Amsterdam. — Il ne fit que traverser son hôtel, et sans même prendre le temps de changer de costume, il se rendit tout droit au kiosque.

Ce petit pavillon n'offrait qu'une seule pièce, de proportions exiguës, ayant pour tout mobilier deux divans bas. — Une tenture de coutil, capitonnée ou plutôt matelassée, couvrait les murailles et ne permettait pas d'entendre depuis le dehors un seul mot de ce qui se disait au dedans.

Maugiron alluma une bougie, car l'intérieur du kiosque était complétement sombre, et regarda sa montre. — Elle indiquait six heures moins deux minutes.

Il attendit que les deux minutes fussent écoulées, puis il souleva la portière épaisse retombant sur l'ouverture pratiquée dans la muraille d'enceinte, et il prêta l'oreille.

Trois coups, espacés d'une façon franc-maçonnique, furent frappés contre la porte.

Maugiron approcha ses lèvres du guichet et demanda :

— *Fait-il jour?...*

Une voix répondit :

— *Toujours, pour les chats qui voient clair la nuit...*

C'était le mot de passe. — Maugiron ouvrit, et un individu qui deux fois déjà a traversé notre récit entra dans le kiosque.

Cet individu, nous l'avons rencontré, sous le pseudonyme de l'Ecureuil, dans une salle du *Rendez-vous des bons enfants*, sur le quai de Billy, en la compagnie de Gobert le faux ouvrier. — Nous avions antérieurement fait sa connaissance au restaurant des Marronniers, à Bercy, où la police s'était emparée de lui pour un vol de couverts d'argent. — Il portait alors le nom de Ravenouillet, et nos lecteurs doivent se souvenir de l'influence fatale exercée par lui, à cette époque, sur la destinée de Pierre Landry.

Ravenouillet, au moment où Maugiron l'introduisit, n'offrait rien de particulier ni de trop compromettant dans son costume. — Il ressemblait à un de ces ouvriers de mauvaise conduite qui fréquentent les barrières beaucoup plus que les ateliers.

— C'est vous, l'Ecureuil?... — dit le maître du logis après avoir refermé la porte.

— C'est moi-même, illustre Flambart!... — Toujours d'une exactitude à tout casser, comme vous voyez!... — répliqua le nouveau venu. — Le soleil pourrait se régler sur moi!...

— L'affaire a réussi?...

— Dans le *nec plus ultra* de la perfection.

— Sans difficultés?...

— Les choses ont marché sur des roulettes, sauf cependant que nous avons eu une peur bleue, Gobert et moi, et que sans l'orage, qui est arrivé bien à propos, tout était manqué pour cette nuit...

— Ah! bah!... contez-moi donc ça...

— C'est facile, et ça ne sera pas long!... — il était décidé, comme vous savez, que nous ferions le coup entre onze heures et minuit...

— C'est le bon moment quand on doit travailler chez des gens qui se couchent en même temps que les poules... — interrompit Maugiron; — le premier sommeil est toujours le plus dur...

— Nous étions au poste d'avance, bien cachés dans un bateau vide, juste en face du chantier... — reprit l'Ecureuil. — A neuf heures le caissier sortit... — je le fis suivre par Gobert, et Gobert ne le lâcha qu'aux *Frères-Provençaux*... — vous le teniez... donc il était en bonnes mains!... — plus le moindre danger de le voir revenir mal à propos pour nous faire des chagrins... — Nous attendons, bien tranquilles, dans notre bateau... — Gobert connaissait à fond les usages de la maison... — il savait que le vieux contre-maître — (duquel je vous dirai deux mots tout à l'heure) — commençait sa ronde vers les dix heures un quart, dix heures et demie, avec son fusil et son chien Pluton, et qu'à onze heures l'homme rentrait se coucher, laissant le boule-dogue vaguer en liberté dans le chantier...

« Le chien Pluton n'était plus à craindre... — Gobert avait eu soin, avant-hier, de lui régler son compte avec une boulette apportée par moi...

« A onze heures cinq minutes, je coule à Gobert dans le tuyau de l'oreille :

« — Voici le vrai moment!... — Allons-y!...

« Il faisait un orage!... ah! cré nom d'une pipe, le bel orage!...

— le vent soufflait si fort que la rivière avait des petites vagues et que le bateau dansait à vous donner le mal de mer!... — le tonnerre tonnait, les éclairs éclairaient!... bref, tout le tremblement de la chose!...

« Gobert connaissait un bon endroit pour descendre dans le chantier une fois qu'on serait à cheval sur le chaperon du mur...

« Il me fait la courte échelle... — je grimpe... — une fois grimpé, je me mets à plat-ventre, je lui tends la main et je l'attire à moi... — Nous avions sous nos pieds une belle pile de bois arrangée comme un escalier... — Elle semblait nous dire : — *Donnez-vous donc la peine d'entrer!...* — Parole sacrée, c'était trop commode!...

« Nous descendons, la canne à la main, comme deux bons bourgeois qui se promènent, mais voilà que tout à coup, au moment où nous allions toucher terre, une douzaine de grosses bûches s'éboulent, et nous roulons avec elles au milieu du chemin...

« Ce n'était rien... — nous ne nous étions point fait de mal, — mais figurez-vous que ce vieux gredin de contre-maître n'avait pas fini sa ronde, et qu'il se trouvait à côté de là, sans que nous ayons pu nous en douter!... — Nous l'entendons qui court!... — il arrive!... — nous n'avons que le temps de nous jeter à droite et à gauche, et de nous blottir tant bien que mal entre des piles...

« Il passa si près de nous qu'il nous toucha presque... — il tenait son diable de fusil.. — La situation manquait de gaieté!... — je parie qu'en cherchant bien on trouverait sur ma tête au moins une poignée de cheveux blancs qui datent de cette minute-là!...

« Il s'arrêta à regarder l'eboulement, à la lueur des éclairs, et je l'entendis ensuite murmurer :

« — C'est le vent.. bien sûr, c'est le vent!... — ça ne peut être que le vent!...

« Il retourna sur ses pas afin de prendre sa lanterne qu'il avait laissée en arrière afin de courir plus vite et d'avoir les mains plus libres; — quand il revint, nous avions filé du côté du pavillon où nous ne risquions en aucune façon d'être surpris par lui derrière les arbres de la cour, puisqu'il n'avait point de chien pour nous dépister...

« Ce n'était donc plus qu'une question de patience; — le vieux coquin allait certainement terminer sa ronde et se coucher!... — nous en étions du moins convaincus!...

« Jugez de notre désappointement et de notre colère en le voyant s'installer pour monter la garde, comme un factionnaire de général, en se promenant de long en large devant la porte du pavillon, avec l'intention bien évidente d'y rester jusqu'au matin!... — Ah! je l'envoyai au diable de bien bon cœur, ce vieux pilier des Maisons centrales, qui fait aujourd'hui l'honnête homme et le bon apôtre!...

Maugiron tressaillit.

— Ah çà! mais, que dites-vous-là?... — s'écria-t-il en interrompant vivement l'Ecureuil.

— Je dis la vérité, pardieu!...

— Comment?...

— L'individu que vous connaissez sous le nom de Pierre, et qui fait fonction de contre-maître et de chien de garde chez M. Verdier, se nomme en réalité Pierre Landry, et il a subi deux condamnations: — la première à deux ans de prison... — la seconde à cinq ans, et cinq ans de surveillance...

— Qu'avait-il fait?

— Oh! des bagatelles!... moins que rien!... tué un homme d'abord, et étranglé un autre un peu plus qu'aux trois quarts!...— excusez du peu!...

— Et vous êtes sûr que le contre-maître de M. Verdier est bien ce Pierre Landry dont vous parlez?...

— Sûr comme de mon existence...

— Et personne ne s'en doute dans le chantier?

— Personne... — vous comprenez que le vieux scélérat qui pose pour les prix de vertu ne raconte pas ses antécédents!... — il a quitté son nom de Landry tout exprès pour dépister le monde...— mais moi j'ai l'œil américain, je l'ai reconnu du premier coup d'œil, et je saisirais avec plaisir l'occasion, pour des raisons à moi connues, de lui procurer du désagrément...

Maugiron fit un geste.

— Ah! — dit-il — si j'avais su hier ce que vous venez de m'apprendre aujourd'hui!...

— Est-ce que, par hasard, vous avez de votre côté une dent contre Pierre Landry?... — demanda Ravenouillet.

— Oui, mordieu, j'en ai une!... et qui saurait mordre jusqu'au sang!...

— Eh bien, ça se retrouvera avec autre chose!... faut pas se faire de chagrin pour une occasion manquée!... — il n'y a que l'argent perdu qu'on ne rattrape jamais!...

— Continuez votre récit, l'Ecureuil...

— Il vous intéresse, illustre Flambart?...

— Infiniment...

— C'est bien de l'honneur!... — je reprends la chose... — Donc, la faction du contre-maître continuait, et nous nous mangions le sang, moi et Gobert, quand voilà tout à coup la pluie qui commence à tomber... — ah! mâtin!... quelle écluse!... — Je parierais volontiers ma tête contre une prune à l'eau-de-vie, que depuis feu le déluge, on n'a jamais rien vu de pareil!... — Pierre Landry fila son nœud, sans dire gare... et s'en alla se mettre à l'abri, et comme nous trouvions enfin notre belle pour agir, nous ne lambinâmes point, je vous en fiche mon billet!... — les clefs fonctionnaient comme des amours!... — la porte d'entrée s'ouvrit toute seule!... — celle du coffre fort ne nous donna pas beaucoup plus de mal!... — cinq minutes après, nous quittions le pavillon en laissant toutes choses dans un état parfait, en refermant soigneusement les portes derrière nous, et nous dévallions sur le quai avec notre butin... un beau butin, parole d'honneur!... — il ne s'agit plus que de partager... — Vous savez ce qu'il y avait en caisse?...

— Parfaitement bien!... — n'essayez donc pas de grossir votre part aux dépens de la mienne!... — la caisse Verdier contenait soixante dix mille francs, en billets de banque...

— Tout juste!... — saperlipopette, êtes vous assez renseigné!... — impossible de vous carotter seulement un malheureux chiffon de cinq cents!... — c'est vexant, parole sacrée!... — Voici le papier joseph...

L'Ecureuil déboutonna sa vieille veste de gros drap commun et il tira, de sept ou huit poches intérieures qu'elle contenait, plusieurs liasses de billets de banque...

— Vous pouvez vérifier... — dit-il, — le compte y est... — j'en réponds...

Sans doute cette affirmation ne parut point suffisante à Maugiron, qui se mit à défaire les liasses et à compter les billets un à un...

Tandis qu'il se livrait à cette agréable occupation, l'Ecureuil continua :

— Tout ça, c'est très-bien... — seulement, il y a une chose qui ne me paraît point juste... je vous le dis carrément... et qui me chiffonne la boussole...

— Une chose? laquelle? — demanda Maugiron.

— Nous étions trois, n'est-il pas vrai, pour l'affaire de cette nuit?...

— Sans doute...

— Vous, qui nous avez indiqué le coup... — Gobert et moi, qui l'avons exécuté...

— Où diable voulez-vous en venir, compère l'Ecureuil?...

— J'en veux venir à ceci : — nous nous sommes donné plus de mal que vous, c'est certain... — nous avons couru des dangers, tandis que vous étiez tranquillement à table à manger des truffes et à boire du vin de Champagne!.. — Je suis bien loin de vous le reprocher, mais enfin il me paraîtrait conforme au bon droit, le bénéfice légitime de l'opération étant de soixante-dix mille francs nets, de partager ce bénéfice en trois parts égales, ce qui nous donnerait à chacun vingt-trois mille trois cent trente-trois francs, trente centimes, et une fraction...

— Peste, l'Ecureuil — s'écria Maugiron en riant — comme vous comptez!...

Le bandit prit un air content de lui.

— Oui — répondit-il — je compte pas trop mal... — J'ai beaucoup étudié l'arithmétique dans ma jeunesse... je m'en suis toujours bien trouvé!...

— Bref — reprit Maugiron — vous êtes d'avis qu'en m'adjugeant à moi-même trente-cinq mille francs, c'est-à-dire la moitié de la somme conquise, et en ne vous laissant palper à chacun que la bagatelle de dix-sept mille cinq cents francs, je vous exploite et je me fais indûment la part du lion!... — Suis-je dans le vrai, compère l'Ecureuil, oui ou non?... est-ce bien cela que vous pensez?

— Oui... cent fois oui!... c'est parfaitement cela...

— Alors, je ne vous en fais pas mon compliment!...

— Pourquoi donc?...

— Parce que vous êtes un imbécile!...

— Ah! bah!...

— Oui, un imbécile! et je vais vous le démontrer en quatre paroles!... — Où diable avez-vous jamais vu que la main fût l'égale de la tête, quand elle ne fait qu'exécuter ce que l'autre a conçu!...

— c'est le simple soldat qui se bat, mais c'est le général en chef qui gagne la bataille!... — Le simple soldat touche par jour cinq centimes... le général en chef a cent mille francs par an!... — ils sont payés chacun selon leur mérite et le tourlourou ne réclame point...

— Je suis le général, vous êtes le soldat!... — Concluez!

« Ce n'est pas tout, compère l'Ecureuil, et je puis vous prouver sans plus de peine que non-seulement je vous laisse une part énorme, mais qu'en gardant moitié je garde beaucoup moins que vous... — La différence de nos positions saute aux yeux!... — je suis tenu à des dépenses de toutes sortes, indispensables et sans cesse renaissantes... — vous n'êtes, vous, engagé à rien, tandis que je dois payer chaque jour mon luxe, ce luxe qui m'ouvre toutes les portes et me permet de préparer les affaires dont vous profitez... — Faites le compte de ce que me coûtent mon hôtel, mes gens, mes chevaux, ma tenue de gentleman, et vous verrez qu'au bout de l'année il me reste un peu moins que rien; tandis que s'il vous plaît de placer votre argent à la caisse d'épargne ou de vous enrichir en faisant l'usure, pour vivre honnêtement sur vos vieux jours, rien ne vous en empêche...

« Où trouverez-vous enfin, je vous prie, un *indicateur* de ma force?... — en existe-t-il un autre à Paris? — en existe-t-il un autre dans le monde entier?... — Cherchez le celui-là, et, quand vous l'aurez rencontré, dites-moi quelle part il voudra se faire et ce que deviendra la vôtre?...

« C'est pour cela, compère l'Ecureuil, que vos prétentions sont absurdes, que vos reclamations sont idiotes, et que je vous le dis bien en face!... — Etes-vous convaincu?...

Le ci-devant Ravenouillet baissait la tête de façon fort piteuse et gardait un humble silence.

— Etes-vous convaincu?... — répéta Maugiron. — Répondez...

— Dame! il le faut bien...

— Ce qu'il faut avant tout, c'est que votre conviction soit sincère, sinon je romps à l'instant même mes rapports avec vous, et je vous laisse vous débrouiller tout seul et faire votre fortune sans mon aide...

— Elle est sincère! — s'écria l'Ecureuil effrayé de cette menace — elle est énormément sincère!... — Je suis un animal .. un idiot... une double brute!... je suis un être sans plus de cervelle qu'un lapin et sans plus d'esprit qu'un brochet!... — Accablez-moi, Flambart illustre et vénéré!... accablez-moi, je le mérite... mais, par pitié, ne m'abandonnez pas!...

Maugiron se mit à rire.

— Je suis bon prince... — répliqua-t-il — je veux bien, pour cette fois, me montrer indulgent... mais n'y revenez plus...

— Puissent tous les gendarmes de la terre refermer sur moi leurs griffes si j'en avais seulement la pensée... — murmura l'Ecureuil avec un entraînement qui semblait sincère.

— Voici trente-cinq mille francs... — reprit Maugiron — c'est votre part et celle de Gobert... — allez le retrouver, remettez lui ce qui lui revient, et ne volez pas ce pauvre diable!...

— Aucun danger... — il ne s'endort point sur le rôti!... — il m'attend à dix pas d'ici, dans les terrains vagues, pour opérer un partage immédiat... le brave garçon est pressé...

— Il a raison... — *défiance est mère de sûreté!...* — Maintenant, compère l'Ecureuil, je ne vous retiens pas, car je suppose que vous n'avez rien de plus à me dire ce matin...

— J'ai à vous prouver mon repentir et ma reconnaissance...

— De quelle façon? — demanda Maugiron fort intrigué.

— En mettant à votre disposition un objet trouvé par moi dans la caisse Verdier en même temps que les billets de banque...

— Un objet précieux?

— J'ignore s'il vous paraîtra tel, et je ne sais quel usage vous en pourrez faire... — c'est à vous qu'il appartiendra d'apprécier. — Voici la chose... —si c'est une affaire, je m'en rapporte à votre générosité... — ma part sera ce que vous voudrez...

En disant ce qui précède, l'Ecureuil déboutonna de nouveau sa veste et tira d'une poche supplémentaire de ce vêtement inépuisable un assez grand portefeuille de chagrin noir qu'il tendit respectueusement à Maugiron.

— Que contient-il? — demanda ce dernier — des valeurs? des actions industrielles?

— Non, des papiers... — rien que des papiers... — mais ils ont peut-être leur importance... — on ne sait jamais... — vous allez voir...

Maugiron prit le portefeuille, l'ouvrit, et en étala le contenu sur une petite table qui se trouvait au milieu du kiosque.

— Eh bien? — demanda l'Ecureuil, tandis que l'élégant jeune homme examinait rapidement diverses grandes feuilles de papier timbré, jaunies, couvertes d'écritures, de cachets et de légalisations.

— Des actes de naissance... — murmura Maugiron d'un ton dédaigneux — un passe-port — des titres de propriété... — que diable tirer de tout cela? — Je ne vous fais pas mes compliments de votre trouvaille, compère l'Ecureuil!...

— Ça ne vaut rien?...

— C'est bon à brûler!... — vous auriez pu vous épargner la peine d'en charger vos poches...

— Ecoutez donc, je ne savais pas!... — d'ailleurs le mal n'est pas grand puisque nous avons le principal et que ceci n'était qu'un supplément!... la prudence me commandait de ne rien négliger, et je n'ai fait qu'obéir à ses lois...

— Oh! vous avez eu raison... — l'intention était bonne... ce n'est pas votre faute si le résultat est négatif... — Au revoir, compère l'Ecureil...

— Illustre Flambart, je suis bien le vôtre!... — Quand vous aurez besoin de moi, vous savez... — toujours la même adresse... et trop heureux de vous servir..

Maugiron souleva la tenture capitonnée, ouvrit la petite porte, et le ci devant Ravenouillet regagna les terrains vagues où Gobert l'attendait avec impatience.

XV. — LE PASSEPORT.

Lorsque Maugiron se trouva seul, son regard vint se fixer sur les papiers épars devant lui.

— Inutiles et compromettants!... — murmura-t-il — je ne veux pas les garder cinq minutes de plus!... je vais les détruire à l'instant même!...

La bougie brûlait toujours. — Il prit le passeport et l'approcha de la flamme.

Déjà l'un des angles s'embrasait; — la combustion allait devenir générale; une seconde encore, et il ne restait rien du papier qu'un peu de cendre noircie...

Soudain Maugiron recula en faisant un geste de surprise, et pressa vivement le papier entre ses mains, pour éteindre le feu, au risque de se brûler lui-même.

Deux noms et une date qu'il venait d'entrevoir avaient brusquement modifié sa résolution primitive.

La date était celle-ci : 3 *octobre* 1839.

Les noms étaient ceux-ci : *L'Atalante*. — *Saint Domingue.*

— *L'Atalante*!... — Saint-Domingue!... — Octobre 1839!... — répéta le jeune homme — que signifie cela? — Décidément j'agissais trop vite et trop légèrement!... j'allais commettre une de ces fautes qu'on regrette pendant toute sa vie... je ne sais quel vague pressentiment me l'affirme!...

Maugiron s'assit sur un des divans qui meublaient le kiosque. — Il déploya la feuille épaisse et large froissée par l'étreinte de ses doigts et il se mit à en lire, ou plutôt à en étudier le contenu avec une attention prodigieuse, comme un algébriste qui veut se bien pénétrer des termes d'un problème, avant d'en chercher la solution...

Ce passeport n'offrait en apparence rien d'extraordinaire, rien qui fût de nature à exciter la curiosité d'un étranger et à lui causer une si vive émotion.

Il portait la signature du consul de France à Saint Domingo.

Il avait été délivré, le 3 octobre 1839, à M. Achille Verdier, négociant français, propriétaire dans l'île de Saint Domingue, quittant la colonie avec sa petite fille Lucie Verdier pour retourner en France sur le brick *l'Atalante*...

Maugiron relut plusieurs fois ce document.

— C'est cela!... c'est bien cela!... s'écria-t-il ensuite — impossible de conserver l'ombre d'un doute!... — Mais comment se fait-il que ce nom de Verdier, si souvent prononcé devant moi depuis quelques jours, ravive en ce moment mes souvenirs pour la première fois?...

Il réfléchit pendant un instant, puis il se répondit :

— Rien n'est plus simple, après tout... — Ce nom de Verdier court le monde... — En feuilletant l'almanach du commerce, je trouverai peut-être, rien qu'à Paris, cinq cents personnes qui le portent!... — J'étais si jeune, d'ailleurs, et mes souvenirs remontent si haut!... — Il a fallu, pour faire jaillir la lumière au fond de ma mémoire obscurcie, cette date, cette île et ce navire, réunis tous les trois sur une même feuille de papier!...

Maugiron s'arrêta. — Il enfonça ses mains dans les masses de sa chevelure et il se laissa entraîner sans résistance au courant de la rêverie, ou plutôt de ses réflexions.

Tout à coup il secoua la tête et son front se plissa.

— Je croyais comprendre — murmura-t-il d'une voix sombre — j'étais fou!... — voici l'obscurité qui revient, plus épaisse que jamais!... — Ce qui se passe me paraissait simple, et ma raison maintenant se heurte à l'impossible!... — les morts sortent-ils du tombeau?... — Achille Verdier et sa fille existent... et cependant j'ai vu leurs cadavres disparaître engloutis sous les eaux!... — Que signifie ce mystère étrange? — Il faudra bien que je le sache!...

Maugiron laissa tomber le passeport, et se mit à passer en revue les autres papiers.

— L'acte de naissance d'Achille Verdier... — reprit-il — son acte de mariage — l'acte de naissance de sa fille... — Ah! un connaissement de marchandises chargées sur le brick *l'Atalante*... — la signature de *Jacques Lambert*, capitaine du brick... — Jacques Lambert!... — Oui, c'est bien ainsi que se nommait le capitaine... — Peut-être le retrouverai-je un jour aussi, celui-là!... — Il peut être vivant, lui!... — Il a survécu seul!... — Je crois le voir encore!... — il était agenouillé sur la crête de l'écueil... — Achille Verdier lui tendait ses mains suppliantes... — il ne s'est pas baissé pour les prendre!...

Maugiron se replongea dans le silence et dans la méditation.

Soudain son visage s'illumina; — sa physionomie prit l'expression triomphante que dut avoir celle d'Archimède lorsque cet illustre savant poussa son exclamation classique : — *Euréka!*... — J'ai trouvé!

— Si cela était!... — balbutia-t-il — oh! si cela était!

— Cela doit être... — Partout ailleurs le mystère est impénétrable, partout l'énigme est insoluble!... — Partout se dresse devant moi la muraille de l'absurde!... — là seulement ma pensée entre de plain-pied dans le domaine du possible!... — Donc, cela est!... Donc, j'ai deviné juste!... — Mais alors ma fortune est faite!... — L'Écureuil et Gobert croient n'avoir volé dans le coffre-fort qu'une misérable poignée de billets de banque!... Pauvres sots!... — Dès aujourd'hui, peut-être, les paperasses de ce portefeuille vaudront un million pour moi!... — et j'allais les brûler!... — Par bonheur je me suis arrêté à temps!... — Oh! mon étoile, mon étoile, tu es là-haut!... tu brilles lumineuse, et je te bénis à deux genoux!...

Maugiron regarda de nouveau sa montre.

Deux heures s'étaient écoulées depuis le moment de son retour à la rue d'Amsterdam.

Le jeune homme rassembla les papiers épars, un instant dédaignés, et que maintenant il regardait comme le plus précieux de tous les trésors; — il les replaça dans le portefeuille qu'il ferma soigneusement, et quittant le kiosque, il traversa le jardin pour regagner l'hôtel.

Là il échangea sa toilette de soirée contre un costume du matin élégant et simple, et comme il éprouvait le besoin de prendre un bain pour calmer ses nerfs trop tendus, il sortit, après avoir donné l'ordre à son cocher d'atteler Black au coupé pour dix heures précises.

A dix heures dix minutes, Maugiron mangeait rapidement deux côtelettes saignantes et buvait une bouteille de vin de Bordeaux, dans un restaurant du boulevard, puis il se faisait conduire au quai de Billy.

Il s'attendait à trouver le chantier dans le désordre et la confusion, et à ne rencontrer sur son chemin que des figures bouleversées, par suite de la découverte du vol accompli la nuit précédente...

Tout était parfaitement calme. — Pierre, le contre-maître, activait les travailleurs. — Sa figure semblait plus ouverte et moins sombre que de coutume. Il se croisa par hasard avec Maugiron et le salua sans prévenance, il est vrai, mais avec politesse.

— Allons — pensa le jeune homme — la bombe n'a pas éclaté!... — On ne sait rien encore... — Le garçon de la banque ne viendra que plus tard...

Il s'adressa à un ouvrier qui passait près de lui, et il lui dit : — Mon brave, faites-moi le plaisir de m'apprendre si M. Achille Verdier est arrivé?...

— Pas encore, monsieur — répliqua l'ouvrier — mais c'est tout comme... on a reçu de ses nouvelles ce matin... il sera ici à midi précis, avec son bateau LE TITAN!... un fier bateau, monsieur, on n'en voit pas beaucoup de pareils à celui-là arriver dans Paris... ah dam! non!

Il était onze heures. — Lucie et madame Planchet sortirent du corps de logis principal et s'assirent sous la marquise revêtue de plantes grimpantes dont nous avons parlé, et qui formait une sorte de verdoyant berceau au devant de la porte d'entrée principale.

Une corbeille placée sur une petite table renfermait l'ouvrage de la jeune fille. Madame Blanchet n'avait point pour habitude de se livrer à un travail quelconque en soutenant la conversation. — Cette honorable veuve du lieutenant de pompiers ne trouvait rien au monde de plus distingué que l'inaction...

Maugiron se dirigea vers les deux femmes.

— Vous le voyez, mademoiselle, — dit-il à Lucie — mon désir d'être mis sans retard en relations avec monsieur votre père me rend indiscret et importun... — je me présente de trop bonne heure puisque je devance son arrivée...

— Indiscret et importun!... — répondit la jeune fille — vous ne pouvez pas l'être, monsieur...

— Jamais, monsieur! jamais! — s'écria madame Blanchet avec une conviction exubérante — Oh! jamais! — les mortels, doués comme vous l'êtes, et d'un commerce si précieux, lorsqu'ils apportent je ne sais quoi de suave et d'idéal dans la monotonie de l'existence prosaïque de deux faibles femmes, ne sauraient être accueillis qu'avec une allégresse sans mélange, et accompagnés des regrets les plus vifs et les mieux sentis au moment du départ...

Enchantée d'elle-même et de son petit discours, la dame de compagnie prit une pose séraphique.

— Ah! madame Blanchet!... madame Blanchet!... — répondit Maugiron en riant, — vous me comblez, ma parole d'honneur!... vous allez me faire rougir!... je ne puis accepter pour moi des éloges si flatteurs... — je suis trop loin de les mériter... — de grâce, arrêtez cette poésie sur vos lèvres intarissables!...

— J'ai laissé parler mon âme... murmura madame Blanchet — ce que vous venez d'entendre est un écho affaibli de mes pensées...

La bonne dame, comme on peut le voir, ne semblait nullement disposée à réduire au silence *l'écho de ses pensées*. — Heureusement l'arrivée d'André de Villers vint faire diversion.

Le caissier, ayant vu passer son protecteur devant la fenêtre entr'ouverte du bureau, s'empressait de le rejoindre.

Sans doute André comptait d'une façon absolue sur la promesse de Maugiron, et croyait à sa sympathie et à son affection, et néanmoins les défiances si sincèrement et si énergiquement exprimées par le contre-maître portaient au dedans de lui-même une agitation et un trouble dont il n'avait pas conscience, et lui inspiraient le très-vif désir d'assister le plus souvent possible aux entretiens du jeune homme et de Lucie...

André aborda nos trois personnages, serra la main que lui tendait Maugiron, et mit ensuite un doigt sur ses lèvres pour recommander de nouveau à ce dernier la discrétion au sujet de l'emploi de la nuit précédente.

Maugiron ne répondit que par un mouvement d'épaules qui signifiait clairement :

— Soyez tranquille... — je ne prononcerai pas une seule parole imprudente!... je sais ce que c'est que de garder un secret, que diable!...

— Vous avez sans doute quelque chose de particulier à communiquer à mademoiselle, monsieur le caissier, puisque vous quittez ainsi votre poste sans avoir été appelé?... — demanda madame Blanchet de ce ton rogue qu'elle prenait volontiers en s'adressant à André, sa bête noire.

Le jeune homme devint pourpre et fit un mouvement d'impatience. — Il ne pouvait supporter la pensée d'être humilié ainsi, fût-ce même par une femme, devant Lucie et devant Maugiron.

La jeune fille comprit ou plutôt devina le sentiment d'André, car elle répliqua vivement :

— En vérité, madame Blanchet, je ne saurais admettre ce que vous venez de dire... — M. de Villers est le seul maître de ses démarches et le seul juge de leur opportunité... — puisqu'il quitte le bureau, c'est que rien ne l'y retient en ce moment, j'en ai la certitude, et je lui sais gré, pour ma part, d'être venu nous retrouver ici, car sa présence auprès de nous m'est toujours agréable...

Madame Blanchet se mordit les lèvres. André appuya la main sur son cœur, où la joie débordait. — Quel baume délicieux Lucie venait de verser sur la blessure faite par une vieille femme hargneuse et malfaisante!...

Maugiron déploya la feuille épaisse et large. (P. 54.)

— Merci, mademoiselle, de ces bonnes paroles... — balbutia-t-il — elles me sont bien précieuses et j'en suis profondément reconnaissant!... — Je venais vous annoncer que mon dernier travail est achevé... — les livres sont dans un ordre parfait... — Le censeur le plus sévère y chercherait vainement une négligence ou une erreur... — Monsieur votre père peut arriver... — j'ose espérer qu'il sera content...

— Je l'espère aussi, monsieur André... — dit la jeune fille — ou plutôt j'en suis sûre...—Qui donc ne saurait apprécier, à moins d'injustice et d'ingratitude, un zèle et une activité tels que les vôtres?...

Lucie achevait à peine de prononcer ces paroles lorsque le contremaître, debout depuis un instant sur le seuil de la porte charretière se dirigea vers le bâtiment principal et, s'adressant à André, lui cria :

— Monsieur de Villers, voici le garçon de la banque... il vient sur le quai avec sa sacoche et son portefeuille... — dans une demi-minute il sera ici...

— Eh bien! — répondit gaiement Lucie — qu'il vienne!... — il sera le bien venu, comme toujours!... — Notre maison, grâce à Dieu, n'est pas de celles à qui l'arrivée du garçon de la banque cause du trouble et de l'inquiétude!... — je les aime, moi, ces braves gens, avec leurs figures honnêtes, leurs tricornes et leurs habits gris!...

— Le voici... — reprit le contre-maître.

Effectivement un homme d'une cinquantaine d'années, portant l'uniforme décrit par la jeune fille, entrait dans la cour et saluait de loin mademoiselle Verdier avec la déférence et le respect que tout employé de la banque de France doit à l'héritière de plusieurs millions.

— J'y vais... — dit André en se dirigeant vers le bureau.

— Le feu est aux poudres!... — pensa Maugiron. — Gare la bombe!...

XVI. — LE VOL.

A mi-chemin à peu près, entre le perron du principal corps de logis et le pavillon, André se croisa avec le garçon de recettes.

— Bonjour monsieur Étienne... — lui dit-il.

— Salut à monsieur de Villers... — répliqua l'employé.

— C'est soixante-trois mille, n'est-ce pas?...

— Tout juste, mon jeune maître... — voici la fiche...

— Je vais vous chercher les fonds...

André continua son chemin vers le bureau, et le garçon de la banque se dirigea vers mademoiselle Verdier. — Depuis dix ans qu'il se présentait régulièrement deux fois chaque mois au chantier, le 15 et le 30, il était devenu en quelque sorte un familier de la maison.

— Je présente mes respects à mademoiselle Verdier... — fit-il — comment se porte M. Verdier?...

— Mon père va bien... je vous remercie, monsieur Etienne.

— Toujours en voyage?... toujours au loin?...

— Mon Dieu, oui... monsieur Étienne... — sans cesse occupé de ses affaires!... Ah! c'est un infatigable travailleur.

— Oui... oui... — il augmente son avoir jour et nuit!... — il n'aurait cependant pas besoin de cela!... il est bien assez riche, M. Verdier!... — Ah! sa fortune est connue chez nous!... pas de danger qu'on refuse du papier qui porte sa signature!... — et pen-

Paris. — Typ. Collombon et Brûlé, rue de l'Abbaye, 22

André, toujours assis sur le banc de pierre, ressemblait à un cadavre. (P. 58.)

dant son absence, mademoiselle, c'est vous qui dirigez la maison?... — elle n'en va pas plus mal pour cela!...

— Ah! — répondit Lucie en souriant — ce que je fais est bien peu de chose... — tout le mérite revient à M. de Villers, notre caissier.

— M. de Villers... un brave jeune homme... — s'écria le garçon de la banque — je ne serais pas surpris de le voir un jour, celui-là, à la tête d'une bonne maison...

Madame Blanchet se mit à tousser, comme si ce qu'elle venait d'entendre l'étranglait.

Le garçon de recettes continua :

— Et M. votre père, quand revient-il, mademoiselle?...

— Je l'attends aujourd'hui même.

Cette conversation fut interrompue par un cri terrible, poussé dans l'intérieur du pavillon...

Lucie devint très-pâle et balbutia :

— Mon Dieu, qu'y a-t-il?...

Madame Blanchet et le garçon de la banque levèrent la tête avec une vive expression d'étonnement et de curiosité...

Maugiron resta impassible, mais ses paupières battirent rapidement sur ses yeux baissés, décelant ainsi un trouble intérieur dont il n'était point absolument le maître, malgré son empire habituel sur lui-même.

Pierre le contre maître, abandonnant les ouvriers qu'il surveillait à quelque distance, se précipita vers le pavillon.

En ce moment André de Villers s'élança au dehors, livide, le visage décomposé, se tordant les mains, et il s'écria d'une voix rauque, étranglée, méconnaissable :

— Volés!... nous sommes volés!...

Avec la promptitude de l'étincelle électrique, ce cri sinistre fut propagé de l'un à l'autre bout des chantiers, et tous les ouvriers, quittant aussitôt leur travail, se formèrent en groupes pour échanger leurs conjectures au sujet de l'événement qu'ils apprenaient d'une façon si imprévue.

Lucie s'était levée, — elle chancela :

— Mon Dieu!... — balbutia-t-elle avec une expression de poignante épouvante, — mon Dieu, que dira mon père?... Ah! nous sommes perdus!...

André, comme frappé de la foudre, s'était laissé tomber sur le banc de pierre à la porte du pavillon. — Ses lèvres répétaient machinalement :

— Volés!... nous sommes volés!...

— Calmez-vous, mademoiselle, je vous en supplie!... — dit vivement Maugiron à Lucie — c'est un immense malheur sans doute... mais peut-être est-il réparable...

— Eh! monsieur — répliqua la jeune fille, entraînée sans le savoir par la violence de son émotion à dévoiler sa pensée tout entière. — Je suis calme... je suis forte... mais je pense à mon père... et j'ai peur...

Elle se dirigea vivement vers le bureau, suivie par Maugiron, par madame Blanchet et par le garçon de la banque.

Le contre maître murmurait entre ses dents :

— Comme j'avais bien raison hier soir!... je flairais un malheur!... — je ne me trompais pas!... — C'est pour cela que Pluton est mort!... les misérables l'avaient empoisonné!... — Mais quand sont-ils venus?... — je m'y perds!... j'ai monté la garde toute la nuit!... — il faut qu'ils aient profité de cette averse pendant laquelle j'ai voulu me mettre à l'abri, comme une vieille poule mouillée que je suis... — Ah! tonnerre!... je ne me pardonnerai jamais cela!...

Paris. — Imp. Coulommiers et Bruce, rue de l'Abbaye, 22

André, toujours assis sur le banc de pierre, ressemblait à un cadavre, tant sa pâleur était livide, tant son anéantissement était immense.

— Au nom du ciel, monsieur de Villers, revenez à vous-même!... — s'écria Lucie avec fermeté; — ce n'est pas le moment de se montrer faible!... il faut agir!... — Quand supposez-vous que ce vol ait été commis?... — soupçonnez-vous quelqu'un?...

Le jeune homme se releva galvanisé...

— Mon Dieu, mademoiselle — dit-il — que puis-je vous répondre?... — je ne devine rien... je ne soupçonne rien... — En ouvrant la caisse tout à l'heure, je me suis aperçu avec désespoir qu'un crime venait d'être commis et que les soixante-dix mille francs qu'elle contenait avaient disparu!... — Je ne sais rien de plus, rien, si ce n'est que je suis un misérable, puisque j'ai laissé voler un argent qui m'était confié!... un argent dont je répondais!...

— En ouvrant la caisse, avez-vous dit? — répéta Lucie; — mais comment ne vous êtes-vous pas aperçu du crime plutôt?... dès ce matin?...

— Nulle trace extérieure ne décelait ce crime...

— La caisse n'était donc pas forcée?...

— Non, mademoiselle... — aucune tentative d'effraction n'a même eu lieu; — la serrure est intacte...

— Et la porte du pavillon?...

— Intacte comme celle du coffre-fort...

— Mais alors, les voleurs se sont donc servis de fausses clefs?...

— C'est évident...

— Comment leur a-t-il été possible de se les procurer?...

— Je l'ignore... et je m'y perds!... j'ai beau chercher, ma raison s'égare... — il me semble que je deviens fou...

— Comme c'est vraisemblable, tout cela!... — dit à haute voix madame Blanchet. — Comme c'est vraisemblable, et que voilà donc des imaginations qui font honneur à l'esprit inventif de ce jeune et honnête caissier!...

André de Villers attacha sur la grosse femme un regard effaré.

— Oh! madame — balbutia-t-il — j'ai peur de vous comprendre!... — Qu'osez-vous dire, grand Dieu?... qu'osez-vous supposer?...

— Je ne suppose rien... oh! absolument rien, monsieur... — répliqua madame Blanchet, de l'air et du ton le plus ironiques. — Je me permets seulement de faire observer que vous devez avoir le sommeil très-solide et l'oreille un peu dure, pour n'avoir entendu quoi que ce soit, tandis que messieurs les voleurs s'introduisaient nuitamment dans le bureau, ouvraient le coffre-fort, et se retiraient paisiblement en emportant la somme énorme confiée à votre garde, et en refermant bien soigneusement toutes les portes derrière eux!...

André joignit ses deux mains, et s'écria avec une intonation désespérée : — Oh! mon Dieu!... mon Dieu!... on m'accuse!...

— Non, monsieur de Villers — répondit fermement Lucie; — personne ne vous accuse... personne ici ne songe à vous faire cette insulte imméritée... — On s'étonne seulement, et à bon droit, que vous n'ayez rien entendu, cette nuit, du bruit qui se faisait si près de vous...

— Mais peut-être — articula madame Blanchet en accompagnant ses paroles d'un petit sifflement comparable à celui de la vipère qui va mordre — peut-être monsieur le caissier, cette nuit, n'était-il pas dans sa chambre...

Lucie regarda André avec anxiété, presque avec effroi.

Le contre-maître fit un signe rapide au jeune homme, pour l'engager à garder le silence. — Mais déjà M. de Villers, irrésistiblement entraîné par la franchise de sa nature, s'écriait :

— Eh bien, oui, j'étais absent cette nuit, c'est vrai!... et ce sera mon éternel regret, mon éternel remords, puisque mon absence a favorisé peut-être les projets des voleurs, et rendu possible l'accomplissement de leurs desseins...

Lucie porta la main à son cœur; un large cercle bleuâtre s'estompa sous ses yeux, tranchant avec la pâleur mate de son visage qui prit une expression déchirante.

On eût dit qu'elle venait de recevoir un second coup, plus terrible encore que le premier.

L'impression produite sur la jeune fille n'échappa point au contre-maître, qui voulut réparer aussitôt le mal, ou du moins l'atténuer.

— Vous êtes trop généreux, monsieur André!... — dit-il vivement — vous prenez pour vous tout le paquet, dans la crainte d'attirer le blâme sur un pauvre diable comme moi... mais je ne le souffrirai pas!... — M. André n'a rien à se reprocher dans tout cela, mademoiselle Lucie!... rien absolument, entendez-vous!... — je suis seul fautif...

Tous les regards, et ceux du caissier lui-même, s'attachèrent avec une expression de curiosité avide et d'étonnement profond sur le contre-maître qui continua :

— Je savais que M. André devait passer la nuit dehors, non pas pour s'amuser, comme font les jeunes gens (car il ne pense guère à ses plaisirs, j'en réponds), mais pour une affaire sérieuse... une affaire qui regarde son avenir et que personne au monde n'aurait pu lui conseiller de manquer!... — il m'avait prévenu... — il m'avait demandé de veiller à sa place et de ne pas perdre de vue un seul instant la porte du pavillon!... — il comptait sur ma parole, il croyait pouvoir y compter, et moi, comme un sans cœur, j'y manquais!... pas longtemps, c'est vrai, mais assez cependant pour donner aux gredins la commodité de faire leur mauvais coup!... — Voilà la vérité, mademoiselle Lucie... voilà ce que M. de Villers ne vous disait pas, et vous voyez bien maintenant qu'il n'y a que moi de coupable...

Ayant ainsi parlé, le vieil ouvrier se pencha vers André et lui dit tout bas :

— Ne me démentez point!... vous voyez bien que ça la console!...

Lucie, en effet, ressemblait à une fleur flétrie par une chaleur orageuse et que quelques gouttes d'eau viennent de ranimer.

André ne se sentit pas le courage de démentir le sublime mensonge de Pierre; — il saisit la main du brave homme et il la serra silencieusement.

Madame Blanchet se pinça les lèvres et murmura d'un ton moitié haut, moitié bas :

— Ah! du moment que M. Pierre, contre-maître de ce chantier, répond pour M. le caissier, il est aussi lumineux que la lumière de l'astre du jour qu'il n'y a plus rien à dire, et que les choses sont pour le mieux!... — Mais ça ne rend pas l'argent volé, et ce qu'on sait est bon à savoir!...

Puis l'excellente dame ajouta, mais pour elle seule :

— Nous verrons bien ce que M. Verdier dira de tout cela, tout à l'heure, et s'il admirera beaucoup les caissiers qui vont courir le guilledou la nuit, la veille d'une échéance, et quand la caisse est bourrée d'argent!...

Il y eut un instant de silence. — Lucie le rompit.

— Le malheur qui nous frappe — dit-elle — est très-grand sans doute, mais les plaintes ne réparent rien... — il faut, quant à présent, aviser au plus pressé... — et d'abord, la signature de la maison Verdier ne peut demeurer un instant en souffrance... — Monsieur Etienne, vous reste-t-il beaucoup de courses à faire?...

— Plus une seule, mademoiselle... — répondit le garçon de recettes — c'est par vous que je finissais ma tournée...

— Je vais envoyer chercher une voiture... — reprit la jeune fille — voulez-vous avoir la complaisance de m'accompagner chez le banquier de mon père?... — il demeure rue Notre-Dame-des-Victoires, à deux pas de la banque... — vous serez payé sur-le-champ...

— Je ferai tout ce qui pourra vous être agréable, mademoiselle...

— Je n'en doutais pas, monsieur Etienne, et je vous en remercie... — Nous allons partir... — je vous conseille le courage et la force, monsieur de Villers... — vous voilà pâle comme un mort!... — Si mon père vous voyait ainsi, il n'aurait point de peine à deviner qu'il est survenu une catastrophe!... — Savez-vous, Pierre, si la nouvelle du vol s'est déjà répandue dans les chantiers?...

— La chose me paraît certaine, mademoiselle Lucie... — répondit le contre-maître — regardez un peu tous nos ouvriers... — ils se tiennent à distance par respect, mais ils restent pelotonnés, les bras ballants, et ils regardent par ici d'un air qui prouve qu'ils connaissent l'événement...

— Eh bien, priez ces braves gens de garder le silence à cet égard si mon père arrive ici pendant mon absence... — Je lui veux annoncer moi-même la fatale nouvelle... — ce coup sera bien terrible pour lui, mais peut-être, cependant, lui semblera-t-il moins cruel étant porté par moi...

— Personne ne dira rien, mademoiselle Lucie... c'est moi qui vous en réponds et vous y pouvez compter...

La jeune fille se tourna vers la veuve.

— Je vous recommande le même silence, madame Blanchet... — lui dit-elle.

La grosse femme grimaça un sourire, ébaucha une révérence, et fit cette réponse ambiguë, que Lucie interpréta dans le sens de ses désirs : — Je crois connaître mes devoirs, mademoiselle, et je mets mon honneur et ma gloire à m'y conformer avec soin et convenance...

Depuis la découverte du vol, Maugiron — nos lecteurs ont pu s'en convaincre — s'était tenu d'une façon presque absolue en dehors de l'entretien.

— Personne au monde, mademoiselle — dit-il en ce moment — ne prend une part plus vive que la mienne au déplorable événement dont votre maison vient d'être le théâtre et dont vous êtes la victime... mais enfin, comme je crois avoir conservé plus de sang-froid que tous ceux qui m'entourent, je vous demande la permission de vous donner humblement un conseil...

— Il sera bon!... — s'écria madame Blanchet — il sera d'une bonté tout à fait supérieure!... — Nous vous écoutons, monsieur Maugiron!... — nous vous écoutons, la bouche ouverte!...

— Parlez, monsieur, je vous en prie — répliqua Lucie — et croyez bien que je suis toute prête à mettre à profit ce que vous allez nous dire...

— Eh bien, mademoiselle — reprit le jeune homme — je ne saurais trop vous engager à faire au commissaire de police une déclaration immédiate du vol de cette nuit, afin que ce magistrat commence une enquête qui peut amener d'heureux résultats...

— Vous avez raison, monsieur!... cent fois raison!...

— Il serait en outre fort à propos, je crois, de parcourir sans retard les chantiers, d'examiner toutes choses, et de rechercher les moindres indices capables de mettre la justice sur la trace des scélérats...

— Oui... oui... — s'écria Lucie — il le faut!... — Comment ne pensions-nous point à cela!... — Monsieur de Villers, mettez-vous vite à ces recherches, je vous en prie... — Pierre vous aidera de son mieux...

— Et je propose d'y coopérer de tout mon pouvoir... — ajouta Maugiron.

— J'accepte cette offre, monsieur... — Je l'accepte avec reconnaissance...

La voiture était arrivée.

Lucie mit un chapeau sur sa tête, un châle sur ses épaules, et quitta les chantiers avec le garçon de banque.

XVII. — UNE SCÈNE A TROIS PERSONNAGES.

Aussitôt que Lucie se fut éloignée, madame Blanchet regagna majestueusement sa chambre, en se disant à elle-même :

— Aussi vrai qu'il est vrai que feu Blanchet fut un vaillant officier de pompiers et un heureux époux, et que M. Albert Maugiron est le chef-d'œuvre de la nature, de l'éducation et des temps modernes, je ne voudrais pas être à la place de ce petit caissier!... — M. Verdier est capable de lui casser la tête, et ma foi, je ne suis pas loin de penser qu'il mérite ce traitement rigoureux!... — Dans tous les cas, et quoi qu'il arrive, nous voilà débarrassés de lui, et c'est pain bénit!... — Je ne peux pas le souffrir!... non!... — sa présence m'agace le système!... — je n'aime que les êtres distingués, et il est commun comme du pain d'orge!...

Tandis que la dame de compagnie monologuait ainsi, Maugiron se tourna vers André et lui dit :

— Mon cher ami, nous commencerons quand vous voudrez notre enquête... — Mais voyons, qu'avez-vous?... — ajouta-t-il — pourquoi cet abattement si complet?... — en des circonstances comme celle-ci, il ne faut point de faiblesse... il faut de l'énergie!... — que diable!... vous êtes un homme!...

André fit un geste de découragement.

— Eh! — s'écria-t-il — vous me recommandez la force, l'énergie!...

— Sans doute!...

— Est-ce que je puis en avoir?...

— Pourquoi non?...

André haussa les épaules.

— Tenez — reprit-il — vous me faites l'effet d'un médecin qui dirait à son malade : — *Je vous conseille de vous bien porter!...*

— Le conseil serait bon!... — fit Maugiron avec un sourire.

— Oui... mais par malheur le malade ne pourrait le suivre!... — ne comprenez-vous donc pas ma position?...

— Je la comprends à merveille et je la trouve beaucoup moins terrible que vous ne vous la figurez...

— Eh! n'avez-vous pas entendu, tout à l'heure, l'infâme accusation qu'on me jetait en plein visage?...

— Parlez-vous sérieusement?... — j'ai peine à le croire... — qui songe à tenir compte des paroles d'une vieille folle comme madame Blanchet?... — la pauvre dame ne sait ce qu'elle dit!... — votre probité est inattaquable, tout le monde le sait, et personne, je vous l'affirme, ne se permettrait seulement de la soupçonner...

— Ceux qui me connaissent ne douteront pas de moi... je le crois... je l'espère... mais les autres...

— De qui parlez-vous?...

— Du public!... des étrangers!... des indifférents!... de tout le monde!... — une flétrissure éternelle, ineffaçable, va désormais s'attacher à mon nom...

— Une flétrissure ineffaçable!... — répéta Maugiron avec un étonnement qui semblait sincère.

— Eh! comment en serait-il autrement?... poursuivit André. — Je vous le demande à vous même, que penseriez-vous d'un caissier chassé par son patron le lendemain d'un vol, si vous ne connaissiez pas ce caissier? — Vous vous diriez : — *On ne l'a point traduit en justice, par pitié!... ou peut-être parce que les preuves manquaient contre lui... mais, à coup sûr, c'est un voleur!...*

— S'il s'agissait d'un caissier congédié, — répondit Maugiron — peut-être en effet certaines personnes, trop promptes dans leurs appréciations, pourraient-elles former un jugement téméraire... — Mais qui vous fait supposer que M. Verdier pourra songer à commettre à votre égard une si prodigieuse injustice?...

André eut aux lèvres un éclat de rire qui faisait mal à entendre.

— Vous en doutez!... — s'écria-t-il ensuite — on voit bien que vous n'avez jamais vécu près de M. Verdier, et que vous ne connaissez rien de lui!... — Il me jettera à la porte de sa maison avec fureur, avec rage, avec des insultes et des menaces!... — il lèvera la main sur moi... — il me frappera peut-être... — il me tuera peut-être!... — il n'y a rien à attendre de lui, croyez-moi!... ni pitié, ni pardon!...

— C'est vrai — murmura le contre-maître, qui se tenait debout et immobile à quelques pas des deux hommes et à portée de leur voix — ni pitié, ni pardon!... rien!...

— Mais — reprit Maugiron — qu'avez-vous fait pour mériter un courroux si terrible?... — vous n'êtes pas coupable...

— Je suis coupable vis-à-vis de lui et à ses yeux...

— De quoi?

— Du vol de son argent...

— Pouviez-vous l'empêcher?...

— Peut-être, car enfin! si j'avais été là, les voleurs n'auraient point accompli leur œuvre jusqu'au bout sans m'éveiller... on peut le supposer du moins... — mais je n'étais pas là...

— Comment le saura-t-il?...

André haussa les épaules.

— Quand bien même il n'y aurait pour le lui dire que madame Blanchet, il le saurait une heure après son arrivée...

— Ne peut-on imposer silence à cette méchante femme?...

— Essayez d'arrêter un boulet de canon!...

— Mais enfin, lorsqu'on a pour soi la justice et la vérité, il doit exister des moyens de faire entendre raison à un homme... et, à moins que M. Verdier ne soit fou...

— Il n'est pas fou... — interrompit André — c'est même à certains égards un homme juste — et cependant il n'entendra rien... il n'écoutera rien!... — il ne se laissera fléchir par rien!... — d'ailleurs, en me chassant, en m'insultant, en me frappant au visage, il sera dans son droit!... — Son argent m'était confié, son argent a disparu, et son argent, pour lui, c'est plus que son sang, plus que sa vie, plus que sa fille!... — Il pardonnerait peut-être de lui avoir laissé prendre sa fille!... — il ne pardonnera pas... il ne pardonnera jamais de lui avoir laissé voler son argent!...

— C'est vrai... — dit le contre-maître d'une voix sourde.

— Vous voyez bien que je suis perdu sans ressource!... — continua M. de Villers avec un redoublement d'amertume et de désespoir; — vous voyez bien que tout est fini pour moi!... — adieu mes rêves et mes espoirs!... — tout s'écroule!... tout s'anéantit!... — il ne me reste plus qu'à mourir!... et c'est ce que je ferai bientôt!... — ajouta-t-il à voix basse.

Maugiron prit les deux mains d'André, les serra dans les siennes d'un air attendri, et dit d'une voix émue :

— Du calme, du courage, au nom du ciel, mon ami!... — votre chagrin me brise le cœur, et, je vous le répète, malgré tout ce que je viens d'entendre, je ne veux pas croire que la situation soit aussi désespérée que vous la faites!...

André ne répondit rien à ce vague et banal encouragement. — Sa tête s'inclina sur sa poitrine et des larmes coulèrent de ses yeux...

Maugiron le regarda en dessous, d'une façon ironique qui signifiait clairement :

— Pauvre garçon!... nature faible!... corps sans âme!...

Le contre-maître s'approcha en ce moment du jeune caissier, lui toucha légèrement le bras, d'une façon respectueuse, pour attirer son attention, et l'entraînant ensuite à quelque distance, il lui parla tout bas pendant deux ou trois minutes avec beaucoup de vivacité.

André l'écoutait attentivement, et, tandis que le vieillard lui exposait ses idées, un peu de sang revenait colorer son visage pâle.

— Vous avez raison, Pierre... — murmura-t-il, lorsque le contre-maître eut dit tout ce qu'il avait à dire — je vous remercie de votre conseil... — s'il existe une voie de salut ouverte devant moi, c'est celle-là...

Ensuite il se rapprocha de Maugiron.

— Je vois avec bien de la joie que vous semblez plus calme... — s'écria ce dernier... — Vous commencez sans doute à comprendre, mon cher ami, qu'il n'est aucune position fâcheuse dans la vie dont on ne parvienne à se tirer avec la force de volonté...

— Cher monsieur Maugiron — commença de Villers d'une voix mal assurée et avec une émotion manifeste — vous venez de me nommer votre ami?...

— Oui, certes!... et j'espère bien vous nommer longtemps ainsi!...

— Ce titre d'ami, dans votre bouche, est-il autre chose qu'un mot affectueux, mais vide de sens?... — ai-je eu le bonheur, en effet, de vous inspirer une réelle et sérieuse sympathie?...

Maugiron fixa sur le caissier un regard étonné.

— J'espère bien que vous n'en doutez pas!...— répliqua-t-il; — n'être point convaincu serait me faire injure!... — mais pourquoi m'adressez-vous cette question?...

— Parce que je n'ai plus d'espoir qu'en vous, et que, si vous êtes véritablement mon ami, il dépend de vous de m'arracher à l'abîme qui m'engloutit...

— Vous parlez par énigmes — murmura Maugiron d'un air un peu contraint — je ne devine pas encore ce que vous voulez dire, mais soyez convaincu que si votre salut dépend véritablement de moi, comme vous paraissez le croire, vous pouvez vous regarder d'avance comme hors de péril!... — Voyons, que faut-il faire?... — voulez-vous que je me charge d'apprendre à M. Verdier la funeste nouvelle et que j'attire sur moi seul le premier feu de son courroux?...

André secoua la tête.

— Non... non... — fit-il — ce n'est pas ainsi qu'il faut me venir en aide...

— Parlez, alors... — qu'attendez-vous de moi?...

— J'irai droit au but — reprit le caissier — et je vous supplie de vouloir bien m'écouter sans m'interrompre... — Je vous ai dit que M. Verdier ne me pardonnerait point la perte de son argent... — Eh bien, cet argent, il faut le lui rendre, et je crois en avoir trouvé le moyen... — vous avez bien voulu me promettre une position dont les appointements et les bénéfices atteindraient le chiffre important de vingt mille et même de vingt-cinq mille francs par année... — La compagnie que vous représentez possède de grands capitaux... — Obtenez qu'elle m'avance la somme nécessaire pour désintéresser M. Verdier, et je prendrai l'engagement vis-à-vis d'elle de remplir les fonctions de secrétaire général sans toucher un centime pendant tout le temps nécessaire pour que le remboursement des avances se trouve opéré... — Faites cela, monsieur Maugiron... faites cela, je vous en conjure, et vous m'aurez sauvé l'honneur!... et vous m'aurez sauvé la vie!...

L'élégant jeune homme écoutait André sans l'interrompre, ainsi que ce dernier lui en avait adressé la demande, mais depuis un instant son visage mobile prenait une expression sombre et chagrine.

— Mon cher ami — s'écria-t-il — vous me désespérez!...

— Moi... je vous désespère!... — répéta le caissier stupéfait.

— Eh! sans doute, puisqu'au moment où je vous vois déjà triste, abattu, découragé, il me faut vous apprendre une mauvaise nouvelle...

— Oh! parlez, monsieur!... — parlez sans crainte!... — fit André amèrement — qu'importe un malheur de plus ou du moins?...

— Vous connaissez mes dispositions à votre égard, cher ami — reprit Maugiron — et vous avez pu vous convaincre cette nuit que celles de MM. de Montaigle, de Ribeaucourt et de Grandval n'étaient pas moins bienveillantes que les miennes...

— Oui... oui... j'ai vu cela... — balbutia le caissier... — Je l'ai vu... je ne doute pas...

— Jugez donc de ce que j'éprouvai ce matin.. jugez de ce que furent ma déception et mon mécontentement, lorsqu'en rentrant chez moi, une demi heure tout au plus après vous avoir quitté, on me remit une lettre du président du Conseil d'administration de notre compagnie... — Ce personnage — qu'il faut ménager, quoiqu'on en ait, à cause de sa fortune immense et de ses hautes relations — m'annonçait qu'il venait de donner à son neveu la place sur laquelle j'avais compté pour vous...

André leva les yeux vers le ciel; — un tremblement convulsif secoua tout son corps et il se tordit les mains en murmurant d'une voix sourde : « Plus d'espoir!...

— Ah! tonnerre!... — se dit à lui-même le contre-maître avec un intraduisible mouvement d'épaules — ça n'était pas difficile à deviner!... — j'aurais bien mis ma main dans le feu, et ma tête à couper, que les choses finiraient comme ça!...

— J'espère que vous ne me retirerez point une affection qui m'est bien précieuse!... — continua vivement Maugiron; — il serait trop injuste et trop cruel de m'en vouloir pour un fait si complétement en dehors de ma volonté, et qui me remplit moi-même du plus vif chagrin!...

André releva la tête. — Il avait des taches rouges sur les joues, — ses yeux étaient secs et brûlants.

— Vous en vouloir?... — répéta-t-il — et pourquoi, mon Dieu!... — je n'en veux à personne... — je n'accuse personne... — la fatalité seule a tout fait... — elle me poursuit... — elle m'accable... elle me tuera...

Le contre-maître fronça les sourcils et il dit, toujours en se parlant à lui-même :

— La fatalité!.. — Ah! tonnerre!... si j'osais!... — je sais bien de quel nom il faudrait l'appeler, cette fatalité-là!...

Un instant de silence suivit les dernières paroles de M. de Villers.

Tout à coup il se tourna vers Maugiron, et il reprit, avec une ardeur fiévreuse :

— Avez-vous confiance en moi?...

— Oui, mordieu, cher ami, j'ai confiance en vous!... — je vous sais le plus honnête et le plus loyal garçon qui soit au monde!...

— Eh bien, prouvez-le-moi...

— Comment?...

— Prêtez-moi la somme nécessaire pour restituer l'argent volé à M. Verdier!... — prêtez-moi soixante-dix mille francs!... — Ce chiffre est énorme, il est effrayant, je le sais bien... mais je suis jeune... j'ai du courage et de l'honneur... — je travaillerai sans trêve et sans relâche... jour et nuit... avec ardeur, avec joie... — je vous rembourserai, monsieur, je vous le jure sur la vie de ma mère, et vous aurez fait une grande et généreuse action!...

Un sourire mal dissimulé vint aux lèvres de Maugiron.

— Mon cher ami — répondit-il — en vérité, vous n'y songez pas!... — s'il s'agissait de mille écus!... — mais soixante dix mille francs!... — comment diable voulez-vous que je dispose d'une pareille somme?...

— Vous êtes riche...

— Beaucoup moins, peut-être, que vous ne le supposez...

— Cependant ce train de maison... cet hôtel... ces chevaux... ces voitures...

— Nécessités de ma situation!... — Ce train dont vous parlez absorbe mes revenus et quelquefois même les dépasse...— il y a des moments, parole d'honneur, où je me trouve fort à court et presque gêné au milieu de tout mon luxe... — Vous savez bien, d'ailleurs, qu'un homme de bon sens ne laisse point ses capitaux improductifs... — tout ce que je possède est placé... — il me faudrait subir des pertes énormes pour réaliser d'une heure à l'autre, et vous n'avez pas la prétention, j'imagine, de me demander ma ruine...

— Mais il est une chose, au moins, que vous pouvez faire...

— Laquelle?...

— Conduisez-moi chez votre banquier... — répondez pour moi... — cautionnez moi...

— Je le voudrais, mais malheureusement c'est impossible...

— Pourquoi impossible...

— Vous connaissez l'axiome commercial : — *Qui répond paye*...

— Eh! monsieur, vous savez bien que je ne vous laisserai point payer ma dette!...

— Je sais que vous êtes plein de courage et de bonne volonté, mais cela ne suffit pas toujours, vous en avez la preuve aujourd'hui!... — En outre, vous pouvez succomber à la tâche, et dans ce cas, sans parler du chagrin que me causerait votre perte, ma situation deviendrait fort désagréable, vous devez le comprendre vous même à merveille...

André cacha son visage dans ses deux mains.

— Je n'avais d'espoir qu'en vous... — balbutia-t-il — et vous m'abandonnez!... Oh! mon Dieu, mon Dieu! que vais-je devenir?...

— Je ne vous abandonne pas, mon cher ami, — répliqua Maugiron, — mais malgré tout l'intérêt que vous m'inspirez, je suis bien forcé de repousser des combinaisons et des expédients inacceptables. . Nous sommes des gens sérieux, que diable!... et non pas des enfants!... agissons donc et parlons sérieusement!...

— Mais, si je me jetais à vos pieds... si je vous conjurais à mains jointes... — poursuivit de Villers d'une voix suppliante.

Maugiron fit un geste de fatigue et d'ennui.

André, sans tenir compte de ce geste, ployait déjà le genou.

Le contre-maître s'avança vivement, et se plaça entre les deux hommes.

XVIII. — UNE MENACE.

— Pas de bassesse!... pas d'humiliation!... — s'écria Pierre; — relevez-vous, monsieur André!... on ne s'agenouille que devant Dieu!... — D'ailleurs — ajouta-t-il en attachant sur Maugiron un regard plein du plus écrasant mépris — vous perdez vos paroles et vos prières!... — voilà du temps déjà que je vous écoute et que la colère me grimpe au cerveau!... — Cet homme n'a pas de cœur!... — vous le croyez votre ami, n'est-ce pas?...

— J'ai cru qu'il l'était... — balbutia André.

— Et vous ne le croyez plus? tant mieux!... cent fois tant mieux!... — reprit le contre-maître — car si pour vous sauver il lui fallait sacrifier un quart d'heure de sa vie ou un écu de son argent, il ne donnerait ni l'un ni l'autre!... — démentez-moi donc, monsieur Maugiron!... démentez-moi si vous l'osez!...

— En vérité — répliqua l'élégant jeune homme avec un rire moqueur — ceci tourne à la bouffonnerie d'une manière incroyable!... — ne faudrait-il pas se ruiner, pour être agréable aux caissiers dont on dévalise la caisse?... — la plaisanterie est délicieuse, mais le rôle de bienfaiteur serait un peu cher à ce prix!... aucune fortune n'y pourrait suffire!...

— Monsieur André — poursuivit Pierre — je vous avais prévenu... — vous n'avez pas voulu me croire!... — mes pressentiments ne me trompaient guère cependant, vous devez bien le voir aujourd'hui!... — je me suis toujours défié, moi!... — j'ai du flair comme un chien de chasse!... — le chien sent le gibier, moi je sens les coquins!... — celui-ci est un mauvais gueux!... — je l'ai toujours dit... — je le répète!... — ces affaires qu'il venait conclure et qu'il ne terminait jamais... mensonge!... — ce grand intérêt qu'il vous témoignait... mensonge!... — cette place qu'il vous faisait espérer... mensonge!... — il vous attirait la nuit dehors... il avait son but... — il voulait vous compromettre... vous perdre... vous faire chasser, afin d'avoir ici le champ libre et de mettre la main sans obstacle sur la dot de mademoiselle Lucie Verdier!... — Ah! je devinais bien son jeu... — hier, je voulais le chasser!... on s'est mis entre nous!... on m'a contraint à lui demander pardon!... — j'aurais dû pousser les choses jusqu'au bout, malgré tout et malgré tout le monde!... — il avait un couteau dans sa canne... il m'aurait tué!... — qu'importe?... — il se fermait la porte du chantier en m'assassinant... — Je pouvais donner ma vie sans regret pour un tel résultat!...

Ce qui précède ne s'était point dit sans interruption, ainsi que nous venons de l'écrire...

André s'efforçait, mais en vain, de calmer le contre-maître, et d'arrêter le flux toujours croissant de ses paroles indignées...

Pierre ne semblait même pas s'apercevoir des instances et des supplications du jeune homme. — Sa voix, sourde d'abord, s'était élevée peu à peu, et maintenant il parlait d'un ton si haut que les ouvriers, désertant l'un après l'autre les parties éloignées du chantier, se rapprochaient peu à peu, et formaient autour de nos personnages un cercle qui se rétrécissait d'instant en instant.

Le contre-maître continua :

— Il n'est jamais trop tard pour réparer le mal! — ce que j'aurais dû faire hier, je vais le faire aujourd'hui... — je ne suis rien ici, je le sais, mais je suis un honnête homme; j'ai le droit d'agir en honnête homme et j'en use!... — Je vous chasse, monsieur Maugiron... entendez-vous bien!... je vous chasse!... et je vous défends de repasser jamais le seuil de cette porte!...

Maugiron, la tête haute et les deux bras croisés sur sa poitrine, écoutait ces paroles de l'air le plus calme. — Ses yeux s'attachaient sur le contre-maître avec la fixité qu'on attribue aux regards du serpent; un sourire sardonique crispait sa lèvre supérieure.

— Tout cela est fort bien — dit-il d'un ton railleur — et je dois m'incliner avec déférence devant les volontés de M. Pierre!... — Si je n'en tenais compte, cependant?... si je m'obstinais à rester ici, malgré ses ordres absolus?... qu'arriverait-il?...

— Ce que vous ne feriez pas de bon gré, vous le feriez de force!... — réplique le contre-maître impétueusement...

— Expliquez-vous mieux, brave homme!...

— Je saurais bien vous forcer à nous montrer les talons de vos bottes...

— Vous!...

— Oui, moi!... tonnerre!...

— Et comment cela, s'il vous plaît?...

— En vous prenant par le collet de votre habit!... en vous traînant jusque dans la rue et en refermant la porte sur vous!... — Vous avez amené le malheur dans cette maison... — il en sortira peut-être avec vous!...

— Vous venez de parler, je crois, d'employer la violence à mon égard!... — reprit Maugiron avec un inaltérable sang-froid.

— J'en ai parlé, oui, de par tous les diables!... et je le ferai comme je l'ai dit!...

— Et si je résiste?...

— Si vous résistez, tant pis pour vous!... — mes mains valent des tenailles d'acier!... — je vous étranglerai sans remords, et c'est vous qui l'aurez voulu...

— Essayez donc un peu, s'il vous plaît!... — je suis curieux de vous voir à l'œuvre...

Le contre-maître poussa un rugissement. — Tout le sang de ses veines lui montait à la tête et faisait battre ses tempes... — Il allait s'élancer sur son ennemi. — Déjà M. de Villers, effrayé et désespéré de cette scène, se préparait à le saisir à bras-le-corps, afin de paralyser ses mouvements...

Il n'en eut pas besoin...

Maugiron étendit la main vers le vieil ouvrier, et dit d'une voix impérieuse :

— Je vous défends de m'approcher, PIERRE LANDRY!...

L'effet de cette simple phrase fut immédiat et en quelque sorte magique. — On eût dit que le contre-maître, en l'entendant prononcer, venait de recevoir en pleine poitrine la décharge d'une puissante machine électrique. — De pourpre qu'il était, il devint pâle comme un mort, il recula chancelant, et André s'approcha vivement de lui pour le soutenir.

— Vous êtes entouré de braves gens, d'honnêtes travailleurs, qui se seraient jetés entre vous et moi, et qui ne vous auraient certes point permis de m'assassiner!... — continua Maugiron — mais vos habitudes de violence et de meurtre vous portent malheur!... — vous avez déjà tué un homme, ne l'oubliez pas!... un autre n'a dû la vie qu'à la promptitude avec laquelle on l'a retiré de vos mains!... — La cour d'assises vous connaît... — vous êtes un habitué des prisons... — la haute police vous a surveillé longtemps!... — Prenez garde à vous, Pierre Landry!... — prenez garde!... la prochaine fois ce serait le bagne, et après le bagne, l'échafaud!...

Maugiron se tut et promena ses regards autour de lui.

Ce que nous avons vu se passer dans le grand salon du restaurant des *Marronniers* se renouvela en ce moment.

Une sourde rumeur courut dans les rangs des ouvriers groupés autour de nos personnages, et bon nombre d'entre eux s'éloignèrent instinctivement de l'homme qu'on venait de leur signaler comme un meurtrier, comme un repris de justice.

— Ne croyez pas ce que vous venez d'entendre!... — s'écria André avec toute la fougue d'un premier mouvement généreux; — je n'accuse point de mensonge M. Maugiron, mais il se trompe ou il a été trompé, c'est clair!... — Pierre est incapable de commettre un crime, je l'affirme!... — Je réponds de lui, mes amis... je réponds de lui comme de moi-même!...

Nous savons déjà que le contre-maître, quoiqu'il fût le représentant d'une rigoureuse discipline, jouissait dans les chantiers d'une estime si grande qu'elle ressemblait à de la popularité; — d'un autre côté la douceur et la politesse du jeune caissier lui avaient concilié de vives sympathies. — Sa voix s'élevant en faveur de

Pierre produisit une réaction immédiate; — l'accusation formulée parut monstrueuse; — les ouvriers se rapprochaient, et l'un d'eux s'écria en s'adressant à Maugiron :

— Ça n'est pas tout ça, dites donc, monsieur!... — vous venez de nous raconter un tas de fariboles qui pourraient bien n'avoir ni queue ni tête, et nous ne sommes point obligés de vous croire sur parole!... — c'est facile d'accuser les gens, mais quand on les accuse à tort, c'est mal propre!... — Prouvez-nous donc qu'en accusant le vieux que voilà vous avez dit la vérité, sinon nous allons vous faire prendre un bain dans la Seine, et vous ne l'aurez pas volé!...

Maugiron eut aux lèvres ce même sourire railleur qui paraissait leur devenir habituel, et il dit :

— Vous voulez des preuves?...

— Oui, nous en voulons...—répliqua l'ouvrier qui venait de parler.

— Je n'aurai pas besoin d'aller bien loin pour vous en donner... —reprit Maugiron; — regardez l'homme que vous essayez de défendre!... — son attitude répond pour moi!... — questionnez-le... — demandez-lui s'il s'appelle en effet Pierre Landry?... — demandez-lui si j'ai menti et calomnié?... — c'est à lui que je m'en rapporte, et d'avance j'accepte pour vrai tout ce qu'il va vous dire...

Aucune voix ne s'éleva, mais tous les yeux, même ceux d'André, interrogèrent le contre-maître.

Ce dernier offrait l'image la plus complète et la plus navrante d'un homme anéanti, frappé de la foudre...

Il se ranima brusquement sous le choc magnétique de ces regards qui semblaient vouloir fouiller sa conscience et descendre au fond de son âme.

Il releva la tête. — Une expression indéfinissable se peignit sur son visage. — C'était un mélange inouï de résolution, de désespoir et d'audace.

— Eh bien, oui — s'écria-t-il d'une voix rauque et méconnaissable — je suis Pierre Landry... je suis le meurtrier... je suis le condamné!... — j'avais payé ma dette à la justice humaine, et peut-être à celle de Dieu!... — le maître de cette maison, M. Verdier, connaissait mon passé... — il ne me regardait point comme un misérable, sans doute, puisqu'il m'accordait sa confiance et qu'il avait gardé mon secret... — Depuis bien des années j'habite ce chantier, et vous savez si je me montrais honnête homme et bon ouvrier... — Aujourd'hui ce lâche me rejette au fond de l'abîme d'où je me croyais à jamais sorti!... — ma vie était ici!... — ma vie est finie, car vous allez déclarer tous qu'un repris de justice ne peut être votre compagnon, et qu'il faut choisir entre vous et lui!... — le choix ne peut être douteux... — c'est ma mort, mais avant de mourir, aussi vrai que je me nomme Pierre Landry, je me vengerai de cet homme!...

Et le contre-maître, traversant les groupes d'ouvriers qui s'écartaient pour lui faire place, s'éloigna rapidement.

— Vous l'avez entendu!... — s'écria Maugiron — je vous prends à témoin, tous, qu'il m'a menacé de sa vengeance!... — l'intérêt de ma sûreté l'exige... je vais aller trouver le commissaire de police afin qu'il reçoive ma déclaration!... — Ce Pierre Landry est coutumier du fait... il pourrait m'attendre au coin d'une rue et me donner un coup de couteau!...

Personne ne répondit. — Les ouvriers se dispersèrent en causant avec animation, et André dit à Maugiron, froidement :

— Je ne sais si je me trompe, monsieur, mais il me semble que vous venez de commettre une mauvaise action...

Maugiron haussa les épaules.

— Ah! vous trouvez cela, monsieur le caissier?... — s'écria-t-il.

— Oui, monsieur...

— C'est une opinion comme une autre, mais ce n'est point la mienne... — fallait-il donc, selon vous, me laisser assassiner?...

— Eh! monsieur, ce danger dont vous parlez sans cesse, vous n'y croyez pas!...

— J'y crois très-fort, au contraire... — Pierre Landry allait me frapper si je ne l'avais arrêté à temps en arrachant son masque...

— Il est d'autres masques, monsieur, qui laisseraient à découvert des visages plus dangereux que le sien, si quelque main hardie en brisait les cordons!...

Maugiron regarda André bien en face.

— Y aurait-il par hasard une intention de personnalité sous vos paroles, monsieur de Villers? — demanda-t-il.

— Peut-être n'y en avait-il aucune — répliqua vivement le jeune homme — mais s'il vous plaisait d'en trouver une, je ne me permettrais pas de vous démentir...

Un éclair brilla dans les yeux de Maugiron, mais cet éclair s'éteignit presque aussitôt, et le prétendu directeur de la Société de colonisation se mit à rire d'une façon railleuse.

— Une querelle avec vous!... — murmura-t-il — ce serait absurde!... — je sais d'ailleurs être indulgent!... — vous avez mal aux nerfs, cher monsieur... — l'anecdote des soixante-dix mille francs vous agace!... — après tout, c'est trop naturel, et je compatis du meilleur de mon cœur à vos petits chagrins!... — Calmez-vous, soignez-vous, remettez-vous, et comme ma société semble vous être médiocrement agréable, je ne vous l'imposerai pas plus longtemps... — je vous quitte et je vais tout de ce pas chez le commissaire du quartier...

— Chez le commissaire?... — répéta André.

— Naturellement...

— Porter plainte contre Pierre Landry?...

— Bien entendu!...

— Oh! monsieur, vous ne ferez pas cela!...

— Pourquoi donc?...

— Un sentiment d'humanité vous retiendra...

— Je comprends mal ce que vous voulez dire, je l'avoue...

— Songez donc aux conséquences de cette plainte!... — Pierre Landry n'a commis à votre égard aucune voie de fait...

— Ce n'est pas faute d'en avoir bonne envie!... — d'ailleurs il m'a menacé... cela suffit, et j'ai trente témoins!... tous vos ouvriers déposeront de ce qu'ils ont vu et entendu...

— Hélas!... votre plainte ne sera que trop bien accueillie!... — Dans la situation de ce malheureux, une telle déposition ne peut manquer d'attirer sur lui toutes les rigueurs de la justice...

— Il ne s'agit point de rigueurs, mais d'une surveillance préservatrice... — Cet homme a l'instinct de la violence et du guet-apens!...— la justice et la police me doivent une protection efficace, et cette protection, je la réclame... — je n'ai nulle envie de porter un corselet d'acier sous ma chemise, comme nos bons aïeux, ou de recevoir à l'improviste un coup de couteau entre la cinquième et la sixième côte!...

— Si vos inquiétudes sont réelles, je parlerai à Pierre Landry, je vous le promets...

— Grand merci!... — répliqua Maugiron en riant — mais permettez-moi de croire que la conversation de M. le commissaire produira sur ce forcené beaucoup plus d'effet que la vôtre...

— Je vous réponds de lui...

— Ah! cher monsieur, quelle imprudence!... — il ne faut jamais répondre de rien ni de personne!... — N'auriez-vous pas répondu hier que les soixante-dix mille francs enfermés dans votre caisse ne seraient point volés cette nuit?...

— Ainsi, vous êtes inflexible?...

— Autant qu'une barre de fer...

— Allez donc!... achevez de perdre ce malheureux, mais peut-être un jour sera-t-on sans pitié pour vous, comme vous aurez été sans pitié pour lui!...

— Je vous sais gré du pronostic!... — s'écria Maugiron en riant — il est des plus flatteurs... seulement peut-être manque-t-il un peu de vraisemblance...

Puis il ajouta, en se dirigeant vers la porte de la cour :

— Après ma visite au commissaire, je reviendrai... — sans doute alors mademoiselle Lucie sera de retour, votre honorable patron, M. Achille Verdier aura terminé son voyage, et j'aurai le plaisir de faire connaissance avec lui...

André, resté seul, murmura :

— Allons!... c'est un jour de malheur!... tout le monde en aura sa part!...

XIX. — L'ARRIVÉE.

Rien n'était plus vrai; — Maugiron se rendait bien réellement chez le commissaire de police...

Le jeune homme se proposait d'atteindre un double but en faisant cette démarche : — le premier — mais le moins important, — était de se venger du contre-maître qui, par deux fois, l'avait offensé; — le second — et le principal — était de payer d'audace, ou plutôt d'impudence, en appelant sur lui-même l'attention d'un représentant de l'autorité judiciaire, le lendemain du vol considérable dont il avait été l'instigateur et le complice.

L'utilité et les résultats probables de cette rouerie machiavélique se devinent sans peine, et nous ne croyons point qu'il soit nécessaire d'entrer dans de plus amples détails à ce sujet vis-à-vis de nos lecteurs...

Le magistrat — ne pouvant juger que sur les apparences — accueillit Maugiron à merveille, reçut sa plainte, déplora que certains actes de sauvagerie pussent se commettre à Paris dans les classes ouvrières, en plein dix-neuvième siècle, et prit l'engagement de mander Pierre Landry à son bureau dès le lendemain pour lui adresser en premier lieu une admonestation sévère, avant de recourir contre lui à des mesures rigoureuses.

Quelques minutes après le départ de Maugiron, une citadine dont les chevaux étaient blancs d'écume s'arrêta devant la porte du chantier.

Lucie Verdier en descendit.

André de Villers, immobile et en proie à une rêverie sombre, se trouvait encore à la même place où nous l'avons laissé à la fin du précédent chapitre.

La jeune fille se dirigea vivement vers lui.

— Monsieur André — lui demanda-t-elle, — mon père est-il arrivé?...

— Non, mademoiselle... — répondit le caissier.

— Tant mieux, car j'ai le plus ardent désir qu'il n'apprenne rien aujourd'hui, et son retard nous donnera le temps de reprendre nos visages habituels... — Pour votre part, monsieur André, vous aurez fort à faire, je vous en préviens, car vous me paraissez plus pâle et plus abattu qu'au moment où je me suis séparée de vous...

— Vous trouvez, mademoiselle?... — balbutia le jeune homme.

— Sans doute, et c'est un tort... — j'ai paré au plus pressé!... — le banquier de mon père a donné l'argent sur-le-champ, et voici les valeurs souscrites et endossées par notre maison... — tout est donc payé, et la catastrophe de cette nuit se résume en une perte matérielle considérable, il est vrai, mais qui ne peut ni entraîner notre ruine, ni porter préjudice à notre crédit.. — Demain je choisirai mon heure, et je ferai un aveu complet... — Mon père est assez riche pour prendre son parti, et grâce au ciel, il est assez juste pour ne pas vous rendre longtemps responsable d'un malheur dont vous êtes innocent... — Je sais bien que, tout d'abord, sa colère sera terrible, mais j'en subirai le premier choc, et je vous assure qu'il ne tardera guère à se calmer... — enfin, pour tout dire en un mot, j'espère bien, monsieur André, qu'il vous sera possible de conserver votre position au milieu de nous...

Le jeune homme secoua tristement la tête.

— Ne le croyez-vous donc pas comme moi? — demanda Lucie.

— Hélas! non, mademoiselle...

— Pourquoi cela?... — doutez-vous que mon père soit un homme juste?...

— Je ne me permettrais pas d'en douter, — répliqua le caissier, — mais malheureusement M. Verdier sera dans son droit en m'adressant les reproches que je m'adresse à moi-même depuis ce matin avec une profonde amertume... — je suis coupable... — bien coupable!... — j'aurais dû réfléchir à la responsabilité que j'encourais, et ne quitter mon poste cette nuit sous aucun prétexte... — Du moins ainsi j'aurais peut-être empêché le crime, ou du moins je me serais fait tuer en défendant l'argent qui m'était confié!...

André garda le silence pendant quelques secondes, puis il ajouta:

— Ce n'est pas tout, mademoiselle, et depuis votre départ il est arrivé un second malheur, d'une toute autre nature que le premier, mais non moins irréparable...

La jeune fille se prit à trembler.

— Un second malheur... — répéta-t-elle. — Oh! mon Dieu, qu'allez-vous m'apprendre?...

André connaissait toute l'affection de Lucie pour le contre-maître; — il hésita avant de parler, mais le regard de mademoiselle Verdier indiquait une telle angoisse qu'il ne voulut pas la faire souffrir plus longtemps.

— Il s'agit de Pierre... — murmura-t-il.

Lucie devint pâle. — M. de Villers lui raconta rapidement la scène qui venait d'avoir lieu entre le contre-maître et Maugiron, et la dénonciation de ce dernier.

— C'est impossible!... — s'écria la jeune fille après avoir écouté ce récit jusqu'au bout, en donnant tous les signes de la plus violente émotion; — c'est impossible!... — Pierre ne peut pas avoir été meurtrier... il ne peut pas avoir été condamné!... — je ne le crois pas!... je ne le croirai jamais!...

— La chose n'est cependant que trop certaine, mademoiselle... — murmura le caissier.

— Eh quoi!... l'accusez-vous aussi?...

— Que Dieu m'en garde!... — bien loin de l'accuser, je l'aime, et, qui plus est, je l'estime, mais le moyen de s'inscrire en faux contre son propre aveu?...

— Il a donc avoué?...

— Oui... — il a même ajouté que M. Verdier, votre père, connaissait son passé...

— Vous voyez bien!... — dit Lucie impétueusement; — mon père, connaissant son prétendu crime, ne le bannissait point du chantier, et lui permettait de se rapprocher sans cesse de moi, et de me témoigner son attachement... — Donc il ne le méprisait pas...

— C'est évident et c'est incontestable... — répliqua M. de Villers.

La jeune fille reprit:

— Aujourd'hui même... dans un instant, je verrai Pierre... je lui parlerai... je lui demanderai de m'apprendre la vérité tout entière, et je suis certaine d'avance que s'il a commis jadis une action qui semble coupable, des circonstances fatales que nous ignorons encore en sont responsables bien plus que lui...

— Je le crois comme vous, mademoiselle, mais malheureusement, que Pierre soit criminel ou qu'il soit innocent, les conséquences de sa condamnation seront les mêmes...

— De quelles conséquences parlez-vous?...

— Il lui faudra quitter le chantier...

— En aucune façon, puisque mon père l'y conservera, j'en réponds...

— M. Verdier ne sera pas le maître d'agir... — il aura les mains forcées.

— Comment?... que voulez-vous dire?...

— Je veux dire que si M. Verdier s'obstinait à garder son contre-maître, les ouvriers se retireraient en masse...

— Mon Dieu!... que leur a donc fait le pauvre Pierre pour être ainsi détesté?...

— Il ne leur a rien fait, mademoiselle, et ces braves gens, ce matin encore, avaient pour lui beaucoup d'attachement et beaucoup de respect...

— Et maintenant?...

— Maintenant ils refuseront sans aucun doute de travailler avec un condamné, avec un *repris de justice*, comme ils disent...

— Même si ce condamné mérite mille fois plus de pitié que de réprobation?...

— Je ne sais ce qu'ils feraient s'ils savaient cela, mais ils l'ignorent, mademoiselle...

— Eh bien! — s'écria la jeune fille avec un accent parti du cœur, — je le leur apprendrai!... — je plaiderai la cause de Pierre auprès d'eux, quand je serai moi-même instruite, et par sa propre bouche, des moindres détails qui le concernent!... — nous verrons bien s'ils refusent de m'écouter, s'ils refusent de me croire et si, lorsque je les aurai suppliés, ils restent sourds à ma prière!... — Oh! ce M. Maugiron!... — à présent que je sais combien il a fait de mal avec une seule parole, il me semble que je le déteste de toute mon âme!...

Lucie passa son mouchoir sur ses yeux humides de larmes, puis elle ajouta:

— Je rentre chez moi... — voulez-vous avoir la complaisance, monsieur André, d'aller chercher ce pauvre Pierre, qui doit se trouver le plus malheureux des hommes et de me l'amener... — je veux le confesser sur-le-champ... — il faut en finir le plus vite possible avec une situation aussi douloureuse que la sienne...

— J'y vais, mademoiselle...

André fit en effet quelques pas vers le chantier, mais il s'arrêta aussitôt.

On entendait retentir sur le quai des cris joyeux, et les ouvriers, prenant les uns après les autres la direction de la porte charretière, se précipitaient au dehors en agitant leurs bonnets et leurs casquettes.

— Que se passe-t-il donc? — murmura Lucie.

— Monsieur votre père arrive avec son bateau *le Titan*... — répondit M. de Villers.

— Mon père... — répéta Lucie — oh! alors, il ne faut m'occuper que de le recevoir, et remettre à plus tard mon entretien avec Pierre... — Mon Dieu, je tremble... — pourvu qu'une parole indiscrète, prononcée par hasard, n'aille pas révéler ce qui s'est passé cette nuit!... — si mon père apprenait ce malheur par une autre bouche que la mienne, qu'arriverait-il?... je frémis d'y penser...

— Soyez sans inquiétude à cet égard, mademoiselle... — je vous réponds de tous nos ouvriers... — aucun ne parlerait d'ailleurs, à moins d'être interrogé, et vous savez que M. Verdier n'est pas

Le contre-maître poussa un rugissement. (P. 61.)

communicatif... et puis, comment l'idée de questionner lui viendrait-elle, puisqu'il ne se doute de rien?...

André ne s'était point trompé en renseignant Lucie sur la cause du tumulte signalé par nous quelques lignes plus haut.

Le Titan, grand et magnifique bateau, chargé de bois de construction représentant une somme énorme, arrivait à quai, et les mariniers de son équipage s'occupaient à l'amarrer en face de la porte des chantiers, juste à la place occupée la veille au soir par le bateau vide dans lequel nous avons vu l'Écureuil et Gobert se cacher un peu avant l'heure où André quittait le pavillon pour courir au funeste rendez-vous donné par Maugiron.

Le propriétaire du *Titan*, Achille Verdier se tenait debout à l'arrière, silencieux, les bras croisés sur la poitrine et regardant la manœuvre d'un œil sombre.

Aussitôt que les amarres eurent été fixées, il s'élança sur le quai, sans attendre qu'une passerelle eût été improvisée au moyen de deux planches, et, répondant à peine aux souhaits de bienvenue des ouvriers, il franchit le seuil de la porte.

Le capitaine du *Titan* avait environ cinquante-cinq ans au moment où nous le présentons de nouveau à nos lecteurs qui l'ont perdu de vue pendant quinze ans.

Ce laps de quinze années avait apporté un immense changement dans sa figure, dans son attitude, dans toute sa personne.

Il était difficile de retrouver en lui quelque vestige de l'homme instruit, bien élevé, aux formes presque aristocratiques, que nous avons connu jadis.

Un réseau de rides innombrables et profondes se croisait sur la peau bronzée et parcheminée de son visage toujours beau, mais que recouvrait plus qu'aux trois quarts une barbe inculte et rude au toucher.

Les cheveux, très-épais, comme autrefois, tombaient le long des joues en mèches poudreuses, qui grisonnaient seulement sur les tempes.

Le corps avait conservé la souplesse et la vigueur de la quarantième année, mais, à la suite sans doute des fatigues d'un long voyage, une sorte d'affaissement commençait à arrondir les épaules.

Les mains, sans cesse exposées à l'action de l'air et du soleil, étaient devenues d'un brun rouge comme celles d'un Indien, ou d'un vigneron de la Bourgogne.

Le costume d'Achille Verdier consistait en un pantalon large, de cette épaisse toile grise, appelée *treillis*, dont on fait les pantalons de travail des soldats de cavalerie; — un vieil habit-veste de gros velours verdâtre à côtes, blanchi sur toutes les coutures, et usé aux coudes et aux poignets par de longues années de bons et loyaux services, et enfin une casquette de drap, couverte d'une couche de poussière et de crasse si épaisse et si bien incrustée qu'aucune brosse au monde n'aurait eu le pouvoir de restituer à l'étoffe sa couleur primitive, complétaient cette toilette; — la visière de cuir jadis verni était étrangement fendillée et déformée.

Une paire de souliers pesants, aux semelles épaisses constellées de clous énormes, achevaient de donner au millionnaire Achille Verdier la sordide apparence d'un pauvre diable fort peu soigneux de sa personne...

XX. — LE PREMIER MOT DU SECRET.

Certes, à aucune époque, la physionomie de M. Verdier n'avait exprimé ces sentiments nobles et généreux qui mettent une sorte d'auréole autour des figures sur lesquelles ils rayonnent; mais

Paris. — Typ. Collombon et Brûlé, rue de l'Abbaye, 22

ACHILLE VERDIER.

enfin le regard impérieux et les traits fermement dessinés du personnage qui, quinze années plus tôt, avait conclu avec Pierre Landry le pacte que nous connaissons, indiquaient la hardiesse, la résolution, l'énergie.

Il n'en était plus ainsi maintenant : — l'œil d'Achille Verdier se voilait sans cesse sous ses paupières épaisses, comme celui d'un oiseau de ténèbres que blesse la lumière du jour ; — on ne pouvait lire dans son regard incertain et fuyant, et sur sa bouche aux lèvres amincies, qu'une défiance permanente, un égoïsme absolu, — enfin une cupidité basse et une convoitise insatiable...

Tel que nous venons de le décrire, et par conséquent un peu différent, comme on voit, du portrait tracé par André de Villers dans la lettre qu'il écrivait à sa mère, Achille Verdier, après avoir franchi le seuil de la porte charretière, se dirigeait vers le pavillon du caissier, lorsqu'il rencontra Lucie qui venait à sa rencontre et qui se jeta dans ses bras en l'embrassant tendrement.

— Ah ! mon père... — s'écria-t-elle avec un accent ému dont la sincérité ne pouvait être mise en doute — que je suis heureuse de vous voir !...

Achille Verdier rendit ses caresses à la jeune fille, et s'efforça de se montrer affectueux pour elle, mais son expansion de commande dissimulait mal sa froideur, et les expressions de sa tendresse étaient contraintes et peu naturelles...

— Vous m'attendiez aujourd'hui, je pense? — demanda-t-il après avoir joué de son mieux sa petite comédie d'affection paternelle.

— Oui, mon père... — répondit Lucie — vos deux dernières lettres, reçues hier et ce matin, nous donnaient l'assurance de votre arrivée...

— En mon absence, tout s'est bien passé ?...

— Oui, mon père...

— Tout le monde a fait son devoir?...

— Je le crois...

— Les affaires ont marché d'une façon satisfaisante ....

— J'espère que vous ne serez pas mécontent des résultats...

— Aucune plainte grave à formuler contre quelqu'un des ouvriers ou des employés ?...

— Aucune...

— M. André de Villers, toujours exact et zélé?...

— Son zèle ne s'est pas ralenti...

La voix de Lucie tremblait en faisant cette réponse, mais M. Verdier n'accorda pas la moindre attention à ce symptôme qui cependant aurait dû l'inquiéter.

Il continua :

— C'était aujourd'hui jour d'échéance...

— Oui, mon père...

— Le chiffre?...

— Soixante-trois mille...

— On a fait face avec nos seules ressources, je veux dire avec l'argent qui se trouvait en caisse?...

— Oui, mon père...

— C'est bien...

— Et maintenant, mon père — dit vivement la jeune fille, se hâtant de rompre avec un sujet dangereux qui la forçait à marcher pieds nus sur des charbons ardents — parlons de vous, je vous en supplie...

— De moi !... — répéta M. Verdier avec une nuance d'étonnement ; — eh ! que diable pouvons-nous dire de moi?...

— Vous avez fait un heureux voyage ?...

Paris. — Typ. Collombon et Brûlé, rue de l'Abbaye, 22

— Excellent... sous tous les rapports...

— Votre santé n'a pas un instant cessé d'être bonne?...

— Ceci est une question inutile !... — est-ce que je suis jamais malade?...

— Vous êtes content de vos acquisitions?...

Un vague sourire vint aux lèvres du millionnaire et ses yeux pâles étincelèrent.

— Ah! — s'écria-t-il — j'ai réussi au delà de mes espérances!... — le *Titan* est chargé si lourdement que sa ligne de flottaison se trouve à quarante centimètres au-dessous du niveau de l'eau!... — un peu plus et il coulerait comme un lingot de plomb!... — j'ai fait des affaires d'or... — je gagnerai plus de vingt mille francs sur mon chargement...

— Mon Dieu! — se dit Lucie à elle-même — pourvu que ce bénéfice magnifique le dispose à prendre courageusement son parti de la perte qu'il apprendra demain...

— Mais — continua M. Verdier — comment se fait-il qu'André de Villers ne soit pas là pour me recevoir...

— C'est que peut-être il ignore votre arrivée... — Voulez-vous que je le fasse prévenir?...

— Inutile... — j'entrerai moi-même tout à l'heure dans son bureau, et je jetterai séance tenante un coup d'œil sur ses livres... — Ce jeune homme a de bonnes habitudes... il serait fâcheux de les lui faire perdre en le dérangeant mal à propos... — je ne vois pas non plus Pierre le contre-maître, ce me semble...

— Pierre se trouve retenu sans doute dans quelque partie reculée des chantiers... — Si vous avez besoin de lui, je vais l'envoyer chercher par un ouvrier...

— Non... — non... — s'il est là-bas, c'est que la besogne y réclame sa présence... — je vais aller le trouver, car j'ai des ordres à lui donner pour le déchargement immédiat du bateau...

— Voulez-vous que je vous accompagne, mon père?...

— Si vous en avez la fantaisie, je n'y vois pas d'obstacle, mais je n'en vois pas non plus la nécessité...

Malgré la froideur de cette réponse, Lucie se disposait à prendre le bras de M. Verdier et à se diriger avec lui vers les profondeurs des chantiers, lorsque le tête-à-tête du père et de la fille fut interrompu par l'arrivée d'un troisième personnage.

Ce personnage n'était autre que Maugiron, dont la voiture venait de s'arrêter sur le quai, et qui, semblant hésiter depuis un instant à interrompre l'entretien commencé, se tenait à quelque distance, et attachait ses regards sur Achille Verdier avec une fixité dévorante.

— Est-ce bien lui? — se demandait-il; — sur mon âme je doute et j'ai *peine* à le reconnaître, ou, pour mieux dire, je ne le reconnais en aucune façon... — Certes, ma mémoire est fidèle... je vois encore le capitaine!... — ce sont les mêmes yeux, mais ce n'est ni le même visage, ni surtout la même tournure... — il est vrai que quinze années métamorphosent diablement un homme!... — Dans tous les cas, si ce n'est pas lui, ce n'est pas L'AUTRE non plus, j'en suis sûr... — Mais alors, qui donc est l'homme que voilà?... tout à l'heure je lui parlerai... il me répondra... — la voix ne change pas comme la figure... — il faudra bien que je sache à quoi m'en tenir!... — et d'ailleurs il existe des moyens de forcer à se trahir l'homme le mieux sur ses gardes!... — j'emploierai l'un de ces moyens...

En disant ce qui précède, Maugiron s'avançait lentement vers M. Verdier et Lucie.

Ce fut la jeune fille qui l'aperçut la première. — Elle tressaillit involontairement... — Maugiron lui était devenu odieux, depuis qu'il avait dénoncé le contre-maître aux ouvriers; mais, en présence de son père, elle se voyait contrainte de dissimuler.

— Qui nous arrive là? — demanda M. Verdier, étonné de l'élégance tout aristocratique de ce visiteur matinal.

Maugiron mit le chapeau à la main et salua successivement Lucie et Achille Verdier.

— Mademoiselle — dit-il ensuite — je vous demande mille fois pardon de troubler les doux épanchements d'un père et de sa fille qui se retrouvent après une longue séparation, mais vous connaissez les motifs de ma démarche, et je crois que leur importance peut servir d'excuse, ou tout au moins de circonstance atténuante, à mon indiscrétion... — Soyez assez bonne, je vous en prie, pour vouloir bien me présenter à monsieur votre père...

— Mon père — dit Lucie, dont l'embarras avait disparu — je vous présente M. Maugiron, un nouveau client de notre maison... — il attendait votre retour avec une si vive impatience qu'il est déjà venu vous chercher il y a une heure... — il désire traiter avec vous une très-grande affaire qu'il vous expliquera lui-même...

Le titre de *client* donné au nouveau venu, et les mots de *très-grande affaire*, prononcés par la jeune fille, firent épanouir le visage d'Achille Verdier.

— Je suis tout à vos ordres, monsieur, et fort enchanté, croyez-le bien, de faire votre connaissance !... — s'écria-t-il en soulevant sa casquette poudreuse; — de quoi donc est-il question, je vous prie?...

Maugiron ne répondit pas tout d'abord, et un sourire aussitôt réprimé vint effleurer ses lèvres.

— Allons — se dit-il à lui-même — j'avais deviné juste... c'est bien la même voix...— mais tout à l'heure je serai plus sûr encore...

— Je souhaite vivement que nous nous entendions, monsieur Verdier — ajouta-t-il ensuite; — car, si nous tombons d'accord, les affaires que nous traiterons ensemble pourront atteindre un chiffre prodigieux!... — Je représente une société de puissants capitalistes, société qui se fonde pour la colonisation de la banlieue et des environs de Paris... — Nous allons couvrir de constructions élégantes d'immenses espaces de terrains aujourd'hui déserts et presque sans valeur...

— Excellente idée!... grande idée!... admirable idée!... — interrompit Achille Verdier avec enthousiasme; — il y a des millions à gagner avec une telle idée, c'est incontestable!... — Je crois fermement à la réussite, et la preuve, c'est que je vous demanderai des actions au pair, aussitôt que votre société sera constituée définitivement...

— Vous serez inscrit, cher monsieur, parmi nos premiers souscripteurs...

— Il vous faudra de fabuleuses quantités de bois de charpente pour vos constructions?... — reprit le propriétaire du chantier.

— Fabuleuses en effet... — vous avez dit le mot!... — répliqua Maugiron — et, comme votre grande fortune vous permet les larges opérations, rien ne vous empêchera de garder pour vous seul l'entreprise de cette fourniture devant laquelle la plupart de vos confrères devront reculer, faute de capitaux suffisants... — tout dépendra de votre volonté...

— La volonté ne me fera pas défaut, soyez-en persuadé, pour peu que vos conditions soient acceptables.

— Je puis dès à présent vous en donner un aperçu...

Maugiron tira de sa poche quelques papiers couverts de notes et de chiffres, et il s'embarqua résolûment dans une foule de détails absolument techniques; — mais, tout en paraissant ne s'occuper que de ces détails, il examinait avec attention son interlocuteur, étudiant chacun de ses traits, chacune des attitudes de son corps et des intonations de sa voix, et s'affermissant de plus en plus dans la conviction qu'il avait devant lui une ancienne connaissance.

Tout à coup on entendit retentir, sous le vestibule du principal corps de logis, les éclats d'une voix à la fois grave et perçante — (la voix de M. Prudhomme accidentellement métamorphosée en un organe de soprano!...)

— Où est-il? .. où est-il?... — s'écriait cette voix; — comment, il était débarqué sur nos rivages, à bon port, après ses orageuses traversées, et l'on me laissait dans l'ignorance!... — puissances du ciel, j'en éprouve un mortel chagrin!...

En même temps madame Blanchet apparut sur le perron, descendit les marches plus lestement qu'on n'aurait pu l'attendre de sa rotondité imposante, et se mit à tourbillonner jusqu'auprès de M. Verdier, dont elle saisit les deux mains, en poussant de petites exclamations entrecoupées, de l'effet le plus pathétique, dans le but manifeste d'exprimer les agitations vives et les émotions profondes de son âme...

M. Verdier ne se donna point la peine de dissimuler l'impatience que cette manifestation hors de propos lui causait.

Il fronça les sourcils et dégagea ses mains, en disant d'une voix rude : — C'est bien, madame Blanchet, c'est très-bien... — vous êtes ravie de mon heureux retour... je le crois, je n'en doute pas... mais le moment est mal choisi... vous le voyez... je suis en affaires...

— Eh! — murmura la veuve du lieutenant de pompiers — peut-on commander à sa joie, quand la joie vous déborde?... — Peut-on imposer silence à son cœur transporté, et lui dire : *Tais-toi, mon cœur!... apaise tes battements!... l'instant n'est pas propice!... tu battras plus tard à ton aise!...* — Non... non... c'est impossible!... impossible!... impossible!...

— Le diable soit de la vieille folle!... — pensa M. Verdier.

Puis, se tournant vers Lucie, il ajouta :

— Emmenez madame Blanchet, je vous prie... — il est au moins inconvenant d'interrompre ainsi monsieur dans les explications qu'il veut bien me donner...

La dame de compagnie leva les mains et les yeux vers le ciel, comme pour le prendre à témoin de tant d'ingratitude; — son large visage exprima la douleur et la résignation; — puis, après ce manége, elle baissa le menton sur sa poitrine énorme et elle suivit Lucie qui l'entraînait du côté de la maison

— Maintenant, monsieur — reprit Achille Verdier — maintenant que nous voici débarrassés de cette bonne femme, la plus insupportable créature qui soit au monde, veuillez continuer... je prête à vos paroles toute l'attention imaginable...

Maugiron remit ses papiers dans sa poche.

— Monsieur Verdier — dit-il — j'ai à vous parler de choses bien autrement importantes que celles dont il était question tout à l'heure entre nous...

— Vous avez à me parler de choses importantes?... — répéta le maître du chantier avec une expression d'étonnement.

— Oui...

— Eh bien, je vous écoute...

— Je ne puis parler, ni en ce lieu, ni en ce moment; — je vous prie donc de m'indiquer un rendez-vous et de ne point me le faire attendre...

— Venez quand il vous plaira, monsieur; — vous me trouverez tous les jours, ou au chantier, ou chez moi, jusqu'à midi...

— Je veux vous parler en un lieu où personne ne saura que nous sommes ensemble... où aucune oreille indiscrète ne pourra surprendre nos paroles...

— Ah çà! — demanda M. Verdier agité d'une vague inquiétude — il s'agit donc d'un secret?...

— Oui... il s'agit d'un secret qui vous concerne...

— C'est impossible!...

— Pourquoi donc?...

— Je n'ai rien à cacher...

— En êtes-vous bien sûr?... — demanda Maugiron en passant son bras sous le bras de son interlocuteur et en attachant sur ses yeux son regard interrogateur.

Puis il continua d'une voix sourde :

— En êtes-vous bien sûr, Jacques Lambert!...

Le maître du chantier fut pris d'un tremblement si soudain et si violent que ses dents s'entre-choquèrent; — son visage basané devint livide.

— Je ne me trompais pas!... — c'est lui!... — pensa Maugiron triomphant; — je le tiens... ma fortune est faite...

Celui que, jusqu'à ce moment, nous avons nommé Achille Verdier dégagea son bras.

— Que voulez-vous dire?... — balbutia-t-il — quel nom venez-vous de prononcer?... — j'ai mal entendu sans doute...

Maugiron sourit.

— Cher monsieur Verdier — reprit-il — ne voyez point en moi un ennemi... — j'ai dit peu de chose, mais ce peu suffira, je l'espère, pour vous faire comprendre toute l'importance du rendez-vous que je sollicite... — je possède un secret qui vous intéresse, mais il dépend de vous, je l'affirme, que ce secret demeure à jamais entre nous...

Déjà le maître du chantier avait recouvré tout son sang-froid.

— Mon métier n'est point de deviner des énigmes... — répliqua-t-il d'une voix presque ferme et d'un ton dégagé; — vous me donnerez sans doute le mot de celle-ci...

— Je ne demande pas autre chose...

— Vous tenez, m'avez-vous dit, à ce que personne ne puisse nous voir?... à ce que personne ne puisse nous entendre?...

— J'y tiens infiniment... — mais c'est pour vous, croyez-le bien, beaucoup plus que pour moi...

— Je vous attendrai, ce soir, à onze heures... — cela vous convient-il?...

— Parfait!... mais où m'attendrez-vous?...

M. Verdier réfléchit pendant une ou deux secondes, — ensuite il étendit la main vers le quai.

— Vous voyez ce bateau?... — demanda-t-il.

— Je le vois à merveille... — répondit Maugiron : — c'est le *Titan*, qui vient de vous ramener à Paris avec un magnifique chargement de bois... — Ah! vous faites des affaires d'or, cher monsieur Verdier!... recevez-en mon compliment bien sincère!... — Vous êtes un homme habile et un homme heureux!... — tout vous réussit!... c'est justice!... et pour ma part j'en suis enchanté!... — Vous disiez donc?...

— Je trouverai quelque prétexte pour passer la nuit prochaine dans ma cabine, à bord du *Titan*...

— Excellente idée!...

— Venez à onze heures précises... — la nuit sera noire... le quai désert... — nous serons seuls et nous pourrons causer sans crainte de surprise... — Cela vous convient-il?...

— Oui, mordieu! cela me convient!... — Il était même impossible, je le déclare, de rien trouver de plus convenable...

— Ainsi, c'est convenu?...

— Comptez sur mon exactitude...

— A ce soir, donc, monsieur Maugiron...

— A ce soir, cher monsieur Verdier... — vous recevrez ma visite à onze heures précises, et, d'ici là, vivez en paix!...

Maugiron salua gracieusement le propriétaire du chantier et se dirigea vers sa voiture qui l'emporta au trot le plus rapide de son magnifique cheval anglais.

XXI. — LA CONSCIENCE DE MADAME BLANCHET.

Tant qu'il s'était trouvé en présence de Maugiron, M. Verdier, grâce à la prodigieuse énergie de son caractère, avait réussi à se contenir et à dominer sa terreur et son agitation; mais, aussitôt qu'il se retrouva seul, la réaction s'opéra, et ce même tremblement nerveux que nous avons constaté déjà se remit à secouer les membres du misérable.

Le nom de Jacques Lambert tout à coup prononcé, ce nom qu'il s'efforçait d'oublier depuis quinze ans, avait produit sur lui l'effet d'un glas mortuaire sonnant la fin de son impunité et l'écroulement de sa fortune mal acquise...

C'est à peine s'il lui restait la force de se demander comment ce fatal secret, dont il se croyait le seul possesseur en ce monde, était tombé dans les mains d'un étranger, d'un étranger surtout qui semblait trop jeune pour avoir connu le véritable Achille Verdier, ou tout au moins pour conserver de lui un souvenir précis...

Ecrasé par ces émotions terribles, en proie à une fièvre brûlante, notre personnage regagna lentement la maison, sans avoir visité le caissier dans son bureau, sans avoir donné d'ordres pour le déchargement du bateau *le Titan*; — il franchit le seuil de son appartement où il s'enferma, afin de pouvoir réfléchir, dans le silence et la solitude, à la catastrophe qui le foudroyait à l'improviste, détruisant à la fois le fruit des crimes du passé et les espérances de l'avenir...

Mais il s'aperçut bien vite que dans son cerveau troublé tout était vague, confus, obscurci, et que la lucidité habituelle de son esprit lui faisait défaut de la manière la plus absolue.

— Vais-je devenir fou ou idiot? — se demanda-t-il avec épouvante en se tordant les mains. — Suis-je déjà faible comme un enfant que le moindre choc jette à terre, et qui ne peut plus se relever?... — Allons donc!... j'ai honte de moi-même!... — il ne sera pas dit du moins que j'aurai succombé sans lutte!...

Sur l'un des meubles de la chambre à coucher se trouvait un plateau supportant un verre de grande taille, un sucrier, une carafe d'eau et un carafon de rhum.

M. Verdier — (nous continuerons à l'appeler ainsi jusqu'à nouvel ordre, pour la plus grande clarté de notre récit) — s'approcha du plateau, remplit de rhum jusqu'aux deux tiers le grand verre à patte et le vida d'un trait. Il était habituellement très-sobre. — jamais il n'abusait des liqueurs fortes, et c'est à peine si son avarice croissante lui permettait quelquefois d'en faire usage avec une extrême modération.

La notable dose de rhum qu'il venait d'absorber produisit sur lui l'effet attendu, c'est-à-dire qu'elle le galvanisa brusquement, au moral aussi bien qu'au physique, et lui rendit toute la vigueur de sa volonté.

— Après tout — se dit-il — rien n'est désespéré; — je puis encore, avec du sang-froid et de l'énergie, dominer la situation, et rester ce que je suis... ce que j'ai voulu être... ce que je me suis fait!... — Un adversaire se présente, il est vrai... — cet adversaire paraît redoutable et sûr de lui-même... — le nom qu'il a prononcé me prouve qu'il a surpris une partie de mon secret... — il sait... ou du moins il croit savoir... — mais la connaissance du passé est sans doute imparfaite, et d'ailleurs qu'est-ce qu'une allégation, lorsqu'elle ne repose sur aucune preuve?...

« Achille Verdier, le millionnaire, le notable commerçant, honoré, estimé de tous, n'est pas de ces hommes qu'un souffle ébranle et qu'une accusation renverse!... — Le récit des faits accomplis serait traité de fable invraisemblable et d'odieuse calomnie!... — Celui dont j'ai pris la place et sa fille sont bien morts... — j'ai vu, j'ai touché leurs cadavres!... — Cet inconnu, ce moucheron qui s'attaque au colosse, ne les ressuscitera pas pour me les opposer!... — où donc trouverait-il des preuves, des témoins, des accusateurs?... — Allons, j'avais tort de trembler!... — ce n'est pas pour moi que la lutte sera dangereuse... c'est pour celui que sa mauvaise étoile jette sur mon chemin!...

Achille Verdier s'interrompit et se mit à marcher à travers sa chambre à grands pas.

Il avait rejeté loin de lui la casquette poudreuse qui semblait trop lourde à sa tête brûlante; — ses joues, animées par l'alcool, offraient les teintes foncées de la brique. — Il passait ses mains brunies dans les mèches de sa chevelure épaisse que de nombreux fils d'argent blanchissaient sur les tempes...

Tout à coup il s'arrêta, — l'expression de son visage devint à la fois triomphante et farouche; — un étrange sourire disjoignit ses lèvres et dévoila ses dents blanches et pointues.

— Il l'aura voulu!... — murmura-t-il, en étendant les bras devant lui et en frappant l'air de son poing crispé, comme pour menacer un ennemi invisible... — Malheur à l'insensé qui vient braver le lion dans son antre!... — s'il connaît les secrets de ma vie, il ignore ceux du bateau *le Titan!...* — Malheur à lui!... malheur!...

Il allait continuer sans doute, mais un coup léger, frappé contre la porte de sa chambre, interrompit ses projets vaguement formulés, qui devaient être effrayants, à en juger par la résolution presque féroce empreinte dans son regard et dans son sourire.

— Ce doit être Lucie... — se dit Achille Verdier; — il ne faut pas qu'elle devine l'état de mon âme et qu'elle soupçonne les événements terribles qui sont au moment de s'accomplir... — Je dois rester calme devant elle, et me livrer en apparence tout entier à la joie du retour...

Il fit tourner la clef dans la serrure, — la porte s'ouvrit; mais au lieu d'apercevoir, ainsi qu'il s'y attendait, le délicieux visage de la jeune fille, il se trouva face à face avec la dame de compagnie qui lui fit une révérence profonde.

M. Verdier ne fut pas maître d'un mouvement d'impatience.

— Mordieu, madame Blanchet — s'écria-t-il — vous n'avez pas la main heureuse aujourd'hui, et, cette fois encore, vous choisissez mal votre temps!... — je fais des comptes. . des calculs... très-importants et très-pressés... — j'ai besoin d'être seul... — bonjour...

Et il voulut refermer la porte.

La veuve du lieutenant de pompiers ne se tint point pour battue. — Elle se plaça de manière à paralyser la tentative du maître de la maison, elle prit une physionomie mystérieuse, appuya l'un de ses doigts sur ses lèvres, et dit d'un ton très-bas :

— Mille pardons, monsieur Verdier, si j'insiste... je connais toute l'importance des hautes occupations qui vous absorbent... mais j'ai des communications à vous faire dont l'importance est bien plus grande encore, et qui ne souffrent aucun retard... — Veuillez donc, toute affaire cessante, m'accorder un entretien immédiat...

L'ex-capitaine fut frappé de ceci : — madame Blanchet venait de s'exprimer d'une façon presque simple... — Or, il ne fallait rien moins qu'une chose véritablement sérieuse pour faire renoncer la bonne dame, ne fût-ce que pour un instant, à la phraséologie qui lui était habituelle et dont nos lecteurs ont eu sous les yeux déjà d'assez remarquables échantillons.

Dans la situation d'esprit de M. Verdier, et au milieu des ténèbres profondes qui l'enveloppaient depuis une heure, il ne fallait évidemment rien négliger...

Peut-être la lumière allait-elle jaillir soudain de l'endroit le plus inattendu... — peut-être les communications annoncées par madame Blanchet donneraient-elles à leur auditeur la clef du mystère étrange qu'il avait jusqu'alors vainement essayé de pénétrer...

Néanmoins, il ne céda pas tout de suite et fit une dernière tentative de résistance.

— Vous paraissez tenir beaucoup à me parler... — dit-il — mais êtes-vous bien sûre que les choses dont vous voulez m'entretenir sont véritablement graves et valent la peine d'être entendues?...

La veuve leva sa grosse main.

— J'en suis sûre comme de mon propre honneur!... — répliqua-t-elle — j'en fais le serment solennel sur la mémoire de feu Blanchet!...

— Songez-y bien — reprit M. Verdier, — je vous saurais le plus mauvais gré de me déranger inutilement pour des futilités!...

— Lorsque j'aurai versé dans votre oreille attentive et surprise les confidences que je vous ménage, vous ne songerez guère à les traiter de futilités, j'en réponds...

— Entrez donc, et hâtez-vous de vous expliquer...

La dame de compagnie franchit le seuil de la chambre et promena tout autour d'elle ses yeux ronds.

— J'attends!... — dit le maître du logis.

— Personne ne peut nous entendre?... — demanda la veuve.

— Personne...

— Souffrez que je donne un tour de clef...

— A quoi bon?...

— Il ne faut pas qu'on nous surprenne ensemble... — Un tête-à-tête avec vous me compromettrait, et je tiens à ma réputation plus qu'à ma vie!... je ressemble à la blanche hermine... une tache, pour moi, ce serait la mort!...

M. Verdier haussa les épaules.

— Vieille folle!... — murmura-t-il entre ses dents.

Madame Blanchet ferma la porte à double tour, s'installa dans un fauteuil, et prit une pose où la grâce et la dignité (du moins elle en était convaincue), s'alliaient à doses égales.

— Quand vous m'avez appelée au sein de votre foyer domestique — dit-elle — pour y remplir les fonctions honorables, quoique faiblement rétribuées, de dame de compagnie de mademoiselle Lucie Verdier, votre fille, vous aviez pris des renseignements sur mon compte, et la voix unanime de tout un quartier vous avait appris que j'étais une personne honorable, digne d'occuper un poste de confiance...

— Eh! mordieu, sans doute!... — interrompit M. Verdier; — il est clair comme le jour que sans cela vous ne seriez point ici!...

— Ou je me trompe sur la nature de mes devoirs (ce qui m'étonnerait fort); — reprit madame Blanchet, — ou j'ai mission de vous remplacer en quelque sorte pendant votre absence, de surveiller attentivement ce qui se passe dans votre intérieur, et de vous en rendre compte à votre retour...

— Oui. . cent fois oui!...

— C'est ce devoir que je viens accomplir en ce moment... devoir pénible... devoir douloureux... mais je suis incapable de transiger avec ma conscience... oui, monsieur, j'en suis incapable, et, quoi qu'il puisse m'en coûter, je parlerai...

— Faites-le donc, morbleu!... — s'écria M. Verdier avec impatience, — trêve de phrases!... allez droit au but...

— Permettez-moi d'abord de vous adresser une question?...

— Laquelle?...

— Avez-vous eu en arrivant un entretien particulier avec mademoiselle Lucie?...

— Un entretien de quelques minutes, oui...

— Lui avez-vous demandé si tout s'était passé régulièrement ici depuis votre départ?...

— Oui.

— Que vous a-t-elle répondu?...

— Elle m'a répondu d'une manière affirmative...

Madame Blanchet leva ses deux mains vers le plafond.

— Monsieur Verdier, — dit-elle ensuite — on vous trompe!... — heureusement je suis là, et je vais vous apprendre tout ce qu'on voudrait vous cacher, mais faites-moi d'abord le serment que vous m'écouterez avec calme, et que vous ne vous laisserez point entraîner par l'impétuosité de votre nature et la violence habituelle de votre caractère.

Le maître du logis frappa du pied avec impatience.

— Je vous le promets!... — répondit-il — mais parlez!... parlez donc!... — Ne voyez-vous pas que je suis sur des charbons ardents?...

— Connaissez-vous bien M. André de Villers, votre caissier?... — demanda madame Blanchet — êtes-vous sûr de ce jeune homme?...

— Il m'a été fortement recommandé par mon banquier, M. Victor Didier, et depuis qu'il est entré dans la maison je n'ai eu qu'à me louer de sa conduite et de ses services...

— Eh bien, moi, qui me crois physionomiste, et à qui mon expérience et ma connaissance du monde donnent le droit de juger les gens, j'ai toujours eu de cet employé l'opinion la plus défavorable...

— Pourquoi?

— Pour une foule de raisons, dont le détail nous entraînerait trop loin, et vous allez bien voir que je ne me trompais pas...— d'abord M. André de Villers, ce petit commis rapé, sans sou ni maille, gueux comme un rat d'église, se permet d'être épris de mademoiselle Lucie, ou plutôt de sa dot, et rêve bel et bien d'épouser vos millions...

— Allons donc!... — s'écria M. Verdier, — vous rêvez!...— c'est impossible!...

— Ce n'est que trop possible, au contraire... et ce qu'il y a de plus malheureux, c'est que mademoiselle Lucie, loin de le dédaigner et de le tenir à distance, le regarde d'un œil favorable...

— Tonnerre du diable!... si je le savais!... mais la preuve!... la preuve!...

— La preuve, c'est qu'elle s'entend avec lui pour cacher à vos yeux ses méfaits les plus graves, et qu'elle a fait d'inutiles tentatives, pas plus tard que ce matin même, pour me séduire, pour me corrompre, moi l'incorruptible madame Blanchet, et pour faire de moi leur complice, sinon par mes actions, du moins par mon silence...

— Que signifie tout cela?... — quels sont ces méfaits dont vous parlez?... Qu'est-il arrivé?... que voulez-vous dire?...

— Monsieur Verdier, c'est ici le moment de déployer toute votre fermeté, toute votre grandeur d'âme!... — restez calme et maître de vous-même, je vous en supplie... je vous en conjure...

— Eh! mordieu! comment voulez-vous que je reste calme si vous me faites ainsi languir!... — expliquez-vous, ou je ne réponds de rien!...

— Un vol a été commis cette nuit...

— Un vol!... dans ma maison?... — Combien?...

— Tout l'argent qui se trouvait en caisse...

— Combien?... — répéta M. Verdier d'une voix étranglée.

— Une somme énorme... soixante-dix mille francs ..

Le maître du chantier fit un bond, — sa bouche s'ouvrit démesurément pour pousser un cri de rage, mais ses lèvres restèrent muettes; — son visage devint d'un violet sombre et presque noir; — ses yeux s'injectèrent de sang et il tomba lourdement dans un fauteuil comme un homme qui vient de recevoir sur la tête un coup de massue.

— Puissance du ciel!... — balbutia madame Blanchet — serait-ce un coup de sang?... — il ne nous manquerait plus que cela!...

Elle se précipita sur M. Verdier, dénoua et arracha sa cravate et courut ensuite remplir un verre d'eau qu'elle lui fit avaler moitié de gré, moitié de force.

L'effet produit par cette simple médication fut rapide. — Le maître du logis éprouva un soulagement immédiat; — il retrouva l'énergie nécessaire pour lutter contre la congestion cérébrale qui l'envahissait, et il sortit vainqueur de la lutte. — Au bout de quelques minutes il pouvait parler.

— Continuez — dit-il — je veux tout savoir... j'aurai la force de tout entendre... — Je suis calme maintenant, je suis très-calme...

— Oh! les misérables!... les misérables!...

Puis, après un court silence, il reprit :

— Ainsi donc, on m'a volé soixante-dix mille francs cette nuit?...

— Hélas, oui!...

— Mais c'était l'argent destiné à couvrir l'échéance de ce matin?...

— Sans doute...

— Comment donc a-t-on fait pour payer?...

— Mademoiselle Lucie est montée dans une citadine avec le garçon de la banque et elle a couru chez votre banquier...

— Et voilà ce qu'on me laissait ignorer!... et tout allait bien, me disait-on!... — Oui... oui... vous aviez raison, madame Blanchet, ma bonne madame Blanchet, ils s'entendent pour me tromper... pour me trahir!... vous êtes la seule personne ici sur laquelle je puisse compter... — les autres sont mes ennemis... — mes ennemis mortels!... mais patience!... patience!...

Madame Blanchet prit une pose sentimentale.

— Il m'est bien doux — murmura-t-elle — en mouillant pour ainsi dire les cordes de sa forte voix, — il m'est bien doux, cher monsieur Verdier, de voir que vous me rendez justice!... la justice est chose si rare en ce monde, et ma franchise à votre égard va soulever infailliblement contre moi de si furieuses haines... Ah!... faible femme que je suis!...

— Ne vous inquiétez point de ces haines!... — répliqua violemment M. Verdier, — je suis le maître ici... le seul maître... et je le ferai bien voir!...

Ensuite, revenant à la pensée unique, incessante, qui l'occupait tout entier, il ajouta :

— La chambre du caissier se trouve au-dessus du bureau... — les voleurs ont dû faire du bruit en s'introduisant .. en forçant la caisse... — Comment est-il possible qu'il n'ait rien entendu?...

— Oh! — répliqua madame Blanchet, — il y avait pour cela d'excellentes raisons... des raisons sans réplique ..

— Lesquelles?...

— M. de Villers n'était pas chez lui cette nuit...

— Où donc était-il?...

— Eh! mon Dieu, il courait la prétentaine dans Paris...

— Est-ce bien certain?...

— Lui-même il en a fait l'aveu... — d'ailleurs il aurait pu se trouver dans sa chambre et ne point entendre... — les voleurs étaient des gens du premier mérite... — ils n'ont rien forcé, rien dérangé... — On a trouvé ce matin toutes choses dans un ordre parfait, les billets de banque seuls avaient pris la volée...

— Ils n'ont rien forcé?... — répéta M. Verdier.

— Rien absolument.

— Mais alors, ils avaient donc de fausses clefs pour agir?...

— Dame!... il paraît...

— Qui les leur avait procurées?... — Comment avaient-ils pris les empreintes?... — Le caissier ne quitte point son bureau pendant tout le jour, et il est impossible de s'approcher de la caisse sans qu'il s'en aperçoive!...

— Voilà des questions auxquelles je ne saurais répondre... — C'est à M. de Villers qu'il faut les adresser...

Achille Verdier baissa la tête pendant un instant et parut réfléchir, puis il dit d'une voix sourde :

— Madame Blanchet, tout ceci est étrange!...

— Oh! très-étrange!... — répéta la veuve. — Incompréhensible même, j'en conviens... — il m'était bien venu une idée... mais je n'ose... car enfin, si je me trompais... si j'influençais votre opinion par un jugement téméraire... ce serait mal... je me le reprocherais jusqu'à mon dernier souffle...

— Parlez!...— s'écria brusquement l'ex-capitaine de l'*Atalante*, — parlez donc!...

— Eh bien... puisque vous voulez à toute force connaître mon idée, la voici : — Ces voleurs qui ne font aucun bruit et qui ne laissent point de trace, pourraient fort bien n'avoir jamais existé, et je ne serais pas éloignée de croire que M. de Villers n'a fait semblant, cette nuit, de courir le guilledou dans Paris, qu'afin d'éloigner de lui les soupçons et de ne pas se voir accusé d'un crime dont il est en réalité le seul auteur...

— Oui... oui... c'est cela!... ce doit être cela!... — dit M. Verdier d'un ton farouche, en quittant le fauteuil sur lequel il était assis, — vous m'avez ouvert les yeux, et la vérité m'apparaît maintenant lumineuse comme le soleil... — Ah! le misérable!... — il convoite ma fille et vole mon argent dans ma caisse!... — je vais le confondre, et malheur à lui!...

Pâle d'indignation et de fureur, il ouvrit la porte et s'élança dans l'escalier, suivi à distance par madame Blanchet qui lui répétait sur tous les tons, avec une réelle épouvante :

— Ne le tuez pas!... au nom du ciel, ne le tuez pas!... il suffira de le dénoncer!...

XXII. — LE LIVRE DE CAISSE.

Nous avons quitté Lucie au moment où M. Verdier, absorbé par son entretien avec Maugiron, chargeait la jeune fille de le débarrasser des importunes et inopportunes démonstrations de madame Blanchet.

Lucie, après avoir accompagné la veuve du lieutenant de pompiers jusqu'au principal corps de logis, sortit par une porte de derrière et se mit à la recherche du contre-maître dans les chantiers.

Pierre Landry, écrasé par son désespoir, avait regagné la maisonnette construite en bois qu'il occupait depuis tant d'années auprès de la niche, désormais vide, de Pluton...

Ce fut là que la jeune fille le trouva, cachant son visage entre ses mains et sanglotant à fendre l'âme.

— Allons, Pierre, mon ami, du courage!... — lui dit-elle de sa voix la plus douce, — un homme ne doit pas pleurer ainsi!... — cela me fait beaucoup de peine et beaucoup de mal de vous voir en cet état...

Le vieillard releva la tête. — Un éclair de tendresse infinie se fit jour dans son regard à travers les larmes brûlantes qui coulaient sur ses joues.

— Ah! mademoiselle, si vous saviez... — balbutia-t-il.

— Je sais ce qui vient de se passer il y a quelques instants en présence de tous nos ouvriers...

— Eh bien, mademoiselle, vous voyez bien que je suis perdu, puisqu'il me devient impossible de rester ici, et qu'une fois hors de cette maison je n'ai plus qu'à mourir...

— Vous resterez, je vous le promets...

Le contre-maître secoua la tête et répondit :

— Hélas!... mademoiselle, c'est impossible...

— Mon père ne consentira jamais à vous renvoyer...

— Il faudra bien qu'il y consente lorsque tous les autres refuseront de travailler avec moi...

— Vos camarades ne sont pas méchants... ils auront pitié de vous...

— Ils ne sont pas méchants, non, certes!... mais ils sont honnêtes!... — ils ne veulent dans leurs rangs que des braves gens sur qui il n'y ait rien à dire... — des hommes d'un passé sans tache... — Ce n'est pas à moi de les en blâmer, et à leur place, je le sens bien, je ferais comme eux...

— Pierre, écoutez-moi...

— Je vous écoute, mademoiselle, comme si le bon Dieu me parlait lui-même par la bouche d'un de ses anges...

— Vous avez confiance en moi?...

Le contre-maître répondit par un regard qui valait la plus éloquente des protestations.

Lucie reprit :

— Parlez-moi donc à cœur ouvert!... — dites-moi ce qu'il y a de vrai dans les accusations formulées contre vous...

Pierre se prit à trembler de tous ses membres, et c'est à peine si la jeune fille entendit ces mots prononcés d'une voix faible comme un souffle :

— Tout est vrai...

— Ainsi, vous avez été condamné?...

— Deux fois...

— Et, vous aviez... vous aviez commis un...

Mademoiselle Verdier ne put achever sa phrase. — Ses lèvres se refusaient à prononcer le mot terrible qui la complétait.

— J'avais commis un meurtre... — balbutia le contre-maître.

Lucie frissonna.

— Et cependant... — reprit Pierre vivement et avec plus de force — Dieu m'en est témoin, j'étais presque innocent de ce crime chèrement expié!...

— Voilà pourquoi je suis venue!... — s'écria la jeune fille — voilà ce que je veux savoir... — Apprenez-moi quelles sont vos excuses... mettez sous mes yeux la vérité tout entière... et je vous croirai... et, si vous êtes innocent, je vous acquitterai dans mon âme, quoique les juges vous aient condamné...

— Vous me demandez une triste histoire, mademoiselle... je vais réveiller, pour vous répondre, d'horribles souvenirs... et pourtant je vous obéis avec joie, car ce sera pour moi une grande consolation, la seule, à ma dernière heure qui maintenant est proche, de savoir que vous ne me maudissez pas... que vous ne me méprisez pas...

. . . .

Le récit de Pierre Landry dura plus d'une heure.

Pendant ce temps, M. Verdier, enfermé dans sa chambre, se livrait aux sombres et terribles pensées dont nous avons mis quelques-unes sous les yeux de nos lecteurs.

Lorsque le contre-maître eut achevé, Lucie lui dit :

— Et mon père connaissait tout cela?...

— Oui, mademoiselle... — lui aussi avait écouté ma confession...

— Mon père est un juge sévère, il a le droit de l'être, et vous voyez qu'il ne vous a point trouvé indigne de son estime...

— C'est vrai... mais vous, mademoiselle?... vous?... — balbutia Pierre Landry, avec une anxiété profonde dans le regard et dans la voix.

— Ce que je viens d'entendre n'a pas diminué mon affection pour vous!... — répondit la jeune fille; — je l'affirme en mon âme et conscience, vous avez été malheureux plus que coupable, et l'expiation d'ailleurs a dépassé la faute!... — J'espère encore, j'espère plus que jamais, vous épargner la douleur d'une séparation qui me serait aussi pénible qu'à vous... — Venez trouver avec moi M. de Villers... — il vous porte, j'en suis certaine, un intérêt très-vif... — lui et moi nous trouverons moyen de désabuser les ouvriers sur votre compte et de les faire renoncer à la résolution que de funestes apparences ont pu leur inspirer...

Pierre Landry ne demandait qu'à se rattacher à l'espoir, si faible qu'il fût, dont Lucie faisait briller à ses yeux les lueurs consolantes.

Il la suivit au bureau, et M. de Villers s'efforça d'oublier ses propres tourments et ses propres angoisses pour ne s'occuper que du protégé de Lucie.

Il fut convenu que le soir même, un peu avant l'heure où le chantier devenait désert, André rassemblerait tous les ouvriers, leur raconterait la douloureuse histoire des deux fautes et des deux condamnations de Pierre Landry, et leur demanderait, au nom de mademoiselle Verdier, de tendre la main au vieillard et de ne point se montrer plus sévère que la justice humaine elle-même qui n'avait pas prononcé contre lui une peine sans limites...

— Faites cela, monsieur André!... — s'écria la jeune fille — et certes il est impossible que l'avocat d'une telle cause ne remporte pas un succès complet!...

Le contre-maître, ranimé par cette espérance qui maintenant revêtait presque pour lui la forme d'une certitude, témoignait sa reconnaissance à ses protecteurs par ses paroles entrecoupées, par ses larmes, et baisait les mains d'André et de Lucie.

Tout à coup cette dernière, dont les regards étaient tournés vers l'une des fenêtres, s'écria :

— Voici mon père... — il descend les degrés... — il traverse la cour... — il vient au pavillon... — comme il est pâle!... — comme il a l'air irrité!... — saurait-il déjà quelque chose?... — oh! mon Dieu!... mon Dieu... j'ai peur...

— Qu'avez-vous à craindre, vous, mademoiselle?... — murmura André de Villers dont le visage se décomposa, — vous n'avez commis aucune faute!... — on ne saurait vous reprocher, comme à moi, d'avoir fait bon marché d'une responsabilité terrible!... — Si monsieur votre père est instruit de tout, je le sais assez juste pour ne pas vous imputer à crime l'indulgence, trop grande sans doute, que vous avez daigné me témoigner...

Lucie n'eut pas le temps de répondre. — M. Verdier allait franchir le seuil du bureau...

Après avoir descendu les escaliers de sa maison avec toute l'impétuosité que donne la fureur poussée à son paroxysme, il avait ressaisi tout à coup assez de force de volonté et d'énergie pour se calmer soudainement.

— L'homme en colère ressemble à l'homme ivre! — s'était-il dit, — il n'est maître ni de lui-même, ni des autres!... — Du calme!... du sang-froid!... — je n'en confondrai pas moins le misérable, et je ne l'en écraserai que mieux!...

En conséquence, il avait ralenti le pas pour traverser la cour, mais sa démarche inégale, son visage bouleversé, ses yeux étincelants, laissaient deviner l'effroyable orage qui grondait tumultueusement dans son âme.

Il entra dans le bureau sans prononcer une parole. — Ses regards se fixèrent tour à tour, avec une expression presque effrayante, sur André de Villers et sur Lucie, puis ils s'arrêtèrent sur le contre-maître.

— Sortez... — dit-il à ce dernier, d'une voix sourde et décomposée.

— Mais... monsieur... — balbutia Pierre Landry.

M. Verdier étendit la main vers la porte par un geste de suprême commandement, et répéta d'un ton impérieux :

— Sortez!...

Le vieillard obéit en courbant la tête, mais il se dit à lui-même :

— Je suis comme Lucie... j'ai peur... — que va-t-il se passer?... — oh! je ne m'éloignerai pas...

M. Verdier referma la porte derrière le contre-maître, et se tint debout au milieu de la pièce, immobile et les bras croisés sur sa poitrine. — Ses paupières abaissées dégageaient une lueur fauve; — sa respiration rapide et sifflante dilatait ses narines; — une sorte de tremblement nerveux agitait sa lèvre supérieure.

Lucie fit deux pas en avant et murmura :

— Mon père!...

— Silence!... — commanda M. Verdier, en se dirigeant vers le bureau et en se laissant tomber sur le fauteuil habituellement occupé par le caissier.

— Montrez-moi vos livres, monsieur de Villers... — dit-il au bout d'une seconde.

— Les voici, monsieur...

— Combien deviez-vous avoir en caisse hier au soir?...

— Soixante-dix mille francs, monsieur...

— Combien aviez-vous à payer?...

— Soixante-trois mille...

— Avez-vous payé?

— Oui, monsieur...

— Où sont les traites?...

— Les voilà.

— Il doit rester en caisse sept mille francs... — J'ai besoin de ces sept mille francs... — donnez-les-moi...

Jusqu'à ce moment, Lucie et André avaient pu conserver un faible espoir que M. Verdier ignorait encore la catastrophe de la nuit précédente. — La dernière phrase qu'il venait de prononcer anéantit cette illusion et porta un coup terrible à la jeune fille qui comptait beaucoup, nous le savons, pour disposer son père à l'indulgence, sur la manière dont elle l'instruirait elle-même de la funeste nouvelle.

Sans prendre le temps de se demander par qui ce secret fatal avait été trahi, Lucie s'avança jusqu'auprès du bureau et s'efforça de saisir une des mains de M. Verdier.

Il la repoussa brutalement.

— Oh! — balbutia-t-elle — ne soyez pas dur pour moi, mon père, je vous en supplie... — votre visage m'épouvante... — vous m'éloignez de vous comme une étrangère... — comme une ennemie... — ayez pitié de nous... nous allons tout vous avouer...

Le maître du chantier eut aux lèvres un de ces sourires dont les démons doivent avoir le monopole en enfer.

— Vous allez m'avouer — dit-il — que j'ai été volé cette nuit? — je le savais déjà, et je trouve que vous me l'apprenez bien tard!...

Lucie voulut parler.

— Taisez vous!... — commanda M. Verdier — ce n'est pas à vous que je m'adresse en ce moment!... — si votre tour arrive, il sera temps de me répondre...

Il se tourna vers André de Villers et il reprit :

— Un caissier, monsieur, est-il, selon vous, le gardien naturel des sommes confiées à sa probité?

— Oui, monsieur...

— Est il responsable de ces sommes?...

— Cela n'est pas douteux...

— Est-il obligé, sous peine de forfaire à l'honneur, de veiller jour et nuit sur l'argent qui se trouve en ses mains?...

— Oui, monsieur...

— Votre caisse renfermait hier au soir soixante-dix mille francs...

— Où étiez vous, cette nuit, monsieur, pendant qu'on me volait cette énorme somme?...

XXIII. — L'ACCUSATION.

André laissa tomber sa tête sur sa poitrine et garda le silence.

— Où étiez-vous? — répéta M. Verdier d'une voix brève et menaçante.

— Soyez miséricordieux, monsieur... — balbutia le jeune homme — ne m'accablez pas!... — J'ai manqué au plus sacré de tous les devoirs, je le sais, mais les reproches que je mérite, et que vous pourriez me faire entendre, ne sont rien à côté de ceux que m'adresse ma conscience!...

— Ainsi, vous n'étiez point dans votre chambre?

— Non, monsieur...

— A quelle heure êtes-vous sorti?

— A neuf heures du soir...

— A quelle heure êtes-vous rentré?

— Au point du jour...

— Où avez-vous passé la nuit?

— Au restaurant des *Frères-Provençaux*...

M. Verdier donna sur le bureau un formidable coup de poing.

— Dans quelque orgie, à coup sûr!... — s'écria-t-il avec une ironie amère — dans quelque orgie, dont le chiffre élevé de vos appointements vous permettait de payer les frais?...

André devint pourpre.

— Non, monsieur... — répliqua-t-il vivement — ma faute est assez grave, hélas! sans l'aggraver encore... — J'avais accepté l'invitation d'hommes sérieux, d'hommes honorables, qui vous l'attesteront si vous le souhaitez...

M. Verdier hocha la tête et murmura, d'un ton trop bas pour être entendu d'André et de Lucie :

— Ce n'est pas devant moi que cette attestation pourra t'être utile, misérable!... — Puis il continua, mais plus haut : — Avant de sortir, aviez-vous eu le soin de fermer la caisse?

— Oui, monsieur, et à double tour...

— Et la porte du pavillon?...

— Fermée aussi...

— Vous en êtes sûr?

— Comme de mon existence.

M. Verdier se leva, ouvrit la porte du bureau et examina la serrure avec la plus minutieuse attention.

— Intacte!... — dit-il. — Donnez-moi la clef de la caisse...

André la lui présenta silencieusement.

Achille Verdier fit tourner sur ses gonds le lourd panneau de bronze et d'acier, jeta un coup d'œil dans l'intérieur du coffre-fort, et recula en poussant une sourde exclamation, suivie d'un blasphème énergique.

— Le portefeuille!... — s'écria-t-il avec une terreur mêlée de rage — le portefeuille a disparu!... — Ce n'était pas assez de voler les billets de banque!... ils ont encore pris des papiers qui n'avaient de valeur que pour moi seul!...

Et, se tournant vers André qui le regardait, pâle et chancelant, il ajouta :

— Qu'en ont-ils fait, monsieur?... — répondez!... — qu'en ont-ils fait?...

— Que me demandez-vous?... — balbutia le jeune homme effaré et comment pourrais-je vous répondre?...

Cette fois encore, M. Verdier reconquit son sang-froid avec une promptitude surprenante.

— C'est juste! — dit-il d'un ton de raillerie sinistre — c'est juste! vous ne savez pas!...

Un instant de silence suivit ces paroles.

Lucie sentait l'air manquer à sa poitrine oppressée et le parquet vaciller et se dérober sous ses pieds. — André cherchait à se persuader qu'il était le jouet de quelque rêve horrible, et que le réveil ne tarderait guère...

M. Verdier poursuivit :

— Ce coffre-fort n'a point été forcé, vous le voyez, monsieur, pas plus que la porte d'entrée du bureau...

André conservait à peine la faculté de parler. — Il fit un signe affirmatif.

— Avez-vous égaré vos clefs, la nuit dernière, pendant un temps plus ou moins long? — continua M. Verdier.

— Non, monsieur...

— Les avez vous confiées à quelqu'un?

— Non plus...

— Vous ont elles été dérobées?

— Pas davantage...

— Nous nous trouvons en présence de faits matériels incontestables... — On s'est introduit dans le bureau sans effraction... — on a ouvert et pillé la caisse sans effraction... — Comment ce double résultat a-t-il pu s'obtenir?

— Des fausses clefs, sans doute... — murmura le jeune homme.

— Des fausses clefs!... — répéta M. Verdier — vous le voulez? soit, j'y consens!... Mais, pour fabriquer des fausses clefs, les plus habiles voleurs ont besoin d'empreintes... — Or, cette pièce est votre poste... vous ne la quittez pas... vous ne la laissez jamais ouverte en votre absence... — Donc, les empreintes ont été prises devant vous... — Qui avez-vous vu s'approcher de la caisse?... qui accusez-vous?... qui soupçonnez-vous?...

— Personne...

— Quoi!... rien d'inaccoutumé, rien de suspect n'a frappé vos yeux pendant ces derniers jours?... pendant ces jours qui précédaient le vol?...

— Rien...

— Enfin, ce fait étrange, incompréhensible, inouï, comment l'expliquez-vous?...

— Je ne l'explique pas.

— Prenez garde! car cette explication devant laquelle vous reculez, j'ai le droit de l'exiger, et je l'exige...

— Eh! que puis-je, monsieur, en présence de l'impossible?... — Ma tête s'égare, ma raison se trouble, et, parmi les ténèbres qui m'environnent, je me demande si je deviens fou...

— Eh bien, moi — s'écria M. Verdier d'une voix tonnante — je trouve ces ténèbres lumineuses!... — Vous me croyez aveugle, sans doute!... — Vous vous trompez, je vois clair dans la nuit!... — Pas une de vos maladroites rouerie ne fait de moi sa dupe!... pas un de vos mensonges ne m'échappe...

André attacha sur son interlocuteur un regard dans lequel se peignait la stupeur la plus profonde... — Il ne comprenait pas encore.

Le maître du chantier fit un bond, sa bouche s'ouvrit pour pousser un cri de rage. (P. 69.)

— Mes mensonges... — répéta-t-il — vous avez parlé de mes mensonges...

— Je sais tout... — poursuivit le maître du logis — je vois tout, comme si, caché là, j'avais été témoin de l'œuvre du bandit nocturne!... — Vous étiez absent?... — Pourquoi non!... — Un alibi n'est point à dédaigner!... — Si vos mains ne se sont pas approchées du coffre-fort, vos clefs ont servi pour le commettre!... — Vous n'êtes pas l'auteur du vol, mais vous en êtes le complice!...

André de Villers recula. — Son visage prit une expression d'horreur et de désespoir indicibles. — Les doigts crispés de sa main droite déchirèrent sa chemise, — ses ongles ensanglantèrent sa poitrine et il murmura, d'une voix étouffée, qui ressemblait à un râle d'agonie :

— Dieu du ciel! c'est moi qu'on accuse!...

— Mon père... mon père... — balbutia Lucie — ce que vous venez de dire est horrible... mon père, vous ne le pensez pas!...

M. Verdier, d'un geste impérieux, imposa, pour la seconde fois, silence à la jeune fille, et poursuivit, en s'adressant à André :

— Je vous accuse, dites-vous!... Non, monsieur... — l'évidence s'en charge à ma place!... Elle vous accable, elle vous écrase!...

— Tuez-moi!... — s'écria le jeune homme en se tordant les mains — tuez-moi... mais, pourquoi m'insulter ainsi?..

— Non, monsieur — répéta M. Verdier — je ne vous tuerai pas!... — Nul n'a le droit de se faire justice, et d'ailleurs votre mort me serait inutile... — Je suis calme, vous le voyez, profondément calme... — J'ai l'horreur du scandale, j'ai l'amour du repos, et je laisse aux gens de justice le soin de représenter la vindicte publique!... — Il dépend de vous encore de sortir de ce mauvais pas! — Vous êtes découvert!... — Si je le veux, vous êtes perdu! — *Vol nocturne, par un salarié, dans une maison habitée!...* — toutes les herbes de la Saint-Jean!... — Votre affaire est claire comme le jour : les travaux forcés vous attendent... — Eh bien, restituez-moi les soixante-dix mille francs et le portefeuille, et je vous jure de ne pas porter plainte contre vous... je vous jure de vous laisser maître d'aller continuer ailleurs le cours de vos exploits... — Réfléchissez, monsieur... réfléchissez avant de répondre, car ces offres que je viens de vous faire, je ne les renouvellerai plus, et tout à l'heure il sera trop tard...

— Faut-il vous le redire encore? — balbutia M. de Villers — j'ai commis une faute... une grande faute... ma honte et mon repentir sont immenses, mais...

— Je ne vous demande pas une confession — interrompit violemment le maître du chantier — je vous demande une restitution.

André se redressa.

— Ah! — s'écria-t-il — c'en est trop!... — Si je m'humiliais plus longtemps, je finirais par ressembler à un coupable!... — Votre courroux, vos reproches, je les mérite... mais non pas vos insultes!... — Je suis un honnête homme!... — Rien, dans mon passé, ne vous donne le droit de me flétrir par des soupçons infâmes!... — Je vous défends de m'appeler voleur! entendez vous? je vous le défends!...

— Assez de phrases! — dit froidement Achille Verdier. — Voulez-vous rendre les papiers et l'argent, oui ou non?

— Monsieur!...

— Vous ne voulez pas? — Il suffit!... — Je sais ce qui me reste à faire... — Dans dix minutes, ma plainte partira d'ici pour le parquet du procureur impérial, et ce sera une affaire à régler entre la justice et vous...

Achille Verdier se leva et se dirigea vers la porte, qu'il ouvri dans toute sa largeur.

— Et maintenant — ajouta-t-il — comme je ne veux pas qu'on

Paris. — Typ. Collombon et Brûlé, rue de l'Abbaye, 22.

LUCIE ET P[illegible]RE LANDRY.

voleur reste dans ma maison un seul instant de plus, je vous chasse... — Allez, monsieur, et, si vous le pouvez, cachez-vous!... — ceci m'importe peu... — Les agents de la préfecture sauront bien vous trouver au milieu des ténèbres où vous tâcherez de disparaître!...

André voulut répondre... — Il l'essaya vainement. — Sa langue paralysée, sa bouche sèche et brûlante, sa gorge haletante, ne purent articuler une parole, ni même émettre un son qui ressemblât à l'accent d'une voix humaine.

Pendant la vingtième partie d'une seconde, il eut la pensée de se jeter sur M. Verdier, de le frapper à la joue, de le provoquer, de le contraindre enfin à laver son injure dans le sang...

Il allait le faire sans doute, mais ses regards rencontrèrent Lucie éperdue, anéantie, presque sans connaissance.

— Non... — se dit-il à lui-même — non, je ne tuerai pas son père... — c'est moi seul qui dois mourir!...

Puis, comme il sentait sa tête s'égarer, il s'élança hors du pavillon en cachant son visage dans ses deux mains.

M. Verdier referma la porte derrière lui et se trouva seul avec Lucie.

La cour semblait déserte. — André, affolé par la violence de son désespoir, et se persuadant que, désormais, l'existence était impossible pour lui, voulut en finir avec la vie sans perdre une minute...

Il prit sa course et se dirigea du côté de la porte charretière ouvrant sur le quai; mais, à peine avait-il fait quelques pas dans cette direction, qu'une main le saisit par le bras, et qu'une voix lui dit, avec un accent de supplication :

— Monsieur André, je vous en prie, arrêtez-vous et écoutez-moi.

Le jeune homme n'aurait peut-être tenu aucun compte de cette

prière, mais la main était vigoureuse et le mit dans l'impossibilité absolue de passer outre.

Il se retourna brusquement, et il vit à côté de lui la figure pâle et expressive de Pierre Landry.

Le contre-maître semblait en proie à une agitation plus grande encore que lorsque sa propre destinée se trouvait en question.

— Pourquoi m'arrêtez-vous ainsi? — demanda le caissier, recouvrant en ce moment l'usage de la parole qui, quelques secondes auparavant, venait de lui faire défaut.

Au lieu de répondre à cette question, Pierre interrogea.

— Monsieur André — dit-il — où allez-vous?

— Que vous importe?...

— Oh! monsieur André, pouvez-vous bien me parler ainsi!... Vous avez été si bon pour moi, que je vous aime de toutes mes forces, et tout ce qui vous touche m'intéresse... — Dites-moi donc où vous allez... dites-le-moi, je vous en prie...

— Eh! le sais-je moi-même?... — Je sors... je vais respirer l'air sur le quai...

— C'est-à-dire que vous allez vous jeter dans la Seine la tête la première, avec l'espoir de vous y noyer... — Je vois ça sur votre figure aussi clairement que si je le lisais sur une feuille de papier blanc...

— Et quand cela serait?

— Cela est...

— Eh bien, oui... j'en conviens... je veux mourir...

— Mourir!... à votre âge!... — Pourquoi?...

André fut pris d'un de ces accès de rire étrange qui sont, à ce qu'on affirme, les avant-coureurs de la folie.

Il étendit ensuite la main vers le pavillon.

Paris. — Typ. Colombon et Brûlé, rue de l'Abbaye, 22.

— Vous ne savez pas ce qui vient de se passer là!... — murmura-t-il.
— Je sais tout.
— Comment?...
— J'étais près de la fenêtre... j'écoutais...
— Alors, vous avez entendu cet homme m'accuser? — vous l'avez entendu me traiter de voleur?...
— Oui...
— Et vous me demandez pourquoi je ne veux plus vivre?...
— Oui, je vous le demande... — Voyez-vous, monsieur André, il n'y a, sur cette terre, qu'un mal irréparable: la mort!... — Vous êtes innocent, pardieu! je le sais bien; mais votre suicide deviendrait une preuve contre vous... — On se dirait certainement : — *Il était coupable, puisqu'il s'est tué!...* — et l'on aurait presque raison... — Il faut vivre pour vous défendre, pour vous justifier...
— Me défendre! me justifier!... est-ce que c'est possible?...
— C'est difficile aujourd'hui, parce qu'il y a contre vous de mauvaises apparences.. mais demain, ce sera peut-être facile... — Dieu est juste... la Providence veille... et les méchants n'ont pas toujours raison...
— Je voudrais vous croire, Pierre, car vos paroles sont consolantes... mais, puisque vous savez tout, vous devez savoir que je ne peux pas attendre à demain...
— Qui vous en empêche?
— En ce moment, M. Verdier prépare une plainte contre moi... — il me dénonce au procureur impérial...
— Eh bien?
— Tous les agents de la police de sûreté vont se mettre à ma recherche... — Je serai traqué... arrêté... jeté en prison, et j'aime mille fois mieux me tuer à l'instant que de subir une pareille honte! A la seule pensée de me voir confondu avec des voleurs et des assassins, mon âme se révolte et tout mon sang se glace dans mes veines...
— Rassurez-vous, monsieur André — s'écria le contre-maître — rien de pareil ne vous arrivera, je vous en donne ma parole d'honneur d'honnête homme, et vous savez bien que je suis un honnête homme... — la plainte de M. Verdier n'arrivera pas au parquet du procureur impérial...
— Qui l'en empêchera?...
— Moi.
André regarda Pierre avec un étonnement profond.
— Parlez-vous sérieusement? — lui demanda-t-il.
— Ah! monsieur André — murmura le vieil ouvrier d'un ton d'affectueux reproche — voilà une question qui, dans votre bouche, et dans une telle circonstance, me fait bien de la peine!...
— Certes, je ne doute pas de vous, mon brave Pierre, mais ce que vous venez de me dire me semble si étrange...
— Oui... oui... oh! c'est étrange, j'en conviens...— mais c'est la vérité pure, je l'affirme...
— Quels moyens d'action tout puissants possédez-vous donc sur M. Verdier?...
— Ne me demandez pas cela, monsieur André, il me serait impossible de vous répondre, parce qu'il s'agit d'un secret qui n'est pas le mien... — Seulement, je vous le répète et je vous le jure, la plainte ne partira pas!... — Vous n'avez présentement rien à craindre... cela vous donne du temps pour vous retourner, et peut-être bien que votre innocence éclatera plus tôt qu'on ne pense...
Pierre Landry prononça ces dernières paroles d'un ton mystérieux.
— Qu'espérez vous donc? — demanda vivement André — soupçonnez-vous le véritable auteur de ce crime qui me perd et qui me tue?...
— Peut-être bien que j'ai quelque chose dans mon idée, mais je le garde pour moi jusqu'à nouvel ordre!... — Quant à mon espoir, je serais terriblement embarrassé de dire au juste sur quoi il repose, mais c'est plus fort que moi... j'ai confiance!... — Vous avez vu des temps d'orage, monsieur André... — c'est quelquefois lorsque le ciel est le plus noir, qu'il est le plus prêt de s'éclaircir...
— Mais que vais-je devenir?... — Le maître de cette maison vient de me chasser honteusement, comme un misérable, comme un malfaiteur... — Je ne puis rester une heure de plus ici!... — Où me réfugier?... — Où chercher un abri pour échapper aux recherches si, contre votre attente, elles avaient lieu?...
Le contre-maître réfléchit pendant une seconde, puis il répondit :
— Je peux vous offrir un asile sûr... un asile où personne au monde ne viendrait vous chercher, quand bien même toutes les polices de l'univers se mettraient à vos trousses...
— J'accepte! j'accepte!...—s'écria de Villers.— Quel est cet asile?
— Vous n'aurez pas à aller bien loin pour le trouver... — C'est tout simplement la pauvre petite cahutte en bois qui me sert de niche...
— Au milieu du chantier!... — fit André — presque sous les regards de l'homme qui me chasse et qui m'accuse!... — y songez-vous?...
— Eh! mon Dieu, c'est juste pour cela que l'endroit est si sûr!...
— Qui diable irait se douter que vous êtes là?... — Je vous porterai, ce soir, à souper, et je vous tiendrai au courant de ce qui se passera de nouveau... — Ça sera commode...
— Oubliez vous, Pierre, que vous-même, peut-être, vous allez être obligé de quitter cette maison?...
— Aucun danger pour tout de suite... — M. Verdier a bien autre chose en tête, aujourd'hui, que d'écouter les mauvaises raisons des ouvriers contre moi... — Eux-mêmes, voyant sa physionomie peu caressante, ne s'y frotteront pas, j'en réponds... — Plus tard, je ne réponds de rien... — Mais, bah! demain il fera jour... et, vous savez, aussi bien que moi, le proverbe : *A chaque jour suffit son mal!...* — Croyez-moi, monsieur André, acceptez mon offre...
— J'accepte... — répondit le jeune homme.
— A la bonne heure!.. — Allons-y donc tout de suite, et glissons-nous par le chemin couvert... — Personne ne nous verra passer....

XXIV. — LE PÈRE ET LA FILLE.

Pierre Landry accompagna rapidement André de Villers à la maisonnette qu'il avait eu l'idée de lui donner pour refuge, puis il revint en toute hâte reprendre son poste auprès de la fenêtre du pavillon.

L'absence du contre-maître et son entretien avec le jeune homme n'avaient duré que quelques minutes, et, de l'endroit où il se trouvait placé, il pouvait, sinon voir, du moins entendre tout ce qui se passait dans le pavillon.

Après avoir refermé violemment la porte derrière André, le maître du chantier, sans même s'apercevoir de la présence de Lucie, revint s'asseoir derrière le bureau...

Une résolution terrible se lisait sur son front sillonné de rides et dans les prunelles pâles de ses yeux étincelants. — Il semblait calme, cependant, mais on sentait bien que sous ce calme menteur grondaient les ouragans d'une effroyable colère.

Il prit une large feuille de papier, il trempa dans l'encre une des plumes éparses autour de lui, et, après avoir tracé une date en tête de la page, il écrivit ces quatre mots :

« *Monsieur le procureur impérial...* »

Mais sa main tremblait si fort que son écriture, d'habitude régulière et pleine de hardiesse, était absolument indéchiffrable...

Il froissa la feuille, il la jeta loin de lui et il en prit successivement une seconde, puis une troisième, sans obtenir de résultats plus satisfaisants.

— Tonnerre du diable!... — s'écria-t-il avec rage — ai-je donc la faiblesse d'un enfant et les nerfs d'une femme?... — ne redeviendrais-je pas assez maître de moi même pour dénoncer ce misérable, que la justice forcera bien à me rendre l'argent volé?...

Il pressa sa tête dans ses mains et il répéta :

— L'argent volé!... — soixante-dix mille francs!... une fortune!... — Combien de travail, combien de calculs, combien de sueurs ne faut-il pas pour gagner soixante-dix mille francs?... — Et quand ils sont là, dans un coffre de fer indestructible, sous la garde d'une solide serrure, un infâme, à qui vous avez donné follement votre confiance, se sert de cette clef qu'il tient de vous pour ouvrir la caisse et pour y voler en une seconde cet argent lentement amassé!... — heureusement la loi est là!... — la justice et la police attendent et veillent!... — mais il faut écrire... il faut se hâter!...

M. Verdier fit de nouveau courir sa plume sur une quatrième feuille de papier, et cette fois il parvint à tracer des caractères sinon bien corrects, du moins lisibles. . — Il écrivit rapidement les premières lignes d'une dénonciation, puis il hésita, et au lieu de continuer, il s'arrêta...

Sa main redevenait docile, mais le désordre et l'agitation qui le possédaient ne lui permettaient pas de formuler nettement sa pensée; — les phrases se présentaient en foule à son esprit, toutes à la fois, dans une confusion inexprimable; — bref, il se sentait momentanément incapable de préciser les faits qu'il voulait mettre sous les yeux du magistrat, et de les exposer dans un ordre logique.

Furieux et humilié de ce nouvel obstacle venant retarder l'exécution de sa volonté, M. Verdier comprit néanmoins que le seul moyen d'en triompher était de se recueillir pendant quelques instants afin de calmer autant que cela dépendrait de lui la fièvre morale qui le dévorait.

En conséquence, il appuya l'un de ses coudes sur le bureau, il posa son front sur sa main, il ferma les yeux et il laissa pendre son bras gauche le long de l'accotoir du fauteuil de noyer, doublé de basane verte, sur lequel il était assis.

Une sensation imprévue le fit tressaillir tout à coup. — Des lèvres froides venaient d'effleurer ses doigts. — Il se retourna brusquement et il vit Lucie agenouillée, ou plutôt prosternée à côté de lui, et s'efforçant de baiser sa main.

— Que me voulez-vous? — lui demanda-t-il d'un ton dur.

— Je veux pitié, mon père... — balbutia la jeune fille à travers ses larmes — je veux pitié, ou plutôt justice...

M. Verdier attacha sur Lucie un regard glacial et menaçant, et il s'écria :

— La fille ingrate et dénaturée qui trahit son père et se fait la complice de ses ennemis, ne mérite aucune pitié, et n'en obtiendra pas! .. — Vous avez parlé de justice!... — pour qui donc la réclamez-vous?...

— Pour le malheureux que vous venez de chasser de cette maison...

Achille Verdier se leva.

— Osez-vous bien me parler d'André de Villers?... — demanda-t-il d'une voix sourde.

— J'oserai tout, mon père... — je braverai même votre colère, s'il le faut, pour vous empêcher de commettre, sans le savoir, une mauvaise action... — De funestes apparences accusent M. de Villers, je le sais .. mais il est innocent...

— Taisez-vous!...

— Non, mon père, je ne me tairai pas!... — garder le silence serait une lâcheté!... plus qu'une lâcheté... ce serait un crime!...— je dois éclairer votre conscience... je dois vous épargner un remords!... — les mains de ce jeune homme sont pures de toute faute... je suis aussi sûre de sa probité que je suis sûre de mon respect pour vous!...

— Je suis donc un calomniateur?...

— Que Dieu me préserve d'avoir une telle pensée!... — Vous êtes le meilleur et le plus équitable des hommes, mais un concours de circonstances fatales vous abuse... une incompréhensible fatalité vous aveugle...

— Malheureuse!... — interrompit M. Verdier d'une voix tonnante — vous accusez votre père d'aveuglement, quand c'est vous même qui portez un épais bandeau sur les yeux! .. — Ce que l'on m'avait dit... ce que je ne voulais pas croire, n'était donc que trop vrai!... — Vous aimez un tel misérable, et ce honteux amour vous donne l'audace et l'impudence de le défendre contre moi!...

Un nuage pourpre envahit le front et les joues de la jeune fille; — elle baissa les yeux, et dans sa chaste confusion, elle fit de ses deux mains un voile à son visage.

— Ah! — s'écria Achille Verdier avec une expression de sombre triomphe — j'ai frappé juste!... vous rougissez!... la honte vous écrase!...

Lucie releva vivement la tête.

— Je rougis, mais non pas de honte!... — répliqua-t-elle avec une admirable explosion de fierté blessée; — vous m'avez fait un cœur dans lequel rien de honteux ne pourrait trouver place!... — je ne sais si j'ai de l'amour pour M. de Villers, et je vous jure que jusqu'à cette heure je ne me l'étais jamais demandé!... — Ce jeune homme m'inspirait une sympathie profonde, une estime sans bornes, comme tout ce qui est honnête et bon... — Aujourd'hui le voilà malheureux... le voilà persécuté... je l'aimerai peut-être, et je ne croirai pas devoir en rougir...

M. Verdier se mit à rire ironiquement.

— A quel mélodrame du boulevard avez-vous emprunté cet étalage de grands sentiments, ces pompeuses tirades? — demanda-t-il avec un raillerie amère.

— Ces sentiments, mon père, je les ai puisés dans mon cœur ..

— A votre aise!... — aimez un bandit!... — continuez votre rôle!... — moi, je vais jouer le mien en envoyant votre amoureux aux cabanons de la Conciergerie, puis sur la sellette de la cour d'assises, et de là sous les fouet des argousins du bagne!...

M. Verdier se laissa retomber sur le fauteuil qu'il avait quitté quelques minutes auparavant : — il reprit fièrement la plume, et cette fois l'inspiration ne lui fit pas défaut, car il se mit à écrire avec une facilité et une rapidité prodigieuses.

— Mon père — s'écria Lucie au comble de l'épouvante et de la désolation — mon père, que faites-vous?...

— Pardieu, vous devez bien le deviner!... — je raconte le vol au procureur impérial, et je lui dénonce le voleur!...

— Mon père, au nom du ciel, n'écrivez pas cela!...

M. Verdier ne répondit que par un ricanement, et sa plume, loin de se ralentir, courut plus vite sur le papier...

— Mon père — continua Lucie — laissez-vous toucher par mes peines, par mes larmes, par mon désespoir...

— Dans dix minutes cette lettre partira pour le parquet...

— Je vous le jure sur la mémoire de ma mère, vous perdez un innocent!...

— Rien ne vous empêchera de plaider sa cause et vous direz cela à ses juges...

— Grand Dieu!... vous êtes donc inexorable!...

— Comme la loi... — je suis volé... je veux justice...

— Cependant, si l'argent vous était rendu?...

La main de M. Verdier s'arrêta net, sans achever le mot commencé; — ses yeux étincelants se fixèrent sur la jeune fille avec une expression d'avidité farouche, et il s'écria :

— Si l'argent m'était rendu!... — Pouvez-vous donc me le rendre?... — Savez-vous où il est caché?... — Vous êtes-vous fait, par hasard, la recéleuse de ce misérable?...

Lucie ne comprit pas, ou dédaigna de relever cette accusation infâme...

— Je ne sais si je possède personnellement quelque chose — murmura-t-elle — mais vous êtes riche, et sans doute vous me destinez une dot pour le jour où le mariage me séparerait de vous... — Eh bien! je renonce à cette dot... — je ne me marierai jamais... — je travaillerai dans votre maison comme si je devais gagner mon pain avec mon travail... — je vous épargnerai la dépense d'un teneur de livres... — Remplacez l'argent que vous avez perdu par l'argent que vous ne me donnerez pas, et ne dénoncez point M. de Villers...

M. Verdier haussa les épaules.

— Ceci — répliqua-t-il — est une raillerie, je pense, et s'accorde mal avec le prétendu respect dont vous me parliez tout à l'heure!... — Retirez vous... j'ai besoin d'être seul... — toutes vos paroles, toutes vos prières seront inutiles... — ma décision est prise... elle est irrévocable... — cessez donc de m'importuner, car ma patience est à bout et je ne vous écouterai plus...

Ayant ainsi parlé, M Verdier détourna la tête et continua sa lettre.

Un immense découragement s'empara de Lucie. — Elle comprenait l'impossibilité absolue de faire vibrer une corde vivante dans le cœur de bronze de son père... — Elle ne se faisait à cet égard aucune illusion, et cependant elle résolut de tenter un dernier effort.

— Mon père — balbutia-t elle en tombant à genoux de nouveau devant l'homme impassible et glacé dont le sombre visage n'exprimait que la haine et que la colère — je ne me plains pas de mon sort, mais depuis que je suis au monde, vous le savez, je n'ai jamais été bien heureuse... — Presque tous les enfants ont leurs mères... moi je n'ai pas connu la mienne... — j'ai grandi dans l'isolement, ignorant ces caresses qui doivent être si douces, car vos affaires, vos travaux, vos voyages, vous éloignaient souvent de moi, et, quand vous étiez ici, ne vous laissaient pas le temps de me prouver que l'orpheline fût pour vous autre chose qu'une étrangère et qu'une indifférente...

« Je n'ai jamais fait entendre une plainte... — je ne me suis jamais révoltée contre la solitude au milieu de laquelle s'écoulait mon enfance... — je cachais mes tristesses au fond de mon âme... — je vous montrais toujours un visage souriant lorsque mon cœur était douloureusement blessé par votre froideur... — j'éprouvais pour vous et j'éprouve encore une tendresse filiale, respectueuse et profonde... — je m'efforçais de croire à votre paternelle affection, malgré l'indifférence apparente dont les témoignages m'accablaient... — Enfin, j'acceptais résolûment la vie, telle que vous avez voulu qu'elle soit pour moi...

« Aujourd'hui pour la première fois, je vous adresse une prière, et je vous l'adresse à genoux!... — je vous demande une preuve, une seule, de cet amour de père dont j'ai tant besoin de ne pas douter... — faites-moi le sacrifice de vos convictions... renoncez à une vengeance qui vous semble légitime .. — pardonnez à celui que vous croyez coupable, et tout le reste de mon existence sera employé à vous vénérer... à vous aimer... à vous bénir...

Tandis que la jeune fille parlait, M. Verdier n'avait pas cessé d'écrire. — Lorsqu'elle eut achevé, il releva la tête et la regarda d'une façon si menaçante que la pauvre enfant se sentit défaillir et qu'il lui sembla que son cœur cessait de battre.

— Ou vous me connaissez bien mal — dit-il d'une voix froide et tranchante comme la lame d'un couteau, — ou vous devez savoir que je ne reviens jamais sur une décision prise!... — je ne discuterai pas avec vous... — s'il vous plaît de mettre en doute mon affection paternelle, cela m'importe peu, car je ne crois plus à votre tendresse, et je vous retire la mienne!... — La fille dénaturée qui place dans son cœur l'image d'un bandit au-dessus de l'image de son père ne mérite que l'indignation et le mépris!... — Je veux être seul, je vous le répète, et pour la seconde fois je vous ordonne de sortir...

— Mon père, mon père, ayez pitié de moi... — balbutia Lucie en se traînant aux pieds de M. Verdier.

— M'obéirez-vous enfin, — reprit ce dernier — prenez garde!... la colère me gagne!... — sortez!...

La jeune fille, brisée par les émotions terribles qui se succédaient pour elle, n'avait plus la force de se relever...

M. Verdier avait dit vrai. — La colère s'emparait de lui, une colère bestiale. — Son visage basané devenait écarlate et de fauves éclairs jaillissaient de ses yeux.

Il quitta son fauteuil, — il saisit Lucie par l'un de ses bras et la traînant avec une indicible brutalité jusqu'à la porte qu'il ouvrit, il la poussa violemment au dehors en lui criant :

— Fille maudite, va-t'en!... je te chasse!...

Lucie tourna deux fois sur elle-même. — Elle alla s'abattre de toute sa hauteur... — Heureusement Pierre Landry fit un bond et la reçut, sans connaissance, dans ses bras...

— Le malheureux!... — murmura-t-il — il la tuerait!... ah! c'est bien lâche!... c'est bien infâme!... mais je suis là... je veille!... — Prenez garde à vous, monsieur Verdier, car ce sera tout à l'heure à nous deux!...

La jeune fille était complétement inanimée.

Le contre-maître, chargé de son léger fardeau, se dirigea rapidement vers le corps de logis principal.

Il gravit l'escalier qui conduisait au premier étage et gagna la chambre de Lucie en appelant de toutes ses forces madame Blanchet.

La veuve du lieutenant de pompiers accourut. — Les résultats probables de sa délation ne laissaient pas de lui causer une assez vive inquiétude.

A la vue de la jeune fille évanouie, elle poussa les hauts cris et elle accabla de questions Pierre Landry.

— Ce n'est pas moi qu'il faut interroger... — répliqua brusquement ce dernier — c'est votre maître... il vous répondra, s'il le veut...

Et, sans ajouter une parole, malgré les instances de la matrone, il reprit le chemin du pavillon.

XXV. — LES DEUX PÈRES.

Achille Verdier, resté seul, passa sans transition de la plus violente colère au calme le plus absolu. — Il revint prendre sa place au bureau, il acheva rapidement la lettre commencée et, après l'avoir relue avec attention, il eut aux lèvres un mauvais sourire dénotant jusqu'à l'évidence qu'il était content de son œuvre.

— C'est cela!... — murmura-t-il — c'est bien cela!... — les faits sont exposés d'une façon claire et concise... — les preuves se déduisent et s'enchaînent avec une logique inattaquable... — la culpabilité de l'homme que j'accuse est évidente, et le procureur impérial n'hésitera pas un instant à lancer son mandat d'amener!... — nous verrons alors si le caissier infidèle, une fois sous les verrous, s'obstinera dans son silence et refusera la restitution de l'argent volé!...

Le maître du chantier plia la feuille de papier grand aigle, la plaça dans une large enveloppe, qu'il cacheta de cire rouge et sur laquelle il écrivit cette adresse :

« *Monsieur le procureur impérial du département de la Seine.*
« *En son parquet.*
« *Au Palais de Justice.* »

— Maintenant — se demanda-t-il — par qui vais-je envoyer cette lettre?... — Bah! je puis en charger le premier venu de mes ouvriers... — la commission est facile à faire et n'exige que fort peu d'intelligence...

Il ouvrit la porte du bureau, et il se pencha au dehors pour saisir la chaînette d'une petite cloche destinée à annoncer l'ouverture de la caisse les jours de paye.

Le reste du temps, lorsqu'on entendait cette cloche résonner dans le chantier, les travailleurs les plus rapprochés quittaient leur besogne et se rendaient au pavillon pour y recevoir les instructions du patron ou celles de Lucie qui le représentait en son absence.

M. Verdier n'eut pas la peine de sonner. — Au moment où sa main s'approchait de la chaîne, il se trouva face à face avec le contre-maître qui le salua respectueusement.

— Ah! vous voilà, Pierre... — lui dit-il — cela se trouve à merveille; j'ai besoin de vous... — Entrez... — vous allez me rendre un service...

— A vos ordres, monsieur Verdier...

Le contre-maître pénétra dans le pavillon et referma la porte derrière lui. — Il était très-pâle, — plus pâle encore que de coutume — et son visage exprimait une profonde tristesse, mais ni agitation, ni colère...

Son patron lui tendit l'enveloppe cachetée.

— Que faut-il faire de ceci?... — demanda Pierre en regardant l'adresse.

— Vous allez vous rendre sans perdre une minute au palais de justice... — vous prendrez un fiacre sur le quai pour aller plus vite, — vous traverserez la salle des Pas-Perdus, — vous interrogerez quelque avocat sans cause pour savoir où se trouve le parquet du procureur impérial, et vous remettrez ma lettre à l'huissier de son cabinet...

— Pardonnez-moi si je vous adresse une question, monsieur Verdier... — murmura le contre-maître. — Cette enveloppe contient sans doute votre plainte au sujet du vol commis la nuit passée dans la caisse?...

— Il me semble que c'est facile à deviner!... — répliqua le maître de la maison, non sans un peu d'étonnement.

— Dénoncez-vous quelqu'un, monsieur Verdier, s'il vous plaît?...

— Je dénonce le voleur, pardieu!...

— Vous le connaissez donc?...

— Oui, certes, et je n'en fais pas mystère!... C'est un misérable auquel j'avais donné ma confiance!... — c'est mon propre caissier!...

— M. de Villers?...

— En personne...

— Monsieur Verdier — reprit le contre-maître avec calme — je ne voudrais manquer en rien au respect que je vous dois, mais permettez-moi de vous dire que cette lettre ne partira pas...

— Comment, elle ne partira pas?...

— Non, monsieur...

— Et qui l'en empêchera?...

— Moi...

— Et, comment l'en empêcherez vous?...

— Mais, d'abord, en la déchirant, comme je le fais...

Pierre joignit l'action aux paroles, et il fit de la lettre quatre morceaux, avec une merveilleuse promptitude.

M. Verdier poussa une sourde exclamation de surprise et de colère.

— Drôle!... — s'écria-t-il ensuite, en levant la main sur le contre-maître — drôle, vous mériteriez...

— Ne me frappez pas, monsieur!... — interrompit Pierre Landry avec un geste de supplication — ne me frappez pas, je vous en prie!... — vous le savez trop bien, j'ai le sang vif et la colère mauvaise!... — si votre main retombait sur moi, je vous tuerais...

Achille Verdier, ne se faisait sans doute à cet égard aucune illusion, car il évita de laisser retomber sa main.

— Vous êtes un insolent ou vous êtes un insensé!... — reprit-il; — dans l'un ou l'autre cas vous ne pouvez rester ici... — je vous chasse!...

Le contre-maître secoua la tête, et répondit :

— Vous en avez le droit... — mais si vous me chassez aujourd'hui, vous me rappellerez demain...

— Le croyez-vous? — demanda railleusement M. Verdier.

— J'en suis sûr...

— Et, qui vous donne cette certitude?...

— Ma ferme conviction que vous êtes incapable de punir injustement un homme, parce que cet homme aura voulu vous empêcher de faire sans le vouloir une mauvaise action...

— Je ne vous comprends pas... — De quelle mauvaise action parlez-vous?...

— De celle de dénoncer un innocent... de le perdre à tout jamais... car, même lorsque l'erreur est reconnue, le malheureux sur qui se sont refermées les portes d'une prison, ne fût-ce que pendant quelques jours, garde une tache ineffaçable... une tache éternelle...

— Dénoncer un innocent!... — répéta M. Verdier d'un ton de sanglante ironie — vous faites-vous le protecteur d'André de Villers, par hasard?...

— Ma position est trop infime, trop misérable, — répondit humblement Pierre Landry — pour qu'il me soit possible et permis de me faire le protecteur de personne au monde... mais la voix la plus faible a le droit et le devoir de s'élever pour rendre justice à celui qu'on accuse sur de fausses apparences... — M. de Villers paraît coupable, mais il ne l'est point!... — son innocence éclatera bientôt à vos propres yeux, et je ne veux pas que vous ayez alors son déshonneur à vous reprocher, comme déjà vous auriez sa mort, si je ne m'étais pas trouvé là!...

— Sa mort!...

— Oui, monsieur... — en sortant de ce bureau, tout à l'heure, écrasé par vos reproches immérités, la honte et le désespoir le rendaient fou... il allait se tuer...

— Et vous l'en avez empêché?... — s'écria Achille Verdier en haussant les épaules...

— Vouliez-vous donc être son assassin?...

— Vous portez à ce jeune homme un étrange intérêt!...

— C'est vrai... je l'aime parce qu'il est bon... parce qu'il est probe et courageux... parce qu'il a le cœur honnête et l'âme franche...

— S'il a tant de vertus, que peut il craindre?... — il prouvera sans peine qu'il n'a point commis le crime dont je l'accuse...

— Vous ne l'accuserez pas!... pas aujourd'hui du moins!... — vous laisserez à la lumière le temps de briller parmi les ténèbres!... — Quand je devrais m'attacher à vous et ne vous plus quitter d'un instant, je vous empêcherai bien de recommencer cette dénonciation fatale que je viens de mettre en pièces...

M. Verdier croisa ses bras sur sa poitrine et regarda Pierre Landry en face.

— Ah çà! — s'écria-t-il — suis-je le maître dans cette maison?... — suis-je seul responsable de mes actes?... — ai-je le droit d'agir à ma guise?...

— Non, monsieur — répliqua le contre-maître — vous n'avez pas le droit de sacrifier un innocent!... vous n'avez pas le droit, surtout, de tuer ma fille, qui mourra, je le vois bien, si vous déshonorez M. de Villers...

Achille Verdier devint livide sous son masque bronzé.

— Plus bas, malheureux!... — balbutia-t-il d'une voix entrecoupée en mettant sa main tremblante sur la bouche de Pierre Landry pour le contraindre au silence — plus bas!... les deux mots que vous venez de prononcer suffiraient pour me perdre!...

— Vous avez peur!... et cependant vous ne craignez pas de perdre les autres!...

— Oubliez-vous votre serment?...

— Vous souvenez-vous du vôtre?...

— Vous avez juré de vous taire!...

— Vous aviez juré de *la* rendre heureuse!...

— N'ai-je pas tenu tout ce que j'avais promis?... — n'ai-je pas fait pour vous plus, cent fois plus, que vous ne deviez l'espérer?... — N'était-il pas convenu qu'à l'expiration de votre peine vous quitteriez la France, vous iriez en Amérique, aux grandes Indes, en Australie, quelque part enfin d'où vous ne reviendriez jamais!... — et cependant vous êtes ici... dans ma maison... près d'ELLE... pouvant l'approcher chaque jour... pouvant lui parler à toute heure...

. . . .

Ici, nous devons ouvrir une courte parenthèse...

Il nous faut expliquer rapidement à nos lecteurs un fait qui sans doute leur cause quelque étonnement, — nous voulons parler de la présence de Pierre Landry dans le chantier, du consentement de M. Verdier, après l'engagement pris d'une manière si formelle par l'ouvrier de renoncer absolument à sa fille et de ne jamais chercher à se rapprocher d'elle.

La conduite de M. Verdier, dans cette circonstance, avait été moins généreuse en réalité qu'elle ne semble l'être au premier abord pour quiconque ne descend point au fond des choses...

Voici les faits.

Au bout de quatre années de détention dans une Maison centrale, la conduite irréprochable de Pierre Landry, les bons exemples et les conseils salutaires qu'il ne cessait de donner à ses compagnons d'infortune, avaient attiré sur lui la bienveillance administrative.

A la suite de plusieurs rapports extrêmement favorables, le condamné avait obtenu la remise du reste de sa peine, l'autorisation de vivre à Paris s'il le jugeait convenable, et la promesse que la surveillance de la haute police à laquelle il se trouvait soumis, n'aurait rien de rigoureux à son égard.

Pierre Landry, à cette époque, se proposait de remplir fidèlement sa promesse jusqu'au bout, et de s'expatrier; — seulement un désir ardent, impérieux, le dominait, — il voulait revoir sa fille, la revoir une seule fois, et s'assurer qu'elle était heureuse, avant de s'éloigner pour toujours...

Afin de satisfaire ce désir si naturel et si légitime, il se rendit à Paris en toute hâte et il s'installa pendant plusieurs jours de suite sur le quai de Billy, en face de la porte des chantiers.

Les changements produits dans son visage et dans sa tournure par quatre années de souffrance lui ôtaient toute crainte d'être reconnu, si le hasard fixait sur lui l'attention de M. Verdier. — Ce dernier d'ailleurs ne l'avait vu que deux fois, et, selon toute apparence, ne se souvenait plus de ses traits...

Pendant trois longues journées les factions de Pierre Landry sur le quai furent sans résultat.

Le quatrième jour, enfin, la petite fille sortit du chantier avec sa bonne, et l'ouvrier sentit son cœur se fondre en la regardant. — Elle était grande pour son âge, belle comme un ange, et la fraîcheur de son visage annonçait une santé robuste...

Pierre était misérablement vêtu; — tout son corps tremblait d'émotion; — de grosses larmes coulaient de ses yeux et inondaient ses joues pâles.

L'enfant tenait un gâteau à la main. — Elle s'arrêta; — elle fixa sur Pierre Landry ses regards étonnés et attendris, puis, lâchant la main de sa bonne, elle courut à lui et lui présenta son gâteau en s'écriant :

— Pauvre homme, tu as faim... tu pleures... — tiens, prends!... — si j'avais autre chose, je te le donnerais... — je n'ai que cela, je te le donne...

Ce qui se passa dans le cœur du malheureux père, nos lecteurs le devineront sans doute... — les mots nous manquent pour l'exprimer...

Il saisit la petite fille, la souleva, l'appuya contre sa poitrine et l'embrassa avec une impétuosité si grande que la bonne accourut, tout effrayée, pour l'arracher de ses bras.

— N'ayez pas peur... — balbutia-t-il — je ne lui ferai pas de mal...

— Non... non... il ne me fait pas de mal... — ajouta l'enfant; — il n'a pas l'air méchant, le pauvre homme... — s'il veut venir travailler chez nous, papa lui donnera de l'ouvrage...

— Allons — se dit à lui-même Pierre Landry — elle est heureuse!... elle a non-seulement la beauté, mais la bonté d'un ange... — Je puis m'éloigner maintenant... j'emporterai du bonheur pour tout le reste de ma vie...

En parlant ainsi, Pierre était de bonne foi. — Il croyait trouver dans son âme la force de partir. — Il eut bien vite la preuve du contraire... — il comprit qu'à Paris seulement il pourrait vivre et que l'exil, loin de son enfant, serait la mort pour lui...

En même temps germaient dans son esprit les paroles de la petite fille : — *S'il veut venir travailler chez nous, papa lui donnera de l'ouvrage...*

— Si j'essayais? — se demanda-t-il — mais comment me faire admettre parmi les ouvriers, sans que M. Verdier me devine et m'éloigne?...

Il cherchait vainement la solution de ce problème, lorsque le hasard lui vint en aide à l'improviste.

Le lendemain de cette rencontre il se trouvait sur le quai, comme de coutume, espérant que l'enfant sortirait de nouveau et accourrait à lui comme la veille.

Les ouvriers opéraient le déchargement d'un bateau chargé de bois de charpente. — Plusieurs hommes portaient sur leurs épaules une poutre énorme. — Le plus rapproché de Pierre Landry glissa, s'abattit, et les autres se trouvèrent en grand péril d'être écrasés par leur fardeau qui n'était plus en équilibre.

Pierre s'élança.

— Camarades — s'écria-t-il — je vais vous donner un coup de main!...

Et prenant la place de l'ouvrier renversé, il soutint seul et sans effort apparent le poids gigantesque que le déplacement de la poutre faisait peser sur lui.

Une clameur d'admiration et d'étonnement s'éleva. — Pierre Landry continua l'ouvrage avec les travailleurs, et fit en deux heures autant de besogne qu'un homme actif et vigoureux pouvait en faire dans toute une journée.

Le contre-maître de cette époque crut faire merveille en attachant au chantier un gaillard de cette force et de cette énergie, et l'embaucha séance tenante.

On lui demanda son nom. — Il répondit qu'il se nommait Pierre et qu'il arrivait de province. — Ces renseignements furent jugés suffisants, et M. Verdier prit l'habitude de voir le nouvel ouvrier aller et venir dans les chantiers sans lui accorder la moindre attention.

Deux années environ s'écoulèrent ainsi et n'amenèrent aucun incident notable; — Pierre Landry veillait sur lui-même avec un soin constant et rigoureux, et rien ne venait le trahir

Au bout de ce temps, Lucie Verdier tomba malade et les médecins la condamnèrent.

Nous savons déjà, par la lettre d'André de Villers à sa mère, quelle fut la conduite du vrai père pendant cette maladie, et comment il sauva la vie de sa fille.

Lorsque les médecins eurent déclaré que le danger n'existait plus et que la convalescence commençait, M. Verdier fit venir l'ouvrier dans son cabinet et lui dit, en le regardant bien en face :

— Je vous ai reconnu. . vous êtes Pierre Landry...

— C'est vrai .. — balbutia le condamné en baissant la tête — j'ai manqué à mon serment... mais vous voyez bien, monsieur, que Dieu le voulait puisqu'il vient de se servir de moi pour sauver votre enfant .. — maintenant, je vous obéirai. — Me chassez-vous?... — dois-je partir?...

— Non... — répondit le maître du chantier après avoir réfléchi pendant un instant — restez .. — je vous sais honnête homme et je me fie à votre honneur!... — Vous n'abuserez point d'une situation que vous ne devez qu'à ma condescendance, car j'ai tenu toutes mes promesses, et je pourrais exiger que vous teniez toutes les vôtres...

Pierre Landry, suffoqué par la joie, se jeta aux genoux de M. Verdier, les embrassa en pleurant, et laissa s'exhaler son âme en protestations de reconnaissance éternelle...

Le prétendu père de Lucie avait-il vraiment droit à cette reconnaissance, et pouvait-il agir autrement qu'il ne le faisait? — Nous ne le croyons pas...

Son intérêt même lui commandait impérieusement d'accepter les faits accomplis.

Une expérience de deux ans venait de lui prouver qu'aucune imprudence de Pierre Landry n'était à craindre, et qu'il pouvait sans danger le laisser vivre à côte de Lucie...

Si, au contraire, il exigeait l'éloignement du malheureux, le danger commençait; — Pierre obéirait sans résistance, cela semblait certain, mais qui sait s'il resterait maître de lui-même et s'il ne se trahirait point, par l'involontaire expansion de sa douleur et de ses larmes au moment du départ?..

D'un autre côté, M. Verdier ne se privait pas volontiers d'un travailleur infatigable, dont le zèle et l'activité ne faiblissaient jamais, et qui lui inspirait en outre, sous le rapport de la probité, la confiance la plus absolue.

C'est donc sous la pression de ces considérations puissantes, que fut accordée cette faveur dont le condamné se montrait si heureux et si reconnaissant...

M. Verdier crut mettre le comble à sa générosité en offrant à Pierre une somme d'argent qui fut accueillie par un refus. — Peu de temps après il le nomma contre maître, et cette fois Pierre accepta d'autant plus volontiers qu'il s'agissait de venir habiter l'intérieur du chantier et de veiller chaque nuit sur le repos et la sûreté de Lucie.

Nous savons le reste...

Et, maintenant que nous avons liquidé notre compte avec le passé, reprenons notre récit un instant interrompu, et continuons à sténographier pour nos lecteurs l'orageux entretien des deux hommes...

XXVI. — UNE SITUATION DIFFICILE.

— C'est vrai, monsieur — murmura Pierre Landry, répondant aux dernières paroles de son patron, — vous avez été bon pour moi, et je serais le dernier des hommes, je serais un odieux et méprisable ingrat, si je me plaignais de votre conduite à mon égard, puisque je vous dois le seul bonheur que je pouvais espérer sur cette terre...

— N'ai-je pas tenu de même toutes mes promesses relatives à Lucie?... — reprit M. Verdier d'une voix plus basse, — son enfance n'a-t-elle pas été entourée de soins?...

— C'est vrai...

— Ne lui ai-je pas donné une éducation brillante?... — n'est-elle pas devenue, grâce à moi, une personne accomplie?...

— C'est vrai...

— Ne voyez vous pas que je travaille jour et nuit pour augmenter la fortune qui doit être la sienne un jour?...

— C'est toujours vrai...

— Que lui manque-t-il donc?...

— Il ne lui manque rien — répondit le contre-maître — rien que votre tendresse!... — Si vous l'aviez aimée seulement un peu, elle aurait été heureuse, et elle ne l'est pas...

— Que signifie cela?... — l'avez-vous entendue se plaindre de moi?...

— Se plaindre de vous!... la pauvre enfant!... — Ah! monsieur Verdier, il faut que vous la connaissiez bien mal pour me faire une pareille question! . — Elle ne prononce jamais votre nom qu'avec le grand respect qu'une fille doit à son père, et si quelqu'un disait du mal de vous devant elle, elle vous défendrait de toutes ses forces!...

— Elle ne ferait que son devoir, — car, vis-à-vis d'elle, j'ai fait le mien...

— Non, monsieur Verdier!... — répliqua Pierre Landry avec fermeté — Le premier devoir d'un père est d'aimer sa fille, et vous ne l'avez jamais aimée!...

— Vous êtes fou, Pierre!...

— Ni fou, ni aveugle, monsieur Verdier!... — j'ai de bons yeux, allez!.. et j'ai bien vu que la chère enfant souffrait beaucoup de votre froideur à son égard... — Une jeune fille, sans comparaison, c'est comme une fleur... — la fleur a besoin d'air et de soleil, n'est il pas vrai? .. la jeune fille aussi. Seulement pour elle, le soleil et l'air ce sont les sourires et les baisers de son père... — et vous ne les lui avez pas prodigués!..

— Est-ce ma faute, à moi, si je suis d'une nature peu expansive?... — Mes affections les plus vives ne se manifestent point par des phrases et par des embrassades...

— Je le crois bien, vous n'aimez personne!...

— Pierre!...

— Personne que l'argent, monsieur... et vous le savez aussi bien que moi...

— Si j'aime l'argent, après tout, tant mieux pour Lucie... — Elle sera riche... immensément riche!...

— Le plus tard possible, n'est-ce pas?... Ah! monsieur Verdier, il vaudrait mieux avoir quelques écus de moins et quelques bonnes paroles de plus!... — mais je ne réclame point contre le passé... je parle du présent...

— Expliquez-vous donc, et faites vite!... — j'ai hâte d'en finir!... — Vous voyez quelle patience je mets à vous entendre... mais toute patience a son terme...

— Je n'abuserai pas longtemps de la vôtre... — j'étais là tout à l'heure, en dehors, près de la fenêtre...

— Vous écoutiez!... — s'écria M Verdier.

— Oui, j'écoutais, et je n'ai pas perdu un seul mot de ce qui s'est dit dans cette pièce entre vous et M. de Villers d'abord, puis entre vous et Lucie...

M. Verdier devint très-pâle.

— C'est un indigne abus de confiance!... — murmura t-il.

— Je ne prétends pas le contraire, — répondit Pierre Landry, — et je ne suis point ici pour m'en justifier... — Si j'ai eu tort, d'ailleurs, je ne m'en repens en aucune façon, et je serais prêt à recommencer... — je vous apprends cela tout de suite afin que vous ne me demandiez point d'où je tiens mes renseignements... — Donc, Lucie n'a jamais été bien heureuse... elle vous l'a dit avec sa douceur d'ange... mais chacun porte plus ou moins sa croix dans ce monde .. la sienne, à tout prendre, n'était pas trop lourde; aussi, je vous le répète, je ne réclame point contre le passé!... — Aujourd'hui les choses changent... Lucie est complètement malheureuse, le chagrin la brise, le désespoir l'étouffe, et voilà ce qu'il ne faut pas...

— Qu'ai je donc fait?... — demanda M Verdier d'une voix sèche.

— Est-ce que vous l'ignorez?...

— Oui...

— Alors je vais vous l'apprendre... — d'abord, vous vous êtes montré injuste et cruel pour la pauvre enfant lorsqu'elle vous suppliait à genoux, à mains jointes, d'avoir pitié de M. de Villers qui n'est pas plus coupable que moi...

Achille Verdier interrompit brusquement le contre-maître.

— Eh! mordieu!... — s'écria t-il — vous ne voyez rien de ce qui se passe!... — Ce misérable caissier se permet de lever les yeux sur Lucie... et Lucie ne repousse point ces prétentions odieuses avec le mépris qu'elles méritent!...

— Je ne trouve pas du tout que l'affection d'un honnête homme soit tant à mépriser que cela!...

— Vous connaissiez cet indigne amour?

— Voilà déjà du temps que je l'avais deviné...

M. Verdier fit un geste d'impatience.

— Peut-être même l'approuvez-vous?... — murmura-t-il avec ironie.

— Je l'approuve, la chose est certaine; et, si cela ne dépendait que de moi, je donnerais dès demain Lucie au jeune caissier, et je croirais assurer son bonheur beaucoup mieux qu'en lui faisant épouser un millionnaire...

— Heureusement, cela ne dépend pas de vous!...

— Hélas... non!... — vous êtes le seul maître de la chère enfant... c'est à vous de disposer de sa vie, puisque j'ai renoncé à tous mes droits pour vous les transmettre, et je ne me mêlerai de ce qui la regarde que si vous m'y forcez absolument...

— Si je vous y force?... — répéta M. Verdier.

— Oui...

— Comment?...

— En la rendant par trop malheureuse!... — Avez-vous donc oublié déjà votre conduite de tout à l'heure? — vous l'avez chassée de votre présence!... vous l'avez mise à la porte de cette pièce en l'appelant fille maudite!... enfin, si je ne m'étais trouvé là pour la recevoir dans mes bras, la porter dans sa chambre et la remettre aux soins de madame Blanchet, elle serait en ce moment étendue sans connaissance sur les pavés de la cour!... — Vous la tuerez, monsieur Verdier, et je veux qu'elle vive!...

— Prenez garde, Pierre Landry!... — vous me parlez d'un ton qui ne me convient pas!...

— Je n'ai aucunement l'intention de vous manquer de respect... — répliqua le contre-maître... — je veux seulement vous dire et vous faire comprendre que si vous vous jouez de votre parole, je me tiendrai pour dégagé de mon serment, et que j'agirai en conséquence...

M. Verdier frissonna de la tête aux pieds sous le coup de cette menace indirecte... — il voulut sortir à l'instant de l'incertitude où elle le plongeait, et connaître la pensée de Pierre Landry jusqu'au bout.

— De quelle manière agiriez-vous donc? — demanda-t-il d'une voix émue.

— Oh! mon Dieu, c'est bien simple... — j'annullerais par le seul effet de ma volonté ce qui s'est passé entre nous il y a quinze ans... — je reprendrais ma fille...

— Vous ne le pourriez pas?...

— Qui m'en empêcherait?...

— Mille raisons... et d'abord, pour n'en citer qu'une, l'absence de toutes preuves à l'appui de votre réclamation...

Le contre-maître haussa les épaules.

— Des preuves!... — répliqua-t il. — Ah! ce ne sont pas elles qui me feraient défaut!... Elles sortiraient de terre si j'en avais besoin!...

— Vous êtes un mauvais père!...—poursuivit Achille Verdier,— vous briseriez l'avenir de votre fille!... — vous la réduiriez à la misère!...

— Elle serait pauvre, c'est vrai, au lieu d'être riche, mais aussi elle serait aimée, et ça ferait compensation!... — Lucie a des goûts simples... ce qu'il lui faut pour vivre est bien peu de chose!... — je suis plus vigoureux que je ne l'ai jamais été... — je travaillerais double, et elle se trouverait heureuse!... — Elle a bien de la tendresse pour moi, voyez-vous, la chère enfant, quoique je ne sois qu'un ouvrier, et peut-être que son cœur battrait de joie si on venait lui dire : — *Tu es la fille de Pierre Landry!...*

— Vous oubliez qu'il faudrait ajouter : *de Pierre Landry*. LE CONDAMNÉ!...

— Je n'oublie rien, monsieur... — murmura le contre-maître d'une voix triste, — votre intention est cruelle, mais l'arme que vous tournez contre moi ne peut plus me blesser... — Lucie connait depuis ce matin mon passé tout entier... — Elle ne m'a retiré ni son affection, ni son estime, et elle ne rougirait point s'il lui fallait quitter votre nom pour prendre le mien!...

M. Verdier endurait au moral un supplice pareil à celui des malheureux que les tortionnaires du moyen-âge retournaient avec des fourches ardentes sur des barres de fer rougies au feu... En toute autre circonstance il aurait accueilli avec une insouciance relative la déclaration de Pierre Landry...

Il se serait dit — (et non sans raison peut-être) — que l'ouvrier reculerait devant l'immense scandale d'un procès dont l'issue serait douteuse, car les preuves inconnues sur lesquelles il semblait compter, pouvaient fort bien ne point exister ou du moins être insuffisantes...

Enfin, il aurait parlé la tête haute, et son assurance, réelle ou feinte, ne se serait point démentie...

Mais ce danger nouveau, venant s'adjoindre à l'improviste au danger vague et terrible, qui depuis quelques heures planait sur sa tête, lui donnait le vertige!...

Le matin de ce même jour la voix d'un inconnu l'avait appelé : JACQUES LAMBERT!...

Pierre Landry, maintenant, le menaçait de lui redemander sa fille!...

Le passé tout entier semblait prêt à sortir du néant, à se tourner contre lui, après quinze années, et à l'écraser sous son poids!...

Isolées, les deux accusations pouvaient être impuissantes à trouver le défaut de la cuirasse... — Réunies et s'étayant l'une sur l'autre, elles devenaient formidables!...

Dans une telle situation, il ne pouvait y avoir qu'un parti à prendre, une tentative à faire : — gagner du temps à l'aide de quelques concessions et de quelques promesses...

Achille Verdier se résigna, — son visage prit une expression moins sombre; — ses sourcils se détendirent; — les rides de son front s'effacèrent, et il dit au contre-maître, d'une voix singulièrement adoucie :

— La franchise et la loyauté sont les principaux éléments de ma nature, — je vais vous en donner une preuve... — je pourrais me montrer blessé de la rudesse de votre langage... j'aime mieux convenir de mes torts...

La figure de Pierre Landry s'illumina. — M. Verdier poursuivit :

— Personne n'apprécie mieux que moi les grandes et généreuses qualités de notre chère Lucie... — J'ai été injuste à son égard tout à l'heure; — je me suis conduit avec une violence regrettable qui n'est ni dans mon caractère, ni dans mes habitudes... — Mais ne puis-je alléguer comme excuse, ou du moins comme circonstance atténuante, l'état d'irritation et de colère dans lequel m'avait jeté depuis mon retour ce vol inexpliqué?...

— Oh! certainement, monsieur Verdier, vous avez des excuses!... — s'écria Pierre Landry; — du moment que vous regrettez ce qui s'est passé, il ne faut plus parler de rien... et je suis bien sûr que Lucie, la chère fille, vous pardonnera de tout son cœur...

— Je l'espère... et je le lui demanderai moi même...

— Oh! oui .. faites cela, faites cela, monsieur Verdier!... — elle sera si heureuse de vous voir, une fois par hasard, bon et tendre...

— Je veux, désormais, l'être toujours...

— Oh! alors, ce sera trop de bonheur pour elle, et moi, certain qu'elle n'a plus rien à désirer sur la terre, je mourrai de contentement!...

— Maintenant, occupons-nous d'André de Villers.

— Oh! monsieur Verdier, au nom de tout ce qu'il y a de plus sacré en ce monde et dans l'autre, ne perdez pas ce jeune homme, je vous en supplie!...

— Sur votre honneur, le croyez-vous innocent du vol que de fausses apparences mettent à sa charge?

— Sur mon honneur!... je me porte garant pour lui!... — je vous réponds de sa probité comme de la mienne!...

— Vous pouvez vous tromper, mais enfin je veux croire que vous êtes dans le vrai... — Je laisserai donc à la lumière le temps de briller au milieu des ténèbres qui nous entourent!... — d'ici à huit jours je ne formulerai, ni en paroles, ni par écrit, aucune accusation contre mon caissier...

— Dieu soit béni!... huit jours!... — il n'en faudra pas tant, j'y compte bien, pour nous mettre sur la trace des vrais coupables!...

— Savez vous où se trouve M. de Villers en ce moment?...

Pierre hésita, mais il se reprocha de suspecter la loyauté de son patron, et il répondit au bout d'une seconde :

— Oui, monsieur, je le sais...

Le quatrième jour, enfin, la petite fille sortit du chantier avec sa bonne. (P. 77.)

— Eh bien, comme on ne manquerait pas de chercher les motifs de son brusque départ, et comme son absence serait sans aucun doute interprétée contre lui, je vous autorise à lui dire qu'il peut, provisoirement, reprendre son poste, qu'il n'a rien à craindre de moi pendant une semaine, et que je l'engage à joindre ses efforts aux miens pour arriver à la découverte de la vérité...

— Il le fera, monsieur!... — s'écria Pierre Landry, — nous chercherons tous avec ardeur, et, s'il plaît au ciel, nous trouverons!... — Eh! mon Dieu, qui sait?... le scélérat viendra peut-être se livrer lui-même, par imprudence ou par aveuglement...

M. Verdier fit un signe de dénégation incrédule.

— La providence est grande!... — reprit le contre-maître, — il ne faut pas douter!...

L'entretien se termina là.

Achille Verdier, plus sombre, plus préoccupé, plus inquiet qu'il ne l'avait jamais été, regagna le corps de logis principal et s'enferma de nouveau dans sa chambre.

Pierre Landry, très-joyeux du résultat obtenu, se dirigea vers la maisonnette où il avait donné asile au caissier, et, chemin faisant, il se disait :

— Tout va bien!... M. Verdier sait que le jeune homme aime Lucie et que Lucie ne déteste pas le jeune homme, et il consent, malgré cela, à lui laisser reprendre sa place... — D'après ceci, il me paraît clair que lorsque nous aurons trouvé notre voleur, les choses prendront une bonne tournure...

Et il répéta : — Allons, décidément, tout va bien!...

XXVII. — LA CABINE DU TITAN.

Le Titan, nous l'avons dit, était un grand et magnifique bateau de transport, le plus beau peut-être de tous ceux que la Seine et les canaux amenaient à Paris.

M. Verdier l'avait fait construire l'année même de sa mise en possession des chantiers du quai de Billy — il paraissait lui porter une vive affection; — il se servait de lui dans tous ses voyages; — il l'entretenait si bien, il faisait goudronner sa coque et repeindre ses bordages avec tant de sollicitude, que l'embarcation, après quinze ans, semblait neuve, comme au moment de sa mise à flot.

Le soir du jour où se passaient les événements que nous racontons, deux ouvriers se promenaient le long du quai en fumant leurs pipes, avant de regagner leurs logis voisins du chantier.

Il faisait nuit depuis longtemps; — neuf heures sonnaient; — les passants devenaient rares.

Les ouvriers s'arrêtèrent en face du *Titan*, que des chaînes énormes amarraient au quai.

— Nom d'un petit bonhomme!... — s'écria l'un d'eux — pour ce qui est d'un joli sabot, on peut dire que voilà un joli sabot!...

— Une véritable écale de noisette!... — répliqua l'autre en riant — un joujou à faire naviguer sur une soucoupe pour servir d'amusette aux petits enfants!...

— Cré coquin!... — reprit le premier — vous en avale-t-il de la marchandise, le goulu!...

— Ah! le fait est qu'il a un fier appétit!...

— Ce n'est pas avec un demi-cent de cotrets qu'on lui remplit le ventre!...

— On en fera des charpentes de maisons, et des cossues, avec les pièces de bois qui s'empilent là-dedans!...

— Quand on pense qu'il va falloir, demain, porter tout ce bois-là sur notre dos, depuis le bateau jusqu'au chantier, ça me donne des

Paris. — Typ. Collombon et Brûlé, rue de l'Abbaye.

Ça enrichit donc, la contrebande? (P. 81.)

engourdissements dans les épaules et des élancements dans le gras des jambes!...

— Ah! dame, oui!... la besogne sera rude!...

— D'autant plus rude que le patron nous regardera travailler, sans nous perdre de vue d'une minute, et quand le patron se fait chien de garde, pas moyen de s'arrêter seulement pour éternuer!...

— En voilà un qui n'entend pas raison sur le chapitre des flâneurs!... — il a toujours l'air de penser qu'on lui fait du tort, et qu'on ne gagne pas bien son argent...

— Quelle pingrerie!... un homme si riche!...

— Après ça, faut être juste... si riche qu'il soit, il ne boude pas plus à l'ouvrage que n'importe lequel de nous autres!... — il a travaillé toute sa vie, et même il a fait dans les temps passés, à ce qu'on prétend, des bien drôles de métiers!... des métiers qui n'étaient pas trop catholiques!...

— Tiens!... tiens!... tiens!... Et quels métiers donc!...

— Ah çà, est-ce que tu n'as jamais entendu parler de rien?...

— Jamais... — je ne suis au chantier que depuis deux ans... — mais tu vas me raconter la chose en douceur...

— Je veux bien te raconter ce que je sais, et ça ne sera pas lourd... — Par exemple, voilà un gaillard qui en pourrait dire plus long que moi, s'il avait l'agrément d'une langue et la manière de s'en servir...

— Quel gaillard?...

— Le Titan, donc!...

— Le bateau?...

— Naturablement...

— Je n'y comprends goutte...

— Je vas te narrer la chose de la chose... — M'écoutes-tu?...

— De mes deux oreilles!... — je t'écoute si fort que j'en ai laissé éteindre ma pipe...

— Faut d'abord te faire à savoir que dans ce temps-là le patron était déjà riche, mais pas tant qu'il l'est aujourd'hui... ce qui ne l'empêchait point d'aimer l'argent au moins autant et même un peu plus que ses petits boyaux, et de vouloir en gagner par tous les moyens...

— Voyez-vous ça!...

— Il trouva sans doute alors que le transport et la vente du bois de construction et de chauffage ne donnaient pas d'assez gros bénéfices, et, sans discontinuer ce commerce-là, il se mit à en faire un autre...

— Lequel?...

— Celui de la contrebande sur une grande échelle... — et on construisit le *Titan* tout exprès pour ça...

— Ça enrichit donc, la contrebande?...

— Parbleu!... on y gagne des mille et des cent!... — le patron rapportait du côté de la Belgique des dentelles, des tabacs... du côté du Midi des barils d'eau-de-vie... et il réalisait sur tout ça des profits énormes... des profits à enrichir un homme d'un seul coup!...

— Je m'étais laissé dire que, quand on faisait la contrebande, on se faisait toujours pincer, un peu plus tôt ou un peu plus tard, parce qu'il se trouvait des gens pour vous dénoncer...

— Ça n'a pas manqué à M. Verdier... — On l'a dénoncé plus de vingt fois...

— Ah!... ah!... et alors, qu'arrivait-il?...

— Il arrivait que les gabelous et les gendarmes se présentaient à l'improviste, arrêtaient le bateau au moment où on s'y attendait le moins, et opéraient une descente et une perquisition...

Paris. — Typ. Collombon et Brûlé, rue de l'Abbaye.

— Mauvaise affaire pour le patron!... — On lui saisissait ses marchandises, j'imagine, et on lui faisait un gros procès...

— On ne lui saisissait rien du tout, et on lui faisait des excuses...

— Ah! bah!... et pourquoi donc ça?...

— Parce qu'on avait beau chercher, fouiller, sonder la coque, déranger tout le chargement, on ne trouvait ni une livre de tabac, ni une aune de dentelle, ni un baril d'eau-de-vie!...

— Et cependant le patron en avait à bord?...

— Bien entendu...

— Qu'en faisait-il au moment des descentes de la douane?...

— Voilà ce qu'on n'a jamais su positivement et ce qu'on ne saura jamais, à moins qu'il ne prenne au patron la fantaisie de le raconter, ce qui ne me paraît guère probable... — Il y aurait encore la ressource de questionner le *Titan*; par malheur, il ne répondrait pas...

— Mais enfin, quand le diable y serait, on a bien fait quelques suppositions... on a bien trouvé des explications?...

— Oh! parbleure, on en trouve toujours!... — Bonnes ou mauvaises, les explications ne manquent jamais!... — La plus vraisemblable fut que le *Titan* devait être un bateau *machiné* comme un théâtre, avec des cachettes et des mécaniques connues seulement de M. Verdier!... — On a supposé cela, mais on n'en a jamais eu la preuve... — le patron a renoncé depuis longtemps à la contrebande, et le *Titan* a gardé tous ses secrets...

— Faudra, nonobstant cela, que je ne mette point mes yeux dans ma poche demain, pendant le déchargement du bateau, afin de voir si toutefois et quantes je découvrirai quelque chose... Eh! eh!...

— Sois paisible, mon vieux!... — t'auras beau poser sur ton nez tes lunettes des dimanches, je te réponds que tu n'y verras que du feu!... — Il se fait tard... — allons nous coucher...

Et les deux ouvriers passèrent.

Une heure environ s'écoula.

La soirée était belle et calme autant que celle de la veille avait été bruyante et orageuse. — Des myriades d'étoiles brillaient dans un ciel sans nuage, se reflétaient comme en un miroir d'ébène sur la surface des eaux du canal, et rendaient l'obscurité presque transparente.

La demie après dix heures sonna, — la petite porte du chantier s'ouvrit doucement et M. Verdier parut, une lanterne allumée à la main.

Il portait le même costume qu'au moment de son arrivée, et la visière de sa casquette poudreuse descendait sur son front de manière à cacher presque entièrement ses yeux.

Après avoir jeté à droite et à gauche un regard rapide, il traversa le quai, franchit la passerelle improvisée qui conduisait à bord du bateau, descendit un escalier d'une dizaine de marches et ouvrit, avec une clef qu'il tira de sa poche, la porte de sa cabine particulière.

Cette cabine était vaste et beaucoup mieux aménagée que ne le sont d'habitude celles des bateaux de transport.

Achille Verdier — par un motif d'économie — ne couchait jamais à terre et n'y mangeait que rarement pendant ses longs voyages sur toutes les rivières et sur tous les canaux de France. — En conséquence il avait rendu sa demeure à bord du *Titan*, sinon luxueuse et comfortable, du moins habitable.

Nos lecteurs, s'ils tiennent à en avoir une idée exacte, n'ont qu'à se figurer une pièce carrée, planchéiée, très-basse d'étage et surmontée d'un plafond cintré.

Deux fenêtres étroites, pratiquées dans le bordage, à droite et à gauche, y laissaient pénétrer pendant le jour la lumière nécessaire.

Un lit de fer, occupant l'un des côtés, — une petite table, placée au milieu, — deux chaises de paille et une grande malle constituaient tout le mobilier de la cabine.

Sur la table se voyait une lampe de cuivre, immobilisée par deux pitons à vis qui traversaient son socle.

M. Verdier alluma cette lampe, regarda sa montre et se mit à marcher de long en large à travers la chambre, baissant la tête sur sa poitrine et paraissant plongé dans une série de réflexions dont la nature devait être fort peu réjouissante, à en juger par l'expression menaçante et sombre de son visage.

A onze heures précises, il quitta la cabine, gravit les marches de l'escalier et s'arrêta sur le pont que les piles de bois plongeaient dans une profonde obscurité.

Une forme humaine foulait lentement les pavés du quai, le long du bateau. — On ne pouvait distinguer le costume du promeneur, mais il tenait un cigare entre ses dents, et, à chacune de ses aspirations, une lueur assez vive éclairait sa figure pendant la vingtième partie d'une seconde.

Achille Verdier crut reconnaître Maugiron; néanmoins, sa certitude à cet égard étant insuffisante, il résolut d'attendre que le visiteur nocturne se manifestât d'une manière positive.

Son attente fut courte.

Le bruit de ses pas sur l'escalier avait trahi sa présence. — L'inconnu fit halte, et d'une voix très-basse mais parfaitement distincte, il murmura ces mots :

— *Ohé! du Titan!... ohé!...*

M. Verdier fronça le sourcil et ses dents s'entre-choquèrent, mais il fit un effort sur lui-même et il répondit :

— Je vous attends...

— Et moi, cher monsieur, je suis à vos ordres...

— Vous voyez la passerelle? ..

— Très-bien... — Vous êtes seul?...

— Absolument seul...

— Dans ce cas, je m'empresse de vous rejoindre ..

— Et moi je vais vous montrer le chemin...

Un instant après cet échange de paroles, Maugiron et Achille Verdier se trouvaient en tête à tête dans la cabine.

Le jeune homme avait quitté les vêtements dont la coupe savante donnait à sa tournure leste et dégagée un cachet d'élégance presque aristocratique.

Son costume, parfaitement propre, mais d'une extrême simplicité, lui donnait maintenant l'apparence d'un modeste employé à dix-huit cents francs.

Il s'arrêta sous la lumière de la lampe et demeura pendant quelques secondes immobile et souriant.

Le propriétaire du *Titan*, les yeux fixés sur lui, étudiait ses traits avec une attention dévorante, et Maugiron se prêtait complaisamment à cet examen.

— J'ai beau chercher... — se disait à lui-même Achille Verdier — ma mémoire ne me rappelle rien... — je ne le connais pas... — je ne l'ai jamais vu... j'en suis sûr!...

Un peu rassuré par cette conviction, il entama l'entretien d'une voix ferme :

— Vous m'avez demandé ce matin, monsieur, une entrevue secrète .. — Si étrange que m'ait paru cette demande, et surtout la manière dont elle était faite, je n'ai pas cru devoir vous répondre par un refus...

— Et je vous en sais un gré infini!... — interrompit Maugiron d'un air ironique.

— Me voici donc au rendez-vous... — continua M. Verdier. — Je suis fort curieux d'apprendre les choses importantes que vous avez, dites-vous, à me révéler, et j'attends l'explication d'une énigme dont je chercherais vainement à trouver le mot sans vous..

— Je suis venu tout exprès pour vous expliquer ce que vous désirez savoir — répliqua Maugiron — et par conséquent je ne mettrai point votre patience à une longue épreuve, cher monsieur Jacques Lambert...

M. Verdier tressaillit violemment.

— Voilà la seconde fois d'aujourd'hui — s'écria-t-il — que vous me donnez un nom qui ne m'appartient pas... — Je m'appelle Achille Verdier et ne me suis jamais appelé Jacques Lambert...

Maugiron sourit.

— En êtes-vous sûr? — demanda-t-il du ton le plus naturel.

— Comment! si j'en suis sûr? .. quelle étrange question!...

— Mon Dieu, oui, en êtes-vous sûr? .. — Vous savez bien que l'homme est sujet à l'erreur... et d'ailleurs, avec la meilleure volonté du monde, il arrive parfois qu'on oublie!... — N'auriez-vous point, par hasard, la mémoire un peu courte, cher monsieur Jacques Lambert?...

— Encore!... — fit le marchand de bois en frappant du poing la petite table qui se trouvait au milieu de la cabine; — vous devez comprendre cependant, monsieur, qu'une telle insistance est injurieuse?...

— Je serais aux regrets de vous offenser... — poursuivit Maugiron — mais je crois que vous êtes trop susceptible, en même temps que très-oublieux!... — il me suffira d'ailleurs d'une date et de quelques mots pour vous prouver que mon opinion est bien fondée, et pour vous rafraîchir en même temps la mémoire...

— Une date?... quelques mots?... — répéta M. Verdier dont l'inquiétude, un instant amoindrie, prenait des proportions nouvelles...

— Pas davantage... — voici la date : — septembre 1839... — les quelques mots sont ceux-ci : — *Le brick l'Atalante*; — *le capitaine Jacques Lambert*; — *l'île Saint Domingue*...

La pâleur du faux Achille Verdier devint effrayante; — il ne pouvait désormais conserver aucun doute à cet égard, l'homme qui se trouvait en face de lui connaissait les secrets sinistres de son passé!... Il ne se déconcerta pas, cependant, et il résolut de soutenir la lutte contre l'évidence.

— Si les paroles que vous venez de prononcer devaient être, selon vous, un talisman magique — répliqua-t-il avec un sourire un peu contraint — vous avez manqué votre effet! .. — vous êtes évidemment la dupe d'une erreur que je ne m'explique point encore, mais qui sans doute ne tardera guère à s'éclaircir... — Que m'importent *le brick l'Atalante*, *l'île Saint-Domingue* et ce *capitaine Jacques Lambert* dont vous vous obstinez à me donner le nom?... — Pourquoi me parlez-vous de tout cela?...

— Vous ne vous en doutez pas un peu?...

— Je ne le devine en aucune façon...

— Très-bien!... — je m'y attendais!... — votre mémoire s'obstine encore dans son engourdissement... — Je vais lui venir en aide par quelques détails plus précis qui la tireront de ce long sommeil. .

— Parlez, monsieur!... — je vous écoute avec une curiosité très-vive...

— J'en suis convaincu... — vous n'en êtes encore qu'à la curiosité, n'est-il pas vrai?... — soyez tranquille, l'intérêt va naître .. — L'*Atalante* était un beau brick, bon marcheur, se comportant bien à la mer, doublé et chevillé en cuivre, et faisant chaque année un ou deux voyages à la côte de Guinée pour en rapporter une cargaison de *bois d'ébène* d'un placement sûr et avantageux .. — N'avez-vous jamais entendu parler de l'*Atalante*, cher monsieur?...

— Jamais...

— A merveille... — je continue : — Le *capitaine Jacques Lambert* était un homme solide, brutal en diable pour son équipage, ne craignant ni Dieu ni diable, excellent marin, très-ambitieux, sinon d'honneurs, du moins de richesses, et parfaitement décidé à ne reculer devant aucune espèce de moyen pour arriver à la fortune. — N'avez-vous jamais entendu parler du capitaine *Jacques Lambert*, cher monsieur?...

— Jamais...

— C'est parfait... — je continue : — Un jour du mois de septembre 1839, un colon français vint trouver le capitaine et lui proposa de traiter avec lui pour le rapatrier avec sa petite fille, âgée de trois ou quatre ans, et tout un chargement de sucre, de coton et de café!... — Ce colon venait de faire un important héritage en France... à Paris... — il se nommait *Achille Verdier*... — Vous ne me répondrez pas, je pense, que vous n'avez jamais entendu parler de celui-là...

Le propriétaire du *Titan* interrompit son interlocuteur.

— Pardon, monsieur — dit-il avec infiniment plus d'assurance qu'il n'en avait montré jusqu'alors, — mais que penseriez-vous si je fermais à double tour la porte de cette cabine?... si j'ouvrais la fenêtre donnant sur le quai?... si j'appelais la première patrouille qui va passer, et si je vous faisais arrêter?...

Maugiron ne manifesta pas le moindre étonnement.

— Je penserais — répondit-il — que c'est une fantaisie comme une autre, — un peu plus dangereuse qu'une autre, peut-être, sinon pour moi, du moins pour vous, et je vous prierais de vouloir bien m'expliquer cette velléité d'arrestation?...

— Oh! rien n'est plus simple... — La nuit dernière, un voleur s'est introduit dans ma maison... il a ouvert ma caisse avec de fausses clefs et il s'est emparé d'une somme de soixante-dix mille francs et d'un portefeuille...

— J'ai entendu parler de tout cela, ce matin, chez vous...

— Le portefeuille contenait des papiers de famille, sans intérêt pour tout autre que pour moi... — le voleur a cru cependant pouvoir échafauder sur ces papiers je ne sais quelle honteuse tentative de chantage, et il vient de se trahir maladroitement... — Ce voleur, c'est vous!...

— Je ne fais aucune difficulté d'en convenir... — répondit Maugiron avec un calme parfait.

— Voilà pourquoi — reprit M. Verdier — je vais fermer cette porte, ouvrir cette fenêtre, et vous livrer aux mains de la force publique...

Maugiron se mit à rire.

— Ah! — s'écria l'ex-capitaine — vous trouvez la situation plaisante, à ce qu'il paraît?...

— Extrêmement...

— Nous verrons si vous penserez de même quand je vous aurai fait arrêter!...

— Me faire arrêter!... vous!... — cher monsieur, je vous en défie!...

— Vous m'en défiez!...

— Oui, certes!... — j'en sais un peu trop long sur votre compte et si je prenais le chemin de la prison, nous le prendrions de compagnie...

— Allons donc!... — Espérez-vous m'en imposer à force d'impudence?... — vous n'êtes qu'un naïf maladroit!... — tout ce que vous venez de me raconter, vous l'avez lu dans les papiers volés par vous cette nuit...

— C'est exact...

— Ces papiers renferment deux noms... le mien et celui de Jacques Lambert, capitaine du brick l'*Atalante*; mais il est absurde, il est insensé, *il* est inouï de prétendre faire revivre en moi ce personnage mort depuis quinze ans!... — Ceci d'ailleurs est une invention de votre part, et les papiers ne contiennent pas un seul mot sur lequel puisse s'étayer cette fable invraisemblable et stupide!...

— D'accord... — les papiers sont muets là-dessus... — Seulement, moi qui vous parle, je sais les choses dont ils ne disent pas un mot...

— Que savez-vous?...

— Tout ce qui se passa, par exemple, sur un îlot des îles Açores, le jour du naufrage de l'*Atalante*.

XXVIII. — DEUX COQUINS.

— C'est impossible!... — s'écria l'ex-capitaine.

— Impossible! — répéta Maugiron en ricanant — pourquoi donc ça, s'il vous plaît?...

— Pour une raison sans réplique...

— Laquelle?...

— J'ai survécu seul avec ma fille au naufrage dont vous parlez... — Tous les hommes de l'équipage ont péri sous mes yeux, engloutis dans les flots...

— Je vais vous donner à l'instant la preuve du contraire...

— Et comment?...

— En vous racontant certaines circonstances de la catastrophe qui ne peuvent avoir été connues que d'un témoin oculaire...

— Parlez donc!... hâtez-vous!...

— L'intérêt commence à venir, n'est-ce pas?... — je l'aurais parié!... — soyez tranquille, il ne faiblira pas!... — Donc l'*Atalante* voguait en paix, et depuis son départ de San Domingo, les vents et la mer la favorisaient à qui mieux mieux... — Je vous fais grâce du récit détaillé de la tempête qui se déchaîna soudainement à la hauteur des Açores... — l'*Atalante* toucha sur un rocher... — une voie d'eau se déclara... — tout espoir de sauver le navire s'évanouit, et les matelots de l'équipage, ne prenant plus conseil que de leur épouvante, s'entassèrent dans la grande chaloupe et coupèrent les amarres... — Est-ce exact?...

L'auditeur de Maugiron ne répondit pas.

Le jeune homme reprit :

— Il ne restait sur le pont du navire que le capitaine Jacques Lambert, le planteur Achille Verdier, la fille de celui-ci et le petit mousse Flageolet, un gamin de Paris à qui le capitaine promettait quotidiennement les galères, et qui regardait la tempête en amateur, comme au paradis des théâtres de mélodrame au boulevard, applaudissant le fracas des vagues et criant : *bis* au tonnerre...

— Flageolet!... — répéta le maître du *Titan* en regardant avidement son interlocuteur.

— On dirait que vous n'avez pas oublié le surnom de ce méchant singe!... — fit Maugiron en souriant. — Je continue : — Au bout de cinq minutes, tout au plus, un coup de mer chavirait la chaloupe, et les matelots disparaissaient l'un après l'autre...

« Nos quatre personnages s'embarquèrent alors dans le canot et firent force de rames pour gagner un écueil dont on voyait la tête noire apparaître à quelque distance au milieu de la blanche écume des flots...

« Ils n'en étaient plus éloignés que d'une cinquantaine de brasses, lorsque le canot s'engloutit...

« Les trois hommes pouvaient passer pour de bons nageurs...

« Jacques Lambert avait une superbe *coupe* et un rude *coup de talon*... — il arriva le premier... — Achille Verdier, portant sa petite fille sur son épaule, le suivit de son mieux...

« Quant au mousse Flageolet, il trouva moyen de se hisser, chemin faisant, sur une épave, du haut de laquelle il fut spectateur de l'un de ces drames qui, bien mis en scène, feraient la fortune d'un théâtre, et assureraient à une pièce cent cinquante ou deux cents représentations...

« Achille Verdier avait attaché autour de ses reins une ceinture de cuir... — cette ceinture soutenait un grand portefeuille, bourré, selon toute apparence, de billets de banque et de papiers importants... — Le pauvre homme, épuisé, mais soutenant toujours sa fille, atteignit la base de l'écueil...

« Jacques Lambert se pencha vers lui pour lui venir en aide, et le saisit par sa ceinture qui se brisa, laissant le portefeuille en la possession du capitaine...

« Une vague monstrueuse approchait, et la mort avec elle... — Achille Verdier, galvanisé par l'imminence et l'immensité du péril, se souleva et tendit à Jacques Lambert ses mains et son enfant...

« Le capitaine était un homme avisé, je vous l'ai dit, et prêt à ne reculer devant aucun moyen pour arriver à la fortune... — sa pensée, désormais, appartenait tout entière au portefeuille...

« Il lui suffisait de se baisser pour sauver à la fois le père et la fille!... — il ne se baissa pas et détourna la tête...

« Vous voyez cela d'ici, n'est-ce pas?... »

Le maître du *Titan* n'était plus pâle, mais livide; — de grosses gouttes de sueur ruisselaient sur son front, et l'expression d'angoisse et de terreur empreinte sur son visage devenait de minute en minute plus effrayante.

— Ah! — s'écria-t-il ensuite d'une voix sourde — vous êtes le démon!...

— Ceci est très-flatteur pour moi, cher monsieur — répliqua Maugiron en riant — seulement où diable voyez-vous mes cornes?...

— Mais qui donc êtes-vous, alors?... qui donc êtes-vous pour en savoir si long?...

— Il paraît que mon physique est terriblement changé et pas mal embelli, puisque après tout ce que je viens de vous raconter vous ne reconnaissez pas encore votre ex-petit mousse Flageolet!...

— Flageolet!... vous!...

— Pour vous servir...

— C'est impossible!...

— Impossible, peut-être, mais parfaitement réel...

Maugiron reprit pour un instant son organe d'autrefois, sa voix de gamin de Paris, grasseyante et acidulée, et il ajouta :

— Je vous avais bien dit dans les temps, capitaine, quand vous me faisiez flanquer sur mon pauvre cuir double ration de coups de garcette par le maître d'équipage... je vous avais bien dit que je vous revaudrais cela quelque jour... — vous voyez que l'occasion de tenir parole se présente...

Jacques Lambert releva la tête.

— En vérité — s'écria-t-il — je vous aurais cru plus de prudence!...

— En quoi donc en ai-je manqué? — demanda Maugiron froidement.

— Vous possédez un secret qui peut me perdre... vous le possédez seul, et vous venez vous mettre à ma discrétion, la nuit, dans mon bateau!... — mais c'est de la folie!...

— C'est tout bonnement de la confiance, cher monsieur... — serait-elle mal placée, par hasard?...

La main droite de Jacques Lambert était cachée dans sa poitrine — elle reparut armée d'un pistolet.

— Si je vous envoyais chez les morts — reprit-il — que diriez-vous?...

— Je vous prierais de vouloir bien passer le premier pour m'indiquer le chemin!... — répliqua Maugiron en exhibant un révolver à six coups; — on vous connaît un peu, cher monsieur, et l'on prend ses précautions lorsqu'on vient vous rendre une petite visite nocturne pour causer d'affaires!... — C'est à vous de voir s'il vous convient d'entamer la conversation à l'Américaine!... — je vous préviens seulement que j'ai dans ma poche gauche un second révolver, frère jumeau de celui-ci, ce qui met douze fois, environ, votre vie entre mes mains...

— Je plaisantais — murmura Jacques Lambert avec un visage décomposé, en grimaçant un sourire et en faisant disparaître son pistolet.

— Pardieu!... — répondit Maugiron — j'en étais certain d'avance; j'ai toujours rendu pleine justice à l'ingénieuse jovialité de votre caractère, et je suis persuadé qu'aucun nuage ne viendra désormais se glisser entre nous!... — Il est parfaitement convenu, n'est-ce pas, que vous ne niez plus votre identité avec mon ex-supérieur, le capitaine Jacques Lambert?...

— Il faut bien convenir de tout, puisque vous m'avez percé à jour!... — mais comment se fait-il que vous soyez vivant?...

— C'est d'une simplicité primitive... — j'étais plus que jamais à cheval sur mon épave au moment où vous avez perdu connaissance, après avoir abandonné le malheureux Achille Verdier à sa destinée... — la tempête s'apaisa peu à peu et la marée se mit à baisser, ce qui modifia complétement l'ordre et la marche des courants... — mon épave et moi, l'un portant l'autre, nous fûmes entraînés à une énorme distance en pleine mer, et c'est seulement au bout de trois jours que je fus recueilli par un navire... — il était temps... j'allais mourir de faim, et déjà je ne me soutenais plus que d'une façon toute machinale...

— Je comprends cela — reprit Jacques Lambert — mais une chose bien plus surprenante, bien plus inexplicable selon moi, c'est la métamorphose survenue depuis cette époque dans votre personne, dans votre langage, dans vos habitudes...

— En un mot — interrompit le jeune homme dont le visage prit une expression de fatuité comique — vous vous demandez comment le moussaillon Flageolet, comment le gamin, ou plutôt le *voyou* parisien, indiscipliné, indisciplinable, et formé à l'école des rôdeurs de barrières et des marchands de contre-marques, est devenu l'élégant Maugiron, un homme bien posé, presque un *gentleman*, habitant un petit hôtel, possédant des chevaux anglais, et se créant des relations dans le meilleur monde?...

— Telles sont, précisément, les questions que je m'adresse...

— Je comprends à merveille votre curiosité : il me serait facile de la satisfaire, mais un récit de ma vie nous entraînerait trop loin et nous ferait perdre cette nuit un temps précieux... — D'ailleurs des confidences prématurées nuiraient au succès de mes mémoires que je vais publier prochainement...

L'ex-capitaine fit un geste de surprise.

— Vous allez publier vos mémoires!... — s'écria-t-il.

— Mon Dieu, oui...

— Vous vous moquez de moi!...

— Non!... foi de Maugiron, rien n'est plus positif!...

— Vous éprouvez donc l'impérieux besoin d'appeler sur vous l'attention de la police et les rigueurs de la loi?...

— Oh! pas le moins du monde, et le danger n'existera en aucune façon...

— Comment?...

— L'autobiographie en question, signée d'un pseudonyme, paraîtra sous ce titre affriolant : — *Mémoires d'un chercheur d'or dans les placers de Paris*... — Les lecteurs croiront fermement que c'est un roman, et ils admireront de confiance le talent, l'imagination fertile, et surtout le *réalisme* de l'auteur inconnu...

— Et vous n'aurez écrit que la vérité?...

— Toute la vérité, rien que la vérité!...

— Ce sera curieux et intéressant!...

— Mordieu, je le sais bien!... — Mais, s'il vous plaît, parlons d'autre chose, car il est inutile de vous affirmer, mon cher capitaine, que je ne suis point venu ici cette nuit pour entendre faire l'éloge de mes mérites littéraires...

Jacques Lambert hocha la tête d'une façon tout affirmative.

— Vous convenez sans peine, j'imagine — reprit Maugiron — que je suis entièrement le maître de la situation...

— Ah! par exemple — s'écria l'ex-capitaine — voilà une chose dont je refuse tout à fait de convenir!...

Le ci-devant mousse Flageolet eut peine à commander à la stupeur qui s'empara de lui en entendant cette réponse.

— Cependant — répliqua-t-il — puisque vous avouez vous-même que vous êtes bien Jacques Lambert, il me semble...

— Il vous semble mal!... — interrompit le propriétaire du *Titan* : — j'avoue, mais parce que nous sommes seuls! — si quelqu'un se trouvait en tiers avec nous, je nierais comme un beau diable!... je nierais avec d'autant plus d'assurance que vous n'avez pas de preuves à mettre en avant pour appuyer vos accusations, et que les papiers volés par vous ne signifient rien contre moi... — Donc, ce n'est pas vous qu'on croirait, c'est moi...

— Pas de preuves!... — répéta Maugiron en haussant les épaules — pour qui me prenez-vous?... — supposez-vous par hasard que j'aurais commis l'imprudence et la sottise de m'attaquer à un homme de votre crédit, de votre poids, de votre importance, si je n'avais eu les mains pleines de preuves avant de commencer l'attaque!... — S'il me convenait de vous faire coucher demain soir en prison, rien ne me serait plus aisé...

Jacques Lambert commençait à perdre son assurance un instant reconquise.

— M'est-il permis de vous demander — murmura-t-il — de quelle façon vous vous y prendriez pour obtenir un tel résultat?...

— J'ai des relations intimes avec trois personnages notables qui résidaient à Saint-Domingue il y a quinze ans — répondit Maugiron : — l'un de ces personnages était consul de France à Santo Domingo en 1839... — il a signé le passe-port d'Achille Verdier... — il se souvient parfaitement de cet honorable colon, et ne demande pas mieux que de renouveler connaissance avec lui... — je puis vous l'amener demain matin... cela dépend de vous...

Maugiron venait de mentir avec une rare effronterie. — Il ne possédait en réalité pas la moindre preuve contre Jacques Lambert, et le prétendu consul de France à Santo Domingo n'était qu'une adroite invention.

Ses paroles ne produisirent pas moins tout l'effet qu'il en attendait. — L'ex-capitaine de l'*Atalante* ne soupçonna nullement le mensonge, et d'ailleurs il se trouvait dans une de ces dispositions d'esprit où l'homme le plus ferme devient crédule et se laisse facilement abattre...

— Oui — reprit Maugiron en constatant avec joie la prostration de son interlocuteur — je puis vous l'amener, ce digne consul... — il sera ravi de vous voir!... — seulement sa visite, je le crains, pourrait bien se terminer par l'intervention du commissaire de police et de quelques agents... — Qu'en dites-vous, mon cher capitaine?...

— Je dis que vous êtes le plus fort... — répliqua Jacques Lambert; — mais je suis tranquille... — votre intérêt n'est pas de me perdre, et nous allons nous entendre le mieux du monde, j'en suis sûr...

XXIX. — UN DES SECRETS DU TITAN.

Un rayonnement de triomphe illumina le visage de Maugiron.

— A la bonne heure!... — s'écria-t-il — voilà que vous devenez raisonnable; et, si cela continue, nous n'aurons aucune peine à nous entendre, je le crois comme vous...

— Nous avons un marché à conclure, — reprit Jacques Lambert; — vous avez surpris un secret qui intéresse ma fortune, mon honneur et ma liberté... — Votre désir, désir fort naturel, est de tirer de ce secret le meilleur parti possible... — Vous voulez vendre... je veux acheter... Il ne peut donc y avoir de difficulté sérieuse entre nous...

— Très-sagement pensé et très-judicieusement formulé!... — fit Maugiron en souriant.

— Quelles sont vos prétentions? — continua l'ex-capitaine; — je suis un homme rond en affaires, surtout lorsque l'affaire est de grande importance... — J'ai, d'ailleurs, hâte d'en finir, et je ne vous marchanderai pas, pour peu que vous soyez raisonnable...

— Vous voulez que je dise mon chiffre?... — demanda Maugiron.

— Je vous en prie, et surtout n'oubliez pas que vous avez touché la nuit dernière soixante-dix mille francs en à-compte...

— Voilà ce qui vous trompe!... — s'écria le jeune homme; — voyez en moi, je vous prie, la tête et non la main!... — J'indique les affaires, mais je ne prends aucune part à l'exécution!... — Il me déplairait souverainement de descendre à toutes sortes de détails d'escalade, d'effraction, etc... — Je suis en conséquence obligé de partager le butin avec les industriels en sous-ordre qui travaillent d'après mes instructions, et cela diminue considérablement ma part!... — C'est tout au plus si j'ai touché trente-cinq mille francs sur l'opération de la nuit passée, et je considère cet argent, non comme un à-compte, mais comme une prime de sauvetage, car c'est un véritable sauvetage que je vais opérer, cher monsieur, en vous retirant du mauvais pas où je vous vois plongé jusqu'au cou...

— Le chiffre?... — répéta Jacques Lambert — le chiffre?...

L'ex-capitaine de l'*Atalante* était très-évidemment sur des charbons ardents, et Maugiron semblait prendre un certain plaisir à l'y laisser, puisque, au lieu de répondre à sa question, deux fois répétée, il reprit :

— Depuis quelques jours — sans soupçonner que le nom d'Achille Verdier cachait une ancienne connaissance, car ce matin seulement mes souvenirs me sont revenus en lisant les papiers sur lesquels ce nom se trouve rapproché de celui de Jacques Lambert — depuis quelques jours, dis-je, je fréquente votre chantier et je m'occupe beaucoup de votre fortune... Elle est magnifique, cette fortune!... — Je vous en fais mon compliment sincère!... — Vous êtes un administrateur de premier ordre, mon cher capitaine!... — l'argent placé dans vos mains travaille et produit sans relâche! — vous avez largement réalisé vos rêves ambitieux!... — vous vouliez des millions, et chacun estime qu'à l'heure qu'il est vous en possédez plus de quatre...

Jacques Lambert fit un bond.

— Quatre millions!... — s'écria-t-il.

— Tout au moins...

— J'espère bien que vous traitez comme elle le mérite cette fable ridicule!... — Je m'occupe jour et nuit de mes affaires... — j'ai fait quelques spéculations heureuses... — j'ai réalisé quelques bénéfices... — mais je suis à mille lieues de posséder quatre millions... — Ceux qui le disent sont mes ennemis... ceux qui le croient sont des insensés...

— Rangez-moi donc dans cette dernière catégorie — continua Maugiron — car j'ai la ferme conviction que le bruit public amoindrit votre fortune au lieu de l'exagérer...

Jacques Lambert leva les mains au plafond de la cabine, comme pour prendre le ciel à témoin de l'énormité d'une telle erreur.

Sans tenir compte de cette dénégation muette, Maugiron poursuivit :

— D'un autre côté, j'ai réfléchi à ma situation particulière... — elle est infiniment précaire, malgré ses apparences séduisantes... — J'ai des goûts et des habitudes de luxe qui m'entraînent à de grandes dépenses auxquelles je fais face par les moyens que vous connaissez et qui peuvent me manquer d'un moment à l'autre... — Je vis en outre dans des inquiétudes permanentes... — J'ai continuellement la frayeur que le procureur impérial ne s'avise un beau matin de jeter sur mes petites affaires un coup d'œil indiscret... — Il y a des jours, parole d'honneur, où la seule vue d'un agent de la force publique me donne le frisson... — Tout cela m'agace le système nerveux, trouble mes digestions et finira par me faire pousser des cheveux blancs avant l'âge...

« Une telle position, vous le comprenez, est absolument intolérable pour moi, et je tiens à en sortir le plus tôt possible...

« Vous m'avez donné le plus bel exemple, et je prétends le suivre, puisque ma bonne étoile m'offre aujourd'hui l'une de ces occasions favorables qui ne se rencontrent pas deux fois dans la vie d'un homme...

« Une inspiration hardie vous a permis jadis de faire votre fortune d'un seul coup. — Depuis que vous êtes riche, vous êtes honnête, j'en suis convaincu. — Moi aussi, je veux être honnête, et je le serai quand j'aurai de bons revenus appuyés sur un bon capital qui ne devra rien à personne... — Ce capital, c'est vous qui me le fournirez...

« Vous changez de figure, mon cher capitaine... — votre pâleur est significative... — vos regards expriment l'effroi... — Vous vous persuadez que je vais exiger une somme énorme... la moitié de votre fortune, peut-être...

« Rassurez-vous, je suis plus modeste dans mes ambitions... — Vingt-cinq ou trente mille livres de rente me permettront de vivre honorablement en garçon, jusqu'au jour où je trouverai moyen de conclure le mariage avantageux qui ne saurait me manquer, avec mon physique passable, mes manières assez agréables, mon esprit qu'on veut bien trouver suffisant, et une fortune indépendante...

« Ces raisonnements vous paraissent justes et inattaquables, n'est-il pas vrai?...

« Vous désirez connaître mon chiffre...

« Le voici :

« Cinq cent mille francs...

— Un demi-million!... — s'écria Jacques Lambert du ton le plus lamentable, — vous me demandez un demi-million!...

— Vous êtes étonné, je le parierais, de voir que je me contente d'aussi peu...

— Mais ce serait ma ruine!...

— Voilà des paroles inutiles!... — D'une part, je ne croirai point à vos doléances... d'autre part, je ne rabattrai pas un louis, pas un écu, pas un sou de la somme en question... — Exécutez-vous donc galamment... — faites la part du feu et n'y pensez plus...

L'ex-capitaine de l'*Atalante* se livra pendant quelques secondes à de profondes réflexions, puis tout à coup il parut prendre son parti.

— Si je vous accorde ce que vous me demandez — dit-il — si

je vous compte cette somme énorme de cinq cent mille francs, quelles seront mes garanties contre vous?.. — qui me donnera l'assurance que dans un an, dans six mois, dans quinze jours, il ne vous prendra pas fantaisie de recommencer sur de nouveaux frais l'opération de chantage qui vous aura si bien réussi la première fois?

— D'abord, je vous rendrai tous les papiers du portefeuille...

— Cette restitution est de peu d'importance... Ces papiers ne prouvent rien, ni pour moi, ni contre moi..

— Je vous donnerai ma parole d'honneur de garder un éternel silence sur ce que je sais...

— Je trouve une telle garantie insuffisante...

Maugiron fronça le sourcil

— Il faudra cependant vous en contenter... — répliqua-t-il d'un ton sec. — Si vous n'avez pas confiance en moi, dites-le franchement .. — je vous souhaiterai le bonsoir à l'instant même... — Je quitterai ce bateau à reculons, sans vous perdre de vue une seconde, car je connais votre manière expéditive de vous débarrasser des gens, et vous pourriez agir avec moi comme vous avez agi, il y a quinze ans, avec ce pauvre brave homme d'Achille Verdier .. — Je regagnerai paisiblement mon logis, et demain matin je viendrai vous faire ma visite en compagnie de l'ex-consul de France à Saint-Domingue...

Jacques Lambert appela sur ses lèvres un sourire d'une expression étrange.

— A quoi bon toutes ces menaces? — demanda-t-il — je n'ai pas dit que je refusais...

— Dois-je en conclure que vous consentez?...

— Il le faut bien, puisque vous m'y contraignez en quelque sorte le couteau sur la gorge...

— Vous me donnerez les cinq cent mille francs?...

— Oui.

— Quand?

— Dès demain, si vous le souhaitez..

— J'aimerais beaucoup mieux les toucher tout de suite...

Jacques Lambert haussa les épaules.

— Vous savez aussi bien que moi, — répliqua-t-il — que personne, à moins d'être un banquier, un notaire ou un agent de change, ne garde chez soi cinq cent mille francs!... — Vous avez ma parole...

— A mon tour de vous répondre que cette garantie ne me paraît pas suffisante.. — fit Maugiron en souriant.

— Que voulez-vous donc?...

— Trois lignes et votre signature sur un morceau de papier timbré...

— Une lettre de change?...

— Non pas... — un bon à vue sur votre banquier... — J'ai pris soin de m'assurer que M. Victor Didier payerait un million et plus à présentation, s'il en recevait l'ordre de vous...

— Je n'ai dans cette cabine ni plume, ni encre, ni papier timbré...

— J'étais certain à l'avance du résultat de notre négociation, et je me suis muni de tout cela...

— Donnez donc...

Maugiron tira de sa poche un de ces étuis allongés dont se servent habituellement les recors allant en saisie, et qui renferment papier, encre et plume.

Il posa cet étui sur la petite table placée au milieu de la cabine et dont nous avons déjà parlé.

Jacques Lambert prit les deux siéges et les disposa en face l'un de l'autre, de chaque côté de la table.

Il s'installa sur l'un d'eux et dit à Maugiron :

— Asseyez-vous.. — je vais écrire...

Le jeune homme obéit machinalement, tandis que l'ex-capitaine dévissait avec une extrême lenteur la partie supérieure de l'étui et déroulait la feuille de papier timbré.

— Quelle belle chose que le crédit!... — s'écria Maugiron, saisi d'un accès de lyrisme. — Ce chiffon blanc vaut trente cinq centimes!... — dans une seconde il vaudra cinq cent mille francs, parce qu'il portera votre signature!... Les alchimistes du moyen âge cherchaient la pierre philosophale... — nous l'avons aujourd'hui! c'est un bec de plume et une goutte d'encre...

Jacques Lambert releva la tête à demi; il fixa son regard sur Maugiron, et ses paupières à demi fermées laissèrent jaillir une lueur étrange mais bien vite éteinte.

— C'est lui qui l'aura voulu!... — murmura-t-il; — certes, je suis ici dans le cas de légitime défense!...

En même temps, il saisissait un bouton de cuivre qui semblait destiné à ouvrir le tiroir de la table et il le pressait fortement.

Un craquement sinistre se fit entendre aussitôt; le plancher fit bascule et disparut avec la rapidité de la foudre à l'endroit où se trouvait Maugiron, et le jeune homme s'engloutit dans les eaux de la Seine, en poussant un cri terrible.

Un gémissement sourd et le bruit de la chute d'un corps répondirent à ce cri dans la cabine même.

L'ex capitaine de l'*Atalante* se retourna frémissant, et il vit, à côté de la porte entr'ouverte, Lucie étendue sans connaissance...

XXX. — LA SOIRÉE DE LUCIE.

Pendant quelques secondes Jacques Lambert — auquel nous conserverons désormais ce nom — demeura muet, immobile et comme pétrifié par la stupeur...

Pour la seconde fois, depuis le matin de ce même jour, tout s'écroulait autour de lui!.. — un souffle destructeur venait anéantir ses plans les mieux échafaudés!.. — La soudaine apparition, ou plutôt la résurrection de l'ex-mousse Flageolet lui avait porté le premier coup, et maintenant, après avoir pris et exécuté une résolution terrible, au moment où il se croyait délivré pour toujours du seul être humain qui pouvait le perdre, voici qu'un danger nouveau surgissait à l'improviste!... — Le crime si audacieusement accompli avait eu un témoin, et ce témoin c'était sa fille, ou du moins celle qu'il appelait ainsi!...

Décidément la fatalité se mêlait de brouiller les cartes dans son jeu!...

Que faire?... — quel parti prendre?...

Faudrait il donc, pour assurer son repos, sa sécurité, anéantir Lucie comme il venait déjà d'anéantir Maugiron?...

Un instant cette effroyable pensée vint assaillir l'esprit de Jacques Lambert, mais, nous devons le dire, il la repoussa avec horreur, avec épouvante, avec indignation...

Cet homme, pour scélérat qu'il fût, n'avait point un cœur de tigre, après tout. — L'idée de tuer une jeune fille le révolta, et après la courte hésitation que nous avons constatée plus haut, il s'élança vers Lucie pour la secourir...

Avant de raconter à nos lecteurs la scène qui suivit, il nous faut leur expliquer la présence de mademoiselle Verdier sur le *Titan* à une heure si avancée et au moment où certes Jacques Lambert devait s'attendre à tout plutôt qu'à la voir apparaître...

L'ex-capitaine de l'*Atalante*, nous l'avons dit, s'était enfermé dans son appartement, après son long entretien avec Pierre Landry, entretien dont nous connaissons la conclusion favorable aux désirs et aux espérances de ce dernier.

Le contre-maître s'empressa d'aller retrouver la jeune fille, afin de lui donner l'heureuse nouvelle des dispositions imprévues et bienveillantes de M. Verdier à l'indulgence et au pardon.

Lucie — très souffrante à la suite des foudroyantes émotions qui s'étaient succédé pour elle en quelques heures — se sentit soulagée et ranimée par ces nouvelles, mais elle éprouvait le désir très-naturel d'en recevoir la confirmation de la bouche même de celui qu'elle croyait son père...

Son désappointement fut donc très-vif, lorsque à l'heure du dîner elle apprit que M. Verdier venait de sortir, en donnant l'ordre de ne pas l'attendre pour se mettre à table, parce qu'il ne reviendrait sans doute que fort tard ..

Jacques Lambert, se sentant incapable de cacher son agitation fiévreuse et de commander le calme à son visage, avait mieux aimé, ce jour-là, ne se point trouver au repas de famille en présence de Lucie..

La jeune fille pria Pierre Landry de l'avertir aussitôt que M. Verdier rentrerait au logis, et le contre-maître lui promit de s'acquitter de cette mission.

A dix heures et quart le vieil ouvrier frappait en effet à la porte de Lucie...

— Eh bien? — lui demanda-t-elle.

— Eh bien! mademoiselle, le patron est rentré ..

— Merci, mon bon Pierre... je vais le trouver à l'instant chez lui...

— Inutile, mademoiselle ..

— Pourquoi donc?... — n'est-il pas dans son appartement?...

— Non, mademoiselle... — M. Verdier n'a pas même franchi le seuil de la maison... — il n'a pris que le temps de me demander une lanterne, et il est sorti de nouveau.

— A cette heure!... — s'écria Lucie — où pouvait-il aller?...

— M. Verdier m'a prévenu qu'il passerait la nuit dans sa cabine, à bord du *Titan*...

— A bord du *Titan!*... — répéta la jeune fille — est-ce que vous ne trouvez pas cela bien étrange, Pierre?...

— Je ne crois pas qu'il faille s'en étonner beaucoup, mademoiselle... — pareille chose est arrivée déjà plus d'une fois à M. Verdier, au retour de ses voyages...

— Quelle physionomie avait mon père?...

— La figure toujours un peu renversée... mais ça se comprend... — personne ne perd bonifacement une somme de soixante-dix mille francs, d'une heure à l'autre, sans que ça fasse un vilain effet sur le moral!... — Du reste M. Verdier m'a parlé d'un air très-doux et m'a bien demandé des nouvelles de mademoiselle...

Ce dernier détail n'existait que dans l'imagination du contre-maître. — Le brave homme éprouvait le besoin de rendre le calme à Lucie, et il s'y prenait de son mieux.

— Merci, mon bon Pierre... — lui dit affectueusement la jeune fille — je vais dormir tranquille, et demain matin je verrai mon père...

— C'est ça, mademoiselle... il sera temps demain matin... — répliqua vivement Pierre Landry; — et tenez pour sûr et certain que vous trouverez M. Verdier si bon et si tendre pour vous que vous aurez toutes les peines du monde à le reconnaître... — je vous souhaite une heureuse nuit, chère demoiselle, et moi je vais faire ma ronde dans le chantier, comme c'est mon habitude nocturne et quotidienne...

Le contre-maître se retira.

Lucie, brisée de fatigue, se déshabilla, se jeta sur son lit et essaya de trouver dans un sommeil réparateur le repos physique et moral dont elle avait tant besoin... — Mais il lui fut impossible de s'endormir... — une sorte de vague et persistante inquiétude la dominait, lui causait une agitation excessive, et ne lui permettait pas de fermer l'œil et de s'assoupir un seul instant.

Un peu après onze heures, cette inquiétude grandit sans cause apparente et devint une angoisse véritable.

— Il faut absolument que je voie mon père cette nuit même... — se dit la jeune fille — il faut absolument qu'il me confirme les promesses faites à Pierre Landry... — j'ai besoin de recevoir de lui-même l'assurance que M Villers ne court aucun danger et qu'il aura le temps de se justifier.

Aussitôt après avoir pris la résolution d'éclaircir ses doutes sans retard Lucie éprouva un calme relatif.

Elle s'empressa de quitter son lit elle se couvrit à la hâte de ses vêtements, et elle s'approcha de la fenêtre.

Depuis cette fenêtre, la vue, passant par-dessus la muraille d'enceinte, franchissait le quai, arrivait jusqu'à la rivière, et découvrait le pont et une partie du bordage sombre du bateau *le Titan*.

Le regard de Lucie n'eut point de peine à distinguer une lumière assez vive jaillissant à travers la lucarne de forme arrondie pratiquée dans ce bordage.

Ces lueurs lui donnèrent la certitude que la veillée de son père se prolongeait, et que par conséquent rien ne lui serait plus facile que d'arriver jusqu'à lui et de l'entretenir.

Elle ouvrit avec précaution la porte de sa chambre, afin de ne point interrompre le sommeil de madame Blanchet, qui couchait dans la pièce voisine, et dont on entendait à travers la cloison les ronflements sonores et majestueux comme les grondements d'un tuyau d'orgue...

Elle descendit l'escalier, sans lumière et sur la pointe du pied; — elle fit tourner la clef dans la serrure de la porte d'entrée de la maison, elle se trouva dehors, sur la plus haute marche du perron, et enfin elle se mit en devoir de traverser la cour...

Elle avait parcouru à peu près la moitié du chemin séparant le principal corps de logis de la porte charretière, lorsqu'elle entendit le bruit d'un pas lourd qui se dirigeait de son côté...

Elle voulut retourner sur ses pas et disparaître, mais le temps lui manqua; — le promeneur nocturne dépassa l'angle du pavillon, — les rayons échappés d'une lanterne de fort calibre enveloppèrent la jeune fille, et en même temps une voix bien connue cria :

— Qui va là?... — halte!.. ou je fais feu!...

Le craquement caractéristique d'une batterie de fusil que l'on armait accompagna ces paroles.

— Ne tirez pas, Pierre!... — répondit vivement Lucie — ne tirez pas!... c'est moi!...

Le contre-maître, en proie à une stupeur plus facile à comprendre qu'à décrire, accourut.

— Comment, mademoiselle Lucie, c'est vraiment vous!... — balbutia-t-il d'une voix tremblante et avec des gestes d'étonnement tellement bizarres que la jeune fille ne put s'empêcher de sourire.

— Eh! mon Dieu, oui, mon bon Pierre — reprit-elle — c'est parfaitement moi...

— Je ne sais si je veille ou si je rêve!...

— Oh! vous êtes très-éveillé!... vous ne rêvez pas le moins du monde...

— Quand je pense que j'aurais pu, vous prenant pour notre voleur de la nuit dernière, vous envoyer un coup de fusil!... ça m'en fait passer le frisson de la mort, voyez-vous, à la racine des cheveux!... Heureusement encore que vous avez parlé tout de suite, car enfin je vous demande un peu comment j'aurais pu me douter que c'était vous!...

Le contre-maître s'interrompit.

— Mais j'y pense... — ajouta-t-il presque aussitôt — où donc alliez-vous comme ça?...

— J'allais, toute seule, à l'endroit où vous allez me conduire puisque vous voilà...

— Est-ce bien loin d'ici?...

— A deux pas...

— Peut-on connaître le nom de l'endroit en question?...

— Très-bien... — c'est le bateau *le Titan*...

— Comment! — s'écria Pierre — vous allez au *Titan!*...

— Oui...

— Qu'y voulez-vous faire, mon bon Dieu?...

— Voir mon père...

— A onze heures et demie passées!... minuit bientôt!...

— Qu'importe l'heure?...

— Mais vous allez tirer le patron de son premier sommeil, et ne rira que tout juste...

— Mon père ne dort pas encore, j'en suis sûre...

— Comment le savez-vous?...

— De la fenêtre de ma chambre, j'ai vu de la lumière dans sa cabine... — d'ailleurs je l'éveillerais au besoin...

— Mais, mademoiselle Lucie, ça vous a donc pris comme un mal de dents, cette idée de voir le patron?... — quand je suis allé vous prévenir, il y a une heure, vous n'aviez pas du tout l'air de penser à lui parler ce soir...

— C'est qu'en effet je n'y pensais pas...

— Il s'est donc passé quelque chose depuis ce moment-là?

Lucie secoua la tête.

— Il ne s'est rien passé... — répondit-elle.

— Eh bien, alors?...

— Mais — poursuivit la jeune fille — il faut que je voie mon père cette nuit... il le faut pour ma tranquillité... — et vous ne pouvez avoir la pensée, mon bon Pierre, de me rendre malheureuse en m'en empêchant?...

— Vous rendre malheureuse, chère demoiselle!... — s'écria le contre-maître. — Ah! grand Dieu!... — mais *pour* vous éviter un chagrin, ou seulement un ennui, je me laisserais couper en quatre morceaux!...

— J'espère bien que vous ne me donnerez jamais une telle preuve de dévouement!... — fit Lucie avec un sourire affectueux. — Restez tout entier, mon bon Pierre, et contentez-vous de m'ouvrir la porte...

— J'y vais... — et tandis que vous serez dans le bateau, je monterai la garde sur le quai...

Pierre Landry courut en avant et s'empressa de faire ce que lui demandait Lucie.

— Attendez un peu, mademoiselle... — dit-il ensuite — il me semble que j'entends la marche de plusieurs personnes... — Je vais voir ce que c'est... ne vous montrez point...

Le brave homme franchit le seuil; mais, à peine avait-il fait quelque pas, qu'il se trouva au beau milieu d'une patrouille de soldats d'infanterie, accompagnés d'un inspecteur et de deux ou trois sergents de ville.

Pierre Landry tenait d'une main sa lanterne, de l'autre son fusil; il avait l'air effaré. — Il parut suspect.

— Que faites-vous là? — lui demanda l'inspecteur — et pourquoi cette arme?

— Je fais faction dans le chantier, à cause des voleurs — répondit le vieil ouvrier — et je suis venu jusque sur le quai, parce que nous avons là un bateau qui n'est pas encore déchargé... — Je le surveille en même temps...

— Qui êtes-vous donc? — reprit l'inspecteur.

— Je suis le contre-maître de M. Achille Verdier...

Et ce témoin, c'était sa fille! (P. 86.)

— Il dit la vérité... — fit alors un des sergents de ville — c'est un nommé Pierre... — je le reconnais à présent...

— Ça suffit... — Bonne faction, mon brave!...

Et la patrouille s'éloigna.

Pierre Landry se rapprocha de la petite porte.

— Le quai est désert, mademoiselle — dit-il — pas un chat, ni à droite ni à gauche. — Vous pouvez passer...

La jeune fille traversa rapidement l'espace vide qui s'étendait entre la muraille d'enceinte et le bord de la Seine.

Elle franchit la passerelle, elle parcourut l'étroit chemin laissé libre sur le pont entre les piles de bois de charpente, et enfin, elle s'engagea dans l'escalier qui conduisait à la cabine du *Titan*...

Pendant ce temps, Pierre Landry se promenait avec lenteur le long du quai, comme une sentinelle qui monte sa garde...

XXXI. — JACQUES LAMBERT ET LUCIE.

Tout en descendant l'escalier, Lucie sentait son cœur battre avec violence.

— Comment mon père va-t-il me recevoir?... — se demandait-elle. — Pourvu que cette démarche, qui lui semblera sans doute insensée, ne l'irrite pas contre moi!... — j'aurais mieux fait, peut-être, de suivre les conseils de ce bon Pierre Landry et d'attendre à demain...

La jeune fille eut un instant la pensée de retourner en arrière, mais nous savons déjà qu'elle ne manquait ni de force de volonté, ni d'énergie, et, après une très-courte hésitation, elle résolut d'aller jusqu'au bout...

Il ne lui restait plus que deux ou trois marches à franchir pour atteindre la porte, lorsqu'elle s'arrêta tout à coup...

Il lui semblait entendre un bruit de voix dans la cabine. — Elle prêta l'oreille... — Le silence était déjà rétabli...

— Je me serai trompée... — se dit-elle, — les battements de mon cœur et les bourdonnements de mon cerveau sont assez forts pour produire une illusion de ce genre...

Tandis qu'elle pensait ainsi, le bruit de voix recommençait à se faire entendre, non pas distinctement, mais semblable à une sorte de murmure.

— C'est mon père qui se parle à lui-même... — reprit la jeune fille après avoir écouté de nouveau; — comme il est agité, mon pauvre père, et combien cette agitation doit amener de souffrance à sa suite!... — il ne s'attend guère à me voir... — je serais bien heureuse si ma présence pouvait lui rendre un peu de calme... ai-je le droit de l'espérer?...

Tout en se tenant ce langage, Lucie mit la main sur le bouton de la serrure; — la porte s'ouvrit aussitôt sans bruit...

Nous savons quel spectacle s'offrit aux regards de la malheureuse enfant...

Jacques Lambert, assis et lui tournant le dos, pressait le ressort caché dans la petite table et destiné à mettre en mouvement un mécanisme invisible, d'une puissance et d'une précision merveilleuses...

Le plancher s'entr'ouvrait sous les pieds de Maugiron qui disparaissait en poussant un cri... — puis la trappe un instant démasquée reprenait sa place avec une incompréhensible vitesse...

Une lumière sinistre traversa l'intelligence de Lucie, comme un éclair soudain illumine des nuages sombres!... — Elle devina!... — elle comprit!... — Son père était un infâme meurtrier!... Il

Paris. — Typ. Collombon et Brûlé, rue de l'Abbaye, 22

Et la jeune fille, joignant l'action aux paroles, se laissa tomber aux pieds de Jacques Lambert. (P. 90.)

venait de commettre sous ses yeux le plus lâche des assassinats!...

La jeune fille n'était pas de force à supporter le poids de cette écrasante conviction...

Il lui sembla que des cercles de feu l'enveloppaient, que des milliers de timbales bruissaient à ses oreilles, et que le plancher chancelant ne pouvait plus la soutenir...

Elle répondit par une sourde clameur au cri d'agonie de Maugiron, et elle s'abattit, inanimée, auprès de la porte entr'ouverte...

On ne pouvait dire, cependant, qu'elle eût entièrement perdu connaissance, car lorsque Jacques Lambert, au bout de quelques secondes, se pencha sur elle et la souleva, l'horreur et l'épouvante triomphèrent de son demi-évanouissement, elle entr'ouvrit les yeux et elle balbutia, en se débattant dans les bras qui l'étreignaient :

— Au nom du ciel, ayez pitié de moi!... — ne me tuez pas comme lui!... ne me tuez pas!... j'ai peur de mourir...

— Silence, malheureuse enfant!... — commanda Jacques Lambert d'une voix basse, mais impérieuse, — silence!... — Voulez-vous me perdre?... — oubliez-vous que je suis votre père?... — pourquoi donc demandez-vous grâce?... — vous n'avez rien à craindre de moi!...

Lucie garda le silence, mais le tremblement convulsif de tous ses membres prouva clairement que son épouvante était loin d'être apaisée... — ses dents s'entre-choquaient; — son visage avait revêtu la blancheur mate de la cire vierge, et ses paupières battaient de l'aile sur ses prunelles effarées.

Un évanouissement complet semblait imminent.

Jacques Lambert porta la jeune fille jusqu'au lit de fer qui occupait un des côtés de la cabine; — il l'assit sur ce lit en lui faisant une sorte de dossier avec l'oreiller et le traversin; — il ouvrit un placard pratiqué dans le bordage du bateau, il y prit une bouteille pleine de rhum, et un verre qu'il remplit jusqu'au tiers de sa hauteur...

— Buvez, — dit-il ensuite en revenant à Lucie et en approchant le verre de ses lèvres, — buvez... cela vous remettra...

La jeune fille obéit machinalement, mais, après avoir avalé une gorgée de rhum, elle ne put triompher de sa répugnance et elle repoussa le verre.

— Encore quelques gouttes... — murmura l'ex-capitaine.

— Je ne peux pas... cela me brûle...

— Vous trouvez-vous mieux?... vos forces reviennent-elles?...

Lucie fit un signe affirmatif.

Si minime qu'eût été la dose du breuvage, elle ne laissait pas cependant de produire un puissant effet sur une enfant habituée à ne boire que de l'eau pure. — Le sang revenait à ses joues, et la prostration absolue qui s'était emparée d'elle se dissipait rapidement...

Mais à mesure qu'elle se sentait redevenir forte, la réalité de la situation lui apparaissait plus clairement dans toute son horreur...

Un désespoir immense, une de ces angoisses sans bornes qui n'ont point d'équivalent parmi les douleurs de ce monde, envahissaient son cœur et le déchiraient...

Fille d'un assassin!... — Elle!...

A cette pensée, la tête de Lucie s'égarait, et le vertige venait effleurer son cerveau...

Elle cacha son visage dans ses deux mains crispées; — elle éclata en pleurs, en sanglots, et, au plus fort de cette lamentable crise, elle balbutia d'une voix à peine distincte :

Paris. — Typ. Collombon et Brûlé, rue de l'Abbaye, 22

— Mon Dieu... mon Dieu... et c'est mon père!...

Jacques Lambert s'assit au pied du lit, et il attendit...

Il avait trop l'expérience de la vie pour ne pas savoir qu'une douleur, quelle qu'elle soit, se calme d'autant plus vite que son expansion est plus violente!... — Les larmes mêmes de Lucie le rassuraient... — les ruisseaux ont moins d'impétuosité que les torrents, mais ils ne se tarissent jamais, et l'on voit les torrents se dessécher en quelques heures, lorsqu'ils ont roulé toutes leurs ondes...

Il ne se trompait pas, — les sanglots de la jeune fille s'apaisèrent peu à peu; — ses gémissements s'éteignirent; — ses larmes, il est vrai, continuèrent à couler, mais moins abondantes et moins amères...

Jacques Lambert pensa que le moment était venu...

Il prit une des mains de Lucie et la serra doucement dans les siennes. — La pauvre enfant n'osa retirer cette main, mais le tressaillement soudain de ses nerfs, et le frisson glacial qui courut sur son épiderme, témoignaient de toute la violence qu'elle était obligée de se faire à elle-même...

— Lucie... mon enfant... — murmura l'ex-capitaine d'une voix très-basse et que sa douceur inaccoutumée rendait méconnaissable, — je vous fais horreur, n'est-ce pas?... je vous inspire de l'épouvante?...

— Mon père, — s'écria la jeune fille éperdue, — au nom du ciel, ne m'interrogez pas!... — que voulez-vous que je vous réponde?... laissez-moi me taire!... permettez-moi de pleurer en silence...

— Je voudrais le pouvoir... mais c'est impossible...

— Impossible, dites-vous!... — Mon Dieu!... pourquoi est-ce impossible?...

— Etes-vous en état de m'entendre?...

— Je n'ai pas le droit de ne pas vous écouter... vous êtes mon père...

En prononçant ces derniers mots, Lucie se remit à trembler plus que jamais.

— Je vous dois une explication... — reprit Jacques Lambert.

La malheureuse enfant attacha sur l'homme dont elle se croyait la fille ses yeux agrandis par l'étonnement et par l'effroi.

— Une explication?... — répéta-t-elle.

— Oui...

— Je comprends mal, sans doute... — Dieu du ciel, que pouvez-vous avoir à m'expliquer?...

— Ce qui vient de se passer sous vos yeux...

Lucie se rejeta en arrière, et la plus mortelle pâleur envahit de nouveau sa figure.

— Oh! non!... ne parlez pas de cela!... — s'écria-t-elle, — n'en parlez pas!... — n'en parlez jamais!... — Voulez-vous donc que j'expire de terreur à vos pieds?... — Dites-moi que rien de ce que j'ai cru voir n'est réel!.. — dites-moi que vous étiez seul tout à l'heure!.. — que personne n'était assis là, près de cette table, à cette place!... à cette place qui maintenant est vide!... — Dites-moi que j'ai pris un fantôme pour un être vivant!... — dites-moi donc, enfin, dites-moi que je fais un horrible rêve!... — éveillez-moi, mon père, si vous avez au fond du cœur un peu de pitié pour votre enfant!... — éveillez-moi, car dans mes songes insensés je crois que vous êtes un assassin!... — Vous voyez bien que c'est impossible!... vous voyez bien que je rêve ou que je deviens folle!... — éveillez-moi!... éveillez-moi!...

En disant ce qui précède, d'une voix entrecoupée et avec une violence délirante, la jeune fille étendait ses bras dans l'espace, comme pour chasser loin d'elle une vision funeste, et son beau visage décomposé offrait une expression effrayante.

— Mon enfant, — reprit Jacques Lambert d'un ton ferme, — vous n'avez rien rêvé et vous avez bien vu.

Lucie poussa un cri sourd et se tordit les mains.

— Quand un accusé comparaît devant ses juges, — continua l'ex-capitaine, — on lui laisse, quel que soit son crime, la liberté de se défendre!... — Ce droit de libre défense, que le plus infâme scélérat obtient sans conteste, le refuserez-vous à votre père?...

— C'est vrai... — balbutia Lucie, — vous êtes mon père... — Qu'avez-vous à me dire?... que voulez-vous de moi?...

— Je veux d'abord que vous soyez calme pour m'écouter, car j'ai besoin de votre attention tout entière et je veux me justifier...

— Vous justifier!... — répéta la jeune fille avec un geste empreint de la plus douloureuse incrédulité; — est-ce possible, mon Dieu?... J'ai vu... et vous avouez vous-même que je n'ai pas rêvé!...

— Vous avez vu le fait matériel... — vous avez assisté à la suppression violente d'une créature humaine... — vous vous êtes dit: C'est un crime infâme et lâche qui vient de s'accomplir!... — Tout autre sans doute, à votre place, l'aurait dit comme vous, mais vous vous êtes trop hâtée, mon enfant, de me juger, de me condamner!... — vous ne savez rien des circonstances antérieures à ce prétendu crime!... — vous ignorez enfin si l'homme qui vient de disparaître n'avait pas rendu nécessaire cette action terrible, et si ce n'est pas la main de Dieu qui vient de le frapper et non la mienne!... — Ce sont ces profondes ténèbres que je veux éclairer pour vous... — êtes-vous disposée à m'entendre?...

— Je vous écoute, mon père... — murmura Lucie.

XXXII. — JUSTIFICATION.

— Il faut faire mieux que m'écouter... — reprit Jacques Lambert — il faut m'entendre sans prévention, sans parti pris, avec toute la simplicité de votre cœur!... — il ne faut pas enfin que le doute et le soupçon accueillent chacune de mes paroles!... — Bien souvent, Lucie, dans le passé, vous m'avez trouvé froid pour vous... — cette froideur n'était qu'apparente... — je vous aime tendrement, profondément, et je sens bien que je ne pourrais plus vivre si j'avais perdu l'affection et le respect de ma fille, et si ma fille me croyait coupable d'une action monstrueuse!... — C'est pour cela que je veux plaider ma cause devant vous... — c'est pour cela que je veux me justifier...

Ces paroles insinuantes, prononcées d'une voix attendrie par l'homme qu'elle croyait son père, produisirent sur Lucie une impression très vive et commencèrent à l'ébranler.

— Oui — s'écria-t-elle avec effusion, en étendant ses deux mains vers Jacques Lambert — oui, justifiez-vous!... c'est moi maintenant qui vous en supplie!... — Déjà mon cœur vous proclame innocent, mais ma raison a besoin d'être éclairée!... — je ne veux pas qu'entre vous et moi, désormais, puisse se glisser l'ombre d'un doute... — Je vous aime, mon père... je vous aime de toute mon âme!... c'est pour cela que le coup qui m'a frappée vient d'être si cruel!... — Vous accuser!... vous croire coupable!... ah! ce serait au-dessus de mes forces!... — ma raison y succomberait, et peut-être, dans ma folie, vous trahirais-je un jour à mon insu...

Jacques Lambert recula d'un pas, et son visage, hypocritement doucereux jusqu'à ce moment, prit une expression menaçante.

— Malheureuse enfant, tu me trahirais!... — murmura-t-il d'une voix sombre.

— Oh! sans le vouloir, mon père, et sans le savoir!... — répliqua la jeune fille; — plutôt que de prononcer tout haut un mot qui vous accuse, je me laisserais tuer, Dieu m'en est témoin!... — mais dans mon délire et dans ma folie, qui sait si je ne parlerais pas!...

— Oui — pensa l'ex-capitaine — cela est à craindre en effet!... à tout prix il faut l'éviter...

— Justifiez-vous donc, au nom du ciel!... — continua Lucie — expliquez-moi ce que sans vous je ne puis comprendre... — c'est à genoux... c'est à deux genoux que je vous en conjure!...

Et la jeune fille, joignant l'action aux paroles, se laissa tomber avec une rapidité si grande aux pieds de Jacques Lambert, qu'il fut impossible à ce dernier de l'en empêcher.

Il s'empressa de la relever et la contraignit doucement à s'asseoir.

— Je te dirai tout, chère enfant... — s'écria-t-il en lui prenant les mains, en même temps qu'il l'embrassait paternellement sur le front — et, sois tranquille, ma justification sera complète...

— Hâtez-vous, mon père!... hâtez-vous!... — oh! comme je vais me sentir heureuse quand le nuage sera dissipé!...

— Il le sera bien vite... — Je dois d'abord te parler de cet homme...

Lucie frissonna.

— De celui qui... tout à l'heure... était là?... — balbutia-t-elle.

— De celui qui se faisait appeler Maugiron et qui prenait ce nom pour cacher le sien!... — répondit Jacques Lambert. — Ce matin, au chantier, lorsqu'il s'est présenté à moi sous tes auspices, je ne l'ai pas reconnu d'abord, tant il avait su métamorphoser, avec une adresse infernale, son visage et jusqu'à sa voix...

— Vous le connaissiez donc, mon père?...

— Je l'avais connu autrefois et trop pour mon repos!... — mais depuis bien des années aucunes relations n'existaient entre nous... — je croyais qu'il avait cessé de vivre... je l'espérais du moins, car il était mon ennemi mortel...

— L'aviez-vous offensé?...

— Jamais!...

— D'où venait sa haine, alors?...

— Eh! qui pourrait le dire, et comment expliquer la haine d'une âme envieuse et lâche? .. — il n'avait répondu jadis à mes bienfaits que par les plus noires trahisons. . — j'aurais pu me venger!... — j'étais resté calme, dédaignant ses injures, ses machinations, ses calomnies. . — De tels hommes ne pardonnent pas la pitié méprisante qu'ils inspirent... — aussi, je te le répète, il me poursuivait d'une inimitié persistante, toujours vivace comme au premier jour, malgré le temps écoulé, malgré les événements accomplis...

— Vous avez parlé d'injures... de machinations... de calomnies... — il vous avait donc calomnié, mon père?...

— Non pas moi, mais une personne qui m'était mille fois plus chère que ma vie...

— Qui donc?...

— Tu le sauras bientôt... — Ce matin, après quelques minutes d'une conversation banale, il me demanda tout à coup un entretien secret pour cette nuit... — je voulus refuser... — je t'ai dit que je ne le reconnaissais pas... — il devint impérieux et me fit comprendre par quelques paroles obscures, mais intelligibles pour moi, qu'il connaissait le secret de ces honteuses calomnies, dont une seule suffisait à déshonorer une mémoire chère et sacrée!... — Frémissant de honte et de douleur de voir en des mains inconnues cet infâme héritage, je cédai!... — j'accordai à ce Maugiron le rendez-vous nocturne qu'il sollicitait... ou plutôt qu'il exigeait de moi, et, dans un but que tu ne tarderas pas à comprendre, je pris les précautions nécessaires pour que mon entrevue avec lui restât ignorée de tout le monde...

« Qui donc, en effet, pouvait, à une heure si avancée de la nuit, venir épier mes démarches dans la cabine de ce bateau?... — ne fallait-il pas un prodigieux hasard, ou plutôt une fatalité incompréhensible, pour t'amener à cette porte?...

« Au moment convenu, Maugiron arriva... — nous étions seuls... — il leva le masque avec une audace impudente... — il se fit reconnaître et me prouva dès ses premiers mots que, tel je l'avais connu autrefois, tel je le retrouvais aujourd'hui!... — il voulait spéculer de nouveau sur les monstrueuses calomnies, œuvres de sa jeunesse; — et la mémoire sainte que le misérable menaçait de ses souillures, c'était... (tu vas frissonner d'horreur, mon enfant!...) c'était la mémoire de ta mère...

— Ma mère!... — s'écria Lucie en joignant les mains; — oh! le lâche!... oh! l'infâme!.. il attaquait ma mère!...

— Il l'attaquait par le mensonge, car la digne compagne dont je porte dans mon cœur le deuil éternel était la plus pure, la plus vertueuse, la plus irréprochable des femmes!... — Mais Maugiron, avec une rouerie diabolique, avec l'habileté meurtrière d'un artiste en trahisons, avait groupé jadis de fausses apparences, et de ces apparences il avait fait de trompeuses réalités!...

« Dieu veuille que tu ne le saches point un jour par toi-même, ma fille chérie!... — de toutes les armes déloyales, la calomnie est la plus dangereuse... — la vérité blesse parfois, mais le mensonge tue à coup sûr, parce que sa blessure est empoisonnée!...

« Maugiron connaissant mon culte et mon respect pour la chaste épouse, pour la tendre mère qui du haut du ciel veille sur nous, venait mettre à prix son silence!... — Sais-tu ce qu'il me demandait pour se taire, mon enfant?... — ma fortune entière... — cette fortune si laborieusement gagnée pour toi, pour toi seule, et qui doit t'appartenir un jour...

— Oh! mon père... mon père... — interrompit vivement Lucie — il fallait la lui donner!... — qu'importait la pauvreté?... — nous aurions eu le facile courage de la supporter ensemble... — je me serais mise à travailler pour vous joyeusement... et d'ailleurs la misère, la faim elle-même, auraient mieux valu que le remords...

— Laisse-moi continuer, mon enfant — reprit Jacques Lambert — et tu verras que le remords dont tu parles n'existe pas, car je n'ai rien à me reprocher... — Je débattais avec Maugiron les clauses du traité infâme qu'il me proposait... — j'offrais à ce misérable une somme énorme.. un million!... — je le croyais près de céder, lorsque tout à coup, à l'improviste, il me dit d'une voix sourde, en braquant sur moi le canon double d'un pistolet : — *C'est discuter trop longtemps!. . — ma volonté est inébranlable. . — signez moi l'abandon immédiat de tout ce que vous possédez, ou vous êtes un homme mort!...*

— Ah! — s'écria Lucie — quelle horreur!... le monstre!...

— Les lois divines et les lois humaines admettent le droit sacré de légitime défense... — continua l'ex-capitaine; — ma vie était menacée!... — une inspiration du ciel me rappela que celle du meurtrier se trouvait dans mes mains!.. — il me sembla que Dieu lui-même venait de condamner cet homme en le faisant se prendre dans son propre piége!... — je pressai le ressort qui met en mouvement le plancher du bateau, et tout fut dit!...

« Voilà la vérité, mon enfant!... — un mouvement du scélérat, et je te laissais orpheline!... — je me suis défendu!... — je n'éprouve ni regrets ni remords d'une action terrible, mais nécessaire!... — je n'ai pas commis un assassinat... — ma conscience me crie que j'ai fait justice!...

— Mon père... mon père... — balbutia la jeune fille en se jetant dans les bras de Jacques Lambert — pardonnez-moi, je vous en supplie... pardonnez-moi de vous avoir un instant soupçonné d'un crime .. — J'étais folle... mais j'étais aussi bien à plaindre!... — si vous saviez combien je souffrais!. . — mon cœur s'efforçait de vous croire innocent, mais ma raison se laissait entraîner par une évidence menteuse!... — j'avais vu!... je ne savais pas!... — je serais devenue folle, j'en suis sûre, si ce doute effroyable avait continué plus longtemps!... — Le poids immense qui m'écrasait vient de disparaître!... — je puis baiser vos mains... elles sont pures de toute mauvaise action!... — Rien ne trouble plus ma tendresse... rien n'altère plus mon respect!... — Voyez, mon père... voyez, je pleure encore... mais maintenant c'est de joie!...

Jacques Lambert, pour la première fois de sa vie, rendit à Lucie ses caresses avec une apparente effusion qui fit battre bien fort le cœur de la pauvre enfant.

— Et maintenant, chère fille — reprit-il ensuite — maintenant que, grâce à Dieu et grâce à la force irrésistible empruntée par mon langage à la vérité qui m'inspirait, j'ai gagné ma cause devant toi, tu dois comprendre la nécessité d'un silence absolu!... — tu dois comprendre qu'une nuit éternelle doit envelopper l'acte de suprême justice qui vient de s'accomplir ici!...

Lucie regarda son père avec étonnement.

— Qu'avez-vous donc à craindre? — demanda-t-elle — pourquoi reculer devant la lumière quand on n'a rien à se reprocher?...

— Je ne te comprends pas... — murmura Jacques Lambert.

— Voulez-vous que je vous dise ma pensée tout entière, mon père?...

— Oui, certes!...

— A votre place, savez-vous ce que je ferais?...

— Je ne le sais pas, mais je désire vivement l'apprendre...

— Eh bien, dès le point du jour j'irais trouver le procureur impérial et je lui raconterais tout...

Jacques Lambert tressaillit et recula.

— Tu ferais cela!... — s'écria-t-il.

— Oui, mon père...

— Malheureuse enfant, mais ce serait ma perte!...

Lucie redevint pâle et tremblante.

— Comment? — demanda-t-elle.

— Les apparences sont contre moi, et la justice humaine, essentiellement faillible, ne juge trop souvent que sur les apparences!...

— Ai-je douté de votre parole, moi, mon père?...

— Non, mais tu es ma fille!... tu m'as compris!... tu sais que le mensonge me fait horreur! .. — enfin, tu ne m'as pas demandé de preuves!... — Ces preuves de mon innocence, la justice les exigerait!... — il me serait impossible de les lui donner... — Quel témoignage invoquer?... — le tien?... — il serait contre moi la charge la plus terrible, la plus accablante!...

— Grand Dieu!...

— Je suis innocent, je te le jure de nouveau, je te le jure sur tout ce que j'aime, sur tout ce que je respecte en ce monde et dans l'autre, et cependant un mystère absolu, impénétrable, peut seul désormais assurer mon salut...

— Quelle situation!... — balbutia la jeune fille en élevant vers le ciel ses yeux baignés de larmes; — mais c'est affreux!... c'est désespérant!... — quel parti prendre?... comment agir?...

— Il faut se taire!... — le hasard, la fatalité plutôt, t'ont faite l'arbitre de ma destinée... — tu tiens entre tes mains mon honneur et ma vie!... — veille bien sur toi, mon enfant!.. — souviens-toi qu'une parole imprudente pourrait être mon arrêt de mort et qu'il suffirait d'un seul mot pour faire tomber en place de Grève la tête de ton père!...

Lucie poussa un cri sourd; — ses regards exprimèrent une indicible horreur, et elle murmura d'une voix éteinte :

— Oh! je me tairai... je me tairai... je vous le promets...

— A Dieu ne plaise que je doute de ta promesse, mon enfant — reprit Jacques Lambert — mais je veux placer une barrière infranchissable entre toi et une distraction, un oubli, un instant de faiblesse... — il me faut un serment...

— Lequel?...

— Le plus sacré de tous!... — C'est l'honneur de ta mère que je défendais cette nuit... — jure-moi, sur la mémoire de ta mère, que tu ne parleras pas!...

— Je vous le jure...

— Jure-moi que ni par un geste, ni par un regard, tu ne trahiras rien de ce qui s'est passé sous tes yeux dans cette cabine!...

— Je vous le jure...

— Ni maintenant, ni plus tard!...

— Jamais...

— Quoi qu'il arrive?...

— Oui, mon père, quoi qu'il arrive...

— C'est bien... — je suis tranquille... — la fille qui trahirait un pareil serment... la fille qui livrerait son père, serait infâme et dénaturée...

— La fille qui livrerait son père — répliqua Lucie avec exaltation — n'existe pas, ne peut pas exister!... — moi, je mourrais pour sauver le mien!...

— Tu es un ange!... — murmura Jacques Lambert : — je sais que je peux compter sur toi!... — la récompense de ton dévouement filial ne se fera pas attendre...

— Une récompense... — interrompit Lucie : — je n'en mérite aucune et n'en ai pas besoin!... — je ne désire rien... je ne demande rien...

— Tu ne refuseras point celle-là... — reprit l'ex-capitaine en souriant : — c'est une bonne nouvelle que je veux t'apprendre... — c'est une juste réparation que je veux te charger de faire en mon nom...

XXXIII. — BON PÈRE!...

— Une bonne nouvelle?... une réparation?... — répéta la jeune fille, saisie d'un étonnement plus facile à comprendre qu'à décrire, mais auquel se mêlait une vague espérance.

— Oui... — répondit Jacques Lambert ; — ne me comprends-tu pas, mon enfant?

— Je n'ose deviner...

— Tu n'oses l'avouer, du moins, et c'est ma faute!... Mes rudesses et ma froideur passées t'ont rendue timide et craintive avec moi... — Mais à l'avenir je ne veux plus qu'il en soit ainsi!... — Je suis bien sûr, chère fille, que ton cœur et ton intelligence ont saisi déjà ma pensée... — Je vais te parler d'André de Villers...

Depuis quelques secondes Lucie s'attendait presque à entendre prononcer ce nom, et cependant une rougeur ardente envahit son visage, tandis que ses grands yeux se baissaient.

— Je ne recule point devant l'aveu de mes torts... — continua Jacques Lambert : — une confession franche et loyale, pour l'homme d'honneur qui se repent, est la première expiation d'une faute et le commencement du rachat... Je me suis montré bien dur et bien injuste pour M. de Villers... — j'ai fait preuve à son égard d'une inqualifiable brutalité, et le souvenir de ma conduite me remplit de honte et de douleur...

— Oh! mon père... mon père... — s'écria Lucie — vous ne le soupçonnez donc plus?...

— Non... et je ne me pardonne pas d'avoir pu me laisser entraîner un seul instant par d'injurieux et absurdes soupçons!... Son passé sans tache, son zèle, son dévouement, auraient dû plaider près de moi, avec une éloquence irrésistible, la cause de son innocence!... — Je l'ai cru coupable, parce que les apparences l'accusaient, et j'en rougis... — Mais peut-être, après tout, ne suis-je pas sans excuse, puisque tout à l'heure, toi, ma fille, tu doutais de ton père!...

Un instant de silence suivit ces paroles, puis l'ex-capitaine reprit :

— Enfin, grâce au ciel, la lumière s'est faite de toutes parts, et M. de Villers est justifié à mes yeux, comme je le suis moi-même aux tiens...

— Avez-vous découvert le vrai criminel?... — demanda timidement Lucie.

— Non... et dès à présent je renonce à le chercher et à le poursuivre...

— Pourquoi?...

— Parce que je préfère mille fois accepter franchement une perte pécuniaire, à la nécessité de rendre éternel, par de longues et pénibles démarches, le souvenir d'une journée odieuse que je voudrais pouvoir rayer du nombre des jours...

— Ainsi, vous pardonnez à M. de Villers l'imprudence qu'il a commise?...

— Cette imprudence était une faute sans doute, mais une faute bien légère... — Je la lui ai fait trop chèrement expier, et ce n'est plus à moi de lui pardonner... C'est à moi de lui demander pardon...

— Et — balbutia la jeune fille — vous lui rendrez votre confiance tout entière?...

— Il la mérite...

— Vous le garderez dans notre maison?...

— Sans aucun doute... s'il veut bien accepter mes excuses, et s'il consent à ne pas me garder rancune des torts graves que je reconnais et que je regrette...

— Mais, mon père — dit Lucie très-bas, tandis que sa rougeur déjà vive devenait plus ardente encore — mais, mon père... vous oubliez donc...

Elle s'interrompit.

— J'oublie qu'il est amoureux de toi, veux-tu dire?... — acheva l'ex-capitaine, dont les lèvres ébauchèrent un sourire un peu contraint. — Non, mon enfant, je n'oublie rien... — Je me souviens, au contraire, que sa tendresse est payée de retour, ou du moins qu'elle le sera bientôt...

— Et malgré cela... mon père... vous le garderez ici?... — demanda la jeune fille avec le plus extrême embarras.

— Pourquoi non?...

— Mais c'est l'encourager à m'aimer...

— Un tel encouragement te paraît-il dangereux?...

— C'est lui donner une espérance...

— Qui se réalisera, si tu veux...

— Quoi!... — s'écria Lucie — vous pourriez consentir?...

— A te voir la femme heureuse et honorée d'André de Villers?... — Oui, mon enfant, j'y consentirai, et sans la moindre répugnance, je te l'affirme... — Ce jeune homme appartient à une famille estimable et même distinguée, — il est intelligent, — il est honnête, — il est travailleur ; — pourquoi ne deviendrait-il pas mon gendre?... — La fortune lui manque, il est vrai... Mais qu'importe?... — Tu seras assez riche pour deux... — D'ailleurs, ce que je veux avant tout, c'est ton bonheur... Donc, si tu préfères André de Villers à un millionnaire, je te le donnerai de tout mon cœur!... — Voyons, que penses-tu de cela, ma chère enfant?...

Lucie ne répondit pas directement à cette question, et cependant sa réponse fut d'une admirable éloquence.

Elle se jeta dans les bras de Jacques Lambert, et elle appuya sur sa poitrine sa blonde et charmante tête, en murmurant d'une voix entrecoupée :

— Oh! mon père... mon père... que vous êtes bon, et combien je vous aime!...

— Tout va bien!... — se disait en même temps l'ex-capitaine de l'*Atalante* — Désormais je n'ai plus rien à craindre!... — Je suis à tout jamais débarrassé de ce Maugiron!... il est perdu sans ressource... — Des semaines, des mois s'écouleront avant que son cadavre défiguré reparaisse!... — Quant à Lucie, je la rends heureuse... — je lui donne le mari qu'elle aime... — je deviens pour elle un bon père... le plus tendre, le meilleur des pères!... — Elle m'adore, et sa tendresse, bien mieux encore que son serment, me répond d'un silence éternel...

Après ce court monologue, Jacques Lambert reprit, en s'adressant à Lucie :

— Je comptais passer la nuit dans cette cabine, mais tu comprends qu'après la catastrophe qui vient de s'accomplir ici, mes intentions ne sont plus les mêmes... — Je vais éteindre cette lampe, rallumer la lanterne, et rien ne nous empêchera de regagner la maison...

— Mon père — demanda Lucie — m'autorisez-vous à rendre quelqu'un bien heureux en lui parlant de vous bonté... en lui répétant tout ce que vient de vous inspirer votre cœur?...

— Quelqu'un?... — répéta Jacques Lambert. — André de Villers, sans doute?...

— Non, mon père... un autre avant lui...

— Qui donc?...

— Pierre Landry, cet homme excellent que j'aime après vous plus que tout au monde...

— Je t'autorise bien volontiers à lui tout dire... — Rien ne t'empêchera de lui apprendre ces bonnes nouvelles demain matin...

— Oh! je n'attendrai pas si longtemps... — je lui parlerai tout à l'heure... en votre présence... — Nous allons le voir...

— Où donc est-il?...

— Sur le quai... tout près du bateau... — il a voulu m'accompagner... il m'attend...

Jacques Lambert devint livide.

— Allons!... — balbutia-t-il — c'est une fatalité!... — Au moment où je me croyais sauvé, le danger recommence!...

Sa fille saisit au vol ces derniers mots.

— Mon Dieu — fit-elle — quel est ce danger?... — d'où vient il?...

— Il vient de Pierre Landry!...

— Comment?...

— Le contre-maître, placé près du bateau, n'a-t-il pas surpris une part de ce secret terrible que personne ne devait connaître?... — n'a-t-il rien entendu?... ni le cri poussé par Maugiron, ni le tien?...

— Rassurez-vous, mon père — répondit Lucie vivement — Pierre n'a rien entendu, j'en réponds... — j'en suis sûre...

— D'où te vient cette certitude?...

— Je connais bien ce digne homme, et vous le connaissez aussi!... — il se jetterait sans hésiter dans le feu ou dans l'eau pour moi... — Si quelque bruit alarmant, inexplicable, était venu frapper son oreille, il aurait mis de côté toute convenance, il serait entré dans le bateau sans s'inquiéter de vous déplaire, et, n'obéissant qu'à ses inquiétudes, il aurait franchi résolûment le seuil de cette cabine..

Après une ou deux secondes de réflexion, Jacques Lambert convint vis-à-vis de lui-même que Lucie pouvait bien avoir raison et se rassura d'une façon à peu près complète.

— Je crois — dit-il — qu'en effet rien n'est à craindre de la part du contre-maître... — d'ailleurs nous allons le rejoindre, et mon premier regard jeté sur son visage m'apprendra s'il sait quelque chose...

L'ex-capitaine de l'*Atalante* fit disparaître l'encrier et le papier timbré préparés par Maugiron; — il alluma la lanterne, éteignit la petite lampe qui venait d'éclairer le drame étrange auquel nos lecteurs ont assisté; — il fit sortir Lucie de la cabine; — il en sortit lui-même et referma la porte derrière lui...

Au moment où nos deux personnages, après avoir gravi l'étroit escalier et traversé le pont, s'engageaient sur la passerelle qui mettait le *Titan* en communication avec le quai, Pierre Landry, continuant avec une régularité toute militaire sa promenade monotone, se trouvait à quelque distance du bateau et tournait le dos à la jeune fille et à Jacques Lambert.

Ce dernier laissa passer Lucie et s'arrêta dans l'ombre épaisse projetée par l'une des piles de bois de charpente.

Pierre Landry, en se retournant pour revenir sur ses pas, ne vit d'abord que mademoiselle Verdier, et crut qu'elle était seule.

— Enfin c'est vous, mademoiselle Lucie!... — dit-il d'un ton joyeux en se dirigeant rapidement vers elle; — vous êtes restée au moins une heure là-dedans, savez-vous!... — Je croyais presque que vous n'en sortiriez plus!... — apprenez-moi vite si vous êtes contente?... — M. Verdier vous a-t-il accueillie comme il le fallait?... — il s'était montré bien brave homme avec moi tantôt!... — a-t-il été avec vous, cette nuit, aussi bien qu'il l'avait promis?...

Pierre Landry ne soupçonnait rien de ce qui venait de se passer dans la cabine du *Titan*; — ses questions à Lucie, et surtout la manière dont elles étaient faites, le prouvaient jusqu'à l'évidence...

Les anxiétés de Jacques Lambert se dissipèrent comme par enchantement; — la sécurité la plus absolue reprit possession de son esprit; — il sortit de l'ombre où il se tenait caché depuis un instant, et ce fut lui qui répondit :

— J'ai été ce que je devais être et ce que je serai toujours à l'avenir, mon brave Pierre, pour une fille aussi bonne, aussi douce, aussi parfaite que la mienne... — J'espère qu'elle ne songe point à se plaindre de son père, et comme je crois sincèrement à la vivacité de votre affection pour elle, je suis bien sûr que vous serez content des nouvelles qu'elle va vous donner...

— Ah!... — demanda le contre-maître qui se sentit joyeux par avance — il y a des nouvelles?...

— Et de bien excellentes, mon vieil ami... — répliqua vivement Lucie.

— Peut-on les connaître, mademoiselle... avec la permission de M. Verdier, bien entendu?...

— Mais certainement on peut les connaître, et je ne vous ferai pas languir... — D'abord mon père est maintenant convaincu qu'André de Villers est tout à fait innocent du vol de la nuit dernière...

Nos trois personnages venaient de quitter le quai et de rentrer dans la cour plantée qui s'étendait entre les chantiers et le principal corps de logis.

Le contre-maître, en entendant affirmer que l'innocence du jeune caissier était reconnue, ne fut pas le maître de réprimer le transport qui s'empara de lui.

— Que Dieu soit béni!... — s'écria-t-il en frappant dans sa main, sans souci de faire chavirer sa lanterne; — j'étais bien sûr que ça ne pouvait pas manquer, un peu plus tôt ou un peu plus tard, car M. Verdier est un homme juste, un homme d'un grand esprit, et quand il n'est plus en colère il voit les choses comme elles sont... mais je n'espérais guère cependant que ça arriverait si vite!... — C'est vous, chère demoiselle, n'est-il pas vrai? c'est vous qui avez fait ce miracle?...

— Non, mon ami, je n'y suis pour rien... — répondit la jeune fille; — on ne doit remercier que l'esprit de justice et d'équité de mon père...

— M. Verdier — fit Pierre Landry avec une profonde conviction — vous ne pouvez guère tenir à l'opinion d'un pauvre diable comme moi... — mais cependant je vous le dis du fond du cœur, vous êtes un brave homme!...

— Ce n'est pas tout, mon vieil ami — reprit Lucie — et vous ne savez rien encore!... — Mon père garde M. de Villers dans sa maison... il lui rend toute sa confiance, et bien plus...

Ici la voix de la jeune fille devint très-basse, un peu tremblante et presque indistincte...

— Et bien plus... — continua-t-elle — il consent à ce que M. de Villers soit un jour mon mari...

Le contre-maître avait bien entendu, mais il ne pouvait en croire ses oreilles et se persuader qu'il n'était pas la dupe de quelque illusion...

— Est-ce vrai?... est-ce possible?... — balbutia-t-il.

— Oui, mon ami... — répliqua Lucie — c'est possible, c'est vrai, c'est certain, puisque mon père l'a promis et que mon père ne ment jamais...

Pierre Landry se tourna vers l'ex-capitaine.

— Monsieur Verdier — lui dit-il d'un ton suppliant — confirmez-moi vous-même cette nouvelle, je vous en conjure... — J'ai besoin d'entendre de votre propre bouche l'annonce d'un si grand bonheur...

— Croyez sans hésitation à ce que ma fille vient de vous apprendre — répondit Jacques Lambert. — Rien au monde n'est plus positif... — Mais pourquoi vous en étonner?... — ne savez-vous donc pas depuis longtemps que ma tendresse pour cette chère enfant est sans bornes, et que lorsque je croirai pouvoir la rendre heureuse, je ne reculerai jamais, je n'hésiterai jamais, enfin je lui sacrifierai sans regrets mes convictions et mes ambitions personnelles?...

Pierre Landry ploya le genou devant Jacques Lambert.

— Que faites-vous donc?... — demanda vivement ce dernier en s'efforçant, mais en vain, de le relever.

— Laissez-moi vous demander pardon... humblement pardon, monsieur Verdier!... — s'écria le contre-maître.

— Me demander pardon!... et de quoi?... — vous ne m'avez point offensé...

— Jusqu'à ce jour et jusqu'à cette heure je vous avais méconnu, mal jugé, j'avais été injuste avec vous!... — Aujourd'hui je vous proclame bien haut le meilleur, le plus généreux des hommes!... — Vous avez véritablement un cœur de père!... — vous êtes digne de posséder une enfant telle que mademoiselle Lucie, et vous méritez toute son affection, toute son estime, tout son respect!... — Quant à moi, monsieur Verdier, je ne m'exagère pas mon importance... — je ne suis qu'un ver de terre, je le sais bien, mais si vous avez jamais besoin que ce ver de terre se lasse écraser pour vous, vous n'avez qu'à dire un mot, qu'à faire un geste, et je ne vous marchanderai, je le jure, ni mon obéissance, ni mon dévouement!...

En prononçant d'une voix entrecoupée les phrases qui précèdent, Pierre Landry avait saisi les deux mains de Jacques Lambert, il les appuyait passionnément contre sa poitrine et contre ses lèvres, — il les couvrait de baisers et de larmes.

— Calmez-vous, Pierre... calmez-vous... je vous en prie!... — répétait l'ex-capitaine avec insistance, et non sans un peu d'impatience.

Lucie, très émue, très agitée, et encore plus étonnée, peut-être, assistait silencieusement à cette scène que son exagération même rendait inexplicable pour elle.

XXXIV. — OU JACQUES LAMBERT FAIT UN HEUREUX.

Peu à peu, cependant, les transports du contre maître s'apaisèrent, sa reconnaissance pour les bontés de M. Verdier à l'endroit de Lucie et d'André de Villers se formula d'une façon plus calme; enfin il consentit à se relever, à la grande satisfaction de Jacques Lambert, que ces manifestations passionnées fatiguaient outre mesure.

L'entretien, un instant interrompu par cet épisode, put alors reprendre son cours.

— Vous êtes-vous acquitté de la commission dont je vous avais chargé tantôt pour M. de Villers?... — demanda l'ex-capitaine au contre-maître.

— Oui, monsieur — répliqua ce dernier — mais ce que vous m'aviez chargé de lui dire ne ressemblait guère à ce que je viens d'apprendre... — J'ai répété vos propres paroles, à savoir que M. de Villers pouvait reprendre ses fonctions provisoirement, qu'il n'avait à craindre aucune poursuite immédiate, et que vous lui donniez huit jours pour prouver son innocence...

— Qu'a répondu M de Villers?...

— Il a répondu, ce pauvre jeune homme, qu'il était très-reconnaissant du délai que le patron voulait bien lui accorder pour se justifier, mais qu'il ne reprendrait sa place ici que lorsqu'aucun doute ne pèserait plus sur son honneur et lorsque le soupçon ne pourrait plus l'atteindre...

— Ah! mon père — balbutia Lucie — ne trouvez-vous pas que cette réponse est pleine de noblesse?...

Jacques Lambert fit un signe affirmatif.

— Ainsi — demanda-t-il ensuite — l'intention de M. de Villers n'était pas de rester dans cette maison, en ce moment du moins?..

— Non, monsieur.. et voilà une chose que je comprends bien, par exemple!... — Un homme de cœur ne peut pas vivre tranquillement dans un endroit où il se sent sous le coup d'une accusation infamante!... Non, il ne le peut pas!... — Mais j'y pense... — ajouta vivement Pierre Landry — il n'est que temps de prévenir M. André de vos nouvelles intentions!... — Je vais aller lui apprendre tout de suite son bonheur, à ce cher enfant...

— Y songez-vous!... — s'écria Jacques Lambert.

— Ah! fichtre!... je le crois bien, que j'y songe!... — répliqua Pierre Landry.

— A minuit passé!...

— L'heure n'a rien à voir là dedans...

— Vous allez troubler son premier sommeil!...

Le contre maître secoua la tête.

— Tenez pour sûr et certain qu'il ne dort pas!...— fit-il ensuite— il n'a guère le cœur au sommeil, je vous en réponds!...

— Pourquoi ne pas attendre à demain matin?...

— D'abord, parce que, selon moi, il ne faut jamais retarder une heureuse nouvelle... — Ensuite, parce que si nous remettions, nous risquerions fort de le voir nous filer entre les mains...

— Comment?...

— Il m'a fait confidence de son projet, et ma foi je ne l'ai pas désapprouvé du tout, au contraire...

— Quel est ce projet?...

— Celui de partir de Paris par le premier train du matin.

— Partir!... — répéta Lucie d'une voix profondément triste — il veut partir!...

— C'est-à-dire, il le voulait... — répliqua le contre maître. — Mais je vous réponds que maintenant il ne le voudra plus...

— Il ne songeait donc pas — reprit Jacques Lambert — que ce départ ressemblait à une fuite?...

— Il y songeait très bien, au contraire, et c'est pour cela qu'il m'avait mis dans la confidence, afin que je pusse parler et le justifier si quelque méchante langue l'accusait...

— Vous connaissiez le but du voyage de M. André?...

— Parbleu!... — c'était son pays natal... la Bretagne... la ville de Brest...

— Qu'allait-il faire si loin?...

— Il paraît qu'il a dans la ville de Brest une brave et digne femme de mère... Or la vieille dame possède là-bas un petit bien qui vaut dans les soixante à quatre vingt mille francs, et qui lui vient tout justement d'un propre parent à vous, de M Philippe Verdier, qui vous a laissé ce chantier en héritage, et de qui elle était un peu la nièce... — ce qui fait que le jeune homme se trouve presque votre allié...

Les ténèbres enveloppaient la cour, et la lumière incertaine de la lanterne les dissipait mal, sans cela on aurait pu voir Jacques Lambert pâlir et chanceler...

La nouvelle qu'il apprenait ainsi à l'improviste devait lui paraître étrange et saisissante en effet.

Le véritable, le légitime propriétaire de la succession de Philippe Verdier était André de Villers, et l'innocente victime de la spoliation avait été, le matin de ce même jour, outragée, soupçonnée, chassée, par le voleur d'héritage!...

— Lui!... c'était lui!... — pensa Jacques Lambert frissonnant.— Il vivait près de moi, et je n'en savais rien!... — Quelle étrange aventure!... — Le hasard, après tout, le protége, puisque son mariage avec Lucie lui rendra quelque jour la fortune qui semblait à tout jamais perdue pour lui!...

Ces réflexions traversèrent l'esprit de Jacques Lambert en beaucoup moins de temps que nous n'en avons mis à les écrire ..— Hâtons-nous d'ajouter que son émotion passa complétement inaperçue.

— Je vous dis tout cela — continua Pierre Landry — parce que ça ne peut pas faire de tort à M. de Villers auprès de vous...— bien au contraire... — On s'intéresse toujours davantage à quelqu'un, n'est-il pas vrai? quand on sait que ce quelqu'un-là vous touche de plus près qu'un étranger, et se trouve, par un petit côté, de la même famille que vous-même?... — Est-ce là votre avis, monsieur Verdier?...

L'ex capitaine avait eu le temps de se remettre complétement.— Il répondit sans la moindre hésitation:

— Sans doute... — Puis il ajouta: — Quelle était l'intention de M. de Villers en allant retrouver sa mère à Brest?...

— L'intention du garçon le plus honnête que la terre ait jamais porté!... — Il se considérait comme responsable, à cause de ses fonctions de caissier et de sa malheureuse sortie de la nuit dernière, de l'argent dont on vous avait fait tort...

— Quelle folie!...

— Il voulait tout raconter à sa vieille mère,—lui demander d'hypothéquer son petit bien jusqu'au dernier sou, en attendant une bonne occasion de le vendre, et vous apporter ce pauvre argent comme à-compte sur les soixante-dix mille francs volés!... — En voyant sa vieille mère sacrifier ainsi pour lui sa modeste aisance, et se réduire à la misère, vous auriez bien compris qu'il ne pouvait pas être un voleur... il l'espérait du moins...

— Ce qu'il voulait faire est d'une âme noble et délicate!... — murmura Jacques Lambert. — C'est bien!... c'est très bien!... — J'approuve et j'admire l'honnêteté jusque dans ses exagérations...

Lucie versait des larmes abondantes — larmes d'attendrissement qui n'avaient rien d'amer, et qui n'étaient même pas sans charme.

— Présentement, mon bon monsieur Verdier, présentement, chère demoiselle Lucie — continua Pierre Landry — vous en savez aussi long que moi .. — Permettez moi donc d'aller rassurer et consoler tout à fait M. André, et de lui porter une grande joie à la place de son grand chagrin...

La jeune fille garda le silence, mais elle prit l'une des mains de Jacques Lambert, et elle la serra doucement.

Cette étreinte significative renfermait une prière éloquente. — Elle voulait dire:

— Oh! oui, mon père, je vous en supplie... permettez qu'André soit heureux tout de suite!...

L'ex-capitaine le comprit ainsi sans doute, car sa main répondit à celle de Lucie par une pression légère.

— M. de Villers occupe-t-il cette nuit sa chambre habituelle? — demanda-t-il à Pierre Landry.

— Oui, monsieur Verdier... — fit le contre-maître. — Je l'y ai ramené moi-même à dix heures ..

— Et vous croyez qu'il n'est pas endormi?...

— J'en mettrais hardiment ma tête au feu!...

Tout ce qui précède s'était dit auprès de la porte charretière donnant sur le quai.

Jacques Lambert s'avança dans la cour de manière à se trouver en vue du pavillon, et il regarda.

Une pâle lueur brillait derrière les vitres de la chambre à coucher du caissier.

— Vous aviez raison... — murmura l'ex-capitaine. — Il veille, puisque sa lampe est encore allumée...

— Oh ! parbleu, j'en étais bien sûr!...— répliqua le contre-maître. — Fallait pas être malin pour deviner ça!... — Dans la situation de ce pauvre M. André, on ne songe guère à dormir!... — Je voudrais vous y voir, vous, monsieur Verdier, sans comparaison, pendant seulement cinq minutes!...

— Le pauvre enfant, qui se croit soupçonné d'un crime, doit beaucoup souffrir en effet... — murmura Jacques Lambert d'une voix agitée par une émotion réelle ou fausse.

— Raison de plus pour le rassurer bien vite!... — reprit Pierre Landry.

— Attendez...

— Que faut-il faire?...

— Nous allons, Lucie et moi, rester ici dans l'obscurité...

— Oui, monsieur Verdier...

— Vous irez, vous, frapper à la porte du pavillon, pour attirer l'attention de M. de Villers...

— Oui, monsieur Verdier...

— Il vous demandera ce qui vous amène... — vous lui répondrez que vous avez à lui faire une communication très-mystérieuse, très importante, et surtout très-pressée...

— Et, ensuite?...

— Ensuite, vous l'amènerez près de nous... — le reste me regarde...

Un franc sourire éclaira le visage pâle et dévasté du contre-maître — il jeta sa casquette en l'air, et malgré les ténèbres, il sut la rattraper au vol.

— Je comprends!... je comprends!... — dit-il — vous vous réservez le plaisir de lui annoncer vous-même la bonne nouvelle... la grande nouvelle!... vous voulez jouir de sa joie et de sa reconnaissance, et vous avez raison!... — à votre place j'en ferais autant...

— Allez, mon brave Pierre... allez vite...

— Oh! soyez paisible, votre attente ne sera pas longue...

Le contre maître se dirigea vers la porte du pavillon et se mit à frapper contre cette porte de petits coups légers qui ne pouvaient être entendus ni depuis le quai, ni depuis le principal corps de logis.

Ils suffirent cependant pour donner l'éveil à M. de Villers dont la fenêtre s'ouvrit presque aussitôt.

Le jeune homme se pencha au dehors, mais ses yeux n'avaient pas eu le temps de se familiariser avec l'obscurité; — il ne distingua rien.

— Qui donc est là? — demanda-t-il à voix basse.

— Moi, monsieur André... — répondit le contre-maître du même ton.

— C'est vous, Pierre?... — reprit le caissier.

— En personne véritable et naturelle, monsieur André...

— Que me voulez-vous, mon vieil ami?...

— J'ai besoin de vous parler, monsieur André, pour quelque chose de très-important, de très-mystérieux et surtout de très-pressé...

Pierre Landry, comme on le voit, ne faisait pas de frais d'imagination; — il répétait littéralement, les propres paroles de Jacques Lambert.

— Je descends... — répliqua M. de Villers en repoussant sa fenêtre — je suis à vous...

Et il ajouta, en se parlant à lui-même, tandis qu'il gagnait le rez-de-chaussée :

— Je vais apprendre sans doute quelque nouveau malheur!... — je m'attends à tout!... je suis prêt à tout!... — si terribles que soient les coups qui me frappent, je ne faiblirai pas!...

Une ou deux secondes s'écoulèrent, puis on entendit le bruit d'une clef tournant dans la serrure, la porte du pavillon roula sur ses gonds, et M. de Villers parut sur le seuil.

— Me voici, Pierre... — dit-il — entrez...

— Nenni, monsieur André... — fit le contre-maître; — ce n'est pas dedans qu'il faut que je vous parle, c'est dehors... — Venez avec moi, s'il vous plaît...

En même temps il lui prenait la main pour le diriger.

André obéit passivement.

— Où me conduisez-vous? — demanda-t-il.

— Pas bien loin d'ici...

— Pourquoi tout ce mystère dont vous vous entourez?...

— Vous allez le savoir...

— Avez-vous à m'apprendre une mauvaise nouvelle?...

— Vous en jugerez, monsieur André... — je ne peux rien vous dire... — je peux seulement vous recommander de ne pas vous inquiéter par avance...

Pierre Landry et le jeune homme étaient arrivés à deux pas de l'endroit où se tenaient immobiles Jacques Lambert et Lucie.

Le contre-maître s'arrêta; — il tenait à la main sa lanterne fermée — il en dévoila l'âme et fit jaillir au milieu des ténèbres un rayon lumineux qui produisit un véritable coup de théâtre.

— M. Verdier!... mademoiselle Lucie!... — balbutia André en reculant malgré lui de stupeur et de saisissement.

Puis, se tournant vers le vieil ouvrier, son guide, il demanda d'un ton sévère :

— Est-ce un piége?...

Pierre allait protester. — Jacques Lambert ne lui en laissa pas le temps.

— Monsieur de Villers — dit-il — c'est à moi de vous répondre.

André s'inclina.

— Je vous écoute — murmura-t-il avec un trouble profond; — mais j'ose vous supplier de ne pas rouvrir cette nuit les blessures douloureuses que vous m'avez faites ce matin, et que vous regretterez amèrement un jour, quand vous saurez combien elles étaient cruelles et peu méritées...

— André, mon enfant — reprit Jacques Lambert — ce jour dont vous parlez ne s'est pas fait attendre!... — Mes yeux se sont ouverts!... — je déplore mon injustice et ma cruauté, et je n'ai pas voulu laisser une heure de plus s'écouler sans vous demander pardon de ma conduite à votre égard...

— Vous me demandez pardon!... — vous, monsieur Verdier!... — vous!... — s'écria le jeune homme éperdu; — est-ce vrai?... est-ce possible?... est-ce que je rêve?...

— Oui, je vous demande pardon — continua l'ex-capitaine — et je n'en rougis pas!... — j'ai été bien coupable envers vous, mais je vous jure que mes regrets égalent ma faute!... — La colère m'aveuglait, et la colère est mauvaise conseillère!... — j'étais en proie ce matin à une sorte de furieux délire, tandis que ma bouche prononçait des paroles odieuses que mon cœur et que ma raison désavouent!... — Refuserez-vous d'oublier ce que je voudrais pouvoir oublier moi-même?... — refuserez-vous de me tendre la main?...

André sentit la rancune se fondre dans son âme comme la neige sous les premiers rayons du soleil d'avril... — en même temps son cœur se gonflait à déborder...

Il saisit la main qui lui présentait Jacques Lambert — il la serra entre les siennes avec effusion, et il l'appuya contre ses lèvres, en balbutiant :

— Ah! monsieur Verdier, je ne me souviens déjà plus de ce que j'ai souffert!... Que vous êtes bon, mon Dieu!... — comment vous témoigner ma reconnaissance pour ces paroles que vous venez de prononcer et qui me rendent la vie et l'honneur!... — Vous m'avez demandé pardon! .. — vous m'avez tendu la main le premier!... — oh! je ne l'oublierai jamais!...

— Mon pauvre enfant — reprit Jacques Lambert — combien vous avez dû me maudire!...

— Non, monsieur Verdier, non!... je ne vous maudissais pas!... — Je vous plaignais de commettre sans le savoir et sans le vouloir une grande injustice, et je demandais à Dieu de vous éclairer...

— Vous le voyez, la lumière s'est faite... — continua l'ex-capitaine en souriant — et je viens maintenant vous adresser une prière, celle de reprendre dès demain et de conserver désormais la place que vous occupiez dans ma maison...

— Certes, je le ferai, monsieur, et avec bonheur... — répondit vivement André; — mais auparavant je vous conjure de vouloir bien m'accorder une grâce...

— Je suis tout disposé à vous être agréable en toutes choses... — que désirez-vous?...

— Un congé de quelques jours...

— Soit... — je vous accorderai ce congé lorsque vous m'aurez dit quel doit être son usage...

— Je voudrais aller à Brest, passer une semaine auprès de ma mère que je n'ai pas vue depuis longtemps...

— J'espère bien que vous n'avez reçu aucune mauvaise nouvelle?... — madame de Villers n'est point souffrante?...

— Non, monsieur, grâce au ciel!...

— Alors, pourquoi choisir juste ce moment pour aller lui rendre visite?... — ne pouvez-vous remettre votre voyage à un peu plus tard?...

— C'est impossible, monsieur...

Je descends, répliqua M. de Villers. (P. 95.)

— Une affaire importante réclame donc impérieusement et immédiatement votre présence là-bas?...

— Oui, monsieur...

— Puis-je vous demander quelle est cette affaire?...

— Elle m'est absolument personnelle, et je vous prie humblement de vouloir bien ne pas me questionner à son sujet...

— Et, si je vous disais que je la connais?...

— Je répondrais que vous vous trompez sans doute...

— Je vais vous donner à l'instant la preuve du contraire...

André de Villers fit un geste d'incrédulité.

— Vous voulez aller à Brest — reprit Jacques Lambert — dans le but unique d'emprunter sur les biens de votre mère pour me rembourser l'argent volé dans ma caisse la nuit dernière... — est-ce vrai, oui ou non?...

André se tourna vers le contre-maître, et lui dit d'un ton de reproche :

— Ah! Pierre, vous m'avez trahi!... — c'est mal!...

— N'accusez pas ce brave homme!... — reprit vivement Jacques Lambert ; — il m'a rendu le plus grand service, puisque grâce à lui je puis vous empêcher de faire une folie qui m'aurait causé un déplaisir mortel...

— Je vous ai dit combien j'étais profondément touché et reconnaissant de votre bonté, monsieur Verdier... — répliqua André — mais je vous supplie de ne point chercher à combattre ma résolution... — elle est inébranlable!...

— Est-il possible, mon enfant, que vous songiez à dépouiller votre mère du peu qu'elle possède!... — Ce serait l'acte d'un mauvais fils, savez-vous!...

— Ma mère m'approuvera, j'en réponds!... — elle se trouvera heureuse de me venir en aide de tout son pouvoir pour une réparation légitime...

— Je m'explique mal votre obstination, mon cher André!... — vous n'avez rien à réparer, puisque vous n'êtes coupable de rien...

— Je suis coupable d'avoir abandonné mon poste au moment où le vol s'accomplissait!... — je suis responsable d'une somme qui m'avait été confiée!... — je prétends la rembourser jusqu'au dernier sou, et si l'argent de ma mère est insuffisant, je comblerai le déficit avec mon travail... — il me faudra beaucoup de temps sans doute, mais, ce temps, vous ne refuserez pas de me l'accorder...

— Allons! — s'écria Jacques Lambert — je vois bien qu'il n'existe qu'un seul moyen de triompher de votre entêtement... et ce moyen, je vais l'employer... — Vous voulez me rembourser?... — vous le voulez à toute force?... — vous le voulez à tout prix?...

— Oui, monsieur...

— Eh bien, j'y consens, mais la petite fortune de madame votre mère doit rester intacte... — Il est un autre moyen de vous acquitter envers moi, puisque vous prétendez me devoir quelque chose...

— Un autre moyen?...

— Oui...

— Lequel?...

— Un mariage...

— Vous pensez à me marier!... — s'écria le jeune homme stupéfait.

— Parfaitement bien... — Je connais une jeune fille qui n'est pas sans fortune... — je crois pouvoir l'obtenir pour vous, et vous me rembourserez sur la dot... — Eh bien, que dites-vous de cela?...

— Je dis, monsieur, que je refuse cent fois plutôt qu'une...

— Pourquoi donc?...

Paris. — Typ. Collombon et Brûlé, rue de l'Abbaye, 22

Un tourlourou se mit à l'eau. (P. 99.)

— Parce que je ne veux pas me marier...

— Qu'en savez-vous?... — Vous ne pouvez répondre de votre volonté sans connaître la jeune fille... — Elle est jolie... — elle vous plaira...

— Je ne veux même pas la voir!...

— C'est absurde!... — car enfin, à moins que vous ne soyez amoureux déjà...

— Eh bien oui, monsieur... — interrompit André — je suis amoureux!... — j'aime sans espoir!... — celle à qui j'ai donné mon cœur ne peut être à moi, je le sais, mais je me suis juré du moins de ne jamais donner mon nom à une autre...

— Bah!... serment d'amoureux!...

— Je mourrais plutôt que de manquer à celui-là!...

— On dit cela, et on se marie...

— Jamais!...

— Et, au bout de quelque temps — reprit Jacques Lambert — on s'avoue à soi-même qu'on était fou, et qu'on se trouve parfaitement heureux...

— N'insistez pas, monsieur, je vous en prie... — votre insistance me fait beaucoup de peine et beaucoup de mal...

— Je serai plus sage que vous, mon cher enfant... — je veux votre bonheur et je vous forcerai bien à l'accepter...

— J'en doute, monsieur!... — répondit André presque avec raideur.

— Nous verrons... — Je consens d'ailleurs à vous laisser diriger sur ce point par les conseils de madame votre mère...

— Ma mère ne me conseillera jamais de faire violence à mon cœur et d'épouser une femme en en aimant une autre...

— C'est elle seule qui vous répondra... — Partez pour Brest par le premier train, et demandez à madame de Villers son consentement à votre mariage...

Jacques Lambert s'interrompit pendant une seconde, puis, prenant la lanterne des mains de Pierre Landry, et dirigeant la lumière sur le doux et charmant visage de Lucie, rougissante et les yeux baissés, il acheva sa phrase :

— Avec mademoiselle Verdier, ma fille...

XXXV. — LE RÉCIT DE PLANTAPOT.

Nous n'essayerons pas de faire assister nos lecteurs à la scène qui suivit les dernières paroles de Jacques Lambert.

Il est des émotions si puissantes, il est des joies si profondes, qu'on peut les comprendre, mais non pas les décrire; — en face de ces émotions et de ces joies le narrateur doit avouer son impuissance et laisser tomber sa plume, sous peine de se trouver bien audessous de la réalité, et de n'en offrir qu'une pâle copie, un tableau sans vigueur et sans expression...

Lucie oubliait le drame effrayant dont elle venait d'être l'unique témoin; — elle ne songeait plus au secret terrible qu'elle avait juré de garder... — elle s'abandonnait tout entière à son bonheur, — à sa reconnaissance pour celui qu'elle croyait son père, — à son amour pour André de Villers...

L'ivresse et le délire du jeune homme se devinent et peuvent se passer de commentaires. — Sa situation morale était celle d'un condamné qui, se croyant voué à une éternité de douleurs, verrait tout à coup s'ouvrir devant lui les portes du paradis...

Pierre Landry, pour la première fois depuis la mort de sa femme bien-aimée, jouissait d'un bonheur sans mélange. — Il ne regrettait plus le sacrifice accompli jadis avec d'inexprimables déchirements de cœur, dans un moment d'angoisse et de terreur. — Il s'applaudissait même de ce sacrifice, puisque, grâce à lui, il allait voir sa fille complétement heureuse... — Il aurait volontiers baisé la trace des pas d'Achille Verdier, cet homme que, la veille encore, il trouvait si dur, si froidement avare, si brutalement égoïste, et qui maintenant lui semblait la plus parfaite image de la bonté divine descendue sur la terre...

Jacques Lambert enfin, dans une certaine mesure, partageait l'allégresse générale. — La mort de l'homme qui possédait son secret, et qui par conséquent pouvait le perdre, lui causait un immense soulagement — Il était sûr désormais du silence de Lucie. — Il savait bien, en outre, qu'en se donnant pour gendre André de Villers, il resterait le maître absolu de cette immense fortune conquise par lui, jadis, au prix d'un premier crime, et dont un second crime venait de lui assurer la libre possession.

Or cette fortune — pour Jacques Lambert — nous ne l'ignorons pas, c'était plus que la vie!...

Nous n'étonnerons guère nos lecteurs en affirmant qu'aucun de nos quatre personnages n'eut seulement l'idée d'achever la nuit dans son lit... — ils savaient trop bien que le sommeil fuirait obstinément leurs paupières...

Au point du jour, André de Villers quitta le chantier et se mit en route par le premier train du chemin de fer. — Il partait, le cœur gonflé d'une allégresse surhumaine; — il allait embrasser sa mère, — demander sa bénédiction, obtenir son consentement à un mariage qui, jusqu'à ce moment, lui avait paru un rêve impossible, et revenir pour être heureux...

Lucie, sa fiancée, l'accompagnait de ses vœux et de sa tendresse chaste et profonde...

Pierre Landry avait voulu le conduire jusqu'à la gare, et lui avait dit, en lui serrant la main :

— Je ne serai pas le seul à vous attendre avec impatience, monsieur André... — Revenez vite!...

Laissons le jeune homme courir vers la Bretagne, avec la vitesse foudroyante d'un train express lancé sur les rails à toute vapeur, et revenons au chantier, où des événements bien graves et bien imprévus étaient au moment de s'accomplir.

Mais d'abord disons deux mots du désappointement de madame Blanchet — (désappointement prodigieux et mêlé d'une profonde amertume) — lorsqu'elle apprit que ses révélations et ses dénonciations contre André de Villers avaient, selon toute apparence, contribué beaucoup à faire décider le prochain mariage du jeune caissier et de Lucie.

Le visage de la grosse femme passa du jaune au vert, pour arriver au rouge vif, puis au violet foncé, exprimant ainsi toutes les nuances successives de la stupéfaction et de la colère.

— Décidément cet homme a perdu la raison!... — murmura la veuve du lieutenant de pompiers en adressant mentalement ses invectives à M. Verdier. — Je me figurais hier, qu'emporté par une indignation légitime, il allait, séance tenante et sans autre forme de procès, brûler la cervelle à son paltoquet de caissier, à ce petit intrigant que j'abomine et qui a filouté la caisse, j'en suis aussi sûre que de l'amour de feu Blanchet, et voilà qu'au lieu de le précipiter dans les abîmes du néant, il lui donne sa fille!... — Ah! c'est trop fort!... — un malheureux employé sans sou ni maille, qui n'a ni physique avantageux, ni belles manières, épouser une millionnaire!... — voilà qui ne s'est jamais vu!... — et quand on pense que ce Verdier avait sous la main la crème des gens distingués... M. Maugiron... un homme fait comme un seigneur, et si galant avec les dames!... — il aurait consenti, bien sûr, à se mésallier, pour toucher la dot!... et quel honneur en aurait rejailli sur le beau-père!... — Ce marchand de bois n'a pas compris ça!... — décidément c'est un homme de peu, et la maison n'est qu'une *baraque*!... — je ne sais pas si j'y resterai...

Madame Blanchet se donna la consolation et la joie de monologuer dans ce beau style pendant de longues heures.

Nous croyons faire acte de courtoisie à l'endroit de nos lecteurs en passant sous silence le reste de ses lamentations et de ses imprécations.

Dès le matin Lucie, dans un long entretien qu'elle eut avec son père — (il nous faut bien appeler ainsi Jacques Lambert) — le mit au fait de la situation faite à Pierre Landry, la veille, parmi les ouvriers, par la dénonciation de Maugiron.

Elle lui demanda d'intervenir, et il ne fit aucune difficulté de s'y prêter.

En conséquence, aussitôt que les travailleurs arrivèrent au chantier, il les réunit autour de lui et de Lucie; — il leur raconta, d'une façon à la fois rapide et touchante, les motifs des deux condamnations encourues jadis par le contre-maître; — il plaida les circonstances atténuantes en même temps, et il le fit avec un talent incontestable.

Pierre Landry — revenant d'accompagner André de Villers au chemin de fer — arriva juste au moment où Jacques Lambert achevait la péroraison de son petit discours.

L'effet produit par l'éloquence du *patron* fut immédiat.

Les ouvriers s'empressèrent auprès du contre-maître, très-étonné, très-ému, et surtout très-joyeux, et lui serrèrent successivement la main, en gage d'estime et de bonne amitié.

L'un d'eux, surtout, témoigna son affection d'une façon touchante.

C'était cet orphelin, ce très-jeune apprenti, presque un enfant encore, que nous avons déjà présenté à nos lecteurs à propos de la maladie du chien de garde Pluton.

Cet enfant se nommait Papillon, on doit s'en souvenir.

Pierre Landry s'était toujours montré pour lui très-bon, très-paternel. — Papillon l'aimait comme s'il eût été son propre fils. — Il se jeta dans ses bras, et il l'embrassa à vingt reprises, en pleurant, et en lui disant tout bas :

— Si vous étiez parti, m'sieu Pierre, je serais parti avec vous... — c'était une chose bien décidée, et personne n'aurait pu me retenir au chantier... oh! mais non!...

Lucie fut attendrie jusqu'aux larmes de ces preuves d'une affection si vive et si sincère...

Le contre-maître, de son côté, pleurait à chaudes larmes, et balbutiait :

— Mes amis... mes bons amis... je vous remercie du fond de mon cœur... mais c'est trop... c'est vraiment trop!... — ne me méprisez pas et aimez-moi un peu... voilà tout ce que je vous demande, voilà tout ce que j'ai le droit d'espérer, car enfin j'ai été coupable autrefois, bien coupable... et il ne faut pas me récompenser comme si j'avais fait une belle action!... — Qu'est-ce que vous garderez donc pour les vrais braves gens, pour ceux qui n'ont mérité toute leur vie que des bénédictions!...

. . . .

Avons-nous besoin d'ajouter que cette humilité si touchante et si manifestement sincère n'eut d'autre effet que de redoubler l'enthousiasme des ouvriers et d'agrandir encore la popularité de Pierre Landry?

§

Ce même jour, vers les onze heures du matin, tandis que Jacques Lambert et Lucie déjeunaient en compagnie de madame Blanchet, les travailleurs désertaient leur ouvrage l'un après l'autre, et venaient grossir un groupe très-bruyant formé non loin de la porte du pavillon.

Quelques-uns des membres de ce groupe se livraient à une discussion animée, pour ne pas dire orageuse. — Les affirmations les plus positives, les dénégations les plus formelles, se croisaient et s'entre-choquaient en l'air comme les balles d'un jeu de paume.

On entendait retentir les phrases suivantes, prononcées par ces organes à la fois traînards et glapissants, qui font reconnaître dans toute la France, à première audition, un ouvrier parisien :

— J'te dis que si!...

— J'te dis que non!...

— C'est la vérité!...

— C'est une menterie!...

— Tu n'en sais pas le premier mot!...

— Je sais l'histoire de bout en bout...

— Tu ne l'as pas vu!...

— Non, je ne l'ai pas vu, mais j'ai vu Papillon qui a vu un apprenti de chez Bourgoing, à dix minutes de chemin d'ici, qui passait par là vers les *minuit*, minuit et demi, et qui a vu la chose tout comme je te vois...

— Et moi j'ai vu un commis de chez Moret, la maison à côté de chez Bourgoing, et il était là juste au bon moment...

— Possible... mais ça n'empêche pas que c'est l'apprenti qui a bien vu...

— Moi je soutiens que c'est le commis...

— L'homme avait *éteint son gaz*!...

— Il se portait mieux que le pont Neuf...

— Il était *neyé* depuis plus d'une heure, et parfaitement *claqué*..

— Il n'avait seulement pas bu ce qu'il faudrait d'eau pour y *neyer* une souris...

— A preuve, c'est qu'on a porté le corps du défunt à la Morgue, pour cause qu'il était inconnu dans le quartier...

— A la Morgue, plus souvent!... — un particulier comme celui-là, qui avait sur lui une montre superbe, et des jaunets à pleines poignées!... ah! c'te bêtise!... oh! là!... là!...

— N'fais pas l'malin, eh! l'ahuri!... — où qu'on l'aurait mis, cet homme?.. dis voir un peu!... oui, dis voir un peu!...

— Pardine, on l'a mis dans un fiacre, tout bêtement, avec un inspecteur de police pour l'accompagner, et il s'en est retourné chez lui...

— J'te dis que non!...

— J'te dis que si!... — etc., etc...

On comprend à merveille qu'il n'y avait aucune raison valable pour qu'une discusion engagée de cette façon, et tournant dans un cercle aussi essentiellement vicieux, pût jamais finir...

Pierre Landry intervint.

— Voyons .. voyons, mes enfants — dit-il — tâchez donc de vous accorder un peu!.. — si l'un de vous a raison, l'autre doit avoir tort... — c'est clair comme le jour, pas vrai?...

— Naturablement!... — répondirent d'une commune voix tous les ouvriers, sauf les deux adversaires qui s'occupaient à chercher des arguments pour se foudroyer l'un l'autre.

— Papillon connaît quelqu'un qui a vu l'événement? — continua le contre-maître.

— Oui... oui!.. oui!.. — répondirent une douzaine de voix avec un ensemble parfait.

— Es-tu là, Papillon?...

— Oui, m'sieu Pierre...

— Avance un peu à l'ordre, gamin!..

— Me voici, m'sieu Pierre...

— Raconte-nous la chose, telle que tu la sais, en deux temps et trois mouvements... — nous déciderons ensuite plus à loisir si tu as été *enduit* en erreur...

— Tout de suite, m'sieu Pierre...

L'enfant surnommé Papillon commença en effet son récit à l'instant même, avec la simplicité la plus parfaite et sans aucune prétention à l'élégance du langage :

— Donc, il y a à peu près une heure — dit-il — je m'en allais en commission, le long du quai, sans penser à rien... — voilà que vis-à-vis la maison des messieurs Bourgoing (vous savez bien, les marchands de fer) je vois un rassemblement sur le bord de l'eau... — je m'y fourre et j'ouvre l'oreille... — on en entendait de toutes les couleurs... — les uns disaient : — *Voilà l'endroit où il a été repêché!...* — ceux-ci criaient : — *C'était un assassinat!...* — ceux-là : — *C'était un suicidement!...* — d'autres soutenaient que c'était *la suite d'un malheur arrivé par un accident!...* — Enfin je n'y comprenais pas grand'chose, quand tout à coup je me trouvai nez à nez avec Plantapot...

Un éclat de rire universel accueillit ce nom bizarre.

— Qu'est-ce que c'est que Plantapot? — fit Pierre Landry.

— C'est l'apprenti des messieurs Bourgoing... — un camarade à moi, un petit maigre gentil tout plein...

— Continue, Papillon...

Le gamin obéit, et reprit en ces termes :

— Je demandai à Plantapot : — Qu'est-ce que ça veut dire, tout ça?... — il me répondit : — Ces gens-là sont des tas d'imbéciles qui bavardent sans rien savoir... moi j'ai vu la chose et je vas te la raconter!... — Alors il me raconta en effet qu'hier soir il était allé à l'*Ambigu*, voir M. Dumaine jouer *Lazare le pâtre*, un mélo de M. Joseph Bouche-Hardie, une bien belle ouvrage, cré coquin!...— comme il s'en revenait, après *ménuit*, coucher chez ses patrons, il avait entendu comme un gémissement partir du canal... — il s'était bien vite approché du bord et il avait vu, à la lueur du plus prochain bec de gaz, un individu qui se débattait, les deux jambes empâturées dans la corde d'un bateau... — le pauvre diable ne pouvait plus nager, et il allait couler à fond, en jurant tous ses jurons et en gémissant comme un perdu...

— Il gémissait!... — s'écria l'un des adversaires que nous avons mis en scène dans les pages précédentes — il gémissait!... donc il n'était pas mort!... — il n'y a rien à répondre à cela!...

— Silence!... — commanda Pierre Landry.

Puis il ajouta, en s'adressant à Papillon :

— Ne nous laisse pas le bec dans l'eau, gamin... — ton récit nous impressionne vivement ..

L'enfant, très-flatté du succès qu'il obtenait, ne se fit point répéter deux fois cette invitation.

— Plantapot — dit-il — était trop petit, trop maigriot et trop poule mouillée, pour entreprendre tout seul de retirer l'individu de la grande tasse où il barbotait... — il ne l'essaya ni peu ni beaucoup... mais il se mit à appeler au secours de toute la force de ses poumons... et ils sont bons!... — il crie comme un aigle!... — on l'entendrait d'ici à la place de la Bastille, pour si peu qu'on ne soit pas sourd...

« Par grand bonheur une patrouille passait par là, avec deux sergents de ville et un inspecteur... — elle entendit les beuglements de Plantapot et elle accourut. — Un tourlourou se mit à l'eau — il empoigna le bonhomme par le talon — il n'y avait plus que le talon qui passait,—et il l'installa bien commodément sur le bord du quai, plus trempé que plusieurs soupes, mais pas trop malade... — il se secoua comme un caniche mouillé, il éternua quatre ou cinq fois et il se mit en train de répondre aux questions que lui adressait l'un des sergents de ville, très-poliment...

« Plantapot allait écouter de ses deux oreilles, vous devez bien vous l'imaginer, mais l'autre sergent le chargea d'aller chercher un fiacre, en lui donnant dix sous pour sa peine, et, quand il revint avec le fiacre, personne ne disait plus rien...

« L'inspecteur monta dans le fiacre avec le ci-devant *néyé*, qui se portait aussi bien que vous et moi, sauf qu'il avait, à ce qu'il paraît, la mine un peu à l'envers, et Plantapot l'entendit qui criait au cocher : — *Rue d'Amsterdam*... — quant à ce qui est du numéro, l'inspecteur s'était privé de le dire, ou Plantapot l'avait oublié... — Voilà tout ce que je sais, et je trouve que c'est déjà bien gentil...

Papillon se tut.

— Eh bien! — s'écria l'un des adversaires — quand je vous soutenais tout à l'heure que le *néyé* n'était pas mort!...

— C'est deux gamins qui prétendent ça!... — répliqua l'autre — des moucherons!... deux vrais crapauds!... — on ne peut pas s'en rapporter!... — Le commis de chez Moret, qui est un homme d'âge et point blagueur, m'a raconté la chose d'une manière toute différente...

La discussion allait évidemment recommencer sur de nouveaux frais.

Pierre Landry jugea convenable et opportun de l'interrompre.

— La question est jugée... — fit-il; — assez de paroles perdues, mes enfants... — le défunt était bien vivant, ça ne fait pas l'ombre d'un doute!... — Explique-nous seulement, Papillon, si ton camarade Plantapot t'a parlé de l'âge de la victime et de son physique?... — Était-ce un jeune homme ou un vieux?...

— Plantapot m'a dit que c'était un jeune homme dans les vingt-huit à trente, et un beau garçon — cheveux noirs, — moustaches et barbiche idem... — un physique avantageux, quoi!...

— Un ouvrier, ou un bourgeois?... — continua le contre-maître.

— On ne peut pas trop savoir, à cause que des habits mouillés, voyez-vous, ça ne dit pas grand'chose sur un homme, et le chic du tailleur est perdu... — il paraît cependant que, malgré ça, la victime avait l'air d'un *mossieu* de la haute...

— C'est drôle!... — pensa Pierre Landry — j'étais sur le bord de l'eau à monter une faction de longueur juste au moment où le particulier en question faisait son plongeon, de gré ou de force, pas bien loin d'ici, et je n'ai rien vu ni rien entendu!...—il a cependant dû crier, cet homme!...—oui, ma parole d'honneur, c'est drôle!...

Tandis que le contre-maître formulait intérieurement cette réflexion, Jacques Lambert et Lucie quittaient la salle à manger, sortaient du principal corps de logis, et s'arrêtaient un instant sur la plus haute marche du perron.

— Qu'y a-t-il donc, mon père? — demanda la jeune fille — et pourquoi tous nos ouvriers sont-ils rassemblés là-bas autour de Pierre Landry?...

— Nous allons le savoir...

L'ex-capitaine de l'*Atalante*, donnant le bras à Lucie, se dirigea vers le groupe, et, dès qu'il fut à portée de la voix, il répéta la question qui venait de lui être adressée par la jeune fille :

— Qu'y a-t-il donc, mes amis?...

Pierre Landry se dégagea du cercle dont il occupait le centre, — il mit sa casquette à la main, — il s'approcha de Jacques Lambert, et il répliqua :

— Il n'y a rien qui puisse vous intéresser beaucoup, monsieur Verdier, ni mademoiselle Lucie non plus... — On parle d'un accident ou d'un crime (on ne sait pas au juste), lequel aurait eu lieu, cette nuit, tout près du chantier, sur la rivière...

— Un accident?... un crime?... — répéta Jacques Lambert avec un tremblement soudain.

— Mon Dieu, oui... — entre minuit et une heure du matin, on a repêché un homme, à ce qu'il paraît, en face de la maison de *fers en gros* des messieurs Bourgoing...

— Un cadavre, sans doute?... — murmura l'ex-capitaine d'une voix altérée.

— Les uns disent oui... les autres disent non... — mais d'après les renseignements de Papillon, qui ne m'ont pas l'air d'être des menteries, je conclus, moi, que, grâce au ciel, l'homme était bien vivant...

Lucie regarda Jacques Lambert. — Il était livide et semblait se soutenir à peine.

Cependant il demanda au bout d'une seconde, en s'efforçant de jouer l'insouciance :

— Cet homme... l'a-t-on reconnu?... appartenait-il au quartier?...

Pierre Landry allait répondre. — Une circonstance imprévue l'en empêcha.

XXXVI. — UN REVENANT.

Le roulement net et facile à connaître d'une voiture de maître rapidement conduite se faisait entendre depuis un instant sur le pavé du quai. Cette voiture s'arrêta devant la porte du chantier, et presque en même temps on put voir Jacques Lambert, effaré, reculer de saisissement, tandis que Lucie, pâle comme une morte, étouffait un cri sourd...

L'homme assassiné par l'ex-capitaine de l'*Atalante*, l'homme que Lucie avait vu disparaître, englouti sous le bateau *le Titan*, venait de faire son entrée, le lorgnon dans l'œil, le cigare aux lèvres et le stick à la main, avec toute son élégance et sa désinvolture habituelles...

Certes, si c'était un fantôme, ce fantôme n'avait rien de lugubre, et cependant jamais apparition sinistre, accomplie à minuit, sous les voûtes effondrées d'un vieux château, avec accompagnement mélodramatique de bruits étranges et de clartés fantastiques, ne produisit sur ses spectateurs un plus immense effet de surprise et d'épouvante...

Maugiron ne semblait pas se douter le moins du monde qu'il jouait en plein jour et en plein Paris le rôle du spectre de Banco au festin de lady Macbeth.

Il traversa la cour en souriant, de l'air du monde le plus dégagé, — il jeta son cigare lorsqu'il ne fut plus qu'à quelques pas de Lucie, il salua Jacques Lambert et la jeune fille, et il dit à cette dernière, avec la galanterie prétentieuse et ampoulée qui transportait de joie et d'admiration madame Blanchet :

— Parole d'honneur, mademoiselle, vous réalisez l'impossible!... vous trouvez le secret de faire croire aux miracles en ce siècle sceptique, car chaque matin vous réalisez celui d'être toujours le lendemain plus jolie que la veille!...

Puis, s'adressant à Jacques Lambert, il ajouta :

— Mille compliments, cher monsieur Verdier!... — Vous voyez que je suis d'une exactitude effrayante!... — je devance l'heure du rendez-vous!... — Je me montre trop ponctuel, n'est-il pas vrai? et j'offre volontiers de parier que vous ne m'attendiez pas si matin!... — suis-je dans l'erreur?...

L'ex-capitaine ne répondit pas; — Maugiron poursuivit :

— Votre silence me ferait presque craindre d'être importun, savez-vous!... — Laissez-moi croire qu'il n'en est rien!... — Rassurez-moi, cher monsieur Verdier!... rassurez-moi vite, je vous en prie!...

Ceci fut dit avec une apparente gaieté, mais d'un ton presque impérieux. — Jacques Lambert comprit qu'il fallait faire bonne contenance, et il balbutia :

— Vous êtes et vous serez toujours le bienvenu chez moi...

— Ah! pardieu, cher monsieur — répliqua Maugiron — je l'espère et j'y compte!... — il me serait vraiment trop pénible d'être mal accueilli dans votre charmant intérieur, dont je me propose à l'avenir d'être l'hôte assidu... — Parlez-moi franchement... sans façon... — aurez-vous un peu de plaisir à me recevoir?...

— Je pense que vous n'en doutez pas... — murmura Jacques Lambert.

— Et, mademoiselle Lucie daignera-t-elle me continuer une bienveillance qui m'est si précieuse?...

— J'ai répondu pour ma fille et pour moi...

— A la bonne heure!... voilà qui me ravit, car, je ne vous le cacherai pas, la froideur de votre premier accueil m'avait causé quelque étonnement et quelque chagrin!...— une poignée de main, cher monsieur Verdier... une poignée de main, s'il vous plaît...

Jacques Lambert n'osa pas refuser de tendre sa main. — Maugiron la saisit et la trouva tremblante et glacée.

— A propos — reprit le jeune homme en changeant de ton — vous ne savez pas la nouvelle... — une grande nouvelle... très-intéressante... (pour moi du moins!...) — J'ai bien failli ne jamais vous revoir!... — Figurez-vous, cher monsieur Verdier, figurez-vous, mademoiselle, qu'il m'est arrivé cette nuit la plus terrible et la plus étrange aventure!... j'ai été assassiné...

— Assassiné!... — répéta Jacques Lambert machinalement.

Tout ce qui précède s'était dit à haute voix. — Les ouvriers, dont le groupe stationnait encore à peu de distance, entendirent ces derniers mots, et, poussés par une curiosité irrésistible, qui nous semble facile à comprendre, ils se rapprochèrent du maître du chantier et de Maugiron.

— Eh! mon Dieu, oui... — continua ce dernier — tel que vous me voyez, je suis tombé dans le plus infâme guet-apens!... — Un misérable a voulu me noyer, et sans mes talents hors ligne de plongeur et de nageur, mon cadavre défiguré serait étendu fort à son aise à l'heure qu'il est sur une des tables de la Morgue...

Jacques Lambert répondit par une exclamation vague qui pouvait signifier tout ce qu'on voulait. — De grosses gouttes de sueur froide coulaient sur son front et il sentait une défaillance pareille à celle de l'agonie s'emparer de lui.

Une agitation vive, accompagnée d'une sourde rumeur, se manifesta parmi les ouvriers.

— C'était lui!... — c'était lui!... — se disaient-ils les uns aux autres.

Et ils ajoutaient :

— Plantapot n'avait pas menti!... — le noyé se porte assez bien!...

Maugiron prit l'ex-capitaine de l'*Atalante* par le bras, et l'entraîna à dix ou quinze pas de ces auditeurs trop attentifs.

Lucie, immobile et muette, changée pour ainsi dire en statue, les suivit d'un regard effaré.

Maugiron se pencha vers Jacques Lambert en souriant, ou plutôt, un rictus, comparable à celui du tigre qui joue avec sa proie avant de l'égorger, se dessina sur ses lèvres.

— Que voulez-vous de moi? — balbutia Jacques Lambert.

— Mal joué, mon cher capitaine!... — répliqua l'ex-mousse Flageolet d'une voix très-basse, mais parfaitement distincte. — Je ne vous reconnais plus, parole d'honneur!... — en vieillissant, vous avez baissé beaucoup!... — il est bon d'être un scélérat, mais encore faut-il être un scélérat habile!... — Votre combinaison de l'îlot des Açores, il y a quinze ans, était un chef-d'œuvre!... — votre conduite de la nuit passée est une maladresse inconcevable!... — Eh! mordieu!... quand on tue les gens, la première chose à faire est de s'assurer qu'ils sont bien morts!... — sans cela ils reviennent à l'improviste et vous mettent dans l'embarras!... — vous en savez quelque chose en ce moment...

— Je sais que je suis perdu!... — murmura Jacques Lambert; — j'ai joué contre vous une partie terrible, et vous avez gagné!... — je ne vous ai pas épargné... vous ne m'épargnerez pas non plus, et d'ailleurs je ne vous demande point de grâce... — Mais à quoi bon me faire languir?... — vous me tenez... — finissons-en!... — dénoncez-moi sans plus attendre!... livrez-moi tout de suite!...

— Vous dénoncer!... vous livrer!... — répéta Maugiron. — Peste!... comme vous prenez singulièrement les choses et comme vous entendez mal les affaires!... — Qu'est-ce que ça me rapporterait, s'il vous plaît, mon cher capitaine, de vous envoyer au bagne de Brest faire connaissance avec la casaque rouge des forçats et le fouet des gardes-chiourmes?... — Non!... non!... — pas si bête!... — je ne vous dénoncerai, croyez-le bien, que si vous m'y contraignez absolument...

Jacques Lambert s'était cru d'abord perdu sans ressource... — maintenant il entrevoyait une espérance; il s'y cramponna de toutes ses forces; — son découragement s'envola; — sa prostration disparut; — un éclair s'alluma dans ses yeux.

— Je puis donc encore me racheter?... — demanda-t-il.

— Parbleu!... — je ne suis venu vous voir ce matin que pou

traiter avec vous des clauses de ce rachat... — Seulement vous comprenez, cher ami, que nos conférences auront lieu désormais en plein jour et en présence de nombreux témoins... — je n'accepterai plus, et pour cause, de nocturnes et mystérieux rendez-vous dans votre cabine du *Titan !*... — Qui diable aurait pu se douter que ce bateau se trouvait machiné comme un théâtre de féeries!...

— Franchement, quand je me suis senti couler sous la carène, j'ai cru que mon affaire était faite et que j'allais boire mon dernier bouillon!.. — Par bonheur, je me suis souvenu à temps des habitudes aquatiques de mon enfance... — Avez-vous donc oublié, capitaine, que le jour du naufrage de l'*Atalante* j'ai fait un plongeon de je ne sais plus combien de secondes en cherchant à *aveugler* la voie d'eau à fond de cale?... — interrogez vos souvenirs... — vous allez voir que dans un instant ils vous rappelleront ce haut fait...

Jacques Lambert fit un signe affirmatif. Maugiron reprit :

— La mémoire vous est revenue... — très-bien... — je reprends : — Il ne s'agissait pas de laisser accrocher mes vêtements par quelque clou mal rivé sortant du *Titan*; — vous auriez été, dans ce cas, définitivement débarrassé de moi!... — je me laissai couler tout au fond de la rivière, je nageai entre deux eaux, jusqu'au moment où je sentis la respiration me manquer... — je reparus alors et je regardai en arrière... — le bateau était déjà loin... — le plus fort du péril me semblait passé... — je ne me sentais pas cependant rassuré tout à fait... — je me disais : — *Jacques Lambert est un malin!... — il court peut-être le long du quai pour s'assurer que je n'ai pas reparu, et je vais d'une minute à l'autre recevoir une balle dans les reins...* — Vous n'y pensiez pas, à ce qu'il paraît, mais la défiance est la mère de la sûreté, comme dit le proverbe!... — je plongeai de nouveau et je filai entre deux eaux pendant quelques secondes, puis je reparus, puis je replongeai, et toujours comme ça, jusqu'à un certain moment où j'eus la mauvaise chance de rencontrer un diable de grelin qui flânait à fleur d'eau et dans lequel je m'entortillai si bien les jambes que je ne pus venir à bout de me dégager... — J'avais froid... — la fatigue me gagnait... — mes habits mouillés gênaient mes mouvements... — mes bottes, remplies d'eau, étaient lourdes comme du plomb... — Bref, je me débattais contre la mort et j'allais couler comme un simple bourgeois pris dans les herbes de la Marne ou de la Seine, quand une patrouille bienfaisante vint à mon secours et me conserva pour la société dont je suis, sans contredit et sans vanité, l'un des plus beaux ornements...

« Voilà, cher capitaine, l'historique de mon aventure et les résultats matériels de votre tentative, que j'admire dans son principe, mais que je désapprouve dans son ensemble, parce qu'elle manquait totalement de suite, et que vous abandonniez, en définitive, le gain de la partie au hasard, auquel il ne faut jamais vous livrer!...

« Vous en savez désormais aussi long que moi, et vous voyez que je n'ai pas de rancune...

« Maintenant, si cela vous plaît, causons d'affaires...

— Vos conditions?... — fit Jacques Lambert d'une voix sèche.

— Cette question me plaît — reprit l'ex-mousse — car elle me prouve jusqu'à l'évidence que vous comprenez la situation... — Mes conditions, en effet, ne peuvent être ce matin ce qu'elles étaient il y a quelques heures... — Je me montrais, cette nuit, conciliant, facile, modéré... — je me contentais d'une obole... d'un vrai morceau de pain!... — En outre, je n'exigeais pas de gage propre à assurer dans l'avenir ma complète tranquillité et à me servir au besoin d'égide contre vous : — c'était là un tort grave et dans lequel, croyez-le bien, je ne retomberai plus...

— Que vous faut-il? — demanda Jacques Lambert frémissant d'impatience et d'anxiété fiévreuse — que voulez-vous? — qu'exigez-vous? — parlez!... parlez donc!...

— D'abord — dit Maugiron — je veux deux millions...

L'ex-capitaine de l'*Atalante* fit un soubresaut.

— Deux millions!... — balbutia-t-il.

— Oui... — bien comptés... — en espèces sonnantes, en valeurs ayant cours... — écus, louis d'or et billets de banque... — Inutile de m'offrir des effets de commerce... — je refuserais... — je n'ai pas confiance, et, d'ailleurs, on voit tous les jours les faillites les plus imprévues...

— Deux millions!... — répéta pour la seconde fois Jacques Lambert — mais c'est de la folie!...

— Allez-vous discuter?... — Cela m'étonnerait de votre part, et le procédé, je l'avoue, me semblerait assez maladroit...

— Toute ma fortune!... vous me demandez toute ma fortune!...

— Ne mentez pas!... — Je connais votre fortune aussi bien que vous!... — vous possédez quatre millions... — Je vous laisse donc cent mille livres de rente, à vous qui, tout au plus, en dépensez cinq ou six... car vous êtes un vilain avare, mon cher capitaine...

— Mais ceci vous regarde seul... — Je vous vends la liberté deux millions... — Aimez-vous mieux le bagne? — dites un mot... — le bureau du commissaire est tout près d'ici... — vous serez arrêté dans dix minutes...

Jacques Lambert courba la tête. — Il se sentait dominé, maîtrisé; — il était l'esclave chargé de chaînes, et Maugiron n'avait qu'à parler pour être obéi.

— Décidez-vous!... — reprit le jeune homme — je veux une réponse immédiate...

XXXVII. — LE COMMISSAIRE.

— J'accepte, répondit Jacques Lambert d'une voix sourde.

— Vous me donnerez les deux millions?...

— Oui.

— Combien vous faudra-t-il de temps pour les réaliser?...

— Huit jours...

— Soit... va pour huit jours... — Et dès aujourd'hui, vous remettrez entre mes mains une obligation de ladite somme, obligation régulière, en bonne et due forme, et payable dans le délai d'une semaine?...

— Oui...

— C'est à merveille, nous voilà d'accord sur le premier point, et je vous en félicite... — Il ne nous reste plus qu'à traiter le second...

L'ex capitaine regarda Maugiron avec une si vive expression d'inquiétude que le jeune homme ne put s'empêcher de sourire.

— Oh! rassurez-vous! — dit-il. — Vous auriez tort de vous mettre à l'avance martel en tête; — il s'agit d'une chose qui ne vous coûtera pas d'argent et qui, par conséquent, doit vous être à peu près indifférente...

— Expliquez-vous donc!... — murmura Jacques Lambert, — et, pour l'amour de Dieu ou du diable, expliquez-vous vite!...

— Figurez-vous, mon cher capitaine, que je songe à me marier...

— Qui vous en empêche?...

— Rien absolument... qu'un détail!... — il me manque le consentement de la fille et celui du père, et je compte sur vous pour me les obtenir...

— Je connais donc ces gens-là?...

— Beaucoup...

— Cela m'étonne...

— Pourquoi?

— Je connais si peu de monde!... — Comment s'appellent-ils?...

— Le père hésite entre ces deux noms : *Jacques Lambert* et *Achille Verdier*...

L'ex-capitaine fit un geste de stupeur.

— Eh! quoi! — balbutia-t-il, — c'est Lucie que vous voulez épouser?...

— Mon Dieu, oui!... — Je me suis mis dans la tête d'être votre gendre!... — L'idée paraît singulière au premier abord, j'en conviens, mais telle qu'elle est, rien ne m'en ferait démordre... — Que dites-vous de ce petit projet?...

— Je dis que sa réalisation est impossible...

— Impossible!... allons donc!...

— Complétement...

— Vous en êtes sûr?...

— Comme je le suis de mon existence...

— Refuseriez-vous votre consentement, par hasard?...

— Ce n'est pas moi qui refuserai.

— Et qui donc alors?...

— C'est Lucie qui n'accordera jamais le sien...

— Cette gracieuse enfant me déteste donc?...

— Je ne sais si elle vous déteste, mais, à coup sûr, elle ne vous aime pas...

— Qu'importe! — répliqua Maugiron d'un air parfaitement dégagé, — les mariages d'amour ont souvent des suites fâcheuses!... — Un beau matin le feu s'éteint, la passion prend son vol pour s'en aller au diable, et, patatra!... tout s'écroule dans le ménage!... — Parlez-moi des mariages de raison, fondés sur l'estime et les convenances mutuelles!... — je rêve une union de ce genre!... — Mademoiselle Verdier, précisément, est froide pour moi, dites-vous!... — tant mieux!... — elle m'aimera davantage un peu plus tard...

— Elle en aime un autre...

— Qui cela?... — le petit caissier?... — ah!... oui... je sais... je sais... — Que ceci ne vous inquiète pas plus que moi!... — vous renverrez le jeune homme et tout sera dit... — mademoiselle Lucie est une honnête fille... — elle sera une honnête femme...

— Elle ne sera jamais la vôtre...

— Je crois que vous vous trompez, mon cher capitaine...

— Vous le croyez à tort...— Je connais Lucie mieux que vous et, du caractère dont elle est, j'ai la conviction qu'elle ne retirera point la parole donnée à M. de Villers...

— Il y a donc vis-à-vis de ce petit employé engagement positif?...

— Oui.

— Et vous y avez consenti?...

— Je n'ai pu faire autrement...

— Quelle imprudence!... — Enfin, le mal est réparable!... — Ce que vous auriez dû faire *avant*, vous le ferez *après*, voilà tout!... — vous romprez cet engagement...

— Je vous répète que c'est impossible et que je ne réussirai pas...

— C'est qu'alors vous vous y prendrez fort mal!...

— Eh! que puis-je?

— Vous pouvez user de l'autorité incontestable que vous donnent la nature et la loi... — vous pouvez parler en père et, par conséquent, en maître...

— J'ai le *droit* d'empêcher Lucie d'épouser M. de Villers, mais je n'ai pas celui de la contraindre à vous donner sa main...

— Eh! qui vous parle de contrainte!... — je n'y songe nullement et vous n'en aurez pas besoin... — Mademoiselle Verdier est une jeune personne bien élevée... — elle possède toutes les qualités du cœur, elle est capable de tous les dévouements... — Elle n'hésitera pas à faire bon marché de ses sympathies, tranchons le mot, à se sacrifier, lorsqu'elle saura que ce sacrifice est indispensable pour arracher son père au bagne, et peut-être même à l'échafaud!...

— Eh! quoi, — balbutia Jacques Lambert, — vous voulez que je lui dise...

— Je ne veux rien, — interrompit Maugiron, — absolument rien... si ce n'est de devenir votre gendre!... — Je vous laisse libre d'employer tous les moyens qui vous paraîtront utiles pour arriver à ce résultat... — seulement il me faut un engagement formel et immédiat... — cet engagement voulez-vous, le prendre?...

— A quoi bon? — murmura l'ex-capitaine avec un découragement absolu, — à quoi bon promettre ce qu'on sait d'avance ne pouvoir tenir?...

— Alors, tant pis pour vous!... — je ne vous ai pas pris en traître... je vous ai prévenu... je vous préviens encore... — je vous dénoncerai...

— Vous en êtes le maître...

— Une fois votre nom prononcé, rien ne pourra plus arrêter l'action de la justice... — songez-y!... — vous serez perdu sans ressources!...

— Je le sais bien...

— Et vous hésitez!...

— Il le faut, puisque nulle puissance humaine ne pourrait obtenir de Lucie ce que vous exigez...

Maugiron haussa les épaules.

— Allons, — dit-*il*, — vous l'aurez voulu!... — Prenez garde!... — une fois que j'aurai franchi le seuil de cette maison, je n'y reviendrai plus ..

Jacques Lambert laissa tomber sa tête sur sa poitrine et garda le silence.

— Ah! c'est ainsi!... — reprit Maugiron. — Eh bien donc! capitaine, adieu!... — je vais chez le commissaire de police...

Un bruit de pas se fit entendre du côté de la porte charretière... L'ex capitaine releva la tête et regarda machinalement.

— Vous n'aurez pas besoin d'aller chez lui... — murmura-t-il, — le voici... — Vous aviez pris vos précautions!...

Maugiron regarda à son tour; — il tressaillit violemment et devint très pâle.

L'ex-capitaine de l'*Atalante* avait dit vrai...

Le commissaire de police, en compagnie d'un homme entièrement vêtu de noir, traversait en effet la cour du chantier, et deux agents demeuraient immobiles de chaque côté de la porte ouvrant sur le quai.

— Le commissaire!... le commissaire!... — murmurèrent les ouvriers rassemblés à quelque distance.

Lucie, dont la prostration avait été complète jusqu'à ce moment, fut en quelque sorte galvanisée par l'imminence du péril qu'elle redoutait et qui paraissait inévitable... — Elle recouvra ses forces; elle se rapprocha vivement de Jacques Lambert; — elle prit une de ses mains et elle balbutia d'une voix brisée :

— Mon père... mon père... que veut dire ceci?...

— Cela veut dire que je suis perdu!... — répliqua l'ex-capitaine

— Mon père... au nom du ciel... du courage!...

— Oh! sois tranquille!... j'en aurai toujours assez pour me faire sauter la cervelle!...

Un gémissement sourd s'échappa des lèvres de la jeune fille, et elle fut obligée de se cramponner au bras de Jacques Lambert pour ne pas tomber.

Personne, en ce moment, ne songeait à s'occuper de Maugiron; sans cela il eût été impossible de ne point s'apercevoir que son visage livide et décomposé et ses yeux hagards dénotaient une agitation et une inquiétude au moins suspectes.

— Que vient faire ici le commissaire de police?... — se demandait-il avec angoisse, — à qui donc en veut-il?...

Le magistrat et l'homme vêtu de noir n'étaient plus qu'à une faible distance des principaux personnages de la scène que nous racontons.

Jacques Lambert fit un appel désespéré à son énergie.

— Vais-je donc succomber lâchement comme un scélérat vulgaire!... — murmura-t-il; — ah! ce serait indigne de moi!...

Il contraignit sa physionomie mobile à ne rien exprimer des angoisses qui le torturaient; — il fit quelques pas à la rencontre du nouveau venu, et après l'avoir salué, il lui dit :

— Soyez le bien venu, monsieur le commissaire... — à quoi dois-je attribuer l'honneur inespéré de votre visite?...

— Monsieur Verdier, — répondit le magistrat avec la déférence qui lui semblait due à l'un des plus riches négociants du quartier, — ce n'est pas à vous que s'adresse ma visite... permettez-moi de le regretter...

Jacques Lambert respira.

— Et à qui donc? — demanda-t-il.

— A monsieur...

En prononçant ces deux mots, le magistrat désignait Maugiron.

Ce dernier, nous le savons, était pâle comme un mort; — cependant, il fit bonne contenance.

— A moi, monsieur!... — s'écria-t-il, — vous m'en voyez singulièrement étonné!... — Que puis-je faire pour avoir l'honneur de vous être agréable?...

— Répondre tout simplement à quelques questions que je vais vous adresser.

— Je suis à vos ordres, mais me permettrez-vous d'abord de vous demander comment il se fait que vous soyez venu me chercher ici?...

— Rien de plus simple... — Je viens de l'hôtel que vous occupez, rue d'Amsterdam...

— Ah bah!...

— Comme j'avais le plus vif désir de vous entretenir aujourd'hui même, — continua le magistrat, — et, s'il se pouvait, dans la matinée, je me suis informé, auprès de l'un de vos gens, de l'heure probable de votre retour... — Ce domestique m'a répondu qu'il ne pouvait rien m'affirmer à cet égard, mais qu'il vous avait entendu donner l'ordre à votre cocher de vous conduire quai de Billy, au chantier de M. Verdier... Ceci, monsieur, vous explique ma présence dans cette maison...

— Parfaitement, monsieur!... parfaitement!... — répliqua le jeune homme.

Le commissaire reprit :

— Maintenant que j'ai satisfait votre curiosité légitime, je vous prierai de vouloir bien me répondre...

Maugiron se sentait complètement rassuré.

Il était pour lui clair comme le jour que la façon de procéder du magistrat n'était point celle dont on use à l'égard d'un prévenu... — Donc il n'avait rien à craindre.

L'inquiétude ayant disparu, il ne lui restait plus qu'une impatience très-vive de connaître les matières au sujet desquelles le commissaire de police allait l'interroger, et c'est en vain qu'il mettait son esprit à la torture à ce propos... — il ne devinait rien...

— Monsieur, — dit-il en s'inclinant, — commencez quand il vous plaira... — je suis prêt...

— Monsieur le commissaire, — demanda Jacques Lambert, — devons nous, ma fille et moi, nous retirer?...

— En aucune façon, monsieur Verdier... — répondit le magistrat; — les paroles qui vont s'échanger entre M. Maugiron et moi peuvent être entendues de tout le monde...

XXXVIII. — L'ACCUSATION.

Immédiatement après cette réponse à la question de Jacques Lambert, l'interrogatoire commença.

— Monsieur Maugiron — demanda le commissaire — vous avez été victime, la nuit dernière, d'une tentative d'assassinat?...

— Oui, monsieur, — répliqua le jeune homme.

— Quelle heure était-il?...

— Environ minuit...

— Une main criminelle vous a précipité dans la Seine?...

— Oui, monsieur...

— En quel lieu?...

— A peu près à la hauteur de l'endroit où nous sommes...

— Le vol était-il le mobile de cette détestable action?...

— Non, monsieur, car je n'ai été dépouillé de rien...

— La haine, alors, la vengeance, guidaient le meurtrier?...

— Peut être...

— Vous êtes un excellent nageur?...

— Oui, monsieur...

— Après l'accomplissement du crime, vous avez parcouru à la nage un espace de près d'un kilomètre?...

— C'est possible — fit Maugiron en souriant — mais vous devez comprendre, monsieur, qu'il m'était difficile d'apprécier d'une manière positive la distance parcourue dans de telles conditions...

— Oh! évidemment... — d'ailleurs, ce détail n'a qu'une importance relative... — mais pourquoi n'avez-vous pas appelé à votre secours, au lieu de nager pendant si longtemps?...

— Pour la meilleure de toutes les raisons..., — je craignais d'attirer sur moi, par mes cris, l'attention de mon meurtrier, et de lui donner l'idée d'achever son œuvre...

— Je comprends et j'approuve cette prudence... — Vous alliez périr, cependant, de la façon la plus misérable, les jambes entravées par une corde flottante, lorsqu'une patrouille qui passait par là vous est fort heureusement venue en aide?...

— Oui, monsieur... — et je vous affirme que les braves gens qui m'ont sauvé arrivaient fort à propos... — une minute de plus, j'étais un homme mort!...

Le commissaire de police désigna le personnage vêtu de noir, qui se trouvait à côté de lui depuis son entrée dans le chantier.

— Reconnaissez-vous monsieur?... — demanda-t-il.

Maugiron regarda l'homme noir, et répondit :

— En aucune façon...

— Monsieur est inspecteur de police — reprit le commissaire; — il se trouvait avec la patrouille au moment où vous avez été retiré de l'eau, et il s'est fait un devoir de vous accompagner jusqu'à votre logis, rue d'Amsterdam...

— Oh! maintenant je me souviens à merveille!... — répliqua Maugiron — l'inexactitude passagère de ma mémoire est d'ailleurs fort excusable... — la nuit était sombre, et je n'avais pas des idées bien nettes ..

— Oui... oui... je comprends cela très bien... — je tiens seulement à constater un fait de la plus haute importance... — Dans le premier moment qui suivit le sauvetage, vous avez dit en présence de M. l'inspecteur que vous connaissiez votre assassin...

— Je l'ai dit, et c'était la vérité...

— Pressé par M. l'inspecteur de révéler le nom de ce misérable, vous avez répondu que vous le feriez connaître plus tard...

— C'est encore vrai...

— La justice doit avoir son cours, et je viens vous sommer, monsieur, de tenir sans retard cette promesse...

Maugiron se rapprocha de Jacques Lambert, et lui dit tout bas et très-vite :

— Acceptez-vous mes conditions?... toutes mes conditions?... — hâtez-vous de répondre!... — dans une seconde il sera trop tard!...

— J'accepte... — balbutia l'ex-capitaine frissonnant. — Sauvez-moi!...

— Deux millions et Lucie?...

— Oui...

— C'est promis?...

— C'est juré... mais sauvez-moi!...

— Soyez tranquille... je réponds de tout...

Après ce rapide dialogue, le jeune homme revint au commissaire.

— Vous voulez, monsieur — reprit-il — que je dénonce le meurtrier?...

— C'est indispensable...

Maugiron sembla réfléchir pendant un instant.

— Indispensable!... — répéta-t-il ensuite.

— Oui, monsieur.

— Pourquoi?...

— Parce que la société ne peut rester désarmée en présence d'un tel crime, et que force doit rester à la loi...

— Tel n'est pas mon avis, du moins dans cette circonstance...

— Comment?...

— L'indulgence obtient parfois de meilleurs résultats que la répression sévère... — L'homme qui, cette nuit, en voulait à ma vie, pouvait être égaré par un moment de colère... de délire!... — une haine irréfléchie l'égarait sans doute!... — peut-être, au moment où je vous parle, déplore-t-il amèrement son crime... — il me répugne de le livrer à la rigueur des lois vengeresses qui seraient sans pitié pour lui... — je veux être indulgent... — je veux oublier... pardonner... — je ne le nommerai pas...

Un murmure d'admiration, aussitôt réprimé par un geste du commissaire de police, s'éleva dans les rangs des ouvriers.

— Vous êtes généreux, monsieur, — reprit le magistrat — et je ne puis que rendre hommage à la noblesse de vos sentiments, mais ils sont dangereux, car presque toujours l'impunité pousse le coupable à la récidive...

— Permettez-moi d'espérer que cette fois il n'en sera pas ainsi... — laissez-moi croire que le criminel sera conduit par le repentir à l'expiation volontaire et à une conduite irréprochable dans l'avenir...

— Il m'est impossible de partager cette illusion funeste!... — je ne me rendrai point complice de votre faiblesse... — je vous déclare d'ailleurs qu'elle est inutile... — le coupable est connu...

— C'est impossible!... — s'écria Maugiron.

Jacques Lambert sentit un frisson d'agonie courir sur son épiderme.

Lucie tremblait de tous ses membres.

— Oui — répéta Maugiron — c'est impossible, car le crime n'a pas eu de témoins, et moi je n'ai nommé personne...

— Monsieur — répliqua le commissaire — vous oubliez un axiome légal, ou plutôt un principe d'une haute importance et d'une justesse incontestée, sur lequel doit s'appuyer toute instruction judiciaire qui veut arriver à la découverte d'un coupable encore inconnu... — Cet axiome, le voici : — *Cherchez à qui le crime profite!...*

— Eh bien?...

— Eh bien! monsieur, j'ai cherché, et je suis arrivé sans peine à rassembler un faisceau de présomptions qui pour moi équivalent à peu de chose près à une certitude...

Maugiron regarda son interlocuteur avec un profond étonnement. — Il ne devinait pas quelle pourrait être la conclusion d'un discours ainsi commencé...

Le commissaire de police continua :

— Il existe, non loin d'ici, un homme dangereux, bien connu pour sa violence; — un homme dont les mains, à plus d'une reprise, ont été teintes de sang... — un homme atteint par deux condamnations successives, et que la haute police a surveillé longtemps...

Les ouvriers entendirent ces paroles et se tournèrent tous à la fois vers Pierre Landry. — Le contre-maître éprouvait une vive émotion depuis le commencement de la scène à laquelle nous faisons assister nos lecteurs, mais il ne comprenait pas encore qu'il pouvait être question de lui...

— Hier matin, monsieur Maugiron — reprit le magistrat — vous êtes venu me trouver dans mon cabinet, vous m'avez dénoncé des faits très-graves et vous m'avez porté plainte contre cet homme, qui, dominé par une haine incompréhensible, que rien n'explique, que rien ne justifie, s'était à deux reprises répandu contre vous en injures publiques, et même avait tenté des voies de fait, heureusement réprimées grâce à votre énergie et à votre sang-froid, mais suivies de menaces de vengeance, proférées par lui à haute voix et devant de nombreux témoins...

Le commissaire de police s'interrompit un instant pour reprendre haleine...

Une lueur funeste commençait à traverser l'esprit du contre-maître. — Il implora du regard en quelque sorte les ouvriers qui l'entouraient, et il balbutia d'une voix sourde :

Monsieur, je vous pardonne de nouveau, mais je vous plains du fond du cœur. (P. 106.)

— Que dit-il... mon Dieu?... que dit-il?...

Pas un regard bienveillant n'accueillit le sien. — Personne ne lui répondit.

Lucie Verdier, muette et haletante, écoutait comme dans un songe...

— Hier au soir — poursuivit le commissaire de police — vous étiez victime du plus lâche des guet-apens... — Un misérable vous précipitait dans les flots, et le vol, vous le déclarez vous-même, n'était point le mobile de son crime...

« Ce mobile, quel était-il donc? — la haine et la vengeance, à coup sûr...

« Or, un seul homme avait un intérêt à se venger de vous...

« Une patrouille constatait sur le quai la présence de cet homme, armé d'un fusil et dans une attitude suspecte, peu de moments avant l'heure où le crime allait être commis...

« Cet homme était Pierre Landry!... — Pierre Landry, le repris de justice, déjà coupable d'un premier meurtre, et qui guettait l'occasion d'en commettre un second, pour accomplir son effroyable serment de vengeance!...

« C'est donc en vain que vous vous obstineriez à nous cacher son nom!... c'est en vain que vous le protégeriez par votre silence!... — la lumière se fait sans vous et malgré vous au milieu des ténèbres!... — tout désigne clairement l'assassin, et la justice n'hésitera pas à remplir son devoir en s'emparant de lui... »

Le contre-maître, depuis quelques secondes, offrait l'image de l'égarement. — Ses mains meurtrissaient sa poitrine, et ses lèvres s'entr'ouvraient pour prononcer des mots indistincts...

Tout à coup il bondit jusqu'auprès du commissaire, qui recula devant cette apparition effrayante.

— Moi!... — cria-t-il d'une voix étranglée — c'est moi qu'on accuse!... — oh! mon Dieu!... mais c'est impossible!... — dites-moi que j'ai mal entendu!... dites-moi que je n'ai pas compris!... — dites-moi que je suis fou!... ne me dites pas que je suis un assassin...

— Il est innocent... — balbutia Lucie, à qui l'horreur faisait retrouver ses forces, et qui voulut courir au vieil ouvrier. — Je vous jure qu'il est innocent...

Jacques Lambert l'arrêta violemment et lui serra la main à la lui briser, en lui disant tout bas, avec une expression de commandement terrible :

— Silence!...

Le commissaire de police avait fait un signe.

Les deux agents restés en faction de chaque côté de la porte du chantier s'approchèrent rapidement et prirent place à la droite et à la gauche de Pierre Landry qui se tordait les mains et qui répétait sourdement : — Oh! mon Dieu... mon Dieu... mon Dieu...

— Monsieur Maugiron — reprit le magistrat — vous devez le voir, votre imprudente générosité serait désormais sans but... — En face de l'évidence écrasante, nierez-vous encore la culpabilité de cet homme?... — Réfléchissez avant de répondre, car la justice, je dois vous en prévenir, vous demandera compte de votre silence...

L'ex-mousse Flageolet regarda successivement Jacques Lambert et le contre-maître; — son visage exprima la compassion et la tristesse, et il murmura :

— Puisque vous avez une conviction formée d'avance, monsieur le commissaire, pourquoi donc tenez-vous tant à mon témoignage?...

— Pour que cette conviction devienne une certitude, et pour que la justice éclairée par vous puisse marcher plus rapidement dans la voie de la vérité... — N'hésitez donc pas, monsieur!... — c'est un devoir que vous allez remplir!... — votre conscience vous ordonne de parler!...

Paris. — Typ. Collombon et Brûlé, rue de l'Abbaye, 22.

Jacques Lambert étendit la main vers l'un des pistolets. (P. 112.)

— Dieu m'en est témoin — murmura Maugiron — j'aurais voulu me taire!... — il me répugnait de livrer à la vindicte des lois un malheureux égaré par une inexplicable haine... — mais vous faites à ma conscience un appel irrésistible... et d'ailleurs, ainsi que vous le dites, à quoi bon m'obstiner en face de l'évidence? — Eh bien! oui monsieur, j'en conviens... j'ai vu le visage de l'homme qui cette nuit voulait m'assassiner... et je crois fermement que cet homme est Pierre Landry...

Le contre-maître se laissa tomber à genoux.

— Seigneur mon Dieu — s'écria-t-il avec un accent sublime, en élevant vers le ciel ses mains jointes, puis, en les tournant vers Maugiron — pardonnez-moi les fautes de ma vie, comme je pardonne ce mensonge à celui qui me tue!...

Lucie se cramponna au bras de Jacques Lambert, elle approcha ses lèvres de son oreille, et elle lui dit en le brûlant de son souffle :

— Mon père!... mon père!... avez-vous entendu?...

— Tais-toi!... — commanda l'ex-capitaine. — Tais toi!...

— Mon père... — reprit la jeune fille — vous savez bien, vous, qu'il n'est pas coupable!... — le laisserez-vous accuser ainsi?...

— Eh! malheureuse enfant, que puis-je faire?...

— Si vous ne le défendez pas, il est perdu!...

— Il est perdu, mais sa perte me sauve...

— C'est le bagne! vous me l'avez dit! c'est l'échafaud peut-être!

— Le bagne et l'échafaud pour lui... ou pour moi... choisis!... je suis ton père!...

— Oh! mais, c'est infâme!... c'est infâme!... — vous commettez une action monstrueuse!...

— Une nécessité terrible me pousse!... — souviens-toi que tu es ma fille!... souviens-toi que tu m'as juré cette nuit, sur la mémoire de ta mère, un silence éternel!...

Lucie poussa un sourd gémissement, et Jacques Lambert fut obligé de lui passer un bras autour de la taille pour la soutenir. — Elle semblait au moment de perdre connaissance.

— Monsieur le commissaire — dit vivement l'ex-capitaine — ma fille est très-souffrante... — les émotions trop violentes de cette triste scène l'ont brisée... — je vous demande la permission de vous quitter un instant afin de la reconduire dans sa chambre...

— Allez, monsieur Verdier, hâtez-vous!... — répliqua le magistrat — j'espère que le malaise de mademoiselle sera de courte durée... je l'espère et surtout je le désire...

Jacques Lambert s'inclina et reprit avec Lucie le chemin du principal corps de logis.

Maugiron s'approcha de lui, au moment où il s'éloignait, et lui glissa tout bas ces mots :

— Revenez dans cinq minutes... — je vous attends ici... — il faut que je vous parle!...

— J'y serai... — balbutia Jacques Lambert.

Le commissaire de police reprit, en s'adressant à Maugiron :

— Je vous remercie, monsieur, d'avoir enfin consenti, quoiqu'un peu tard, à éclairer la justice... — vous serez appelé prochainement chez le juge chargé de l'instruction de cette grave affaire...

— Les magistrats me trouveront toujours à leurs ordres, et prêt à rendre hommage à la vérité... — répondit le jeune homme.

Le commissaire fit un signe aux agents. — l'un d'eux mit la main sur l'épaule de Pierre Landry.

Le contre-maître était encore agenouillé. — Il se releva comme si l'étincelle d'une machine électrique venait de le toucher.

— Mes amis, mes chers compagnons... — s'écria-t-il en faisant un pas vers les ouvriers qui paraissaient plongés dans une douloureuse stupeur — vous le voyez, le malheur m'accable!... — donnez-

Paris. — Typ. Collombon et Brûlé, rue de l'Abbaye, 22.

moi la force de vivre... — accordez-moi la seule consolation qui puisse me soutenir au milieu de mon infortune... — dites-moi que vous me savez innocent...

Un silence glacial accueillit ces paroles. — Ce silence fut un coup de couteau pour le malheureux.

— Ils me croient coupable!... — balbutia-t-il avec une angoisse et un désespoir inexprimables; — ils s'éloignent de moi, tous!... — Elle aussi, sans doute, me regarde comme un assassin!... — allons, tout est fini!... — il ne me reste plus qu'à mourir!...

— En route!... — fit l'un des agents, en passant son bras sous le bras gauche de Pierre Landry, tandis que le second agent en faisait autant de l'autre côté.

Le contre maître obéit sans résistance; — seulement il s'arrêta pendant le quart d'une seconde devant Maugiron.

— Monsieur — lui dit-il d'une voix brisée — je vous pardonne de nouveau, mais je vous plains du fond du cœur!... — vous êtes l'accusateur... je suis l'accusé... et je ne changerais pas ma place contre la vôtre...

Malgré son inébranlable aplomb, malgré son impudence habituelle, l'ex-mousse Flageolet baissa les yeux et ne répondit pas.

Les agents entraînèrent le prisonnier.

Les ouvriers se dispersèrent dans le chantier, en se disant les uns aux autres :

— Quel sournois que ce Pierre Landry!... — il avait bien juré hier qu'il se vengerait du muscadin!... — il a trop vite tenu parole!... — je n'aurais jamais cru ça de lui!...

XXXIX. — LUCIE ET PAVILLON.

Maugiron, resté seul, se promena lentement dans la cour, fauchant d'une façon toute machinale avec son stick les plus belles fleurs des plates-bandes, sans avoir conscience de l'opération dévastatrice à laquelle il se livrait.

Au bout de cinq minutes, Jacques Lambert parut sur le seuil du corps de logis principal et descendit les degrés du perron.

Le jeune homme se dirigea vers lui et lui demanda :

— Eh bien, comment se trouve ma charmante fiancée?...

— Mal .. — répondit brusquement l'ex-capitaine; — elle se désole... elle pleure...

— Elle avait donc pour ce Pierre Landry une affection très-vive?...

Jacques Lambert fit un signe affirmatif.

— Bah!... — reprit Maugiron — cela passera... — tout passe en ce bas-monde!... — Quand le vieux drôle traînera le boulet sur le port de Toulon ou de Brest, elle ne pensera plus à lui!... — Savez-vous, mon cher capitaine, que vous me devez de fières actions de grâces!... — Je vous ai tiré là d'un bien mauvais pas, mais il n'était que temps de vous décider!... — vous manquez absolument d'empire sur vous-même, soit dit entre nous!... — j'ai vu le moment où votre figure de l'autre monde allait vous trahir!... — Vous aviez l'air, ma parole d'honneur, d'un condamné aux travaux forcés à perpétuité!... — A quand le mariage?...

— Vous n'exigerez point l'impossible, n'est-ce pas?...

— Non, pardieu!... — Je suis un homme de bonne composition et très-facile en affaires, pourvu que tout marche à mon gré...

— Eh bien, je vous demande huit jours pour préparer Lucie à devenir votre femme...

— Croyez-vous donc qu'un aussi long délai soit indispensable?...

— Je le crois fermement, et, si vous me le refusez, je désespère de réussir...

— C'est peu flatteur pour mon amour-propre, savez-vous!... — répliqua Maugiron en souriant — c'est me dire d'une façon très-claire que votre délicieuse fille ne me *subira* pas sans peine... — Mais enfin je me résigne et je vous accorde une semaine... — C'est aujourd'hui le 16... — nous signerons le contrat le 24 du présent mois... — est-ce convenu?...

— Irrévocablement convenu...

— Et surtout, d'ici-là, aucune nouvelle demande de délai... — Je ne vous accorderais pas seulement vingt-quatre heures...

— Vous n'aurez rien à craindre de ce genre... — Huit jours me suffiront...

— A merveille!... — maintenant que nous voici d'accord, vous allez me donner un petit acte par lequel vous déclarez m'accorder la main de votre fille, ajoutant que vous constituez à mademoiselle Lucie une dot de deux millions, que ces deux millions me seront remis le jour même de la signature du contrat, et que j'en aurai la pleine et entière disposition...

— Voulez-vous cet acte aujourd'hui même?...

— Non-seulement je le veux aujourd'hui, mais je le veux tout de suite... — Vous savez le vieux proverbe : *Un tiens!... vaut mieux que deux : tu l'auras!...*

— Alors, venez dans le pavillon... — nous y trouverons du papier timbré, et j'écrirai sous votre dictée...

Maugiron secoua la tête.

— Dans le pavillon!... — répéta-t-il — seul avec vous!... — Oh! que nenni, mon cher capitaine!... — pas si sot!...

— Que craignez-vous donc?...

— Je crains tout, pardieu!... — l'homme le plus brave recule devant un tête à tête avec le serpent à sonnettes, et je vous crois non moins venimeux que ce reptile!... — Rien ne me prouve, d'ailleurs, que le plancher du pavillon n'est pas machiné comme la cabine du *Titan*!... — j'y ai été pris une fois, — mais vous ne m'y prendrez pas deux!...

— Je vous jure... — commença Jacques Lambert.

— Arrêtez-vous là, mon cher capitaine!... — interrompit Maugiron, — les serments sont bons pour les niais, et je suis un homme d'esprit...

— Que dois-je faire?...

— Allez rédiger dans le silence du cabinet le petit acte en question... — je vais vous attendre ici, en fumant un cigare, bien en vue des passants et de vos ouvriers... — Que voulez vous?.. cela me rassure!... — vous m'apporterez ce compromis; — si la forme ne me convient pas, je vous ferai mes observations et vous recommencerez avec zèle et patience, jusqu'à ce que je sois satisfait...

Jacques Lambert courba la tête, comme l'esclave nègre sous le fouet du commandeur, et il se dirigea sans rien répondre vers le pavillon.

Maugiron alluma un cigare, — ainsi qu'il venait de le dire, — et recommença sa promenade.

Au bout de vingt minutes environ, l'ex-capitaine de l'*Atalante* apportait à son ci-devant mousse un acte que celui ci relut à dix reprises et dont il étudia toutes les clauses avec la plus scrupuleuse attention.

Le résultat de cet examen minutieux le satisfit d'une façon complète. — Il plia le papier timbré, le glissa dans son portefeuille et dit :

— C'est bien ainsi!... — j'aurai la discrétion de ne point importuner mademoiselle Lucie de ma présence pendant les huit jours qui vont s'écouler... — je ne me présenterai pas une seule fois ici, à moins que je n'aie à vous faire quelque communication importante et imprévue, mais je vous donne le conseil de ne pas chercher à abuser de cette liberté apparente pour vous soustraire à ma domination; — pour réaliser votre fortune, par exemple, et prendre la fuite!... — vous serez surveillé, mon cher capitaine, surveillé de très-près, quoique d'une façon inostensible, et aucune de vos actions et de vos démarches, même la plus insignifiante, n'aura la chance de me rester inconnue... La moindre tentative de trahison serait votre arrêt... — Je vous dénoncerais à l'instant même, et vous iriez prendre la place de Pierre Landry dans les cachots de la conciergerie...

Jacques Lambert protesta chaleureusement de ses bonnes intentions, et les deux mortels ennemis se séparèrent en se serrant la main...

§

Trois jours s'étaient écoulés; — une atmosphère d'effroyable tristesse enveloppait la maison du quai de Billy.

Les ouvriers passaient comme de coutume leurs journées au travail, dans les chantiers, mais ce travail accompli sans surveillance et sans direction était plutôt illusoire que réel... — s'il se présentait des acheteurs, on les engageait à revenir plus tard, personne n'ayant qualité pour traiter avec eux...

André de Villers était absent, Pierre Landry prisonnier; — Jacques Lambert et Lucie ne se montraient ni l'un ni l'autre.

La jeune fille, écrasée par le chagrin, avait fait à plusieurs reprises des tentatives vaines pour arriver jusqu'à l'homme qu'elle croyait son père.

L'ex-capitaine de l'*Atalante*, enfermé avec une farouche obstination dans son appartement qu'il ne quittait même point aux heures des repas, se disait malade et refusait d'accorder à Lucie l'entrevue qu'elle sollicitait.

Le misérable, pour la première fois de sa vie, éprouvait un sentiment qui, par de certains côtés, ressemblait au remords. — Le crime accompli jadis sur l'îlot des Açores, n'avait jamais semblé lourd à sa conscience; — il était venu à bout de se persuader, nous le savons, qu'il n'avait point assassiné l'infortuné planteur en refusant de lui tendre la main, et que son rôle purement passif s'était borné à laisser agir la fatalité... — D'ailleurs, à cette époque déjà lointaine, la conquête d'une immense fortune l'éblouissait!... — L'or convoité dégageait sous ses yeux des lueurs ardentes qui les rendaient aveugles...

Aujourd'hui, il n'en était plus ainsi...

Il lui fallait abandonner une part énorme de cette fortune si chèrement acquise, et sacrifier en outre deux innocents à sa sûreté personnelle!... — Cette œuvre d'iniquité lui faisait peur, et cependant il n'hésitait pas devant elle, mais il reculait devant la nécessité d'apprendre à Lucie qu'elle devait renoncer à son amour, à son espoir, et se tenir prête à donner sa main à l'infâme Maugiron...

La jeune fille, dès les premiers mots, ne pousserait-elle pas un cri de révolte?... — ne répondrait-elle point à ses prières, à ses supplications, par une résistance inébranlable?... — Parviendrait-il enfin à obtenir d'elle un sacrifice qui, pour cette âme angélique, devait être mille fois plus effrayant que celui de la vie?

Jacques Lambert se posait ces questions insolubles... — le doute et l'angoisse le torturaient, mais, par une faiblesse d'esprit que les hommes les plus forts ont parfois ressentie, il aimait mieux rester dans cette angoisse et dans ce doute que d'acquérir la certitude d'un refus qui serait sa perte...

En conséquence, il avait résolu d'attendre au dernier moment pour envelopper Lucie dans le réseau de ses obsessions infernales...

Parmi ces terribles motifs d'inquiétude, une chose préoccupait singulièrement Jacques Lambert, en ce sens qu'elle devait rendre sa situation plus difficile encore, et diminuer ses chances de succès... — Nous voulons parler du retour prochain et pour ainsi dire imminent d'André de Villers...

Depuis trois jours, le jeune homme avait quitté Paris, — il pouvait y revenir d'une heure à l'autre...

N'était-il pas vraisemblable en effet de supposer qu'il passerait uniquement à Brest le temps nécessaire pour embrasser sa vieille mère et lui demander le consentement dont il avait besoin et qu'elle accorderait avec tant d'empressement et de joie...

Une fois ce consentement obtenu, la vapeur le ramènerait avec la rapidité de la foudre auprès de la fiancée qu'il adorait, et sa présence donnerait à Lucie des forces invincibles pour la résistance!...

Jacques Lambert éprouva donc un grand saisissement en recevant une lettre timbrée de Brest et dont la suscription était de l'écriture d'André de Villers...

D'une main fiévreuse il déchira l'enveloppe et déploya le papier; — puis ses traits se détendirent et un mauvais sourire passa sur ses lèvres tandis qu'il dévorait le contenu de la lettre.

Le jeune caissier lui annonçait avec une tristesse profonde qu'en arrivant à Brest il avait trouvé sa mère très-souffrante, — non pas assez peut-être pour lui inspirer de graves inquiétudes, mais beaucoup trop pour qu'il lui fût possible de se séparer d'elle avant son complet rétablissement, qui pouvait se faire attendre quelques jours.

André ajoutait que cependant il comptait beaucoup, pour hâter la convalescence de madame de Villers, sur la joie que lui causait sa visite et les nouvelles heureuses qu'il lui avait apportées...

« Je n'ose écrire directement à mademoiselle Lucie, puisque je n'en ai point reçu de vous l'autorisation — disait-il en terminant, — mais je vous supplie, monsieur, ou plutôt *mon père*, puisqu'il me sera bientôt permis de vous donner ce titre si doux, — je vous supplie de lui répéter en mon nom que mon cœur, mon âme, ma pensée et ma vie sont à elle tout entiers, qu'ils ne cesseront jamais de lui appartenir, et qu'aucune femme en ce monde ne sera plus heureuse, car aucune femme ne sera plus aimée!... »

Jacques Lambert s'empressa de répondre quelques lignes, dont voici le sens : « — Lucie et moi nous vous attendons avec impatience, nous serons tous les deux heureux de vous revoir, mais nous ne vous pardonnerions ni l'un ni l'autre si vous quittiez madame votre mère souffrante encore ou imparfaitement rétablie. »

L'ex-capitaine de l'*Atalante* fit mettre à la poste ce billet menteur, et se frotta les mains avec une joie sinistre, en se disant à lui-même :

— Voilà qui me donne quelques jours, et, dans la situation où je me trouve, quelques jours c'est le salut peut-être!...

Abandonnons momentanément Jacques Lambert, et rejoignons Lucie...

Nous connaissons la profonde affection, la tendresse quasi filiale de la jeune fille pour Pierre Landry, il nous semble donc au moins inutile d'analyser en ces pages les douleurs et les angoisses qui s'emparaient de la douce enfant, à la pensée de la monstrueuse calomnie, de l'effroyable injustice dont le vieux contre-maître se trouvait victime.

— Mon Dieu!... — mon Dieu!... — balbutiait Lucie en se tordant les mains et en versant des larmes de désespoir et de rage — connaître le coupable!... et je dois me taire!... — pour sauver ce malheureux, il me faudrait accuser mon père et trahir un serment sacré!... — Ah!... c'est à perdre la raison!... c'est à se briser la tête contre les murailles!...

L'idée que Pierre Landry, dans sa prison, pouvait et devait se croire abandonné, renié, méprisé par elle, torturait aussi la jeune fille.

— Il faut à tout prix qu'il sache bien que je l'aime encore et que, moi du moins, je ne l'accuse pas!... — se disait-elle — mais comment faire pour qu'il le sache?...

Pendant les deux premiers jours, elle chercha vainement...

Le troisième jour, une inspiration lui vint.

Elle fit appeler Papillon, le jeune garçon dont nous avons déjà constaté le dévouement absolu au vieux contre-maître.

Papillon, hardi et déluré en toute occasion comme un véritable gamin de Paris, devenait d'une timidité d'enfant de chœur lorsqu'il se trouvait par hasard en présence de la fille de son *patron*.

Il se présenta dans la chambre de Lucie, rougissant, confus, embarrassé, roulant entre ses doigts sa casquette pour essayer de se donner une contenance, et n'y parvenant que médiocrement.

— Mon enfant — lui dit la jeune fille — je puis avoir confiance en vous, n'est-ce pas?...

Papillon avait ses grands yeux fixés sur une des fleurs du tapis... — il fit un effort pour les lever vers mademoiselle Verdier, — effort infructueux, du reste — et il murmura :

— Oh! oui... mam'zelle... vous pouvez...

— Je sais que vous êtes un brave garçon — continua Lucie — et que pour rien au monde vous ne consentiriez à me trahir...

L'enfant fit un geste résolu, dont son attitude indécise semblait le rendre incapable, et il répliqua :

— Trahir!... — plus souvent!... — Ceux qui trahissent sont des sans-cœur et des rien qui vaille!...

— On m'a dit que vous aimiez Pierre Landry... — Est-ce vrai cela?... — aimez-vous en effet ce pauvre homme?...

En entendant cette question, Papillon triompha de sa timidité; — il leva la tête; — il fixa ses regards sur Lucie, et la jeune fille put voir que de grosses larmes se suspendaient au bord de ses longs cils.

— Si j'aime Pierre Landry!... — s'écria-t-il — ah! mam'zelle, ceux qui vous ont dit ça n'ont dit que la vérité!... — Oh! oui, je l'aime, le brave homme!... je l'aime ni plus ni moins que s'il était mon père et que si j'étais son fils!...

— C'est bien, cela, mon enfant!... — c'est très-bien!...

— Depuis qu'ils l'ont emmené — reprit le jeune garçon — je pleure tous les jours comme une borne-fontaine... — sans compter que j'ai à son sujet un bien gros chagrin...

— Lequel?...

— Lorsque le commissaire et ses *mouches* sont arrivés, je venais de partir en course, bien loin... ça fait que naturellement je n'étais pas là au moment où le cher brave homme a quitté le chantier...

— Et cela vous désole?...

— Oui, mam'zelle, voyez-vous, les ouvriers se sont conduits d'une façon abominable, et ça me met en rage!... il leur a dit des mots si touchants que c'était à faire pleurer des pierres... il leur a tendu ses pauvres mains... — ils n'ont rien répondu... ils se sont détournés de lui!... — Ah! je leur ai crié, quand je suis revenu, qu'ils étaient tous des lâches!...

— Si vous aviez été là, vous, Papillon, qu'auriez-vous fait?... — demanda Lucie très-émue.

— Ce que j'aurais fait?... — pardine, ça n'est pas difficile à deviner!... — je lui aurais sauté au cou, je l'aurais embrassé de toutes mes forces pour le consoler, je lui aurais répété plus de cent fois que ceux qui l'accusaient étaient des brigands bons à pendre, et enfin je l'aurais accompagné au moins jusqu'à la porte de la prison, si on n'avait pas voulu me laisser aller plus avant...

— Vous ne croyez donc pas Pierre Landry coupable, mon enfant?...

Papillon fit un geste de dénégation énergique.

— Lui!... coupable!... — répliqua-t-il — par exemple!... — pas plus que vous et pas plus que moi, mam'zelle!...

— Les apparences, cependant, semblent l'accuser...

— Les apparences!... je m'en fiche pas mal!... — qu'est-ce que ça prouve, les apparences?... rien du tout!... — c'est comme ce mosieu Maugiron!... — un méchant moderne!... — Voilà-t-il pas quelque chose de distingué que ce muscadin de quatre sous, pour accuser un vieux brave homme comme le contre-maître!...

— Les ouvriers croient Pierre Landry coupable?...

— Eh! oui, mam'zelle, ils le croient, ces tas d'idiots!... — ils se sont fourré ça dans la tête, et ils n'en veulent pas démordre!... — Le malheur, le grand malheur, c'est que Pierre Landry avait menacé devant tout le monde ce flandrin de Maugiron... — En voilà un qui portera de mes marques un jour ou l'autre!... — Et, le malheur encore plus malheureux, c'est qu'il se promenait sur le quai vers les *minuit*... — Mais, encore une fois, qu'est-ce que ça prouve?... on se promène où on veut et quand on veut!... — la flânerie au clair de la lune n'est point interdite!... — l'ouvrier parisien est libre, pas vrai?... — Enfin, s'il ne faut que mettre ma tête à couper que le contre-maître n'est pour rien dans le mauvais coup de cette nuit, je dirai : — *prenez ma boule!*...

— Vous êtes un brave enfant, Papillon!... — ceux que vous aimez, vous les défendez vaillamment!... — c'est bien!...

Le jeune garçon devint cramoisi jusqu'au bout des ongles; — un nouvel accès de timidité s'empara de lui; — il se mit à baisser de nouveau les yeux et à faire tourner sa casquette entre ses doigts, en balbutiant :

— Dame!... mam'zelle, c'est un devoir... — si on aime les gens, faut les défendre... — c'est bien naturel... — sans ça, ça ne serait point la peine de les aimer... ah! dame!... non...

Lucie reprit :

— Vous serez disposé, je pense, à me rendre un grand service... non-seulement à moi, mais à notre ami Pierre Landry?...

L'enfant tressaillit, comme si quelque flamme électrique venait de l'envelopper, et son visage devint rayonnant.

— Un service... à vous... et à lui!... — s'écria-t-il. — Ah! nom d'un nom, quelle chance!... — en voilà une occasion soignée!... — mais pour vous, mam'zelle, et pour lui, je me laisserais hacher volontiers plus menu que chair à saucisses, sans compter que je dirais encore grand merci par-dessus le marché!... — Qu'est-ce qu'il faut que je fasse?...

— Pour la première fois depuis trois jours Lucie se sentit au cœur un rayon de joie, et ce généreux élan fit éclore un sourire sur ses lèvres pâlies.

— Mon enfant — continua-t-elle — savez-vous dans quelle prison on a conduit le contre-maître?...

— Non, mam'zelle, je ne le sais pas... — mais ça sera facile de l'apprendre... — il ne faudra que s'informer...

— Eh bien, informez-vous le plus tôt possible...

— Dès aujourd'hui, mam'zelle!... — dès tout à l'heure!... — j'y vais courir...

— On peut, je crois, obtenir la permission de voir un prisonnier...

— Oh! oui, mam'zelle, — ça s'obtient même, à ce qu'il paraît, sans trop de peine... — On va à la préfecture de police... on fait la demande, et on vous délivre la chose d'un permis de communiquer...

— Eh bien, Papillon, ne perdez pas un instant, et tâchez d'obtenir une permission de ce genre...

— Pour moi, mam'zelle Lucie, sans vous commander?...

— Oui, pour vous...

— Bien sûr qu'ils ne me la refuseront pas... à moi... à un enfant!... — je verrai Pierre Landry!... je l'embrasserai crânement, ce pauvre bon vieux!... — je le consolerai!... — quel bonheur, et comme il sera content, le cher brave homme!...

— Aussitôt que vous serez en mesure de pénétrer dans la prison de notre ami — continua Lucie — venez me prévenir... — je vous donnerai une lettre qu'il faudra lui remettre à lui seul... — Maintenant, mon enfant, allez ..

— Oui, mam'zelle... — je prends mes deux jambes à mon cou, et je file aux informations...

— Et, surtout, que personne ne se doute de ce qui vient de se dire entre nous...

— Soyez calme sur cet article-là, mam'zelle, — on aurait plutôt fait de m'arracher la langue, voyez-vous, que de m'extirper une parole!...

XL. — LE PRISONNIER.

Le lendemain, dans la matinée, Papillon vint trouver Lucie.

— Eh bien?... — lui demanda vivement la jeune fille.

— Eh bien, mam'zelle — répondit l'enfant — j'ai bien des choses à vous raconter...

Et aussitôt, sans se faire prier, il commença un récit quelque peu diffus, que nous allons résumer en un très-petit nombre de lignes.

Le gamin de Paris a quelque chose de la nature du furet; — comme lui, il sait se glisser partout.

Papillon avait trouvé un prétexte, bon ou mauvais, peu importe, pour s'introduire dans le bureau du commissaire de police chargé de l'arrestation de Pierre Landry, et pour entamer la conversation avec le petit clerc placé sous les ordres du secrétaire de ce magistrat. — Il avait appris par lui le nom de la prison dans laquelle le contre-maître se trouvait provisoirement détenu, et il avait, en outre, recueilli de précieux renseignements sur la marche à suivre pour être admis près du prisonnier.

De là il s'était rendu au palais de justice, et, grâce à la collaboration d'un écrivain public émérite de la salle des Pas-Perdus, il avait présenté au juge d'instruction un placet rédigé dans les règles et tendant à obtenir un permis de communiquer.

Pierre Landry n'étant point au secret, le juge d'instruction avait accordé sans difficulté ce permis, qu'il fallait avant toute chose présenter à la préfecture de police, bureau des prisons, pour le faire viser par qui de droit.

Il était trop tard, la veille, pour accomplir utilement cette démarche. — Papillon venait de retourner, le matin même, à la rue de Jérusalem, et il apportait à Lucie le précieux papier devant lequel devaient s'ouvrir les lourdes portes défendues par tant de serrures et de verrous.

— C'est très-bien, mon enfant!... — dit la jeune fille à Papillon; — je suis on ne peut plus contente de votre zèle et de votre intelligence...

— Oh! mam'zelle, — répliqua le gamin rougissant de joie, mais non d'orgueil — ça n'est pas la peine de me louanger comme ça pour si peu de chose!... — ça n'était guère malin, allez, et le premier venu, à ma place, en aurait bien fait autant que moi...

— Pouvez-vous voir Pierre Landry aujourd'hui?... — reprit Lucie.

— Non, mam'zelle...

— Pourquoi?...

— Parce qu'ils m'ont dit à la préfecture qu'il ne fallait pas me présenter à la prison avant demain deux heures... — ils ne m'en ont point donné les raisons, mais puisqu'ils l'ont assuré, la chose est positive...

— Eh bien, mon enfant, venez me trouver demain à midi, et je vous remettrai une lettre pour notre pauvre ami...

— C'est comme si c'était fait, mam'zelle...

Papillon sortit de la chambre à reculons, et Lucie passa le reste de la journée à écrire une longue lettre, dans laquelle elle mit tout son cœur, toute son âme, toute sa tendresse...

Une lettre semblable — (elle connaissait trop bien Pierre Landry pour en douter...) — devait être un baume bienfaisant et réparateur sur les blessures saignantes du vieillard...

« Dieu et moi nous savons votre innocence!... — disait la jeune fille en terminant — espérez!... espérez!... — s'il faut un miracle pour vous sauver, ce miracle se fera, j'en ai la ferme confiance!... »

Le lendemain, au moment précis où la grande horloge du chantier sonnait le dernier coup de midi, le gamin, ponctuel comme une échéance, frappait à la porte de Lucie.

— Voici la lettre, mon enfant — lui dit cette dernière — elle ne porte aucune adresse... — songez que Pierre Landry seul doit la lire... — ne la laissez donc pas surprendre...

— Soyez paisible, mam'zelle Lucie — réplique le jeune garçon — j'en ferais une boulette un peu lestement, et je l'avalerais comme une guigne, plutôt que de voir un œil indiscret mettre la patte dessus...

La phrase de Papillon était incontestablement bizarre, mais la résolution qu'elle exprimait était rassurante, et la jeune fille, comprenant qu'elle pouvait compter sur le gamin d'une manière absolue, se sentit délivrée de toute inquiétude relative à la surprise dont elle venait de faire mention.

— Allez donc, mon enfant... — reprit-elle — et si vous m'apportez à votre retour la nouvelle que vous avez laissé le cher prisonnier un peu calme, un peu consolé, vous me rendrez bien heureuse!... — dites-lui que je l'aime... — embrassez-le pour moi, et faites religieusement attention à ses moindres paroles afin de pouvoir me les répéter...

Papillon appuya le bout de son doigt sur son front.

— Oh! la mémoire est bonne!... — dit-il — je vous réciterai le dialogue, sans en changer un mot, ni plus ni moins qu'un acteur de comédie qui débite son rôle sur la scène... — Comptez là-dessus, mam'zelle... c'est la vérité pure!...

Le gamin quitta la chambre; — Lucie s'approcha de la fenêtre et le vit sortir rapidement du chantier...

Alors elle se laissa tomber sur un siége, et elle se mit à attendre son retour avec une indicible impatience...

L'absence de Papillon fut longue; — il était tout près de cinq heures du soir lorsqu'il reparut.

Lucie n'eut pas besoin de le questionner pour avoir la certitude qu'il apportait de bonnes nouvelles. — Sa figure épanouie répondait à l'avance pour lui.

La conscience d'avoir rempli sa mission d'une façon irréprochable suffit sans doute à contre-balancer la timidité qui s'emparait invinciblement du jeune garçon, aussitôt qu'il se trouvait en présence de Lucie, car il entra dans la chambre d'un air presque crâne, et il s'écria d'un ton joyeux, sans attendre une interrogation :

— Je vous ai fait attendre, mam'zelle, et vous étiez tourmentée, pas vrai?... — il n'y a rien de ma faute, foi de Papillon, si je ne suis point revenu plus vite... — je n'ai pas perdu mon temps, et je crois que vous allez être contente de moi...

— Parlez-moi vite de Pierre Landry, mon enfant!... — dit la jeune fille.

— Ah! le cher brave homme!... quand je suis arrivé auprès de lui, il m'a fait peur!...

— Il vous a fait peur!... — balbutia Lucie — comment?... pourquoi?... — mon Dieu, qu'y avait-il donc d'effrayant en lui?...

— Figurez-vous, mam'zelle, que le pauvre bon vieux était dans une cour tout debout contre un mur, plus pâle qu'un mort, la tête basse, les bras tombant le long de son corps, regardant le bout de ses pieds, ou plutôt regardant au-dedans de lui-même, car il ne voyait rien... il n'entendait rien, et son visage était si triste, si triste, que ça vous en donnait le frisson...

Papillon s'interrompit pendant une seconde. — La jeune fille essuyait ses yeux humides.

— Continuez, mon enfant... — fit-elle.

— Je m'avançai si près de Pierre Landry que je pouvais le toucher — poursuivit le jeune garçon — et je lui pris la main bien doucement... — il releva la tête et me regarda d'un air étonné, comme si jamais il ne m'avait vu... — il avait l'air de quelqu'un qui dormait et qui n'est pas encore bien éveillé... — Tout à coup il me reconnut... — il ne dit rien, mais je compris cela à ses yeux qui devinrent plus brillants que des lampions... — il se pencha vers moi... — il me souleva de terre aussi facilement que si je n'avais pesé que deux ou trois kilos, et il se mit à m'embrasser si fort que j'en perdais la respiration... en même temps je l'entendais dire :

« — Mon pauvre Papillon!... mon pauvre Papillon!... — Dieu soit béni... il y en a donc un qui ne m'a pas oublié!... qui ne m'a pas abandonné!...

« Là-dessus, je répliquai vite et tôt, comme bien vous pensez, mam'zelle :

« — Il n'y en a pas rien qu'un, m'sieu Pierre... — il y en a deux... — à preuve que c'est l'autre qui m'envoie, et que j'ai dans ma poche une chose à vous remettre de la part de cette personne...

« Le cher brave homme se mit à trembler de tous ses membres. — Il devinait, c'est sûr et certain, mais il avait peur de se tromper...

« — Qui t'envoie, Papillon?... — demanda-t-il — de qui parles-tu?...

« — De qui que je parle?... — c'te bêtise!... — je parle de la fille au patron, de mam'zelle Lucie Verdier...

« Ah! si vous aviez vu Pierre Landry, mam'zelle!... — ça n'était plus le même homme!... — il avait l'air content et satisfait d'un particulier qu'on vient d'inviter à la noce... — il riait!... — pour un peu, je crois presque qu'il aurait dansé de joie!...

« — Et tu as quelque chose pour moi, de la part de mam'zelle Lucie?... — dit-il.

« — Oui, m'sieu Pierre...

« — Quoi?...

« — Une lettre...

« — Donne vite...

« — Je vais vous la donner, mais d'abord allons un peu dans ce coin là-bas, et vous tournerez le visage au mur, pour pas qu'on vous voie la lire, si toutefois et quantes il y avait des *mouches* dans la cour, qui voudraient se permettre d'en prendre connaissance mal à propos...

« Ce qui fut dit fut fait; — je lui coulai la lettre dans la main et il se mit à la dévorer sans en avoir l'air, comme un affamé dévore du pain après huit jours de jeûne... — Je lui voyais de grosses larmes couler des yeux l'une après l'autre... — il s'interrompait pour les essuyer et ensuite il se remettait à lire, et, tout en pleurant, il avait l'air si heureux que jamais personne n'a pu avoir l'air plus heureux que lui... — Quand il eut fini, il recommença, et toujours comme ça pendant plus d'une heure... — la lettre était toute mouillée de ses larmes... il remuait les lèvres et il souriait...

« — Mon petit Papillon — dit-il enfin — tu vas retourner au chantier... — tu raconteras à mam'zelle Lucie ce que tu viens de voir... — tu diras à cette chère demoiselle, à ce bon ange, qu'elle vient de me mettre le paradis dans le cœur... — ils peuvent faire de moi maintenant tout ce qu'ils voudront... — ils peuvent m'envoyer aux galères, ils peuvent me condamner à mort... je ne me plaindrai pas... — elle sait que je suis innocent... elle m'aime toujours et malgré tout... il ne m'en faut pas davantage... — je suis consolé... je suis résigné et rien ne me fera plus souffrir... »

— Quel cœur!... quelle âme!... — balbutia la jeune fille en sanglotant — et c'est lui qu'on accuse!... c'est lui que toutes les rigueurs de la loi vont frapper sans doute!... — oh! mon Dieu, seigneur mon Dieu, que faites-vous donc de votre justice!...

— La justice du bon Dieu, mam'zelle — répliqua Papillon — faut pas en dire de mal!... — elle peut bien avoir l'air, quelquefois, de s'égarer à droite ou à gauche — (je l'ai entendu assurer à de braves gens) — mais elle finit toujours, un peu plus tôt ou un peu plus tard, par revenir dans le droit chemin...

— Vous avez raison, mon enfant!... — s'écria Lucie — j'étais tout près du doute et du blasphème!... — j'allais devenir ingrate et coupable!... — grâce à vous je retrouve l'espérance et la foi...

— Et vous faites joliment bien, mam'zelle... — reprit le jeune garçon — car il y a grandement sujet de garder beaucoup d'espérance, ainsi que vous allez le voir, et, s'il plaît à Dieu, nous tirerons de là Pierre Landry...

— Comment?...

— C'est la suite de mon histoire... — je vas vous conter la chose un peu vite... — quand l'heure des visites fut passée, je quittai le contre-maître et je me présentai au guichet en même temps que deux ou trois individus qui venaient, comme moi, de fréquenter des prisonniers, et auxquels je ne fis pas attention...

« Une fois dans la rue, un de ces individus s'approcha de moi et me dit comme ça :

« — Eh bonjour, petit Papillon!... nous faisons donc notre tête, à ce qu'il paraît!... nous nous donnons donc le genre de ne pas reconnaître les amis!... — ça n'est pas beau!...

« Je regardai le bonhomme qui me parlait ainsi. — C'était un nommé Saturnin, un assez bon garçon, mais pas trop bon ouvrier, qui a travaillé au chantier pendant deux ans, — (vous vous en souvenez peut-être) — et qui en est sorti pour vivre de ses rentes, — à ce qu'il prétendait du moins...

« Je ne me sentais guère disposé à tailler des bavettes avec n'importe qui... — je répondis bonjour à Saturnin, bien poliment, et je voulus filer pour revenir ici, mais il me retint en me prenant par le bras tout à fait sans façon, et il me dit :

« — Minute, mon petit Papillon!... — ne te sauve donc pas si vite!... — les amis ne sont pas des Turcs... — j'ai à te parler de Pierre Landry...

XLI. — SATURNIN.

— Il voulait vous parler de Pierre Landry!... — s'écria Lucie.

— Oui, mam'zelle...

— Et que pouvait-il avoir à vous dire de notre malheureux ami?...

— C'est ce que je me demandai, et ce que je lui demandai pareillement... car vous pensez bien, mam'zelle, que du moment qu'il était question de ça, je ne songeais plus à filer... — il me répondit :

— « Le contre-maître est un brave homme, et très-méritant, mais il a fait là un fichu coup!... — qu'est ce qu'il avait donc contre ce moderne pour l'envoyer piquer une tête dans le canal sans dire : gare?...

« Là-dessus je me récriai, et je jurai tous mes grands dieux que Pierre Landry était innocent.

« — Parbleu!... — me riposta Saturnin, — mais il y a contre lui de terribles charges et son affaire est bien mauvaise!... — ils ne parlent que de ça dans la prison, et ils s'y connaissent!... — Le pauvre diable était déjà récidiviste... — il en aura pour ses vingt ans de travaux forcés, si même on ne l'envoie pas à Brest ou à Toulon à perpétuité... — c'est un sort qui n'est pas digne d'envie!... — Est-ce que le patron et sa demoiselle lui portent toujours un grand intérêt, comme par le passé?...

« Je répondis que vous vous intéressiez à lui plus fort que jamais, parce que vous saviez parfaitement bien qu'il n'était pas plus coupable que vous et moi...

« — Dans ce cas-là, — reprit Saturnin, — il y aurait peut-être moyen de moyenner quelque chose et de tirer Pierre Landry du pétrin où il patauge...

« — Et comment donc qu'il faudrait faire pour cela?... — que je demandai.

« — Es-tu un bon garçon, Papillon?... un solide garçon, à qui qu'on puisse confier sans risque le secret d'un camarade?...

« — Oh! pour ce qui est de ça, je vous fiche ma parole sacrée que je me ferais couper en quatre plutôt que de lâcher un mot d'un secret... — *parlez-moi* donc hardiment, Saturnin... — Rapport à la discrétion, je vaux un homme...

« — Eh bien! tant pis, j'ai confiance en toi!... — je vas te conter l'anecdote dans le tuyau de l'oreille... — mais méfiance et motus! .. — si jamais tu vendais la mèche, je t'écharperais!...

« — Inutile de me menacer!... — j'ai promis, et je n'ai pas deux paroles...

« — Donc, voici de quoi il retourne... — Je suis l'intime d'un des prisonniers...

« Je m'écriai :

« — J'espère bien que ce n'est ni un voleur ni un assassin!...

« Saturnin se mit à rire.

« — Pas de risque!... — fit-il, — tu sais que je suis un bon garçon qui ne donnerais pas une chiquenaude à une poule, et ne prendrais pas un décime dans la poche de mon prochain... — Tous mes camarades sont comme moi...

« — Alors, qu'est-ce qu'il a donc fait, votre ami, pour être en prison?... — est-ce qu'il est injustement accusé, comme Pierre Landry?...

« — Mon Dieu, non .. — le pauvre garçon a tout simplement voulu s'enrichir en fraudant le fisc.. — il s'est lancé dans la contrebande des tabacs, où je ne te cacherai pas que je lui donnais un léger coup de main... et finalement il s'est laissé pincer comme un sot... — On a saisi sa marchandise et on l'a bel et bien coffré...

« — C'est malheureux pour lui... Mais quel rapport entre votre ami et le contre-maître?...

« — Tu vas voir... — Mon camarade est sûr et certain d'obtenir une condamnation à pas mal de mois... — ça lui contrarie.. — il a des affaires en Belgique qui réclament sa présence, et il s'est mis dans la tête de lever le pied.. — C'est un gaillard très adroit, très-intelligent; — sa cervelle est pleine de subtilités à n'en plus finir; — il en remontrerait à feu LATUDE en personne, dont on a joué le mélodrame à l'*Ambigu-Comique*, et qui a trouvé le moyen de s'échapper de l'éléphant de la Bastille!... Or, ce bon garçon a monté un coup!... — il a combiné et manigancé une évasion immanquable... — Je ne te dirai pas comment il s'y prendra... ce serait abuser de sa confiance... — qu'il te suffise de savoir que dans trois jours il se donnera de l'air... et alors, bon voyage!... — Courez-lui après si vous pouvez!... — En te voyant dialoguer tout à l'heure avec Pierre Landry dont je connaissais, depuis A jusqu'à Z, la situation compliquée, une idée m'est venue... — j'ai demandé à mon camarade s'il se chargerait d'emmener quelqu'un?... Il m'a répondu qu'il s'en accommoderait assez volontiers, mais moyennant une bonne somme, payable moitié avant, moitié après le joli quart d'heure de la poudre d'escampette... — Quant à son prix le voici : — c'est six mille francs... — il n'y a pas à marchander et rien à rabattre... — Crois-tu que l'affaire puisse s'arranger?... »

Lucie interrompit Papillon.

— Qu'avez-vous répondu, mon enfant?... — demanda-t-elle vivement.

— Dame!... mam'zelle, — répliqua le gamin, — vous comprenez que je ne pouvais pas m'engager!... — six mille francs, c'est beaucoup d'argent... cependant, comme je savais bien que vous ne laisseriez pas le pauvre cher brave homme en plan et dans l'embarras pour une pleine poignée de billets de banque, j'ai dit à Saturnin que j'allais vous parler de sa proposition, et que je lui porterais la réponse ce soir, à neuf heures, boulevard du Temple, en face du théâtre des Folies Dramatiques, où il opère, à ce qu'il paraît, des spéculations sur le commerce des contre-marques... — Qu'est-ce qu'il faudra lui dire, mam'zelle, s'il vous plaît?...

— Que j'accepte, et plutôt cent fois qu'une!... — s'écria Lucie avec un véritable transport.

— Une suffira... — répliqua le gamin.

— Songez-y donc!... — continua la jeune fille, — Pierre Landry, une fois libre, sera sauvé!.. — Nous le cacherons, nous donnerons à la justice de Dieu le temps de faire éclater son innocence et de venir éclairer les juges...

— Quant à ce qui est d'une cachette pour le brave homme, — fit Papillon joyeusement, — j'en connais une, et une si fameuse qu'on pourrait bien courir tout Paris avant de trouver la pareille!.. — Aussitôt là-dedans, il pourra s'y tenir tranquille indéfiniment et sans crainte, d'autant que c'est moi qui me chargerai *incoquenico* et avec mystère de lui porter sa munition toutes les nuits..

— Mais, dites-moi, mon enfant, — reprit Lucie, — croyez-vous qu'on puisse se fier à la parole de ce Saturnin?...

— Dame!... mam'zelle, je ne me chargerais pas d'en répondre comme de moi-même, c'est certain! — il fait des métiers un peu drôles pour un particulier qui vit de ses rentes, mais il a l'air assez bon enfant et j'ai bien de la peine à croire qu'il serait assez canaille pour nous monter le coup d'une gredinerie aussi abominable que celle-là!...

— Et d'ailleurs, qu'importe après tout?... — murmura mademoiselle Verdier, — l'hésitation n'est ni permise, ni possible!.. — à tout hasard il faut se risquer!... — n'eussions-nous qu'une chance sur cent, cette chance pourrait être la bonne!... — Espérance donc!.. — espérance!... et que Dieu soit pour nous...

— Ah! mam'zelle Lucie... mam'zelle Lucie!... — s'écria Papillon enthousiasmé, — vous me mettez le soleil dans l'âme!...

— Allez rejoindre Saturnin ce soir au boulevard.. poursuivit la jeune fille, et dites-lui qu'au jour et à l'heure qu'il indiquera lui-même, l'argent sera remis en ses mains...

Papillon ébaucha une gambade digne d'un clown du Cirque-Impérial, et, dans l'excès de sa joie, il sortit de la chambre en faisant la roue.

Lucie, restée seule, se demanda comment il lui serait possible de se procurer cette somme de six mille francs qu'elle venait de promettre.. — Elle songea d'abord à vendre les quelques bijoux qu'elle possédait, mais elle savait se rendre compte de la valeur réelle des choses, et un instant de réflexion lui démontra qu'elle réaliserait tout au plus ainsi cinq ou six cents francs...

Il ne lui restait donc qu'un parti à prendre, celui de s'adresser à l'homme qu'elle croyait son père.

Elle avait la certitude que M. Verdier, malgré son avarice habituelle, ne pourrait refuser de lui venir en aide en de telles circonstances; seulement nous savons déjà que depuis quelques jours il s'enfermait obstinément dans sa chambre, refusant de voir Lucie, et la difficulté, pour cette dernière, était d'arriver jusqu'à lui.

Elle prit une feuille de papier, une plume, et, d'une main fiévreuse, elle écrivit ces mots :

« *Mon père,*

« *Il faut que vous consentiez à m'accorder une entrevue de quelques minutes... il le faut..*

« *Le salut d'un innocent dépend de cette entrevue... — Au nom du ciel, ne me laissez pas plus longtemps livrée à moi-même!... ne me mettez pas dans la nécessité fatale de commettre une imprudence qui serait peut-être irréparable...*

« *Pourquoi donc craignez-vous tant de me recevoir?... — Une fille n'a point et ne peut point avoir de reproches à faire entendre à son père...* »...

Après avoir cacheté ce billet laconique, Lucie le glissa sous la porte de la chambre de Jacques Lambert, et, s'adossant à la muraille en face de cette porte, elle attendit...

Deux heures s'écoulèrent.

Sans doute, l'ex-capitaine de l'*Atlante*, absorbé dans de sombres et profondes réflexions, ne remarquait point sur le parquet la présence de ce carré de papier à peine visible. — Peut-être aussi ne voulait-il pas répondre et refusait-il de laisser pénétrer sa fille, ne fût-ce que pour un instant, dans sa farouche solitude...

Lucie commençait à désespérer.

La nuit était venue; — une obscurité profonde l'enveloppait; seulement, en face d'elle, une faible raie lumineuse dessinée sur le plancher indiquait que la chambre de M. Verdier était éclairée...

Enfin, au moment où la jeune fille allait se retirer avec un découragement immense, le bruit d'une marche lente se fit entendre dans intérieur, la clef tourna dans la serrure, la porte s'ouvrit, Jacques Lambert parut sur le seuil, tenant d'une main sa lampe, et de l'autre le billet qu'il venait de ramasser et de lire.

L'attitude de Jacques Lambert ressemblait à celle d'un somnambule dans l'état de sommeil magnétique; — ses mouvements offraient une roideur bizarre comparable à celle des automates; — ses regards sans expression erraient devant lui et ne se reposaient sur rien.

Il passa à côté de Lucie, il la toucha presque, mais sans la voir, et il allait s'enfoncer dans les profondeurs du corridor, quand la jeune fille l'arrêta en murmurant d'une voix faible et tremblante :

— Mon père!...

Jacques Lambert tressaillit et se retourna brusquement.

— Ah! c'est vous!... — dit-il d'un ton rauque.

— Oui, mon père...

— Que faisiez-vous là?...

— J'attendais votre réponse...

— J'allais vous la porter...

— Mon père, consentez-vous à m'écouter?...

— Oui... — vous pouvez entrer, je suis prêt à vous entendre.

En prononçant ces mots, il précéda Lucie, et lorsqu elle eut franchi le seuil, il referma la porte derrière elle et poussa le verrou.

Il se dirigea ensuite vers un large bureau ministre qui garnissait le plus grand panneau de la chambre, et sur ce bureau il posa la lampe à côté d'une boîte de pistolets tout ouverte, puis il s'assit, et pendant quelques secondes il demeura immobile et silencieux.

Lucie le contemplait avec étonnement, presque avec effroi.

Elle ne l'avait pas vu depuis quatre jours, et ces quatre jours avaient suffi pour le vieillir de plusieurs années...

XLII. — UN GRAND COMÉDIEN.

Les effroyables angoisses qui torturaient Jacques Lambert depuis sa dernière entrevue avec Maugiron, — les inquiétudes atroces qui ne lui laissaient de repos ni jour ni nuit, et le contraignaient à trembler sans cesse pour sa fortune, pour sa liberté, peut-être même pour sa vie, avaient blanchi presque entièrement sa chevelure et sa barbe, qui grisonnaient seulement jusqu'alors.

Un large sillon bistré se dessinait autour de ses yeux caves aux paupières rougies;—des rides profondes, pareilles à des cicatrices, partaient des angles de ses narines et formaient un encadrement sinistre à ses lèvres blêmies; — enfin ses joues avachies tombaient, flasques et molles, et donnaient à son visage une vague ressemblance avec le masque quasi bestial que les bustes antiques prêtent au vieux Tibère.

Jacques Lambert releva la tête et fixa sur Lucie ses yeux mornes dont les prunelles décolorées semblaient en ce moment plus pâles que de coutume.

— Vous avez voulu me voir, mon enfant... — dit-il d'une voix lente, avec une douce mélancolie, mais sans tutoyer la jeune fille, ainsi que nous l'avons entendu le faire dans le cours de leurs précédents entretiens.

— Oui, mon père... — répondit Lucie.

— Cette entrevue était devenue nécessaire, en effet... — reprit l'ex-capitaine de l'*Atalante* — et je le comprends si bien, que si vous n'étiez point venue, je serais sans doute allé vous trouver ce soir... — Vous voulez me parler de Pierre Landry, n'est-il pas vrai?...

— Oui, mon père... je viens vous parler de lui.

— Vous vous êtes dit sans doute que j'étais bien cruel et bien lâche de n'avoir pas arrêté le mensonge, l'autre jour, sur les lèvres de l'accusateur, et de ne m'être point écrié : — Cet homme est innocent!... C'est moi seul qui suis coupable!...

— Mon père, — balbutia la jeune fille, — Dieu m'en est témoin, je ne me permets pas de vous juger ainsi!...

— C'est-à-dire que le respect filial vous ferme la bouche; mais au fond de votre âme, vous me jugez, vous me condamnez, et je ratifie la sentence!...—Oui, je me suis conduit comme un lâche!... — le courage m'a fait défaut, au moment de briser d'un mot la haute position que j'occupe, et de me précipiter volontairement au fond de l'abîme ouvert sous mes pas... — Le vertige s'est emparé de moi!... j'ai eu peur!... et j'ai cherché mon salut dans une infamie qui me remplit aujourd'hui de honte et d'horreur...

— Mon père!... — reprit vivement Lucie — cette faute que vous déplorez, et qui certes n'est pas sans excuse, car, à de certains moments terribles, le courage manque aux plus braves, Dieu vous accorde le moyen de la réparer...

— Et comment? — demanda Jacques Lambert.

— Le hasard, ou plutôt la Providence, nous offrent une occasion certaine de rendre Pierre Landry à la liberté...

— Je ne comprends pas... — de quelle occasion parlez-vous?...

— Un détenu... un compagnon de captivité du brave contremaître a préparé longuement et patiemment pour lui-même une évasion dont le succès paraît infaillible... — Cet homme s'engage à tirer Pierre Landry de la prison moyennant une somme de six mille francs... — cette somme, mon père, j'ai cru pouvoir la promettre en votre nom, et j'espère que vous ne me démentirez pas...

— Vous avez eu raison de compter sur moi... — murmura Jacques Lambert après un silence — je ferais sans hésiter, je ferais avec joie un sacrifice pécuniaire bien plus important que celui dont il s'agit, pour sauver l'innocent qui souffre à ma place... — par malheur, ce sacrifice est inutile désormais...

— Inutile!... s'écria Lucie avec effroi — que dites-vous, mon père?...

— L'évasion sur laquelle vous comptez, quand doit-elle s'accomplir?...

— Dans trois jours...

— Eh bien! dans trois jours Pierre Landry sera libre, non point parce qu'il aura su tromper la vigilance de ses gardiens pour s'enfuir, mais parce que son innocence reconnue, hautement proclamée, forcera les portes de la prison à s'ouvrir devant l'honnête homme injustement détenu...

— L'innocence de Pierre Landry sera proclamée!... — balbutia Lucie — mon père... mon père... vous savez bien que c'est impossible!...

— Pourquoi donc?...

La jeune fille baissa la tête et ne répondit pas.

— Je vous comprends et j'achève votre pensée... — reprit Jacques Lambert. — Vous voulez dire que le vrai coupable ne peut et ne doit pas tomber sous la main de la justice, parce que le vrai coupable, c'est moi...

Lucie fit un geste vague et demeura silencieuse.

— Oh! soyez tranquille, mon enfant — continua l'ex-capitaine de l'*Atalante* avec un sourire plein d'amertume — votre nom ne sera point déshonoré par le jugement et la condamnation qui me flétriraient... — Je viens de vous affirmer que Pierre Landry serait libre dans trois jours... — J'ajoute maintenant que dans trois jours je serai mort...

— Vous, mon père!... mort!... — s'écria la jeune fille avec une épouvante inexprimable — grand Dieu, que dites vous!...

— La vérité... — Je ne peux plus vivre, et j'aurai le courage d'en finir avec la vie...

Jacques Lambert prit sur le bureau, à côté de la boîte à pistolets, un papier couvert d'écriture, et il le tendit à Lucie, en ajoutant :

— Lisez!...

La jeune fille saisit avidement la feuille et la dévora du regard.

Voici ce qu'elle lut :

« Qu'on n'accuse personne de ma mort!... — Je me tue librement, volontairement, parce que je ne puis accepter la pensée du déshonneur prêt à peser sur moi.

« Au moment de comparaître devant Dieu et de rendre compte de tous mes actes à sa suprême justice, je me déclare solennellement le seul auteur de la tentative de meurtre commise sur la personne de M. Maugiron, et j'affirme que la déclaration de ce dernier est fausse et mensongère de tout point, en ce qui concerne Pierre Landry ; jamais innocence ne fut plus complète et ne doit être proclamée plus haut que celle du malheureux contre-maître de mon chantier.

« Ces quelques lignes, tracées d'une main qui sera bientôt glacée, doivent me servir de testament.

« Je n'ai d'autre héritier que Lucie, ma fille unique; — elle possède toute ma tendresse, et va posséder après moi ma fortune entière, sans restriction d'aucune sorte.

« Je connais trop bien ma fille pour ne pas avoir la certitude qu'elle indemnisera largement et généreusement Pierre Landry de ce qu'il vient de souffrir à cause de moi ; — je ne lui impose donc rien à cet égard.

« Je demande pardon aux hommes du crime qui me force à mourir, je demande pardon à Dieu du nouveau crime que je commets en me donnant la mort... — J'ai confiance en sa miséricorde infinie, et je le supplie de me recevoir dans son sein...

« Achille Verdier. »

Paris, le . . . .

Lucie ne pouvait soupçonner l'infâme comédie que jouait en ce moment Jacques Lambert avec une effroyable habileté. — Elle envisagea en frémissant le suicide qui semblait près de s'accomplir, et le papier fatal s'échappa de ses mains.

L'ex-capitaine le ramassa, il mit le doigt sur la dernière ligne inachevée, et il ajouta :

— Vous le voyez, mon enfant, il n'y manque que la date...

— Mon père... mon père... — balbutia la jeune fille en se laissant tomber à genoux, car elle n'avait plus la force de se tenir debout — dites-moi que je fais un mauvais rêve!... dites-moi que vous ne songez point à mourir!...

Jacques Lambert étendit la main en souriant vers l'un des pistolets qui reposaient dans la boîte de palissandre doublée de drap vert. — Il le prit et il en fit jouer la batterie, puis il continua :

— Quand j'aurai tracé une date au bas de cet écrit, j'appuyerai sur ma tempe le bout de ce canon... je presserai la détente et mon âme s'envolera vers les mondes inconnus...

— Mon père... — reprit Lucie d'une voix suppliante, — au nom du ciel, ne parlez pas ainsi, car vous me rendrez folle!... — Pourquoi cette épouvantable résolution?...

— Parce que, — je vous l'ai déjà dit : — c'est l'unique dénoûment, le dénoûment inévitable du triste drame de mon existence...

— Rien ne vous empêche de vivre...

— Me croyez-vous donc assez misérable pour accepter la vie sous la casaque rouge des forçats?... — Voulez-vous voir votre père devenir un des héros du bagne?... Non, mon enfant, la mort, cent fois la mort, plutôt que l'infamie!...

— Eh! mon père, que parlez-vous de bagne et d'infamie!... — n'est-il pas en votre pouvoir d'éviter l'un et l'autre... — Faites que Pierre Landry soit libre!... — Assurez-lui, hors de Paris, hors de France, une existence heureuse et facile... Permettez-moi d'aller le visiter parfois dans sa retraite, car il m'aime et voudra me voir. — Puis, une fois ce devoir accompli, oubliez une faute que personne ne vous reprochera jamais!... oubliez l'unique erreur d'un long passé sans tache!...

Jacques Lambert secoua la tête.

— C'est impossible!... — murmura-t-il.

Lucie se releva violemment, et s'écria avec une sorte de colère :

— Encore ce mot!... toujours ce mot funeste contre lequel je me heurte et je me brise!... — mais alors, dites-moi donc au moins pourquoi c'est impossible!...

— Parce que vous ne soupçonnez même pas, ma pauvre enfant, la situation écrasante et sans issue dans laquelle je me trouve...

— Quoi!... je ne sais pas tout?...

— Non...

— Puisqu'il en est ainsi, mon père, je vous en conjure, apprenez-moi ce que j'ignore!...

— Vous me parlez de vivre et d'oublier!... — reprit Jacques Lambert — vous me parlez d'un crime que personne ne connaîtra... que personne ne me reprochera jamais!...

— Eh bien?...

— Eh bien, si dans trois jours je n'étais pas mort, dans trois jours la police étendrait sa main sur moi!... — Dans trois jours j'irais prendre au fond d'un cachot la place de Pierre Landry justifié.

Lucie fit un geste de stupeur.

— Qui donc vous dénoncerait?... — demanda-t-elle.

— Maugiron...

La jeune fille passa ses deux mains sur son front, d'un air égaré, à la manière de quelqu'un qui s'efforce, mais vainement, de mettre de l'ordre dans un tourbillon de pensées confuses.

— Maugiron! répéta-t-elle au bout d'un instant.

— Lui-même...

— Je vous entends bien, mais sans doute je vous comprends mal... — Pourquoi prononcez-vous le nom de Maugiron?... — Qu'avez-vous à craindre de cet homme? — N'ai-je pas été témoin de l'horrible scène où, pour éviter de vous trahir, le misérable dénonçait froidement un innocent...

— Oui, — répliqua Jacques Lambert — oui, vous avez été témoin de cette scène, mais un grand tumulte, une profonde émotion vous dominaient, et de nombreux détails vous ont forcément échappé!... — Ainsi, par exemple, vous n'avez pas vu qu'avant de répondre au magistrat et de dénoncer Pierre Landry, Maugiron s'était approché de moi et m'avait parlé tout bas...

— Que vous avait-il dit?...

— Il m'avait imposé des conditions terribles!... il avait fixé le prix auquel il voulait bien me vendre mon salut!... — Enfin, il m'avait accordé huit jours de trêve!... — Huit jours presque écoulés maintenant, au bout desquels il faudra que je m'exécute, ou que mon sort s'accomplisse...

— Et — demanda Lucie — ces conditions?... ce prix?...

— A quoi bon vous l'apprendre?...

— A quoi bon me le taire?... — Parlez, mon père... Je veux tout savoir...

— Eh bien, il exige d'abord une somme énorme...

— Combien?...

— Deux millions...

— Donnez-les lui bien vite!... — Donnez-lui plus encore s'il le veut!... — Abandonnez-lui votre fortune entière si cet abandon peut le désarmer!... — Je vous l'ai déjà dit, la pauvreté ne m'effraye pas... — D'ailleurs André de Villers et moi, quand nous serons unis, nous travaillerons pour vous, et Dieu sait avec quel courage!...

— Ah! s'il ne s'agissait que d'une question d'argent, je n'hésiterais pas!... — répliqua Jacques Lambert — mais Maugiron a d'autres exigences...

— Lesquelles...

— Celles-là, vous ne les connaîtrez jamais!...

— Pourquoi?...

— Parce qu'elles sont insensées, parce qu'elles sont révoltantes, et que ma bouche se dessécherait plutôt que de me faire leur interprète...

— Faut-il vous conjurer de nouveau?... faut-il vous implorer à mains jointes!... faut-il me traîner à vos genoux?... — êtes-vous donc responsable des volontés odieuses de cet homme?... — au nom du ciel, ne me cachez rien!...

— Vous voulez que je parle?...

— Je vous en supplie...

— C'est malgré moi que je vous cède!... ne l'oubliez pas!... — Eh bien, Maugiron ose prétendre à votre main... et sans doute il me méprise profondément, car il a osé me le dire!...

Lucie recula en poussant un cri, et pendant une ou deux secondes elle sembla frappée de la foudre.

— Vous le voyez — dit tristement Jacques Lambert — vous le voyez... j'aurais mieux fait de me taire...

— Ainsi, cet homme pense à moi!... — balbutia la jeune fille avec une sorte d'égarement; — il veut que je devienne sa femme!...

L'ex-capitaine courba la tête sans répondre.

— Mais il oublie donc tout, cet homme!... — continua Lucie — il oublie donc qu'il a calomnié ma mère!... — il oublie donc que dans la cabine du *Titan* il a voulu vous assassiner et que vous n'avez fait qu'user contre lui du droit de légitime défense!...

— Il ne se souvient que d'une seule chose... — murmura Jacques Lambert — c'est que je suis en son pouvoir, et il en abuse cruellement!...

— Mais j'ai un fiancé, mon père... — reprit la jeune fille — un fiancé que j'aime et qui doit être mon mari...

— Qu'importe à Maugiron?... — Il n'admet pas d'obstacles!... — Sa volonté est inflexible!... — Pour lui, ma situation n'a que deux issues : — ce mariage ou ma perte!...

— Une telle union serait monstrueuse!... elle est impossible, mon père!...

— Eh! je le sais bien!... aussi, c'est sans laisser même à mon persécuteur une ombre d'espoir que j'ai répondu par un refus formel à sa demande inouïe, et je voulais garder vis-à-vis de vous, sur ce triste sujet, un éternel silence!... — D'avance j'étais condamné; — la seule chose qui me console, c'est que je ne vous entraînerai pas dans l'abîme avec moi...

Jacques Lambert s'assit devant le bureau; — il prit la feuille de papier dont nous connaissons le contenu, il trempa sa plume dans l'encre et traça quelques mots avec le sang-froid le plus complet.

Paris. — Typ. Collombon et Brûlé, rue de l'Abbaye, 22.

— Mon père — s'écria Lucie — que faites-vous ?...

— Vous le voyez... je complète cette déclaration... — J'y mets une date... celle d'aujourd'hui... — Mieux vaut en finir tout de suite... — Dans quelques minutes, mon enfant, vous n'aurez plus rien à craindre de Maugiron, et la rage impuissante de ce misérable s'émoussera contre vous...

En même temps, l'ex-capitaine saisit l'un des pistolets.

— Sortez de cette chambre, mon enfant...—ajouta-t-il — vous ne devez point assister à la catastrophe qui va s'accomplir... — Pensez parfois à votre père qui, s'il fut coupable, fut aussi bien malheureux!... — Donnez-lui quelques larmes... quelques prières... et ne maudissez jamais sa mémoire...

Jacques Lambert s'interrompit pendant une seconde et passa sa main sur ses yeux, puis il reprit d'une voix tremblante :

— Va, mon enfant... laisse-moi seul... — Mais d'abord, ma fille chérie, viens sur mon cœur... je veux t'embrasser une dernière fois avant de mourir.

Déjà Lucie avait pris une résolution suprême.

Elle se jeta en effet dans les bras étendus vers elle, mais ce fut pour saisir d'une main fiévreuse le pistolet que l'ex-capitaine lui disputa faiblement.

— Que veux-tu faire de cette arme?... — balbutia-t-il — pourquoi me l'enlever ainsi?...

— Mon père — répondit avec fermeté la jeune fille — renoncez à une résolution funeste et coupable!... — Je vous dois la vie, et mon devoir est de vous la sacrifier tout entière... — Je ne reculerai devant aucune conséquence de ce devoir!... — J'accepterai la main de M. Maugiron... — vous serez sauvé... — vous pourrez vivre...

La jeune fille ajouta tout bas :

— Et moi je mourrai pour vous!...

— Quoi! s'écria Jacques Lambert, qui parut en proie à une sorte de délire — tu consentirais...

— A ce mariage odieux?... — Oui, mon père...

— Un si grand dévouement!... un pareil sacrifice!... oh! je refuse! je refuse... je ne puis pas, je ne dois pas accepter!...

— Il le faut cependant, car ma volonté est inébranlable autant que celle de votre persécuteur... — Je serai sa femme... — Je n'y mets qu'une seule condition... celle-ci : — Mon contrat de mariage se signera dans trois jours... il faut que dans trois jours Pierre Landry soit en liberté... — Donnez-moi donc l'argent nécessaire pour acheter son évasion... fournissez-moi les moyens de lui faire quitter la France, et au moment où j'aurai la certitude qu'il est hors de danger, je tracerai mon nom au bas du contrat, à côté de celui de M. Maugiron...

Jacques Lambert avait atteint son but.

La joie de se voir si miraculeusement hors de péril triompha pour un instant de son avarice habituelle.

Il ouvrit l'un des tiroirs du bureau ; — il en tira deux liasses de billets de banque, et les tendant à Lucie, il lui dit :

— Tu m'as demandé six mille francs... — en voici vingt mille... — Les quatorze mille francs sans emploi immédiat subviendront aux frais d'établissement de Pierre Landry à l'étranger...

La jeune fille prit les billets de banque, elle les roula et les glissa dans son corsage.

Jacques Lambert continua :

— Demain je ferai en sorte de te procurer un passeport avec lequel le contre-maître pourra traverser la frontière sans courir le risque d'être arrêté de nouveau... — Je crois cependant qu'il fera bien de rester quelques jours caché dans Paris, avant de se diriger vers la Belgique...

— Oui, mon père...

— Maintenant, chère fille, il ne me reste qu'une seule chose à te dire... — ton grand cœur vient de t'inspirer la volonté d'un grand sacrifice... — Si la réflexion te montre que ce sacrifice est au-dessus de tes forces, je te conjure de ne point l'accomplir!... — jusqu'à la dernière heure, songes-y bien, il sera temps de reculer, et je serai toujours prêt à mourir...

— Je ne reculerai pas, mon père... — répondit Lucie d'un ton ferme...

Elle présenta son front aux lèvres de Jacques Lambert, et, sans ajouter une parole, elle quitta la chambre où venait de se passer la scène à laquelle nos lecteurs ont assisté, et regagna la sienne.

L'ex-capitaine de *l'Atalante* referma la porte derrière elle et se frotta les mains, tandis que les rayonnements d'une joie sombre éclairaient son visage.

— J'ai gagné la partie!... — se dit-il — j'ai triomphé plus facilement que je ne l'espérais!... — Il est vrai que cette invention du suicide était un coup de maître!... — Décidément je suis un grand comédien!...

XLIII. — UNE LETTRE INATTENDUE.

Lucie avait dit la vérité en affirmant à Jacques Lambert qu'elle ne reculerait point devant le sacrifice. — Elle se sentait prête en effet à accomplir jusqu'au bout son œuvre de dévouement, mais non pas dans le sens que ses paroles semblaient indiquer...

Elle voulait sauver à tout prix l'homme qu'elle croyait son père, mais elle reculait avec horreur devant la pensée d'appartenir à l'infâme Maugiron.

Elle signerait sans résistance au contrat; — elle marcherait docilement à la mairie et à l'église; — elle prononcerait le *oui* solennel devant le magistrat municipal et devant le prêtre, mais au moment où elle paraîtrait ainsi engager sa vie, la mort coulerait déjà dans ses veines.

Le chantier d'Achille Verdier, comme tous les grands établissements du même genre, possédait une petite pharmacie contenant tous les médicaments nécessaires pour donner les premiers soins à un ouvrier grièvement blessé, ou atteint d'un mal subit.

Au nombre des médicaments se trouvait un flacon de laudanum. — Lucie s'empara de ce flacon et le cacha dans sa chambre, bien résolue à en absorber le contenu jusqu'à la dernière goutte, lorsque l'heure fatale serait venue.

Une fois certaine d'être ainsi maîtresse de sa destinée, la jeune fille devint calme, presque souriante, et ne refusa point d'entendre les compliments ampoulés de madame Blanchet, qui la félicitait d'une façon chaleureuse, et surtout prolixe, à l'occasion du BRILLANT mariage dont l'accomplissement était si prochain...

La veuve du lieutenant de pompiers regardait comme un triomphe personnel l'écroulement des espérances d'André de Villers, sa bête noire, et l'éclatante victoire de Maugiron, son idéal...

Pourquoi ce double sentiment? — Nous ne nous chargeons en aucune façon de l'apprendre à nos lecteurs... — Explique-t-on la bêtise humaine?... — explique-t-on surtout la *malfaisance* de certaines natures féminines?...

Les entretiens de Lucie avec Papillon devenaient fréquents et prolongés. — Le jeune garçon avait traité définitivement avec Saturnin... — le jour fixé pour l'évasion restait le même... — l'heure choisie (comme présentant le plus de facilités et le plus de chance, ou pour mieux dire de certitudes de succès), était neuf heures du soir...

Chaque après-midi Papillon se rendait à la prison de Pierre Landry... — Le vieux contre-maître avait d'abord repoussé vivement toute idée de fuite.

— Si je m'évadais — s'était-il écrié — ce serait m'avouer coupable!... — Dieu est juste!... — Ceux qui le représentent sur la terre et de qui dépendent la liberté et la vie des hommes, doivent l'être comme lui!... — je suis innocent du crime dont on m'accuse... je veux passer en jugement!... nous verrons alors si mon calomniateur osera répéter son monstrueux mensonge en face du Dieu crucifié qui plane sur la cour d'assises!...

Papillon eut le rare bon sens de ne point chercher à combattre par des raisonnements cette détermination énergique. — Il comprenait bien que le brave homme, dans son entêtement respectable, ne se laisserait pas convaincre...

Il mit en jeu, pour triompher de la résistance de Pierre Landry, un argument beaucoup plus fort que toute la logique de la terre.

— C'est le désir et c'est la volonté de mam'zelle Lucie... — dit-il; — donc il faut que cela se fasse, car vous causeriez un chagrin mortel à cette chère demoiselle en refusant ce qu'elle demande...

Naturellement Landry ne trouva rien à répondre, rien à objecter, et il se soumit... — Papillon avait ville gagnée!...

Le bruit du mariage imminent de Maugiron et de mademoiselle Verdier s'était répandu parmi les ouvriers du chantier avec la rapidité de la flamme courant sur une traînée de poudre...

Cette nouvelle avait causé un grand étonnement et même une sorte de petit scandale.

Si convaincus qu'ils fussent de la culpabilité de Pierre Landry, les ouvriers, connaissant son attachement pour la jeune fille et l'affection qu'elle semblait elle-même éprouver pour le vieillard, ne comprenaient guère qu'elle donnât si vite sa main au dénonciateur de ce dernier...

Paris. — Typ. Collombon et Brûlé, rue de l'Abbaye, 22.

Nous devons ajouter que pendant un instant il avait été question de l'union probable de Lucie et d'André de Villers, union très-sympathique à tous les travailleurs, qui, malgré les différences essentielles de naissance et d'éducation, regardaient presque le jeune caissier comme un des leurs...

Bref, André était populaire autant que Maugiron était détesté, et personne ne pouvait s'expliquer le nouveau choix de M. Verdier et de sa fille.

Lucie avait donné l'ordre à Papillon de ne pas dire un seul mot à Pierre Landry des événements qui se préparaient, et le gamin, plein d'intelligence et de cœur, sachant quel désespoir l'annonce de l'incompréhensible mariage causerait au vieux contre-maître, avait gardé religieusement le silence...

Pierre Landry, comme on le voit, n'avait et ne pouvait avoir aucun soupçon, et croyait les choses juste dans le même état qu'à l'heure de son arrestation.

Rejoignons Maugiron dans son petit hôtel de la rue d'Amsterdam.

C'était la veille du jour qui devait voir s'accomplir des événements bien différents, destinés cependant à exercer l'un sur l'autre une influence directe, — nous voulons parler de l'évasion de Pierre Landry et de la signature du contrat de mariage de Maugiron et de mademoiselle Verdier.

Il pouvait être neuf heures et demie du soir.

L'ex-mousse Flageolet, prévenu depuis deux jours par un billet laconique de Jacques Lambert de la complète docilité de Lucie, était au comble de la joie et du triomphe.

Il avait donné le matin même audience à son tailleur et essayé un costume de marié de la plus exquise élégance.

A demi étendu sur un moelleux divan dans sa chambre à coucher, il savourait à petites gorgées un verre de vin de Xerès couleur d'ambre, de l'année 1770; — il fumait un excellent cigare, et son visage exprimait une satisfaction rayonnante...

Tout souriait en effet à Maugiron, dans le présent comme dans l'avenir... — Tout lui réussissait!... — il allait abandonner une existence au jour le jour, pleine de hasards et pleine de dangers; — il allait pouvoir rompre définitivement et à tout jamais avec le passé, et entrer de plein pied dans la respectable catégorie des gens bien posés, des gens authentiquement riches, des ens honnêtes, enfin!...

Son mariage, — que rien au monde, croyait-il, ne pouvait faire manquer désormais — allait lui donner à la fois une jolie femme et une grande fortune, — deux millions tout de suite, et la perspective d'une somme égale dans un avenir plus ou moins éloigné, puisque l'héritage du faux Achille Verdier ne pouvait manquer à Lucie...

— Ah!... — murmurait Maugiron avec une satisfaction intime et profonde — il y a loin du temps où le pauvre mousse Flageolet recevait des coups de garcette à bord de l'*Atalante!...* — Je ne me doutais guère alors que le capitaine Jacques Lambert ferait ma fortune un jour, et que je lui devrais cent mille livres de rentes!...

L'aventurier vida son verre, et dit à haute voix, quoiqu'il fût seul :

— A la santé du capitaine Jacques Lambert!...

Puis il se mit à échafauder de grands projets d'avenir, et à bâtir des châteaux en Espagne.

Il ne lui semblait pas conforme aux lois de la prudence de s'installer immédiatement à Paris sur un grand pied, et d'y monter sa maison d'une façon splendide, ainsi que ses futurs revenus allaient le lui permettre...

Il ne se dissimulait point la nécessité de faire perdre sa trace à cette meute hideuse de bandits en sous-ordre dont nous avons présenté deux échantillons distingués à nos lecteurs en la personne de Gobert et de l'Écureuil (ou Ravenouillet); — ces coquins de bas étage voudraient sans aucun doute exploiter sa situation, s'ils la connaissaient, et prendre leur part de l'ample curée offerte aux appétits du chef...

Le mieux était donc de quitter pour un temps indéterminé non seulement Paris, mais la France, et d'aller vivre d'une façon large et confortable dans l'une des grandes villes de l'Europe, Londres, Vienne ou Milan...

Quand il reviendrait, au bout de quelques années, la misère, la maladie, les rixes meurtrières et l'intervention de la police, auraient débarrassé Paris des anciens complices dont il avait lieu de se défier, et la nouvelle génération des bohêmes de la cour d'assises ne le connaîtrait pas.

Alors, sans remords du passé, sans souci de l'avenir, il mènerait une existence magnifique, et ces innombrables félicités se prolongeraient pour lui jusque dans la plus extrême vieillesse...

Maugiron faisait ce beau rêve tout éveillé, lorsqu'on frappa doucement à la porte de sa chambre.

— Entrez... — dit-il.

La porte tourna sans bruit sur ses gonds et le groom fit son entrée, tenant à la main un plateau d'argent :

— Que voulez-vous?... — demanda Maugiron qui ne regardait pas...

— Une lettre pour monsieur...

— Donnez...

Le groom sortit discrètement, après avoir remis le message dont il était porteur.

Maugiron garda pendant une seconde la lettre dans ses mains avant de l'ouvrir, et l'examina avec une sorte de méfiance instinctive.

Elle n'avait rien de remarquable, — elle portait le timbre de la poste; — la suscription, tracée sur du papier très-commun, avec de l'encre très blanche, était à peu près illisible. — La cire verdâtre du cachet offrait l'empreinte banale d'une pièce de vingt francs.

Maugiron fronça le sourcil, décacheta la missive et lut ce qui suit :

« Illustre Flambart,

« Je serai dans le terrain, ce soir, à dix heures précises. — Je frapperai comme d'habitude contre la petite porte du kiosque. — Ne manquez pas de m'ouvrir, S. V. P. — il faut absolument que je vous parle, et les choses que j'ai à vous dire sont de grande importance pour vous...

« En attendant le plaisir de vous entretenir, j'ai l'honneur d'être, illustre Flambart, votre très humble et très-obéissant serviteur.

« L'ÉCUREUIL. »

« POST-SCRIPTUM.

« Si par hasard je ne vous voyais pas aujourd'hui à l'heure convenue, ce serait une chose vraiment bien fâcheuse et qui me mettrait dans la désagréable nécessité d'aller vous chercher demain soir au quai de Billy...

« J'aime à me figurer, dans mon petit bon sens, que vous me comprendrez à demi-mot et que vous m'éviterez avec soin cette démarche compromettante qui, je ne vous le cacherai point, me serait fort pénible. »

Maugiron laissa tomber la lettre sur le tapis.

— Que diable veut dire ce drôle?... — se demanda-t-il — il me semble respirer dans cette courte épître je ne sais quelle vague odeur de menace!... — Pourquoi ce rendez vous à bref délai, demandé, ou plutôt imposé d'une façon presque impérieuse?...

Maugiron réfléchit — ramassa la lettre — la relut d'un bout à l'autre, et continua :

— Pourquoi surtout me parle-t-il d'aller me chercher demain soir au quai de Billy, si je ne le reçois pas aujourd'hui?...—sait-il quelque chose?... — Que sait-il?... — tout ceci cache évidemment un mystère, et, de tous les périls de ce monde, le mystère est pour moi le plus inquiétant...

En achevant de formuler cette réflexion, le jeune homme leva les yeux sur la pendule.

Elle marquait dix heures moins cinq minutes.

— Dans un instant, tous mes doutes seront éclaircis... — dit-il en quittant le divan.

Il s'enveloppa dans la vareuse de flanelle bleue qu'il portait chez lui en guise de robe de chambre; — il glissa deux petits pistolets au fond de ses poches; — il alluma une lanterne sourde, et, sortant de l'hôtel par une porte de derrière, il traversa le jardin pour se rendre au kiosque.

XLIV. — OU L'ÉCUREUIL REVIENT EN SCÈNE.

Dix heures sonnaient au moment où Maugiron pénétra dans l'unique pièce du petit pavillon pittoresque dont nous connaissons la destination.

A peine venait il d'allumer les bougies d'un candélabre à deux branches placé sur une console, qu'il entendit frapper à la porte extérieure les trois coups cabalistiques.

Il ouvrit aussitôt, et il se trouva face à face avec notre ancienne connaissance Ravenouillet, autrement dit l'Écureuil.

La figure du bandit de bas étage exprimait une assurance qui ne lui était pas habituelle et dont il fallait évidemment chercher la cause dans une ample série de libations alcooliques.

L'Ecureuil venait en effet d'absorber une effrayante quantité d'absinthe, tout exprès pour se donner l'aplomb et la fermeté qui lui faisaient défaut lorsqu'il se trouvait en présence de Maugiron.

Ses yeux brillaient d'un éclat extraordinaire, et son chapeau mou, crânement penché sur l'oreille droite, lui donnait l'air d'un de ces héros d'estaminets borgnes, qu'on appelle vulgairement *casseurs d'assiettes*.

Constatons qu'il titubait légèrement en marchant, et qu'il avait en outre la langue quelque peu pâteuse, mais hâtons-nous d'ajouter que malgré ces symptômes d'ébriété il n'était point ivre, et qu'il conservait intactes les doses d'intelligence et de ruse dont le hasard l'avait favorisé...

— Salut à l'illustre Flambart!... — s'écria-t-il en franchissant le seuil du kiosque et en jetant son chapeau sous son bras gauche avec l'élégante désinvolture d'un cabotin du ci-devant Lazary, jouant un role de marquis Régence.

Il se laissa tomber sur le divan, et il ajouta :

— Je vois avec plaisir que mon petit mot a fait son effet!... — à parler franchement, j'en étais sûr d'avance, mais je n'en suis pas moins enchanté!... — C'est bien, cher maître!... — c'est très-bien!... — c'est parfait!... — les amis sont les amis, que diable!... et l'amitié n'est point un vain mot!...

Un carafon de vin de Madère, deux ou trois verres à pattes et une boîte de londrès se trouvaient sur la console, à côté du candélabre et à portée de la main de l'Ecureuil.

Il choisit un cigare et l'alluma sans façon; — il remplit un verre et le vida d'un trait, en disant :

— Illustre Flambart, à votre santé!... — ce madère est un joli vin!... un rayon de soleil dans le gosier, un lapin de velours sur l'estomac!... — J'en accepterais sans la moindre répugnance un panier de vingt-cinq bouteilles...

Maugiron n'avait point jugé convenable d'interrompre son visiteur, tandis que ce dernier débitait les calembredaines qui précèdent.

Il prit alors la parole à son tour.

— Ma présence ici vous prouve que j'ai reçu votre étrange lettre!... — dit-il froidement — je suis venu pour vous demander une explication... — que signifie, je vous prie, ce style auquel nos précédents rapports ne m'avaient point habitué, et auquel, je ne vous le cache pas, je désire très-vivement vous voir renoncer à l'avenir...

— Illustre Flambart — répliqua l'Ecureuil avec une nuance visible d'ironie — l'explication demandée ne se fera pas attendre!...— quant à mon style, je vous l'abandonne, n'ayant pour le quart d'heure aucune prétention à entrer à l'Académie en qualité d'homme de lettres...

— J'ai peu de temps à vous donner... — interrompit Maugiron — allez donc droit au fait, je vous prie...

— M'y voici : — il y a un rôle, si j'avais été comédien, que je n'aurais jamais voulu jouer dans aucune pièce...

— Quel est ce rôle?...

— Celui de dupe... — or, vous comprenez bien que puisque, par amour-propre, j'aurais refusé de représenter sur la scène ce personnage imaginaire, il me convient encore beaucoup moins de le jouer dans la vie réelle...

— Que voulez-vous dire?... — demanda Maugiron.

— Vous ne le devinez pas?...

— En aucune façon...

— Nom d'une pipe, c'est que vous y mettez alors une fameuse mauvaise volonté!... — je vas vous planter les points sur les I...

— Faites-le donc, et faites-le vite!...

— Oh! ce ne sera pas long!... — le matin qui suivit notre heureuse expédition nocturne au quai de Billy, après avoir fait le partage du butin — partage fort injustement inégal, soit dit entre nous!... — je vous remis un grand portefeuille trouvé dans la caisse, côte à côte avec les billets de banque... — je pense que vous vous en souvenez...

— Parfaitement bien...

— Ce portefeuille contenait des papiers de famille, des titres de propriété, etc., etc.; — je vous dis : *Examinez tout cela, Flambart, et si ça vaut quelque chose, part à nous deux!...* — est-ce exact?...

— On ne peut plus exact...

— « *Ça n'est bon qu'à brûler!...* » — m'avez-vous répondu après un rapide examen, en jetant le portefeuille dans un coin...

— Et je répondais la vérité... — ces papiers étaient sans valeur...

L'Ecureuil fit entendre un rire goguenard en haussant les épaules et en croisant ses jambes l'une sur l'autre.

— Illustre Flambart — s'écria-t-il ensuite — faites avaler une pareille bourde si vous pouvez à cet imbécile de Gobert qui croirait au besoin que des vessies sont des lanternes, — mais avec moi pas de ça, Lisette!... — vous ne vous êtes point levé assez matin pour me tirer des carottes de cette longueur!... — je suis un malin, moi qui vous parle, et je connais toutes les banques, — comme feu Bilboquet — y compris même la banque de France...

— Que voulez-vous dire?... — demanda Maugiron sérieusement alarmé.

— Je veux dire que les papiers de famille dont je me suis dessaisi d'un air naïf à votre intention, contenaient une fortune, et je vous répète aujourd'hui comme il y a huit jours : — *part à deux!...*

L'ex-mousse Flageolet haussa les épaules à son tour.

— Vous êtes fou!... — répliqua-t-il.

— Oh! que nenni!... — je suis clairvoyant, voilà tout!... — je vous connais, patron!... vous êtes un rusé compère, — si rusé que j'ai toujours eu défiance!... — je flairais un coup de Jarnac!... — depuis l'anecdote du portefeuille, je vous suis pas à pas, comme un bon chien de chasse suit le perdreau qui va lui tomber dans la gueule, et j'ai la certitude, (vous entendez bien, LA CERTITUDE!...) que c'est grâce au contenu du portefeuille que vous signez demain soir votre contrat de mariage avec mademoiselle Lucie Verdier, fille unique de l'agréable millionnaire du quai de Billy...

Maugiron fit un brusque soubresaut.

— Quoi!... vous savez!... — s'écria-t-il.

— Eh! oui, pardieu, je sais!... — oh! mes renseignements sont au grand complet... ma police est d'autant meilleure que je la fais moi-même...

— Ce mariage ne prouve rien, si ce n'est que j'ai su plaire au père et à la fille...

— Epargnez-vous des frais d'éloquence, illustre Flambart!... — interrompit l'Ecureuil — je vous préviens d'avance que ça ne prendra pas!... — vous êtes intelligent d'ailleurs, oh! très intelligent, et vous comprenez parfaitement bien que, puisque je suis le maître de la situation, il faut mettre les pouces, et vous exécuter de bonne grâce!... — je tiens par-dessus tout à n'être point floué et je serais homme à faire manquer le mariage si vous refusiez d'être raisonnable...

Maugiron baissa la tête et réfléchit pendant une minute. — Son visage exprimait les déchaînements intérieurs d'une rage impuissante. Il se sentait, vis-à-vis de l'Ecureuil, dans la position de dépendance absolue où Jacques Lambert se trouvait vis-à-vis de lui-même, et il en frémissait de colère. Tout à coup une pensée diabolique lui traversa l'esprit; — sa figure se rasséréna soudainement et ses lèvres ébauchèrent un étrange sourire.

— Voyons — demanda-t-il en relevant la tête — que voulez-vous de moi?...

— Je veux ma part...

— Votre part, de quoi?

— De votre nouvelle fortune... — vous allez être riche, et c'est à votre serviteur que vous le devrez... — j'éprouve le désir fort naturel de me trouver par contre-coup à la tête d'une honnête aisance, d'autant plus que l'air de Paris devient malsain pour moi, et j'ai la fantaisie d'aller fonder une maison de banque à l'étranger... — la maison Ravenouillet et Cie!... — mais pour cela, il me faut des capitaux, et je compte que vous serez mon commanditaire... sans espoir de remboursement, bien entendu...

— Combien vous faut-il?...

— Combien allez-vous toucher de dot?...

— Cinq cent mille francs...

— Pas davantage!... — s'écria l'Ecureuil.

— Peste!... il me semble que c'est un beau chiffre!...

— D'accord... — mais enfin j'aurais cru que ce bon M. Achille Verdier ferait plus grandement les choses... — il n'y a que cela?... bien vrai?...

— Parole d'honneur!...

L'Ecureuil se mit à rire.

— Oh! alors, me voilà rassuré tout à fait!... — dit-il — Tablons donc sur cinq cent mille francs... — j'aurais le droit de vous en réclamer la moitié, mais vous allez voir à quel point je suis bon enfant!... — comme après tout vous avez fait beaucoup de démarches, vous avez utilisé des matériaux dont je n'aurais peut-être pas su tirer le même parti, et comme en outre votre mérite personnel doit être rétribué, je me contenterai de cent mille francs, — et, aussitôt la somme dans mes mains, vous n'entendrez plus parler de moi!... — que dites-vous de cela, très-illustre Flambart?...

— Je dis que du moment où votre point de départ est admis, vos prétentions, il faut bien en convenir, n'ont rien de par trop exagéré...

— A la bonne heure!... vous me rendez justice!... — ainsi, nous sommes d'accord?...

Maugiron fit un signe affirmatif.

— Seulement — reprit l'Ecureuil — je veux palper aujourd'hui même les cent mille francs en question...

— Vous tombez dans l'absurde, mon pauvre garçon!... — répliqua l'ex-mousse — où diable voulez-vous que je prenne ce soir une telle somme?... — vous figurez-vous donc qu'on garde cent mille francs dans son porte-monnaie?...

— Vous ne pouvez pas me payer à l'instant même?...

— Non!... mille fois non!...

— Eh bien, je mets le comble à mes bons procédés... — Je vous donne du temps... — je vous accorde jusqu'à demain...

— Je vous demande un jour de plus...

— Pourquoi donc ça!...

— Pour l'excellente raison que je ne toucherai la dot que demain soir, en signant le contrat...

— Turlututu, chapeau pointu!... — je n'entends ni peu ni beaucoup de cette oreille-là!... — vous avez bien chez quelque banquier des capitaux placés!... — si vous n'en avez pas, demandez une avance à *papa beau-père*... — que diable!... ce sont des choses qui se font!... — si je remettais, pour palper la somme, après la signature du contrat, vous comprenez qu'une fois la dot dans votre poche vous m'enverriez promener sans le moindre scrupule, et voilà justement ce qu'il ne faut pas!...

— Touchante confiance!... — s'écria Maugiron en riant.

— Elle nous honore l'un et l'autre!... — nous sommes dignes de nous comprendre!... — que décidez-vous?...

— Vous aurez votre argent demain...

— Allons, c'est un plaisir de traiter avec vous!...

— Mais je n'aurai point à craindre de votre part de nouvelles importunités?... vous m'en donnez votre parole?...

— Vous y pouvez compter d'autant mieux que je partirai pour Dieppe demain soir, par le train de minuit moins cinq minutes, et que de là je m'embarquerai pour l'Angleterre, où je compte fonder ma banque... la banque Ravenouillet et Cie!... — à quelle heure notre rendez-vous pour demain, s'il vous plaît?...

— A trois heures précises...

— Où?...

— Ici même...

— Suffit... on s'y trouvera... — l'exactitude est une de mes plus belles vertus!...

— Peut-être serai-je un peu en retard...

— Ah! diable!... — ce sera contrariant de faire le pied de grue, dans le terrain vague, en plein jour!...

— Je puis vous éviter cet ennui...

— Comment?...

Maugiron tira une clef de sa poche.

— Voilà — dit-il — un passe-partout qui depuis le terrain ouvre la porte du kiosque... — je vous le confie... — vous me le rendrez demain...

— Alors, j'entrerai sans frapper?...

— Naturellement... — ne vous impatientez pas si je vous fais attendre quelques minutes... — c'est que je serai retardé moi-même pour toucher votre argent...

— Soyez paisible, illustre Flambart... — faites vos affaires sans vous inquiéter de moi... — j'attendrai très-bien ici, en tutoyant votre vieux madère et en grillant quelques-uns de vos londrès, qui sont de premier choix...

L'étrange sourire dont nous avons déjà parlé reparut sur les lèvres de Maugiron.

— C'est convenu... — dit-il — à demain...

Les deux bandits échangèrent une cordiale poignée de main, et l'Ecureuil sortit du kiosque, dont la porte se referma derrière lui.

XLV. — LES COMPLICES.

L'intérieur du kiosque était très-vivement éclairé, nous le savons, par les deux bougies du candélabre. — L'Ecureuil se trouva donc dans la situation d'un homme complétement aveugle, lorsque les profondes ténèbres du dehors l'enveloppèrent.

Il fit deux ou trois pas à tâtons, et il s'orientait de son mieux pour se diriger du côté de l'étroite issue ménagée dans la palissade, lorsque une main lourde le fit tressaillir violemment en se posant à l'improviste sur son épaule.

— Tonnerre du diable!... qui va là? — demanda-t-il d'une voix sourde, en tirant de sa poche un couteau catalan pour se mettre en défense à tout hasard.

— Du calme, mon vieux l'Ecureuil! — répondit un organe enroué — et surtout pas de jeux de main!... — un mauvais coup est bientôt donné!... — on en est fâché ensuite... mais il est trop tard!...

— Comment, c'est toi, Gobert!... — murmura le bandit avec une profonde surprise.

— Comme tu vois, mon vieux... — ou plutôt comme tu ne vois pas... — à moins que tu n'aies des yeux de chat...

— Mais, par quel hasard?...

— Ce n'est point par hasard... — interrompit Gobert.

— Que faisais-tu céans?...

— Je t'attendais...

— Tu savais donc ma visite au Flambart?...

— Oui.

— Qui t'avait prévenu?...

— Personne... — Je montais la rue d'Amsterdam derrière les talons...

— Pourquoi ne m'as-tu pas parlé en route?...

— Ah! voilà... — parce que...

— As-tu quelque chose à me dire?...

— Parbleu!...

— Quoi?...

— Eh! mon Dieu, justement ce que tu disais toi-même au Flambart, il y a cinq minutes : — *Part à deux!*...

Sans l'obscurité qui recouvrait tous les objets de son voile impénétrable, on aurait pu voir une expression d'indicible stupeur se peindre sur les traits de l'Ecureuil.

— Es-tu sorcier?... — balbutia-t-il d'une voix altérée.

Gobert eut grand'peine à réprimer un formidable éclat de rire.

— Sorcier!... répéta-t-il — oh! mon Dieu, pas plus que toi!...

— Mais alors, comment sais-tu...?

— Ce que tu ne tenais guère à m'apprendre?... — c'est simple comme bonjour!... — Figure-toi, mon vieux, qu'il se défiait de toi *cet imbécile de Gobert*, ce Gobert qui *croit toutes les bourdes*, et qui *prendrait volontiers des vessies pour des lanternes!*... — Depuis une semaine il emploie ses loisirs à déranger une douzaine des briques de la muraille de cette bicoque, de manière à se ménager à hauteur d'homme un joli petit trou en forme d'entonnoir, suffisant pour entendre, sans en perdre un seul mot, ce qui se dit là-dedans et ce qu'on ne veut pas qu'il sache... — voilà ce qu'il a fait, cet idiot de Gobert, et tout à l'heure il écoutait!... — cette explication te paraît-elle suffisante?

L'Ecureuil était atterré. — Cependant il se remit au bout d'un instant, et il murmura :

— De sorte que tu me demandes...?

— La moitié des cent mille francs... — pas davantage...

— Et, si je refuse?...

— Voilà une supposition bien inutile!... — le Flambart n'a pas refusé et tu ne refuseras pas plus que lui... — ça coule de source...

— Il y aura peut-être moyen de s'entendre... — reprit l'Ecureuil.

— J'en suis atteint et convaincu...

— Ne restons pas ici... — nous causerons dehors...

— A ton aise... mais passe le premier...

— Pourquoi?...

— J'ai pas confiance... — tu as un couteau dans ta poche et je crains tes distractions...

— Alors, donne-moi le bras...

— Volontiers...

Les deux gredins s'éloignèrent ensemble, et le reste de leur dialogue se perdit dans la distance et dans les ténèbres.

8

Le lendemain, vers midi, Maugiron traversa le jardin de son hôtel et franchit le seuil du kiosque.

Aussitôt après avoir refermé la porte, il tira de sa poche un petit flacon de verre, entièrement entouré de papier bleu. — Une étiquette blanche, collée sur ce papier, portait ces deux mots : *Acide prussique.*

Il déboucha le carafon de cristal de Bohême, aux trois quarts rempli de vin de Madère, et il y transvasa, en riant d'un rire muet, le contenu du flacon bleu.

— Ma foi, tant pis pour ce misérable !... — murmura-t-il en se retirant — je n'aurai rien à me reprocher...

. . . .

Trois heures sonnèrent.

La porte qui mettait le kiosque en communication avec les terrains vagues s'ouvrit sans bruit.

L'Ecureuil entra. — Il n'était pas seul. — Gobert le suivait pas à pas.

— Exacts comme le canon du Palais-Royal !... — murmura l'Ecureuil ; — que va dire le Flambart en voyant que nous sommes deux au lieu d'un ?...

— Il va faire la grimace, parbleu !... — répliqua Gobert — surtout quand il saura qu'il s'agit d'allonger la sauce et de débourser cent cinquante mille francs au lieu de cent mille...

— Bah !... il trouvera bien moyen de faire payer ça au beau-père !... et d'ailleurs il peut exécuter toutes les grimaces qui lui conviendront... — je m'en fiche comme de l'an quarante !... — accepterais-tu un cigare, Gobert ?...

— Avec plaisir, compère l'Ecureuil...

— Et, un doigt de vin de Madère ?...

— D'autant plus volontiers que j'ai l'estomac d'un délicat à n'y pas croire... je frise une *gastrique...*

Les bandits allumèrent des cigares. — L'Ecureuil remplit deux verres.

— A la santé de qui ? — demanda Gobert en soulevant le sien.

— A la santé du Flambart, pardieu !... — c'est bien le moins !... — nous lui devons une politesse !...

— A sa santé, morbleu !... ça me botte !...

Gobert vida son verre d'un seul trait jusqu'à la dernière goutte, et tomba foudroyé, le visage contre terre.

L'Ecureuil recula, pâle d'épouvante.

— Qu'est-ce que ça veut dire ?... — balbutia-t-il.

Il approcha de ses narines le verre qu'il tenait à la main, et après avoir interrogé avec défiance le parfum qui s'en exhalait, il recula vivement la tête, en s'écriant :

— De l'acide prussique ! — tonnerre du diable, j'ai de la chance !... — si j'étais venu seul, bonsoir la compagnie !... — plus personne !... — ah ! le coup était bien monté, mais cette canaille me le payera cher !...

L'Ecureuil, après avoir ainsi parlé, remplit ses poches de cigares, sans doute afin de sauver quelque chose au milieu du grand désastre de ses espérances ; — puis il sortit du kiosque, en ayant soin de laisser le corps du malheureux Gobert dans la position où il se trouvait...

Une demi-heure, environ, s'écoula.

Au bout de ce temps Maugiron traversa pour la seconde fois le jardin, et vint appliquer son oreille contre la porte du kiosque.

Il était livide ; — sa démarche incertaine, ses allures hésitantes, trahissaient un trouble profond, une violente agitation physique et morale.

Il écouta pendant quelques secondes, et n'entendant aucun bruit, il se décida à ouvrir, ou plutôt à entrebâiller la porte, d'une main tremblante, et à hasarder un coup d'œil dans l'intérieur.

Ce coup d'œil lui suffit à lui montrer un cadavre étendu la face contre terre.

Il se rejeta en arrière par un mouvement brusque, en ramenant la porte à lui. — Il fit tourner deux fois la clef dans la serrure, et enfin il reprit d'un pas rapide le chemin de l'hôtel.

Tout en marchant, il murmurait :

— Qui donc pourrait dire, qui donc pourrait penser que je suis coupable ?... — ce n'est pas moi qui ai tué cet homme !... — je ne lui voulais pas de mal !... — il s'est puni lui-même !... — Tout est donc pour le mieux, et maintenant je n'ai plus rien à craindre !...

Ayant mis par de tels raisonnements sa conscience en paix, si tant est qu'il eût une conscience, Maugiron éloigna de son esprit le souvenir de cet incident pénible, et ne pensa plus qu'au grand acte qui allait s'accomplir le soir même et asseoir sa fortune sur des bases sérieuses et indestructibles...

A huit heures, — vêtu avec la plus complète et la plus irréprochable élégance, — il monta dans son coupé et donna l'ordre de le conduire au quai de Billy.

C'est à neuf heures précises que devait avoir lieu la lecture et la signature du contrat.

LVI. — L'ATTENTE.

Neuf heures du soir venaient de sonner successivement à toutes les horloges de Paris. — Un homme et un enfant marchaient côte à côte et d'un pas lent dans une ruelle presque déserte, voisine de la prison où Pierre Landry se trouvait détenu.

L'homme était Saturnin ; — l'enfant était Papillon.

Un bec de gaz répandait sa clarté sidérale au-dessus de nos deux personnages et les mettait en pleine lumière. — Une sentinelle, l'arme au bras, passait et repassait dans le lointain.

Saturnin s'arrêta tout à coup et leva les yeux vers la lanterne éblouissante, dont les puissants réflecteurs centuplaient l'éclat, et il murmura :

— Satané lumignon !... — va-t-il être gênant tout à l'heure quand les amis nous rejoindront !...

— Ça vous offusque ?... — demanda Papillon.

— C'est-à-dire que ça me chiffonne si fort, mon petit, qu'on n'en a pas d'idée !...

— Eh bien, je vas mettre un éteignoir sur le lampion, en deux temps et trois mouvements... et ça ne pèsera pas lourd...

— Toi, Papillon !...

— Moi, Papillon.

— Et, comment ?...

— C'est mon affaire...

— Pas de bruit au moins !...

— On travaillera à la muette... — Allez-vous-en seulement au bout de la ruelle, et faites-moi signe quand le factionnaire tournera le dos...

— Compris...

Saturnin s'éloigna. — Une demi-minute plus tard il donnait le signal par un geste, et Papillon, grimpant avec une adresse de singe et de gamin jusqu'au sommet du lampadaire, ouvrit la lanterne et éteignit la flamme en appuyant sur l'extrémité du bec de gaz son mouchoir de grosse toile.

Une obscurité relative remplaça sans transition la lumière éclatante.

— Voilà comme ça se joue !... — se dit-il à lui-même en descendant plus vite encore qu'il n'était monté. — J'ai bien envie de me crier : *bis !...*

Au moment où Saturnin venait de le rejoindre et le félicitait de son succès, deux nouvelles formes humaines apparurent à l'autre extrémité de la ruelle.

— Ou je me trompe fort... — murmura le contrebandier — ou, voici nos hommes... — il paraît que les choses ont marché comme il faut !...

Saturnin ne se trompait pas. — C'étaient bien en effet les deux prisonniers évadés qui s'avançaient vers eux.

Papillon, lorsqu'il reconnut positivement Pierre Landry, eut toutes les peines du monde à étouffer un cri de joie, et voulut se jeter dans ses bras.

Mais son compagnon l'arrêta net, en lui disant d'une voix impérieuse :

— Pas d'épanchements ici, mon bonhomme !... — l'endroit n'est pas sain pour nous ! — décampons... — on s'embrassera plus tard !

L'avis était bon. — Papillon le comprit ; — il remit au camarade de Saturnin les trois billets de mille francs qui complétaient la somme promise, et, après avoir remercié chaleureusement les deux sauveurs du contre-maître, il saisit le bras de ce dernier, et il l'entraîna.

Pierre Landry se laissait diriger d'une façon passive et toute machinale ; — il ressemblait à un homme ivre, — l'émotion, le grand air et la liberté le grisaient.

Cependant, au bout de quelques minutes d'une marche rapide, et lorsqu'on eut parcouru un assez grand espace pour déjouer les poursuites immédiates, si toutefois elles avaient lieu, il demanda :

— Où me conduis-tu, petit ?...

— Dans un endroit où le diable lui-même ne parviendrait point à vous découvrir...

— Tu as donc trouvé une cachette?...

— Oui, mon bon m'sieu Pierre, et une fameuse!...

— Est-ce bien loin de la maison de M. Verdier?...

— A deux ou trois cents enjambées, tout au plus... — sur la Seine...

— Sur la Seine!... — répéta Pierre Landry étonné.

— Positivement, mais ne cherchez pas... — Vous donneriez votre langue aux caniches!... — voici ce que c'est... — En furetant à bord du *Titan*, quand le bateau a été déchargé, j'ai mis la main sur un compartiment que personne ne connait, excepté peut-être le patron... — On appuie tout bêtement sur un bouton de fer qui n'a l'air de rien du tout... et crac!... ça s'ouvre, ni plus ni moins que dans les *trucs* des féeries de la Porte-Saint-Martin... — ça n'est pas plus large qu'il ne faut, mais je vous ai arrangé un petit lit très-commode, et vous y dormirez parfaitement bien!...— Ah! dam! faut se contenter de ce qu'on a!... — à la guerre comme à la guerre!... j'ai fait pour le mieux...

— Brave enfant!... — murmura le contre-maître.

Aucune parole ne fut plus échangée entre Pierre Landry et Papillon, jusqu'au moment où ils arrivèrent ensemble sur le quai de Billy.

Le bateau avait changé de place depuis son déchargement; — il ne se trouvait plus amarré en face du chantier, mais deux ou trois cents mètres plus loin, ainsi que l'avait dit le gamin, qui sauta le premier sur le pont et tendit la main au contre-maître pour lui faire franchir le plat-bord.

Tous deux descendirent ensuite à fond de cale. — Papillon alluma un rat de cave dont il s'était muni; — il pressa le ressort et il introduisit Pierre Landry dans cette cachette si vantée par lui, et qui véritablement paraissait introuvable...

Voici tout ce qu'il vous faut pour le moment... — lui dit-il — un pain de six livres, un jambonneau, un fort morceau de fromage d'Auvergne... — j'ai acheté ça pour vous régaler... — Voilà dans ce coin des habits de rechange, une perruque brune, une fausse barbe et des lunettes bleues... — vous vous harnacherez de tout ça quand l'instant sera venu de filer vers le pays des Belges de Bruxelles, et bien malin sera celui qui vous reconnaîtra... tra deri dera!... — Maintenant, mon bon m'sieu Pierre, je vas vous souhaiter une bonne nuit, et vous dire au revoir jusqu'à demain à ces heures-ci...

— Tu me quittes déjà! ..

— Dam!... il y a presse...

— Où vas-tu?...

— Rassurer mam'zelle Lucie sur votre compte, donc!... — Elle est sur le gril présentement, la chère demoiselle, rapport à la chose de savoir si la manigance a réussi!... — Faut pas l'y laisser, et j'y cours...

— Si j'allais avec toi... — dit dit vivement Pierre Landry.

— Perdez-vous la tête?... — en voilà une idée, par exemple!... — vous voulez vous exhiber au public, juste à l'heure où on va mettre tous les limiers de la police à vos trousses!... — faut avoir un moucheron dans le grelot, parole d'honneur!... — autant vaudrait retourner à la prison d'où vous sortez, et dire au gardien en chef : — *Me voici, mon brave homme... — je regrette beaucoup de vous avoir brûlé la politesse!... — remettez-moi dedans, s'il vous plait!...*

— Tu as raison!... — murmura le contre-maître — mais c'est que j'aurais tant voulu la voir!...

— Vous la verrez plus tard...

— Bien sûr?... je la verrai?...

— Ça ne fait pas l'ombre d'un doute... — Nous arrangerons ça... et alors il n'y aura plus de risque, mais pour le moment, mon bon m'sieu Pierre, montrez vous gentil... laissez-moi décamper...

— Va donc la retrouver, mon enfant...

— Dans une minute et demi, j'y serai...

— Et, surtout, dis-lui que je l'aime!...

— Soyez calme... — elle le sait de reste!...

Papillon referma sur Pierre Landry la porte de la cachette; — il monta rapidement jusqu'au pont du bateau, s'élança sur le quai et prit sa course du côté de la maison d'Achille Verdier.

Nous allons l'y précéder, et pénétrer sans retard dans le salon de l'ex-capitaine de l'*Atalante*.

Ce salon, éclairé par plusieurs lampes et par un grand nombre de bougies, renfermait une vingtaine de personnes.

Jacques Lambert, convaincu que désormais aucun péril ne pouvait l'atteindre, s'était persuadé que Lucie, se trouvant entourée de monde, aurait moins que jamais la force de revenir sur la décision prise si courageusement par elle...

En conséquence il avait invité non point ses amis — il n'en avait pas — mais quelques-uns des riches commerçants avec lesquels les affaires le mettaient le plus habituellement en relations.

Il saisissait l'occasion, d'ailleurs, d'exploiter autant que possible à son profit, la situation qui lui était faite par son gendre futur, et de grandir encore son crédit, en éblouissant ses hôtes, et en faisant proclamer bien haut le chiffre énorme de cette dot de deux millions qu'il donnait à sa fille.

Nous devons ajouter qu'une atmosphère de tristesse glaciale enveloppait la réunion. Sauf le futur, qui conservait son aplomb habituel et son assurance imperturbable, tout le monde semblait contraint et embarrassé, à commencer par le maître de la maison. — Jacques Lambert, en effet, malgré l'énergie de sa volonté et ses tentatives pour paraître calme et souriant, ne parvenait point à dissimuler son agitation, son trouble, ses inquiétudes...

Lucie, belle comme un ange, mais pâle comme une morte dans sa blanche parure de fiancée, aurait pu fournir aux pinceaux d'un grand artiste un modèle sublime pour la figure de la douleur et de la résignation. Au moment où sonnaient neuf heures ses traits prirent une telle expression d'angoisse que Jacques Lambert s'approcha d'elle et lui dit tout bas :

— Courage, mon enfant, au nom du ciel!...

— J'en aurai, mon père, murmura-t-elle d'une voix presque éteinte.

— Le notaire vient d'arriver... — continua l'ex-capitaine — veux-tu, chère fille, qu'il commence la lecture du contrat?...

Lucie leva sur lui ses grands yeux et lui répondit avec fermeté :

— Ne vous souvenez-vous pas, mon père, que je ne signerai rien avant d'avoir la certitude que Pierre Landry n'est plus en péril?...

— Cette certitude, qui te la donnera?...

— Soyez tranquille à cet égard... — aussitôt le danger disparu, je serai prévenue...

Jacques Lambert ne pouvait insister, — il réprima l'irritation sourde que faisait naître en lui ce nouveau retard, et il se rapprocha de Maugiron avec lequel il échangea quelques paroles que personne n'entendit.

Les invités se disaient à demi-voix les uns aux autres, en regardant Lucie avec une profonde compassion :

— Pourquoi nous a-t-on fait venir?... — ce n'est pas là une fête de famille... c'est une cérémonie funèbre!... — on la sacrifie, la pauvre enfant, rien n'est plus clair!...

Les femmes ajoutaient plus bas encore :

— Le futur est cependant un fort joli garçon... mais sans doute mademoiselle Verdier avait un autre amour dans le cœur...

Une demi-heure se passa ainsi, longue comme un siècle pour les principaux personnages, et aussi pour les simples spectateurs de la scène que nous mettons sous les yeux de nos lecteurs.

Tout à coup il se fit dans l'escalier un bruit inattendu. — Une discussion vive venait de s'engager entre la voix de basse taille de madame Blanchet et l'organe suraigu et acidulé de Papillon.

Le gamin voulait à toute force parler sans retard *à la fille du patron*, comme il disait, et la veuve du lieutenant de pompiers prétendait l'empêcher de passer.

Lucie se précipita au dehors. — Elle vit l'enfant — elle étendit vers lui ses deux mains, et ces brèves paroles s'échangèrent entre eux...

— Eh bien?... — demanda-t-elle.

— Sauvé!... — répondit-il.

Une lueur vive, mais passagère, brilla et s'éteignit dans les prunelles de la jeune fille.

Ses lèvres murmuraient une courte action de grâces; — puis elle rentra dans le salon et elle dit à Jacques Lambert :

— Quand vous voudrez, mon père... — je suis prête...

L'ex-capitaine de l'*Atalante* n'attendait que ces mots, — et Dieu sait avec quelle impatience il les attendait!...

Il se sentit soulagé d'un poids immense; — tout son visage s'illumina et prit une expression radieuse et il s'écria, en s'adressant au notaire : — Nous sommes à vos ordres, monsieur... — soyez assez bon je vous en prie, pour commencer la lecture du contrat...

— Enfin!... — murmurèrent les invités.

Maugiron fit un geste de triomphe et répéta, lui aussi :

— Enfin!...

Le notaire s'assit à une petite table, entre deux candélabres chargés de bougies, et déploya le grand portefeuille rouge dans lequel le contrat de mariage était renfermé.

Jacques Lambert déposa sur la table, à côté de ce portefeuille, un carnet de maroquin noir renfermant deux millions en un bon au porteur sur la banque de France...

XLVII. — LE CONTRAT DE MARIAGE.

Pierre Landry n'avait renoncé qu'en apparence à son projet de voir Lucie le soir même. — Une séparation de huit jours ayant surexcité outre mesure sa tendresse paternelle, il n'aurait reculé devant aucune imprudence, il aurait au besoin risqué sa vie, rien que pour contempler pendant une minute le doux visage de sa fille bien-aimée et pour entendre sa voix chérie...

En conséquence, à peine Papillon l'eut-il laissé seul, qu'au lieu de se jeter sur son lit et d y chercher dans un sommeil réparateur l'oubli de ses chagrins, il changea de vêtements, il se coiffa de la perruque brune, il appliqua sur son visage la barbe postiche, enfin il abandonna sa cachette et il sortit à son tour du *Titon*.

Un instant après, il arrivait en face de la maison de M. Verdier.

Pierre Landry possédait une clef de la petite porte, et il ne s'était point dessaisi de cette clef au moment de son arrestation.

Son projet était simple et devait, selon toute apparence, réussir complétement si des circonstances exceptionnelles ne venaient point l'entraver.

Il comptait s'introduire dans le chantier sans attirer l'attention, se glisser jusqu'à la maison, et, une fois là, il ne mettait point en doute que le hasard ne lui fournit le moyen d'arriver auprès de Lucie. Sa stupeur et son désappointement furent donc complets lorsqu'il vit une demi-douzaine de coupés de louage et de citadines stationnant sur le quai à droite et à gauche de la grille, et lorsqu'un regard jeté au travers de cette grille lui montra la cour éclairée d'une façon brillante, et toutes les fenêtres de la maison illuminées *à giorno*.

— Que se passe-t-il donc ? — se demanda-t-il — on dirait une fête!... C'est étrange!...

L'éclairage inusité des alentours du logis ne lui permettait plus de songer à s'introduire incognito... — Il promena ses regards autour de lui, cherchant quelqu'un à interroger, et sans doute il allait s'adresser au premier venu, voire même au cocher d'une des voitures, quand Papillon, qui venait de s'acquitter de son message d'une manière à la fois laconique et satisfaisante — (ainsi que nous avons pu le constater) — parut tout à coup devant lui...

Le gamin quittait la maison du quai de Billy pour regagner son domicile nocturne, situé dans une des rues adjacentes.

Il allait passer, sans remarquer le contre-maître, que son déguisement rendait méconnaissable.

Pierre Landry le saisit par le bras.

L'enfant poussa un petit cri, non de frayeur, mais de surprise, et regardant avec assurance l'inconnu qui l'arrêtait, il lui dit :

— Ah çà! qu'est-ce que vous me voulez, l'homme? — tâchez donc un peu de me lâcher, et plus vite que ça!...

— Silence!... — murmura le contre-maître d'un ton très-bas — c'est moi...

En même temps il l'entraînait sur le bord du canal, dans un endroit moins éclairé.

L'enfant avait reconnu la voix, à défaut du visage. Il était stupéfait. Un tremblement nerveux s'empara de lui, et il balbutia :

— Nom d'un petit bonhomme!... ah! sapristi!... — Pour une imprudence, en voilà une!... et une carabinée, j'ose le dire!...

— Il ne s'agit pas de cela!... — interrompit vivement le contre-maître. — Il se passe dans la maison de M. Verdier, ce soir, quelque chose de peu naturel... et je veux savoir ce que c'est...

— Il ne se passe rien du tout, mon bon m'sieu Pierre... — fit le gamin avec un embarras et une hésitation manifestes.

— Tu ne sais pas mentir, petit Papillon!... — répliqua le vieil ouvrier; — apprends-moi donc la vérité sans me faire plus longtemps languir... — Cette vérité d'ailleurs ne peut être bien terrible à entendre, car ces voitures et ces lumières annoncent une fête plutôt qu'un malheur... — Allons, parle, petit Papillon!... parle vite!...

— Misère humaine!... — pensa le gamin — c'est culbuter en touchant au port!... — pas moyen de faire le mystérieux!... — le brave homme irait aux renseignements ailleurs... — faut se débouler!... arrive que pourra!... — Puis, tout haut :

— Eh bien, oui... vous avez raison, mon bon m'sieu Pierre... — Point de malheur ni d'accident... c'est une pure et simple fête... une petite réjouissance intime d'un tas de beaux messieurs bien mis et de belles dames parées comme des châsses.

— Une fête!... une réjouissance!... répéta le contre-maître — ce soir!... au moment où j'étais encore en prison... mais pourquoi?...

— Ah! pour une fameuse raison, allez!...

— Laquelle?...

— Mam'zelle Lucie signe présentement son contrat de mariage, et les invités sont là pour lui faire honneur...

Pierre Landry éleva ses mains vers le ciel.

— Son contrat de mariage!... — balbutia-t-il — elle se marie!... — Allons, M. Verdier m'a tenu parole!... — Toutes mes souffrances, toutes mes angoisses s'évanouissent!... — tous mes chagrins sont oubliés!... — je quitterai sans regret la France, puisqu'en m'éloignant j'aurai la certitude de laisser Lucie heureuse... de la laisser femme d'un honnête homme, d'un brave cœur... d'André de Villers!...

Papillon regarda Pierre avec stupéfaction; mais, ne voulant pas détruire son erreur, il ne répondit rien.

— Pourquoi donc ne m'as-tu pas dit cela plus tôt, mon enfant?... — reprit le contre-maître d'un ton d'affectueux reproche.

— Ah! dame!... c'est faute d'y penser...

— Si tu savais comme la nouvelle que tu viens de m'apprendre me met du baume dans le sang!... — elle me ranime!... elle me rajeunit!... — Tiens, je t'embrasserais volontiers!...

— Passez-vous-en la fantaisie!... je n'y mets point d'obstacle...

Pierre Landry serra les mains de Papillon, et reprit :

— Ah! maintenant, je puis retourner dans ma cachette, et j'y dormirai d'un bon sommeil!...

— C'est ça... — retournons à la cachette... — retournons-y tout de suite... — je vais vous conduire...

— Oui, mais laisse-moi regarder un instant à travers la grille...

— Pourquoi faire?... — s'écria le gamin épouvanté.

— Si je pouvais entrevoir seulement son ombre à travers les vitres, il me semble que j'en deviendrais fou de joie...

— Ce n'est pas la peine... — Vous la verrez demain... après-demain... un autre jour... et bien mieux à votre aise! ... — mais pas ce soir... — Allons à la cachette, s'il vous plaît...

— Un instant, je t'en prie... rien qu'une minute...

— Pas seulement une seconde... filons...

Papillon avait pris le bras du contre-maître et voulait l'éloigner de la maison, mais Pierre Landry, tout à son idée, ne l'écoutait plus; — il se rapprochait de la grille, et, au lieu de suivre l'enfant, il le traînait à sa remorque.

« *La raison du plus fort est toujours la meilleure!...* » — Le jeune garçon prit le parti de subir ce qu'il ne pouvait pas empêcher... — il conservait au fond du cœur un vague espoir que rien ne viendrait éclairer le contre-maître...

Un coupé de régie, lancé à toute vitesse, s'arrêta net devant la grille. — Pierre Landry et Papillon furent obligés de se jeter de côté pour n'être point renversés par le cheval tout blanc d'écume.

La portière s'ouvrit. — Le vieil ouvrier poussa une sourde exclamation. — Il venait de voir M. de Villers descendre de cette voiture!...

— Ah çà, je rêve!... — s'écria-t-il — monsieur André!... — vous!... — à cette heure et dans ce costume!... — C'est impossible!... — Oui, c'est impossible!...

— Qui donc êtes-vous? — demanda le caissier à son interlocuteur sans le reconnaître.

— Je suis Pierre Landry...

— Patatras!... — murmura Papillon.

André fit à son tour un geste de stupeur. — Il allait questionner. — Il n'en eût pas le temps.

— D'où venez-vous?... — reprit le contre-maître d'un ton presque impérieux.

— De Brest...

— Et vous arrivez?

— A l'instant...

Pierre Landry se tourna vers Papillon et lui dit d'une voix décomposée :

— Mais alors... là?... ce contrat?... qui donc?...

Le jeune garçon hésitait.

— Réponds!... — commanda le contre-maître.

— Maugiron... — balbutia l'enfant.

— Maugiron!... — répéta André devenu pâle.

— Maugiron!... — cria Pierre Landry avec un rauquement de fureur. — Lucie épouse Maugiron!... — Ah! les misérables!... —

Ils la contraignent!... — ils la trompent!... — ils la tuent!... — Mais le ciel est juste!... — nous sommes là, et le crime commencé ne s'accomplira pas jusqu'au bout!...

En même temps le contre-maître arracha violemment la perruque qui couvrait sa tête, la barbe qui cachait son visage, et, saisissant André par la main, il continua :

— Venez!... venez!... — c'est Dieu qui nous mène!...

Tous deux traversèrent impétueusement la cour, franchissant d'un seul élan les marches du perron et disparurent dans l'escalier...

. . . .

Les invités d'Achille Verdier, réunis au premier étage, gardaient un religieux silence.

Le notaire, d'une voix sonore et bien timbrée, lisait les articles du contrat...

Il venait de prononcer, au milieu d'un petit frémissement d'admiration, ce paragraphe vraiment magique : — *M. Achille Verdier constitue en dot à sa fille une somme de* DEUX MILLIONS, *qui sera remise à l'instant même au futur époux en un bon sur la Banque de France...*

La porte du salon s'ouvrit avec une telle violence, que la flamme de toutes les bougies s'inclina sous une rafale...

Pierre Landry et André de Villers parurent sur le seuil.

Ce fut un coup de théâtre tel que n'en offriraient jamais, aux spectateurs avides d'émotion, les drames les plus mouvementés du boulevard!...

Le notaire interrompit sa lecture, et demeura bouche béante...

Jacques Lambert devint pâle comme s'il avait vu deux spectres sortis de la tombe se dresser devant lui...

Maugiron lui-même recula, et sa main tremblante chercha machinalement sous ses vêtements une arme qu'il n'y trouva pas...

Lucie fit un mouvement pour se jeter dans les bras de Pierre Landry, et devint pourpre en voyant André.

Les nombreux témoins de cette scène regardaient, attendaient, et cherchaient vainement à comprendre.

André de Villers allait s'élancer vers son rival, lui crier : — *Misérable!...* et le souffleter sur les deux joues.

Pierre Landry le retint en murmurant à son oreille :

— Patience!... votre tour viendra...

Puis, marchant jusqu'à Jacques Lambert qui se sentait perdu, il lui dit d'une voix sourde, mais parfaitement distincte :

— En manquant à votre serment, vous m'avez délié du mien!... — En donnant la main de Lucie à l'infâme qui m'a calomnié, vous avez brisé les liens qui m'unissaient à vous!... — Je m'oppose au mariage de cette jeune fille, et j'en ai le droit, JE SUIS SON PÈRE!!!...

Un cri de surprise s'éleva de toutes parts.

Jacques Lambert, anéanti, brisé, s'était laissé tomber sur un fauteuil. — Il ressemblait à un agonisant et ne songeait point à protester.

Maugiron seul essaya de faire bonne contenance.

— N'écoutez pas cet homme!... — s'écria-t-il avec rage — ne le croyez pas!... — c'est un menteur et un fou!... — c'est un meurtrier évadé que la police réclame!... — il a voulu m'assassiner!... qu'on s'empare de lui!...

Mais déjà Lucie s'était jetée dans les bras de Pierre Landry.

— N'accusez plus mon père!... — dit-elle : — vous savez bien que je connais le vrai coupable, et ce coupable je puis le nommer maintenant, s'il le faut pour sauver mon père...

— Le nommer... à quoi bon?... — murmura Jacques Lambert — il va se faire justice lui-même...

Il se leva lentement, péniblement, comme un vieillard épuisé par l'âge et que ses forces trahissent.

Une des portes du salon communiquait avec sa chambre à coucher. — Il sortit par cette porte et la referma derrière lui.

— Décidément — pensa Maugiron — la partie est perdue!.. — je n'ai plus qu'à filer... — c'est dommage!... — Si pourtant je pouvais encore... essayons!...

Il salua à droite et à gauche, et, passant à côté de la table sur laquelle se trouvait le contrat, il glissa fort adroitement dans sa poche le carnet contenant le bon sur la Banque.

Personne ne remarqua cet acte d'escamotage.

Pierre Landry tout aux embrassements de sa fille, André de Villers tout à son bonheur, ne songeaient point à s'opposer à la sortie du coquin, qui se dirigeait d'un air délibéré vers la porte principale.

Il allait l'atteindre...

Elle s'ouvrit de nouveau brusquement et laissa voir le commissaire de police que nous connaissons déjà.

Derrière lui se trouvaient des agents; — derrière les agents, des soldats, l'arme au bras. — Une vingtaine de baïonnettes brillaient dans la galerie.

— Au nom de la loi — fit le commissaire en posant la main sur l'épaule de Maugiron — je vous arrête...

— Mais c'est une erreur manifeste!... — s'écria l'élégant jeune homme.

— Vous direz cela au juge d'instruction si vous voulez, et vous le prouverez si vous le pouvez...

— De quoi m'accuse-t-on?...

— De complicité dans des vols innombrables, entre autres dans celui commis il y a huit jours au préjudice de M. Verdier, et, en outre, d'un empoisonnement consommé aujourd'hui même sur la personne d'un de vos complices nommé *Gobert*...

Maugiron tressaillit violemment en entendant ce nom.

— Qui m'a dénoncé? — demanda-t-il.

— Un autre de vos complices, *Ravenouillet* surnommé *l'Ecureuil*.

Maugiron baissa la tête sur sa poitrine et garda le silence. — Il était pris, et bien pris!... — On le fouilla séance tenante; le *bon* de deux millions fut trouvé dans sa poche et remis au notaire...

A ce moment précis, une détonation retentit dans la pièce voisine...

Le commissaire fit enfoncer la porte et se trouva en face d'un cadavre...

Jacques Lambert venait de se faire justice, ainsi qu'il l'avait dit lui-même...

8.

Nous sommes arrivés au terme de notre œuvre. — Il ne nous reste plus qu'à indiquer en quelques mots la situation actuelle de nos personnages.

Lucie, ou plutôt Denise Landry, n'avait aucun droit à l'héritage du malheureux Achille Verdier que nous avons vu mourir avec sa fille sur l'îlot des Açores, mais André de Villers, par suite du testament de Philippe Verdier, se trouva maître de cette immense fortune, qu'il donna à sa bien-aimée en lui donnant son nom...

Ces jeunes époux — (car ils sont jeunes encore l'un et l'autre et s'aiment après dix ans comme aux premiers jours de la lune de miel) — possèdent les deux plus beaux enfants du monde et jouissent d'un bonheur sans nuage, qui paraît devoir durer indéfiniment...

Pierre Landry vit auprès d'eux et ne se souvient plus d'avoir souffert autrefois...

Papillon, devenu grand, est l'homme de confiance d'André de Villers, qui lui donne un intérêt dans ses affaires.

Il sera peut-être millionnaire un jour.

Maugiron est au bagne de Brest. — il en fait l'ornement. — Sa condamnation à vingt ans de chaîne est la seule chose qu'il n'ait pas volée!...

Paris. — Typ. Collombon et Brûlé, rue de l'Abbaye, 22

Paris. — Typ. Collombon et Brûlé, rue de l'Abbaye, 22

www.ingramcontent.com/pod-product-compliance
Lightning Source LLC
LaVergne TN
LVHW050538100826
845148LV00002B/609

* 9 7 8 2 0 1 2 1 8 5 1 3 5 *